珠三角复合地层盾构施工技术

主　编：邓　勇　张云飞

编　委（按姓氏笔画排序）：

　　王　维　加武荣　吕　岩　李增良

　　吴应明　张涛涛　高永吉

西南交通大学出版社
·成都·

图书在版编目(CIP)数据

珠三角复合地层盾构施工技术 / 邓勇,张云飞主编. —成都:西南交通大学出版社,2019.4
ISBN 978-7-5643-6842-5

Ⅰ. ①珠… Ⅱ. ①邓… ②张… Ⅲ. ①珠江三角洲–地铁隧道–隧道施工–盾构法–研究 Ⅳ. ①U231.3

中国版本图书馆 CIP 数据核字(2019)第 077288 号

| 珠三角复合地层盾构施工技术 | 邓 勇 张云飞 | 主编 | 责任编辑 姜锡伟
封面设计 何东琳设计工作室 |

印张:16.5　　字数:412千
成品尺寸:185 mm × 260 mm
版次:2019年4月第1版
印次:2019年4月第1次
印刷:四川森林印务有限责任公司
书号:ISBN 978-7-5643-6842-5

出版发行:西南交通大学出版社
网址:http://www.xnjdcbs.com
地址:四川省成都市金牛区二环路北一段111号
　　　西南交通大学创新大厦21楼
邮政编码:610031
发行部电话:028-87600564　028-87600533
定价:168.00元

图书如有印装质量问题　本社负责退换
版权所有　盗版必究　举报电话:028-87600562

前 言

莞惠城际铁路是珠三角城际铁路的重要组成部分，是广东省贯彻实施《珠三角改革发展纲要》的重要内容，是应对国际金融危机影响、保持经济平稳较快发展的重要举措。本项目的建设，将进一步密切东莞和惠州的联系，对推动珠三角交通一体化、加快经济一体化进程、提升珠三角地区整体竞争力和辐射带动能力具有重要作用。莞惠城际铁路开创了国内公交化运营的快速轨道交通的先河，其施工采用的直径为 8.83 m 的土压平衡盾构机是当时（2009 年）国内最大直径的土压平衡盾构机。

莞惠城际铁路呈东西走向，是一条珠三角城际快速轨道交通的放射线路，连接广东省内东莞市与惠州市，是珠江口东岸地区轨道交通的骨干项目之一，也是惠州开通的第一条城际轨道交通线路。莞惠城际铁路不仅可以密切联系东莞和惠州，而且对推动珠三角交通一体化、加快经济一体化进程、实现珠三角地区"1 小时城市圈"、推动国家"一带一路"倡议的实施具有极为重要的意义。

佛莞城际铁路是珠三角城际轨道交通网中珠江东西两岸重要的快速直达过江客运通道，是横贯珠三角城际线网东西部走廊的关键路段，是珠江口两岸经济、交通联系的纽带，是为广东省中部广佛肇都市与东部莞深惠都市之间建立起轨道线网的重要联系通道。佛莞城际铁路将成为连接珠江两岸的快速过江通道，对构建珠三角城际轨道"十"字骨干网、实现珠三角都市圈内"1 小时"通达的目标具有重要意义。佛莞城际铁路广州南至望洪段位于广州市番禺区和东莞市麻涌镇、望牛墩镇、洪梅镇，与佛肇、广佛环线（佛山西至广州南）、莞惠等城际线共同构成东西向的快速干线。

佛莞、莞惠城际铁路设计速度 200 km/h，电力牵引驱动，采用无砟轨道，轨距为 1 435 mm，正线线间距 4.4 m；平面最小曲线半径一般地段为 2 200 m，困难地段为 2 000 m；最大坡度为 30‰；车辆选用 CRH 系列动车组，其运行控制采用 CTCS2+ATO 功能的自动控制系统。

佛莞、莞惠城际铁路区间盾构隧道所穿越的复合地层自上而下主要为：填土层、粉质黏土、"全、强、中风化"二长花岗岩、"全、强、中风化"砂岩。不同地层交叉变化，变异性大，软硬不均，个别区段富水性强。区间盾构隧道沿线既有工程数量多，增大了施工难度。盾构施工中所遇到的难点及解决方案如下：

（1）刀盘刀具磨损严重、掘进效率低。

刀盘刀具是土压平衡盾构机的核心之一。在复合式地层中，地层交叉变化大，软硬不均，为刀盘刀具的地层适应性带来了巨大的难题：刀盘刀具磨损严重，寿命降低，掘进效率低。

针对刀具布局、刀盘构型、开口位置、开口率等刀盘设计要点，我们结合复合地层情况，对莞惠城际铁路的盾构机进行了针对性设计：根据刀盘刀具磨损情况，加厚刀盘辐条立板，用耐磨板代替耐磨栅，调整刀具高度差、间距，提高掘进效率和刀盘刀具寿命。结合莞惠的掘进情况，我们对佛莞城际的盾构机进行了二次改进与设计：增加辐条板厚度并加设传力环，提高刀盘整体结构强度和刚度；增加滚刀数量，减小滚刀刀刃间距，提高滚刀在上软下硬段中的抗冲击性；调整刮刀，提高抗倾覆能力；采用复合式耐磨板，外缘采用镶嵌合金耐磨条，提高刀盘耐磨损能力。

（2）"空推"段的盾构姿态控制难，防水、防管片上浮难度大。

在"空推"段，即盾构拼装管片通过矿山法开挖成型的隧道段，盾构机通过接头端时容易破坏导台与初期支护。此外，由于管片环与隧道初期支护结构之间存在间隙，拼装成型的管片环难以避免地会出现上浮、错台等问题。

盾构机通过接头端时，要控制好隧道的中线和超挖量，减低盾构机速度与推力，控制好导台标高、弧度和中心线；盾构机从端头墙端进入导台前，应卸掉刀盘与导台面接触的边缘滚刀及周边刮刀，避免刀具破坏导台，然后将盾构机沿着10‰的坡度推上导台，并在管片背后进行同步双液注浆和二次双液注浆，分3次紧固管片连接螺栓，以保证防水性。此外，本书提出了由特制支撑螺杆组成的新型防管片上浮结构使用方法以及吹砂与注浆相结合控制管片上浮的施工措施。

（3）富水段防水难度大、地层沉降大。

施工富水段时，传统的注浆方式起不到预期的堵水和防止沉降的效果，在盾构推进过程中往往出现地面沉降大、地层损失率超标、隧道内渗漏水点位多等一系列问题。

结合工程中的问题，我们提出了同步注浆法，详细介绍了同步注浆的设备、材料、配合比、注浆压力、注浆量和质量控制等要点。针对同步注浆的问题，我们对其工艺和材料等进行了调整：采用保水性、抗稀释性能更高的新材料；压力调整为 0.3~0.5 MPa；根据地表沉降量和管片沉降量来调整每环的注浆量；采用4点同时手动注浆的方法，上部孔位注入70%，下部注浆孔位注入30%，随时调整注浆流量。最后我们提出二次双浆液注浆的施工措施，对同步注浆的缺陷进行了补充。

（4）盾构施工对近接工程扰动大。

佛莞城际 FGZH-1 标盾构区间隧道需下穿广明高速，侧穿新光快速跨广明高速的桥梁桩基群，桩基与隧道顶部的最小距离为 5.017 m，与隧道中心线的最小距离为 3.878 m；需上跨广州地铁 7 号线石壁—谢村区间隧道，最小净距为 3.3 m；需下穿东新高速桩基群，桩基与隧道外侧的最小距离为 5.013 m，桩基底部与隧道的最小距离为 3.06 m；需并行及下穿广州地铁 3 号线，与地铁 3 号线最小距离为 7 m。盾构穿越过程中易对桥梁桩基造成扰动，影响桥梁的安全与稳定，引起桥墩沉降、桩基倾斜、地面沉降或隆起；引起地铁隧道的结构沉降、水平位移、开裂、管片接缝张开量，影响地铁的运营；引起土压控制不到位，导致公路的路基下沉。

在穿越公路及桥梁桩基群的区域，采取旋喷桩、ϕ108隔离钢管桩、桩底跟踪注浆等加固措施；在穿越地铁区域，采取地面旋喷加固、地面注浆、同步注浆与二次双液注浆加固等措施。盾构掘进过程中，严格控制掘进参数、掘进方向、出土量等，严格监测地面沉降、地表隆起、桥墩沉降、路基下沉量等，对地铁隧道的结构沉降、水平位移、开裂、管片接缝张开量等采用自动监测系统反馈监测数据，做到信息化施工。针对近接施工，我们提出了具体的施工方案、流程以及注意事项。

（5）盾构机卡壳。

在全断面硬岩地层中，盾构机边缘刀具磨损后未能及时更换，开挖直径变小，或者岩层收敛、塌方、地层破碎、局部不稳定，都会导致盾体被围岩卡困，难以继续掘进。

为解决这一施工难题，我们提出了微差控制爆破分两个阶段帮助盾构机脱困的方法，第一阶段利用刀盘开口在其前方爆破开挖出工作洞，第二阶段工作洞爆破清除盾构机前体上方岩体。

针对大直径盾构在复合地层中进行掘进施工难度大的特点，本书根据施工流程具体介绍了盾构施工的全过程，主要包括以下内容：

第 1 章 盾构施工总体筹划

本章依托莞惠城际轨道交通 GZH-6 标和佛莞城际轨道交通 FGZH-1 标两个工程项目介绍了珠三角地区特殊的地质条件、水文条件、气象条件等工程概况，介绍了工程的意义及背景，简述了盾构施工的目标以及总体筹划，并从地质条件、施工工期、施工难点等方面分析了莞惠城际 GZH-6 标和佛莞城际 FGZH-1 标的工程特点。

第 2 章 盾构机的选型及主要配置

本章主要介绍了珠三角复合地层盾构机的选型及其主要配置。首先，本章从具有代表性的莞惠城际轨道 GZH-6 和佛莞城际轨道 FGZH-1 两个标段入手，根据对其工程水文地质条件的分析，结合一般盾构选型的依据和原则，并对比了土压平衡盾构机与泥水平衡盾构机的优缺点，确定了盾构机的机型。其中，莞惠标段采用北方重工生产的土压平衡盾构机，佛莞在其基础上进行了沿用与改进，并增用铁建重工生产的土压平衡盾构机。其次，本章对两类盾构机的主要配置进行了详细的阐述并总结了其主要尺寸和技术参数。最后，本章对莞惠标段的盾构后配套选型进行了简单的分析以及选型结果的阐述，并结合后配套选型中的设计改良展现了佛莞标段的部分优化特色。

第 3 章 大直径盾构始发与到达施工技术

本章介绍了珠三角复合地层大直径盾构始发与到达施工技术。首先，本章说明了盾构始发井端头加固采用旋喷加固与水平注双液浆加固技术，阐述了两者的施工工艺原理、施工特点及具体操作要点，按盾构机始发的施工流程分别对始发基座的安装、盾构机下井组装、反力架的安装、洞门拆除、密封装置的安装、负环管片的拼装与拆除、盾构机试掘进作了阐述，并对始发阶段常见问题进行了分析，提出了具体的解决措施。其次，本章对盾构接收井施工流程和接收段难题进行了研究与分析。

第 4 章 大直径盾构掘进技术

地层特点决定着盾构掘进模式的选择，根据掘进数据分析，在硬岩段，欠压模式比土压平衡模式更高效，出现喷涌等问题更少。掘进参数的选择不能一概而论，根据掘进数据适时地调整掘进参数是关键。盾构机在复合地层中掘进，尤其是处在曲线段时，姿态控制难度大，需要调整千斤顶的推力及行程，缓慢纠偏，保持盾构机姿态的平稳。开挖控制、管片拼装控制、线形控制和注浆控制构成了盾构掘进控制四要素，是确保开挖面稳定、构筑隧道结构、维持隧道线形和及早填充盾尾空隙的关键。在盾构隧道距离长、断面大、出渣量大、工期紧、任务重的情况下，采用连续皮带出渣技术可以提高掘进效率。针对进舱换刀难度大、危险性高的问题，本章提出了常压、带压两种进舱换刀技术。本章还对施工中常见的地面沉降、喷涌、刀盘结泥饼、管片破损错台等问题进行了分析，提出了出渣控制、掘进控制、渣土改良、监测反馈等施工措施。

第5章珠三角盾构施工的技术难题及解决方法

在复合式地层中，刀盘刀具磨损严重，掘进效率低，本章针对刀具布局、开口位置、开口率等，对莞惠城际的盾构机进行了针对性设计与改进，并结合莞惠的掘进情况，对佛莞城际的盾构机进行了二次改进与设计；盾构拼装管片通过矿山法开挖成型的隧道段时，严格控制盾构姿态，保证盾构机不破坏导台与初期支护；此外，利用由特制支撑螺杆组成的新型防管片上浮结构以及吹砂与注浆相结合的施工措施，控制管片上浮。在富水段的施工时，采用同步注浆进行堵水、防止沉降，根据实际情况调整注浆工艺和材料等，并利用二次注浆对同步注浆进行补充。佛莞城际FGZH-1标盾构区间隧道的近接工程较多，包括新光快速、广明高速、广州地铁7号线、东新高速、广州地铁3号线等，为保护好近接工程并顺利完成盾构施工，本章介绍了接近施工的具体方案、流程以及注意事项，并采用数值模拟对相应工况进行了研究；针对全断面硬岩地层中盾构机卡壳的问题，本章介绍了微差控制爆破的脱困方法。

本书写作分工如下：前言由邓勇编写；第1章盾构施工总体筹划由邓勇、李增良、张云飞、高永吉、王维、加武荣编写；第2章盾构机的选型及主要配置由李增良、吴应明、加武荣、吕岩、张涛涛编写；第3章大直径盾构始发与到达施工技术由王维、吕岩、张晓林、张涛涛、孟乔、金琦编写；第4章大直径盾构掘进技术由王维、吕岩、张涛涛、范伟亮、韩佳尧、丁世强编写；第5章珠三角盾构施工的技术难题及解决方法由王维、加武荣、魏辉、吕岩、张涛涛编写。

本书主要介绍了珠江三角洲莞惠和佛莞城际快速铁路盾构施工的技术性成果，主要内容包括盾构施工的总体筹划、盾构机的选型以及刀盘刀具的改进、盾构始发与到达施工技术以及盾构掘进施工中遇到的难题和解决措施，是一本内容丰富的工程实践专著，可以为国内外同行提供参考。

鉴于作者的学识水平有限，本书疏漏之处在所难免，敬请读者批评指正。

作 者

2018年10月

目 录

第1章 盾构施工总体筹划 ·· 1
1.1 工程概述 ·· 1
1.2 工程施工目标 ··· 7
1.3 盾构施工筹划 ··· 8
1.4 工程特点 ·· 14

第2章 盾构机的选型及主要配置 ·· 16
2.1 复合地层盾构机的选型 ··· 16
2.2 盾构机的主要配置 ··· 24
2.3 盾构后配套选型 ·· 50

第3章 大直径盾构始发与到达施工技术 ··· 56
3.1 盾构始发井施工 ·· 56
3.2 始发基座的安装 ·· 59
3.3 盾构机下井组装 ·· 60
3.4 反力架的安装 ··· 64
3.5 始发掘进推力确定 ··· 64
3.6 洞门凿除 ·· 65
3.7 安装洞门密封装置 ··· 66
3.8 负环管片拼装 ··· 67
3.9 盾构机调试 ··· 68
3.10 负环管片拆除 ·· 72
3.11 始发阶段常见问题及处理 ·· 74
3.12 盾构接收井施工 ·· 75

第4章 大直径盾构掘进技术 ··· 84
4.1 掘进模式的选择 ·· 84
4.2 掘进参数的选择 ·· 84
4.3 盾构姿态调整 ··· 87
4.4 掘进数据分析 ··· 88

4.5 盾构掘进控制 … 90
4.6 管片拼装技术 … 94
4.7 连续皮带机出渣技术 … 97
4.8 刀具更换技术 … 107
4.9 复合地层大直径盾构机施工沉降控制技术 … 114
4.10 复合地层盾构掘进技术难点及对策 … 118

第 5 章 珠三角盾构施工的技术难题及解决方法 … 124
5.1 刀盘设计及改进技术 … 124
5.2 盾构拼装管片过暗挖隧道施工技术 … 139
5.3 盾构管片上浮控制施工技术 … 149
5.4 同步注浆与二次注浆在富水段的施工技术 … 155
5.5 盾构隧道与邻近工程的近接施工技术 … 166
5.6 盾构机卡壳爆破施工处理方案 … 246

参考文献 … 254

第 1 章　盾构施工总体筹划

1.1　工程概述

1.1.1　工程背景及意义

铁路是国民经济大动脉、关键基础设施和重大民生工程，是综合交通运输体系的骨干和主要交通方式之一，在我国经济社会发展中的地位和作用至关重要，是稳增长、调结构，增加有效投资，扩大消费，既利当前更惠长远的重大举措。

珠三角城际轨道交通，是指珠江三角洲城市群区域范围内部的捷运铁路运输系统。根据国家发展和改革委员会颁布的《中长期铁路网规划》文件，珠江三角洲城市群地区按要求在优先利用高速铁路和普速铁路开行城际列车服务城际功能的同时，应规划建设支撑和引领新型城镇化发展、有效连接大中城市与中心城镇、具有服务通勤功能的城市群城际客运铁路，建成城际铁路网。

珠三角城际轨道交通网是为促进珠三角地区经济一体化战略实施、完善综合交通体系、适应城际客流快速增长的需要而修建的以广州、深圳、珠海为主要枢纽，覆盖珠三角九市加素有"广州后花园"之称的清远区域内主要城镇的便捷、快速、安全、高效的城际轨道交通网络。项目建成后可实现以广州市为中心，主要城市间 1 小时互通，珠三角中部、东部和西部都市区内部 1 小时互通。其主要线路规划如下（图 1.1.1）：

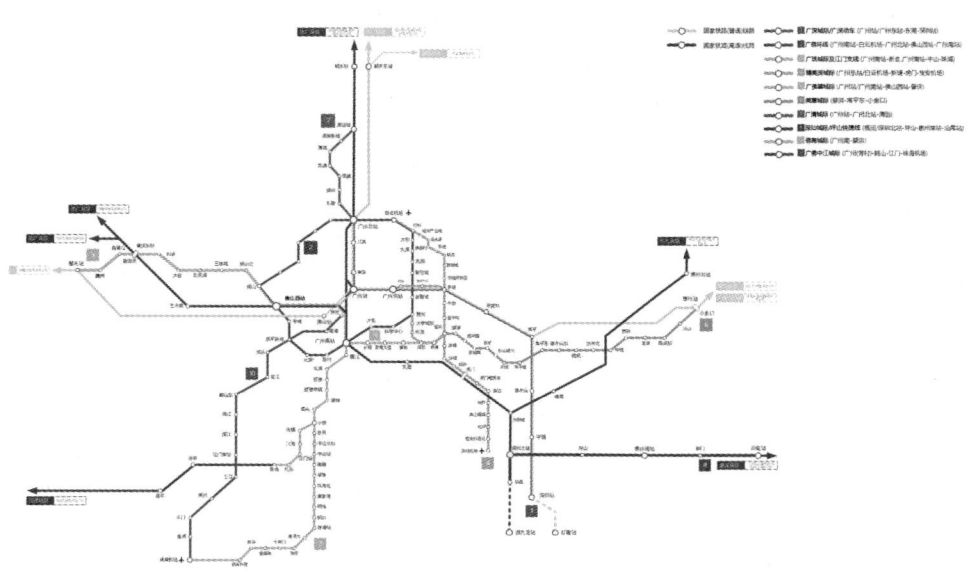

图 1.1.1　珠三角城际轨道交通路线示意图

纵线（主线：广州—佛山—中山—珠海—澳门；辅线：清远—广州—佛山—江门—珠海）

横线（主线：肇庆—佛山—广州—东莞—惠州；辅线：江门—中山—广州—东莞—深圳）

射线（主线：肇庆—佛山—广州—东莞—深圳；辅线：清远—广州—东莞—深圳—香港）

支线（主线：广州—东莞—深圳；辅线：若干条）

环线（广州—惠州—深圳—珠海—江门—佛山—广州）

地铁（广州—佛山；东莞—深圳；惠州—深圳）

本书基于中铁二十局承建的莞惠城际轨道交通项目工程 GZH-6 标和佛莞城际轨道 FGZH-1 标（广州南至望洪段）两个标段工程，总结了珠三角地区复杂地质条件下的盾构施工技术。

1. 莞惠城际轨道

莞惠城际铁路（Dongguan-Huizhou Intercity Railway）是广东省内一条连接东莞市与惠州市的城际铁路。如图 1.1.2，莞惠城际铁路呈东西走向，是珠三角城际快速轨道交通的放射线路之一，也是珠江口东岸地区轨道交通的骨干项目之一。

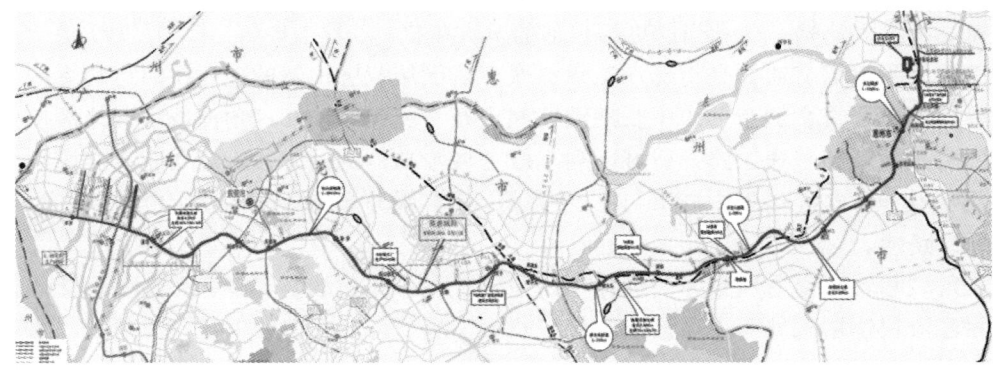

图 1.1.2 东莞至惠州城际铁路平面布置示意

莞惠城际轨道交通项目工程施工总承包 GZH-6 标位于东莞市大朗镇，标段范围为 GDK33+022.303（松山湖北站与隧道暗挖分界）~GDK38+952（大朗车站大里程端明挖段与 7 标暗挖分界），正线全长 5.928 km，如图 1.1.3。其中：隧道盾构段为 4406.455 双延长米，隧道暗挖段为 812.765 双延长米，隧道明挖段为 386.337 双延长米，并设大朗车站一座，长度为 322 m。其间共有盾构始发井 2 座，风井兼电力井兼盾构吊出井 1 座，联络通道 9 座，暗挖竖井横通道 1 座。

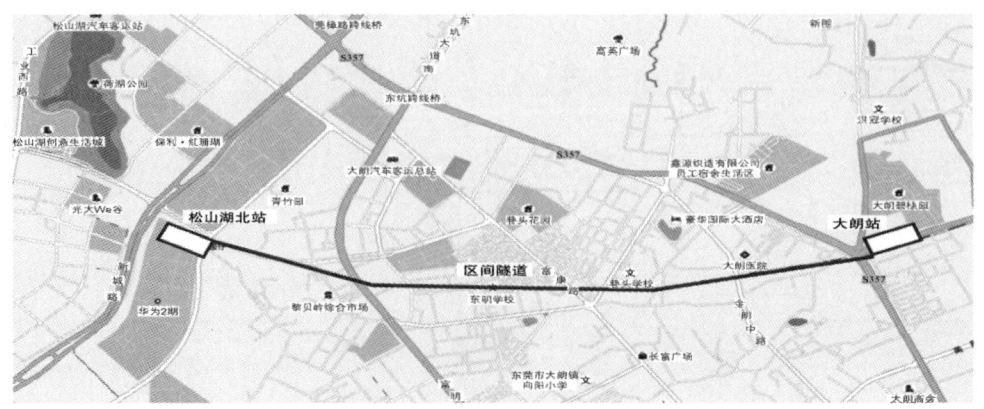

图 1.1.3 莞惠城际轨道交通项目工程 GZH-6 标标段范围

项目建成后可进一步密切东莞和惠州的联系，对推动珠三角交通一体化、加快经济一体化进程、提升珠三角地区整体竞争力和辐射带动能力具有重要作用。

2. 佛莞城际轨道

佛莞城际铁路（广州南至望洪段）途经广州市番禺区和东莞市麻涌镇、望牛墩镇、洪梅镇。佛莞城际与佛肇、广佛环线（佛山西至广州南）、莞惠等城际线共同构成东西向的快速干线。佛莞城际铁路平面示意图如图1.1.4所示。

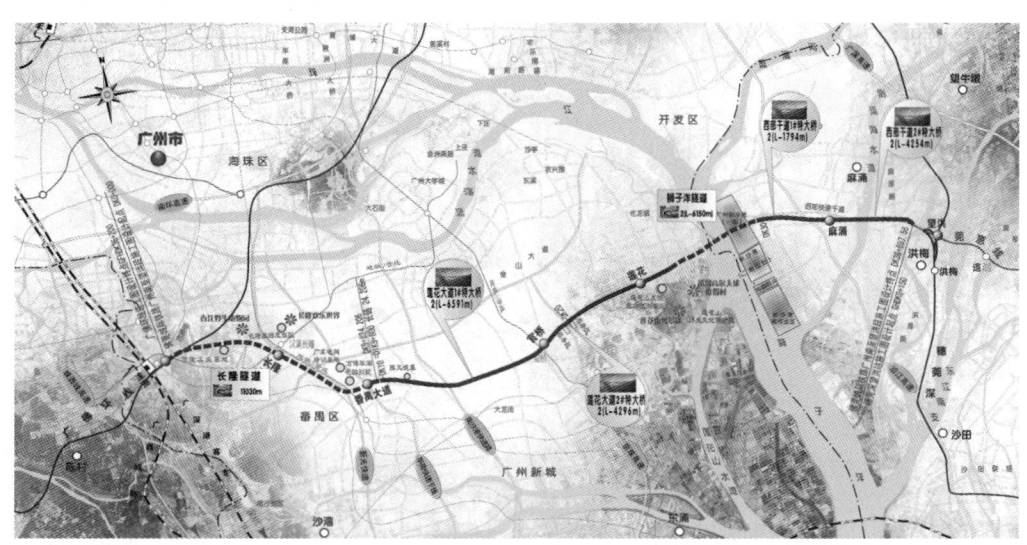

图 1.1.4　佛莞城际铁路总平面布置示意

佛莞城际铁路 FGZH-1 标（广州南至望洪段）里程范围为广州南站（不含）至长隆隧道出口端隧道与路基分界（DK0+000～DK11+030），正线长 11.030 km。该标段包含两站三区间：广州南站（不含）—长隆站区间（4 615 m）、长隆站（535 m）、长隆站—番禺大道站区间（3 970 m）、番禺大道站（270 m）、番禺大道站—出口段区间（755 m），见图1.1.5。

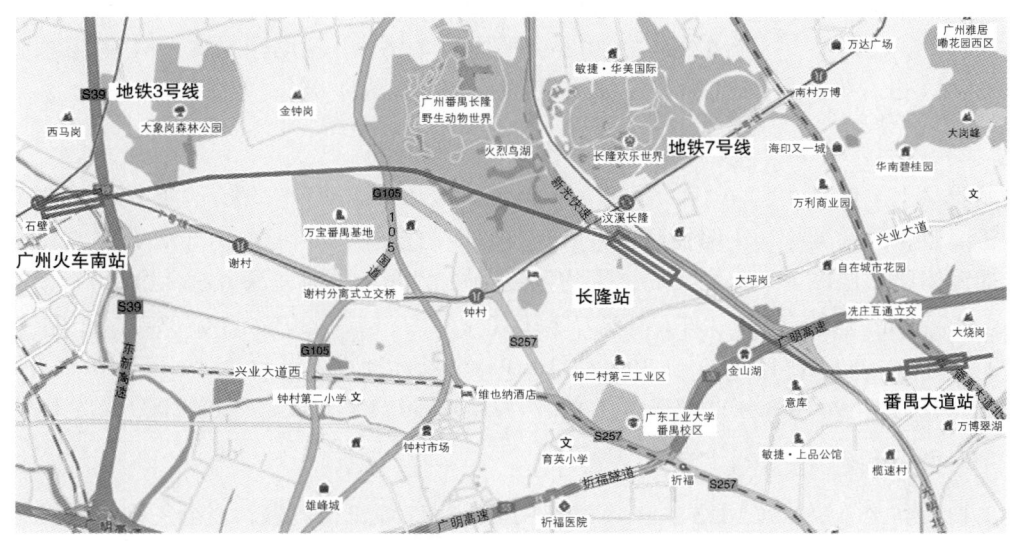

图 1.1.5　佛莞城际铁路（广州南至望洪段）FGZH-1 标范围

该城际铁路是珠三角城际轨道交通网中珠江东西两岸重要的快速直达过江客运通道，为广佛肇都市区与东部莞深惠都市区内的轨道线网之间建立了重要的联系通道，对于构建珠三角城际轨道"十"字骨干网，实现珠三角地区"1小时"城市圈具有极为重要的意义。

1.1.2 工程地质条件

1. 地形地貌

莞惠城际轨道 GZH-6 标盾构区间工程项目位于东莞市大朗镇，施工区域内地下管线主要有电力、电信、雨水、上水、污水、燃气、路灯等地下管线管道。本项目区间隧道主要为盾构及暗挖施工，对地面交通影响较小，盾构施工地质条件复杂，对沉降控制要求高。施工场地周围主要为交通道路、居民区、商业区和厂房。因此，施工受周边环境的影响较大。

佛莞城际轨道交通 FGZH-1 标工程项目拟建隧道起点处主要为三角洲冲积平原，相对地势较低，地势平坦开阔，现主要为苗圃、鱼塘及荒地。区间隧道经过的地形以丘坡地貌为主，剥蚀残丘与宽缓谷地相间分布。丘坡地势相对较低，植被较为发育，丘间谷底地形较为平坦开阔，标高 6.00~60.00 m，丘谷标高高差较大，场地大部分地段为旱地，部分为苗圃、人工开挖鱼塘及水库。区间隧道多穿越山地、荒地、村庄自留用地，荒地及村庄留用地原生地貌多经过人工改造，隧道沿线需经过地下管线复杂而密集、人类活动频繁的地段，沿线东西穿越 G105 国道、新光快速路、华南快速干线三条南北交通主干线，交通网发达，交通较为便利。

2. 地层岩性及地质构造

莞惠城际轨道 GZH-6 标及佛莞城际轨道交通 FGZH-1 标盾构区间地层特征如下：

1）第四系人工堆积层（Q_4^{ml}）

人工填土：素填土〔层号（1）0〕：褐黄、灰褐等色，稍湿~很湿，松散~压实，主要成分为粉质黏土等黏性土，夹含量不均的砂、砾或碎石、块石组成，局部层顶为混凝土。部分场地由人工平整或弃土堆填而成，局部为人工填埋的垃圾，场地内该层部分钻孔揭露，分布于地表，厚度变化较大，介于 0.50~22.30 m，平均为 4.26 m。现场标准贯入试验 12 次，实测击数 N=5~23 击，平均击数 11.17 击。岩土工程施工分级为Ⅰ级。

2）第四系冲洪积层（Q_4^{al+pl}）

淤泥质黏土〔层号（2）0-1〕：深灰~灰黑色，饱和，流塑~软塑，含有机质、腐殖质以及少量粉细砂，具腥臭味，压缩性高，并具流变性及触变性，场地内 46 个钻孔揭露该层，呈层状或透镜体状，层厚 0.70~7.90 m，平均厚度为 3.02 m，顶面埋深 0.00~20.00 m，层面标高-0.16~15.90 m。取原状样 17 件，物理力学统计参数为：w=38.30%~58.10%，I_L=1.04~1.45，I_P=11.10~19.80，e_0=1.01~1.47，E_S=1.30~4.23 MPa。现场标准贯入试验 20 次，实测击数 N=2.0~7.0 击，平均击数 4.90 击；建议地基基本承载力取 σ_0=60 kPa。岩土工程施工分级为Ⅱ级。

3）第四系坡洪积层（Q_4^{dl+pl}）

（1）粉质黏土〔层号（2）2-2〕：褐黄、灰黄、褐红等色，可塑，成分主要以黏粒为主，土质黏性较好，局部有砂感及少量有机质。场地内共 191 个孔揭露该层，呈层状及透镜体状，层厚 1.00～18.50 m，平均厚度为 5.56 m，顶面埋深 0.00～22.00 m，层面标高-2.38～38.27 m。取原状样 126 件，物理力学统计参数为：W_P=13.90%～41.30%，W_L=24.50%～60.80%，I_L=-0.25～0.75，I_P=10.20～23.50，e_0=0.46～1.40，E_s=2.23～8.54 MPa。标准贯入试验 134 次，实测击数 N=5～26 击，平均击数 14.82 击；建议地基基本承载力取 σ_0=150 kPa。岩土工程施工分级为Ⅱ级。

（2）粉质黏土〔层号（2）2-3〕：褐黄、灰褐、褐红等色，硬塑，成分主要以黏粒为主，局部含石英砂粒，土质黏性一般，场地内较广泛分布，共 284 个钻孔揭露，呈层状及透镜体状，层厚 0.70～24.50 m，平均厚度为 7.17 m，顶面埋深 0.00～21.40 m，层面标高-7.17～48.62 m。取原状样 207 件，物理力学统计参数为：W_P=13.00%～43.60%，W_L=23.70%～59.30%，I_L=0.00～0.24，I_P=10.20～22.90，e_0=0.36～1.18，E_s=2.20～8.51 MPa。标准贯入试验 285 次，实测击数 N=15～30 击，平均击数 22.62 击；建议地基基本承载力取 σ_0=180 kPa。岩土工程施工分级为Ⅲ级。

（3）粉砂〔层号（4）2-2〕：浅灰、灰白色，饱和，稍密，分选性一般，局部含少量黏粒，呈透镜体状，场地仅 14 个钻孔揭露该层，层厚 1.10～5.10 m，顶面埋深 2.50～10.00 m，层面标高-0.84～11.28 m。取 4 件样品进行统计，1 件为含黏性土粉砂，3 件为粉砂，标准贯入试验 3 次，实测击数 N=11～15 击，修正击数 10.4～11.99 击；建议地基基本承载力取 σ_0=80 kPa。岩土工程施工分级为Ⅰ级。

（4）细砂〔层号（4）3-2〕：浅灰、深灰色，饱和，稍密～中密，分选性一般，局部含少量黏粒，呈透镜体状，场地零星分布，共 13 个钻孔揭露该层，层厚 0.60～6.60 m，平均厚度为 2.55 m，顶面埋深 0.00～20.50 m，层面标高 1.23～15.23 m。标准贯入试验 2 次，实测击数 N=13～18 击，平均击数 15.50 击；建议地基基本承载力取 σ_0=150 kPa。岩土工程施工分级为Ⅰ级。

（5）中砂〔层号（4）4-2〕：灰黄色，饱和，中密，成分以石英为主，分选性一般，呈透镜体状，场地仅 3 个钻孔揭露该层，层厚 2.00～3.00 m，顶面埋深 3.50～9.50 m，层面标高-3.14～8.16 m。取 3 件样品进行统计，2 件为中砂，1 件为含黏性土中砂，标准贯入试验 2 次，实测击数 N=16～19 击，建议地基基本承载力取 σ_0=200 kPa。岩土工程施工分级为Ⅰ级。

（6）粗砂〔层号（4）5-1〕：浅灰、灰黄色，饱和，稍密，成分以石英为主，分选性一般，呈透镜体状，场地内零星分布，层厚 2.40～5.10 m，平均厚度为 3.70 m，顶面埋深 5.10～10.90 m，层面标高-1.92～5.59 m。取 2 件样品进行统计，均为粗砂，标准贯入试验 3 次，实测击数 N=12～14 击，平均击数 13 击；建议地基基本承载力取 σ_0=200 kPa。岩土工程施工分级为Ⅰ级。

4）白垩系砂岩、泥质砂岩层（K）

（1）全风化砂岩、泥质砂岩〔层号（7）1-1，W4〕：棕红色、褐黄色，原岩结构完全被破坏，岩芯呈硬土状，局部夹强风化块状，浸水易软化，砂岩部分局部含少量炭质。分布范围内的大部分钻孔均揭露该层，埋深及层厚变化较大，层厚 1.70～28.90 m，平均为 11.15 m，层面埋深 0.00～18.00 m，层面标高-5.77～22.33 m。取原状样 17 件，物理力学统计参数为：W_L=29.00%～51.90%，W_P=15.30%～32.60%，c=15.20～35.40 kPa，φ=9.74～17.70°，E_s=2.84～7.51 MPa。标准贯入试验 23 次，实测击数 N=30～78 击，平均击数 46.57 击；地基基本承载力取 σ_0=200 kPa。岩土工程施工分级为Ⅲ级。

（2）强风化砂岩、泥质砂岩〔层号（7）1-2，W3〕：棕红色、黄褐色，原岩结构大部分被破坏，岩芯风化剧烈，不均匀，岩芯呈块状为主，局部为土状及中风化饼状。分布范围内普遍揭露该层，埋深及层厚变化较大，层厚 0.50～34.32 m，平均为 14.84 m，层面埋深 0.00～45.50 m，层面标高-25.10～20.62 m。建议地基基本承载力取 σ_0=300 kPa。岩土工程施工分级为Ⅳ级。

（3）中风化砂岩、泥质砂岩〔层号（7）1-3，W2〕：泥岩呈棕红色，泥质结构，层状构造，泥质胶结，岩质软，岩体较完整，岩芯主要以短柱状为主，少量饼状、块状。砂岩为粉粒结构，层状构造，裂隙较发育，岩芯主要以短柱状、块状为主。大部分钻孔揭露该层，揭露层厚 2.40～30.70 m，平均为 10.38 m，层面埋深 12.00～53.00 m，层面标高-39.42～-0.48 m。泥质砂岩段取岩样 1 件做烘干抗压强度试验，试验值为 24.8 MPa；4 件做饱和抗压强度试验，范围值为 8.90～18.80 MPa，平均值为 13.75 MPa。砂岩段取岩样 10 件做抗压强度试验，其中：4 件做烘干抗压强度试验，范围值为 15.00～44.90 MPa，平均值为 25.35 MPa；6 件做饱和抗压强度试验，范围值为 22.7～46.8 MPa，标准值为 29.09 MPa。泥质砂岩段地基基本承载力取 σ_0=400~600 kPa。岩土工程施工分级为Ⅳ级。

5）震旦系二长花岗岩（Z）

中细粒花岗结构，块状构造，主要矿物成分为长石、石英等，场地范围内大部分地段分布，主要分布于里程 DK0+560.00～DK6+430 与 DK7+730.00～DK10+920.00 范围，按其风化程度分为：

（1）全风化二长花岗岩〔层号（8）2-1，W4〕：褐红色、褐黄色，原岩结构大部分被破坏，岩芯呈坚硬土状或半岩半土状，石英含量较高，大部分矿物已风化成黏粒、粉粒及石英砂粒，浸水易软化、崩解。广泛分布，呈层状，其埋深及厚度变化较大，层厚 1.50～51.60 m，平均为 22.70 m，层面埋深 0.00～27.70 m，层面标高-14.12～55.57 m。取样 407 件，物理力学统计参数为：W_L=22.30%～55.70%，W_p=11.10%～37.30%，c=13.50～61.30 kPa，φ=11.00～24.50°，E_s=2.02～11.10 MPa。标准贯入试验 574 次，实测击数 N=30～106 击，平均击数 43.55 击；地基基本承载力取 σ_0=200 kPa。岩土工程施工分级为Ⅲ级。

（2）强风化二长花岗岩〔层号（8）2-2，W3〕：褐黄、青灰、灰褐等色，原岩结构大部分被破坏，风化剧烈，岩芯呈块状为主，块径 d=2～6 cm，局部夹全风化、中风化等薄层，岩质较软，锤击易碎。广泛分布，呈层状及透镜体状，埋深与层厚变化较大，层厚 0.50～41.00 m，平均为 9.96 m，层面埋深 1.50～63.20 m，层面标高-41.90～44.64 m。地基基本承载力取 σ_0=350 kPa。岩土工程施工分级为Ⅳ级。

（3）中风化二长花岗岩〔层号（8）2-3，W2〕：青灰色，花岗岩结构，块状构造，节理裂隙稍发育，岩芯呈柱状、短柱状、块状、碎块状。场地内共 184 个钻孔揭露该层，未揭穿。埋深变化较大，揭露层厚 1.65～30.80 m，平均 7.70 m，层面埋深 14.40～64.00 m，层面标高-37.14～20.07 m。取岩样做烘干抗压强度 19 件，范围值为 20.1～58.5 MPa，标准值为 35.74 MPa；做饱和抗压强度 37 件，范围值为 19.9～57.6 MPa，标准值 33.94 MPa。地基基本承载力取 σ_0=800 kPa。岩土工程施工分级为Ⅴ级。

根据施工工程资料总结，工程的区间盾构隧道埋深为 6～45 m。所穿越地层多是软硬不均的复合地层，不同土层交叉，且变异性大，自上而下主要为：填土层、粉质黏土、"全、强、中风化"二长花岗岩、"全、强、中风化"砂岩。

1.1.3　水文地质概况

莞惠城际轨道 GZH-6 标盾构区间地表水不发育。地下水主要是第四系孔隙潜水和基岩裂隙水。勘察期间测得第四系孔隙水地下水位埋深在 2.0～5.0 m，主要通过大气降水、地表水的补给，通过地表蒸发、人工开采、地表径流等方式排泄；基岩裂隙水主要赋存在基岩裂隙中，水量不大，埋深较深，主要分布在丘陵区。场地地表水、地下水不考虑化学侵蚀。

佛莞城际轨道交通 FGZH-1 标地表水系主要发育于宽缓谷地的低洼地段形成的沼泽与人工开挖的水库及鱼塘，零星分布，沿线可见少量河流，但径流量相对较小。地表水的主要来源为大气降水；地下水可划分为孔隙潜水和基岩裂隙水两大基本类型。孔隙潜水主要含水层为局部第四系浅部以冲积为主的粉细砂、中粗砂层，厚度较薄，厚 0.60~6.60 m，透水性及富水性好，为该区主要富水层，强富水，具有一定的承压性。次要含水层为淤泥质黏土层，该土层孔隙比大，含水量大，在场地内局部分布，厚度较薄，但其成分以黏粒为主，孔隙间连通性差，弱富水；粉质黏土层也是含水层，成分以黏粒为主，弱富水。基岩裂隙水主要赋存在全风化～强风化带中，中等富水。径流条件较好，透水性较强，其流通性及水量大小受裂隙发育程度影响，分布不均匀。

1.1.4　地震动参数

据《建筑抗震设计规范》(GB 50011—2010) 附录 A：莞惠标段地处广东省东莞市，地震基本烈度为 6 度，地震动反应谱特征周期为 0.35 s；佛莞标段地处广东省广州市番禺区，地震基本烈度为Ⅶ度，地震动反应谱特征周期值为 0.35 s。

1.1.5　气象条件

珠三角地区属热带季风海洋性气候，冬季无严寒，夏季湿热多雨。年平均气温 21.8～22.0 °C，最热月 7 月平均气温 28.3～28.4 °C，最冷月 1 月平均气温 13.1～14.0 °C，极端最高气温 38.2 °C，极端最低气温-1.9 °C。年平均降雨量 1 788.6～1 989.4 mm，年平均蒸发量 1 731.0～1 752.3 mm。雷暴雨较多，主要集中在雨季的 4～9 月份，多雨季节与高温季节同步。主要灾害性天气为强台风及暴雨。

1.2　工程施工目标

1.2.1　莞惠城际轨道 GZH-6 标盾构区间施工目标

安全目标：杜绝一切人身伤害、机械破损、火警灾害安全事故的发生，杜绝因施工造成的地表沉陷、道路交通中断、通信中断、地下管线中断或漏水、漏气等施工安全责任事故，加强施工安全防护，保护施工人员以及公众的生命健康和安全。

质量目标：确保本标段工程全部达到工程质量验收标准，工程一次验收合格率达到100%。

文明施工和环保管理目标：以最大限度地减少施工活动给周围群众造成的不利影响，同时注意保护城市资源和文化遗产。施工过程中产生的废水、弃渣、泥浆等按规定处理后方可进行排放。保护沿线环境不受污染和破坏。

1.2.2 佛莞城际轨道交通 FGZH-1 标施工目标

质量管理目标：

（1）确保结构安全、主体结构零缺陷。

（2）杜绝因质量事故造成人员伤亡、基坑坍塌、洞内塌方、地表沉降、构筑物开裂倒塌以及引起的交通和通信中断、停电、漏水等事件的发生。

安全管理目标：杜绝各类人员伤亡事故（包括与生产有关的生活、交通、消防等），杜绝各类生产安全隐性事件，消除事故隐患，落实包保责任。

环境保护及节能减排目标：执行国家和项目所在地政府、建设单位环境保护及水土保持方面的有关规定，落实项目环评报告要求和标准，确保节能减排。

文明施工目标：现场布局合理，施工组织有序，材料堆放整齐，设备停置有序，标识标志醒目，环境整洁干净，实现施工现场标准化、规范化管理。

1.3 盾构施工筹划

1.3.1 莞惠城际轨道 GZH-6 标盾构区间盾构施工筹划

1. 施工组织机构

1）管理模式

本标段采用以项目经理负责制为中心的项目法进行工程施工组织，组建以工程施工项目为主控对象、以项目施工管理为中心的现场组织机构——项目经理部，实行项目经理负责制，下设一、二分部，实施"二级管理，共同负责，风险共担"的全过程、全方位的施工项目管理模式。

2）运作程序

以工程施工项目为对象，以项目评估综合效益和责任目标合同为依据，以获得最佳经济效益和社会效益为目标，动态配置生产要素，优化资源配置，有效地控制工期、质量、安全、文明、环保、成本。

施工现场设立项目经理部，作为集团公司现场派驻机构，从事现场施工组织和管理的各项工作。

项目经理部下设一、二分部，项目经理部负责监督、检查指导一、二分部相关工作，一、二分部为具体实施单位。项目经理部及一、二分部分别设置"四部二室"，行使与其职责相适应的管理职能,履行施工管理、技术指导、质量监控、安全保障、物资供应、机具配置、进度计划、财务收支、成本控制、环境保护、协调服务等职责,承担工程施工管理责任。"四部二室"即施工技术部、安质环保部、计划财务部、物资设备部、(中心)工地试验室、综合办公室,负责工程的实施、完成及缺陷修复等工作,服从业主的指挥和管理,服从监理单位的监督检查。

设立技术专家组,由教授级高级工程师组成,同时邀请大专院校、科研院所地质、结构、防水、量测等方面的专家、教授,定期对本工程的实施方案、工程重难点进行"会诊",以确保工程按期、优质、安全完工。

2. 区间隧道施工方案

1) 盾构区间隧道施工

本工程采用土压平衡盾构机,其选型和设备配置满足本工程施工的各项要求。盾构机采用辐条加小面板式刀盘,刀盘上安装有鱼尾刀、刮刀和扩挖刀等,刀具采用高耐磨的硬质碳钨合金刀具,刀盘刀具的选型满足本工程施工中需有效防止泥饼形成、各类土体和各类加固体的掘进要求。

盾构掘进时的模式以土压平衡模式为主,在地层较稳定的地段可采用半敞开式掘进。施工中主要通过控制土压力、推力、扭矩、刀盘转速、出土量、注入材料与注入量、盾构姿态、同步注浆压力和注浆量等施工参数来适应各种地质条件下的施工。

盾构机每向前掘进 1.6 m 需停机进行管片安装。盾构隧道管片采用由本标段预制的钢筋混凝土管片,管片环宽 1.6 m、厚 400 mm,采用错缝拼装,通过斜螺栓连接。管片接缝采用弹性密封垫及嵌缝槽防水。盾构向前掘进的同时,及时将管片与地质之间的环形间隙采用同步注浆回填。

盾构隧道施工水平运输采用钢轨铺设、45 t 变频电机车牵引重载编组列车运输,每一掘进循环由一辆列车编组完成运输作业。垂直运输由一台 20 t 门吊倒运材料,一台 50 t 门吊进行出渣。

2) 盾构区间隧道施工联络通道

本标段设置 9 处联络通道,均在隧道内施工,施工前先采用高压旋喷桩对地层进行加固处理,然后采用矿山法施工、复合式衬砌。所有防水工程和接口防水均实行专业化施工、专业化现场工序管理,确保防水质量。

3) 洞门与其他附属工程

洞门与其他附属工程的施工主要利用反力架与负环管片拆除、盾构到达、盾构转场、刀盘换刀、盾构拆机的施工间隙进行。

盾构始发和接收端采用高压旋喷桩进行地层加固,在盾构机始发和到达前完成洞门外地层加固。

3. 盾构施工顺序

一台盾构机从 GDK33+951.219 盾构始发井进行始发,先进行左线施工,掘进至 GDK35+428 后吊出从 GDK33+951.219 始发进行右线施工,至 GDK35+428 后吊出。另两台盾构机从 GDK38+359 盾构始发井开始始发掘进，一台进行左线施工，一台进行右线施工，最后由 GDK35+428 吊出井吊出。图 1.3.1 为该标段盾构施工示意图。

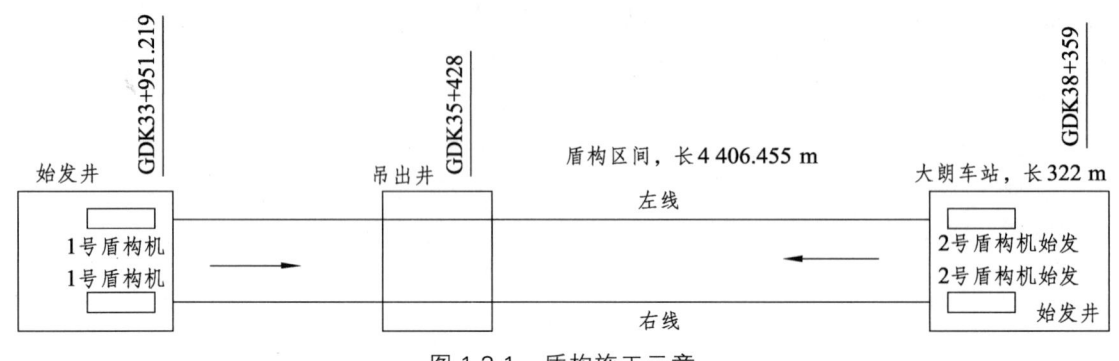

图 1.3.1　盾构施工示意

1.3.2　佛莞城际轨道交通 FGZH-1 标盾构施工筹划

1. 施工组织机构设置

1）组织机构

现场设立"中铁二十局集团有限公司佛莞城际 FGZH-1 标项目经理部"，代表公司履行合同的权利和义务，全面负责组织、管理本标段工程施工和对外联系协调工作，按期优质完成工程施工任务，对公司负责，对发包人负责。

2）施工队伍配置、模式及任务划分

项目下设盾构掘进队 2 个、加工工班 1 个，分大、小里程负责盾构区间施工任务，主要工班有管片运输工班、盾构掘进工班、机修工班、防水工班、横通道施工工班。

2. 盾构施工方案

1）基本原则

总体施工方案部署遵循"机构精干，队伍专业；配套适用，资源共享；突出关键，兼顾平衡；主线明确，顺序合理；管理规范"的原则，达到"完全履约、工期确保、安全第一、质量争优、环保达标"的要求。

2）方案概述

（1）盾构隧道施工方案。

新购 2 台铁建重工集团直径为 8.85 m 的土压平衡式盾构机，调拨公司莞惠城际 6 标项目 2 台直径为 8.85 m 的土压平衡盾构机。

新购 2 台盾构机从长隆站小里程端始发，向进口明挖段方向掘进。施工需采用 2 台 20 t 门吊垂直吊运材料、2 台长距离皮带机连续出渣、4 台 45 t 电瓶车水平运输管片等材料（后期根据道岔设置情况，随时可增加电瓶车水平运输管片等材料）。

调拨莞惠城际 6 标项目 2 台盾构从长隆站大里程始发，向番禺大道站方向掘进，在番禺大道站小里程吊出后转场至番禺大道站大里程始发，掘进剩余的 755 m 区间隧道。施工需采用1台20 t门吊垂直吊运材料，2台50 t龙门吊进行垂直出渣，6台45 t内燃机车水平运输渣土、管片等材料。图1.3.2为该标段盾构施工示意图。

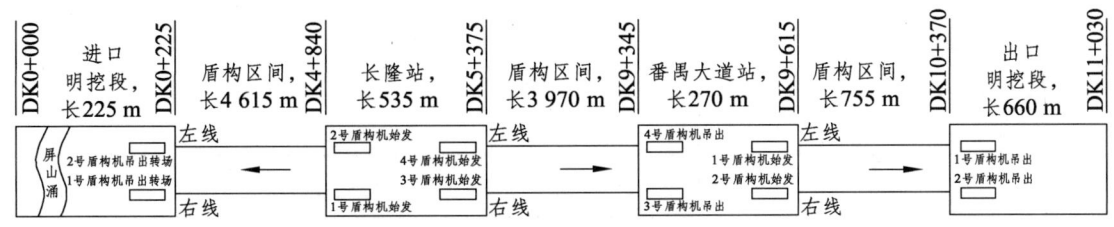

图1.3.2　盾构施工示意图

（2）附属工程施工方案。

电缆沟槽、横通道的施工，根据盾构施工进度，自制模板台车，人工绑扎钢筋、浇筑混凝土。防护、排水等附属工程将根据施工进展情况及时、适时施作。

3．施工进度计划

1）总体施工安排与顺序

本标段确立以番禺大道及盾构施工为控制性工程。综合本标段施工内容和工期安排，本标段盾构施工关键线路为：盾构机设计改造→盾构机进场→盾构掘进→盾构过程控制→盾构掘进进度保证措施→盾构到达及拆解→沉降观测（CPⅡ、CPⅢ）→无砟轨道施工→竣工验收。

围绕关键线路，首先满足盾构工作井接收、始发需要，盾构机正常掘进后，始终围绕着盾构掘进状态，调整盾构掘进参数，实施进度保证措施，确保盾构掘进顺利进行。

2）盾构区间隧道进度指标

（1）盾构区间隧道工程综合进度指标。

盾构区间隧道工程综合进度指标见表1.3.1～表1.3.4。

表1.3.1　进口至长隆站左线盾构区间综合进度指标

地层类型	进度指标/（m/mon）	长度/m	施工时长/mon	备注
全断面土层	280	2 934	10.5	
全断面硬岩	190	742.6	3.9	
软硬不均地层	150	938.4	6.3	
合　计			20.7 mon	

表1.3.2　进口至长隆站右线盾构区间综合进度指标

地层类型	进度指标/（m/mon）	长度/m	施工时长/mon	备注
全断面土层	280	2 859.6	10.2	
全断面硬岩	200	715	3.6	
软硬不均地层	150	1 100.4	7.3	
合　计			21.1 mon	

表 1.3.3　长隆站至番禺大道站左线盾构区间综合进度指标

地层类型	进度指标/（m/mon）	长度/m	施工时长/mon	备注
全断面土层	210	2 497.6	11.9	
全断面硬岩	160	407.9	2.5	
软硬不均地层	140	1 064.5	7.6	
合计			22 mon	

表 1.3.4　长隆站至番禺大道站右线盾构区间综合进度指标

地层类型	进度指标/（m/mon）	长度/m	施工时长/mon	备注
全断面土层	210	2 597.7	12.4	
全断面硬岩	160	260.9	1.7	
软硬不均地层	140	1 111.4	7.9	
合计			22 mon	

番禺大道站至出口明挖段平均进度指标 190 m/mon，4 mon 施工完成。按照盾构掘进综合指标，盾构区间施工工期满足要求。

（2）附属工程和管线拆除进度指标。

附属工程包括各区间的横通道、横通道兼废水泵房、洞门施工，在盾构通过时即可进行施工，横通道 60 d/个（含废水泵房的按 90 d/个考虑），洞门 15 d/个。管线拆除按 30 m/d。

4．施工用地规划

1）地面场地布置

长隆车站位于番禺区汉溪村村口，地势较平坦，临近汉溪大道和新光快速路，交通便利。此次盾构机两次始发均在长隆车站小里程端，为了配合盾构施工，地面设置的配套设施有：20 t 龙门吊、HZS120 搅拌站、管片堆场、渣土池、三级沉淀池、管片防水材料仓库、机加工棚及各种材料堆放区等。具体场地布置见图 1.3.3 所示。

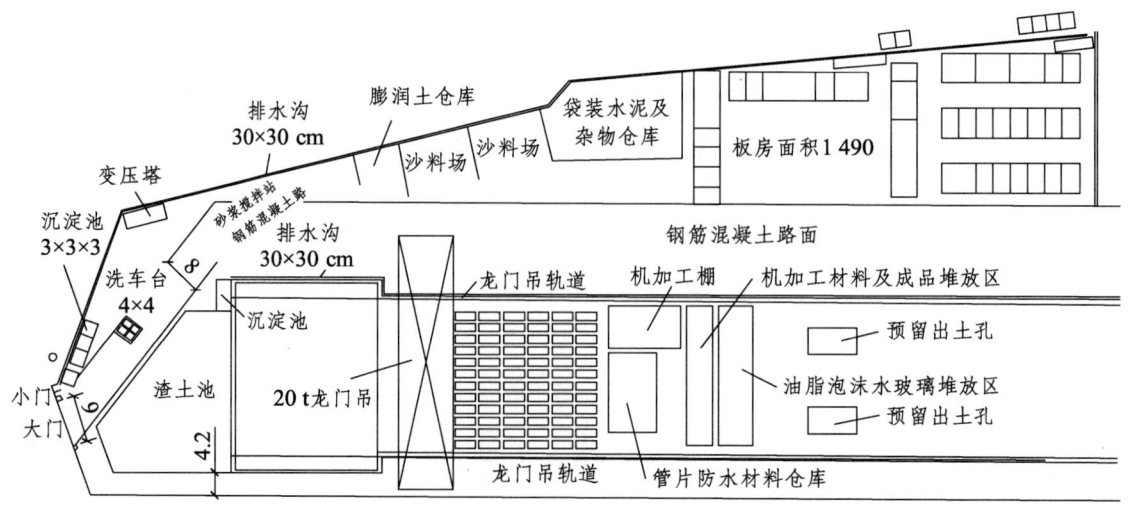

图 1.3.3　场地布置

2）隧道内部场地布置

隧道内部主要有照明电路、10 kV 高压输电线、外循环水管、污水管、进出便道、风筒、列车轨道的布置。具体布置示意图见图 1.3.4 所示。

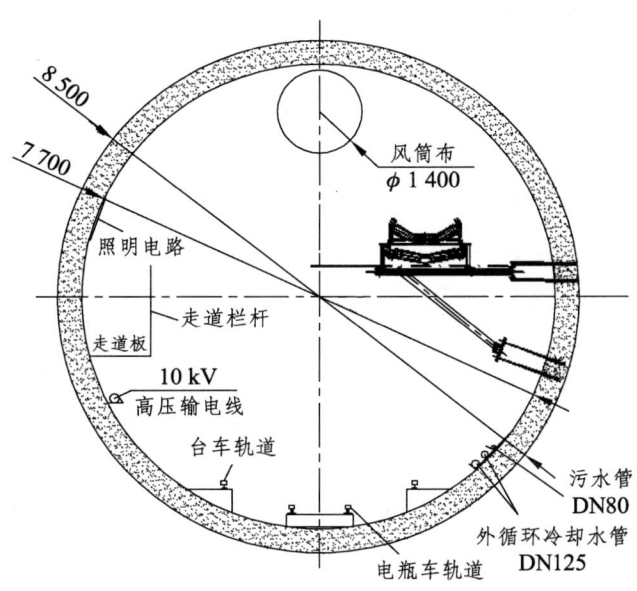

图 1.3.4　隧道内部场地布置示意

（1）通风。

根据本区间隧道长度，在始发井安装 SDF（C）-11 通风机，功率为 110 kW×2，高压风量为 1 000 m³/min，分成低、中、高 3 挡风量及风速。通风机以 ϕ1400 风管将新鲜空气送入工作面。

（2）施工照明。

隧道照明线路采用三相五线制，选用 BV3×25+2×16 塑料铜芯绝缘线沿隧道壁架空敷设，高度离走道板大于 2.5 m。从井口开始，每隔 100 m 设隧道照明专用配电箱 1 只，作为照明线路的分段开关和隧道内小动力用电设备的电源。隧道照明灯具采用 40 W 日光灯，每隔 9.6 m 架设 1 只，每只灯具设熔断器，接电采用 A、B、C 三相跳接，要求三相负载平衡，灯具金属外壳与接地线直接连接。

（3）高压电缆布设。

盾构专用 10 kV 高压电缆用一铁架布设在隧道左侧。

（4）外循环冷却水（洞内进水）。

外循环冷却水泵采用 70 kW 多级泵供水，水泵外接 DN125 mm 镀锌管，安装于隧道的右侧，进水管与盾构内的水管采用软管连接。

（5）洞内排水。

隧道内施工时，掘进上坡地段采用自然排水，反坡地段将施工水及地下水汇集于盾尾低处，设两台气动隔膜泵（用一备一），用气动隔膜泵抽出经排水管排至盾构机内污水箱，再由污水箱内的污水泵将污水排入地面沉淀池内，最后排入市政污水管网。排水管选用 DN80 镀锌管。

（6）电瓶车轨道及盾构台车轨道布设。

电瓶车轨枕采用弧长 1.115 m、中心高 0.215 m 的弧形钢枕与管片底紧贴，钢枕与轨道采用螺栓、压板紧扣。盾构台车的轨枕采用三角形支墩，三角支墩与轨道同样采用螺栓、压板紧扣，三角形支墩与弧形钢枕采用螺栓连接，并保证连成一体。

（7）人行过道布设。

在隧道左侧设人行过道，过道长 3.2 m、宽 0.52 m，扣在三角支架上，三角支架与管片螺栓连接，每 2 环设 1 个三角支架，三角支架设一栏杆，栏杆高度不小于 1.2 m。栏杆用麻绳连接。

5. 施工用水、用电

盾构施工用水主要为砂浆搅拌站拌浆用水、盾构循环冷却用水、洗车用水、电瓶车充电池冷却用水等，用水量最大的为生产砂浆，用水量大约 800 kg/m³，预计正常施工每天用水量大约 240 t。接取自来水作为主供水源，现场打井 1 口作为辅助水源。

电源取自最近的变电站，通过埋设一条高压电缆专线到长隆车站现场，现场设高压开闭所 1 处，输出 2 个回路，每台盾构机 1 个回路。进洞采用电缆沿隧道悬挂进洞，并与盾构机自带的电缆卷盘上的电缆连接。

1.4 工程特点

1.4.1 莞惠城际轨道 GZH-6 标工程特点

珠三角地区的地层素有地质博物馆之称，由于其特殊的地理位置，地层中广泛存在着软硬交叠不均的复合土层，既存在全软岩（全风化花岗岩）土层，又存在全硬岩（强风化花岗岩）土层，还存在不同软硬岩复合比例的上软下硬土层。

盾构机的选型需要考虑众多因素，如工程地质、水文地质、地貌、地面建筑物及地下管线和构筑物等具体特征。在这种复杂的地层条件下，选择合理的盾构机类型和刀盘的设计结构尤为重要。

盾构机在上软下硬的复合地层中掘进，由于掘进面地质条件恶劣、土层软硬不均、刀盘受力不均，盾构机机头极容易向软弱土层一侧偏移。这对盾构机的操作、掘进参数的选择提出了更高的要求。

松山湖北站到大朗站盾构区间隧道在 428 风井左线隧道需要采用矿山法接应、盾构机空推的方式施工。这需要减少盾构隧道与矿山法隧道贯通误差及盾构机步入矿山法隧道时的纠偏量，以使两段隧道顺利交接。

1.4.2 佛莞城际轨道交通 FGZH-1 标工程特点

本标段长隆站至番禺大道站区间隧道沿线下穿广明高速，侧穿新光快速路跨广明高速桥梁桩基群；长隆站至广州南站区间隧道盾构机从长隆站始发，掘进 60 m 后需要第一次上跨广州地铁 7 号线，沿线穿越秀铂化工厂建筑桩基础、东新高速桩基群和与线路走向几近平行的广州地铁 3 号线，掘进 3 396 m 后第二次上跨地铁 7 号线。

长隆车站至广州南站进口明挖段区间盾构施工单台盾构机最长掘进距离为 4 675 m，且隧道穿越软土、硬岩、上软下硬等多种地层，盾构施工隧道距离长、断面大、出渣量大、工期紧、任务重。

第 2 章　盾构机的选型及主要配置

2.1　复合地层盾构机的选型

2.1.1　选型概述

盾构机是根据工程地质、水文地质、地貌、地面建筑物及地下管线和构筑物等具体特征来"量身定做"的一种非标设备。不同于其他常规设备，盾构机的核心技术不仅要满足设备本身的机电工业设计要求，还需要满足各类工程地质施工的需求。珠三角城际隧道的典型特点是地质条件复杂，上跨下穿建筑物繁多，隧道距离长、直径大、出渣量大。在这种复杂地质条件下，选型的时候必须要考虑多方面因素和准则，对珠三角复合地层有针对性、适应性，充分利用盾构设备自身功能来规避和克服施工中的各类风险，这对盾构施工风险、工期、质量、成本控制方面有着举足轻重的作用。珠三角城际隧道盾构施工的首要任务就是制订详尽、可行的盾构选型方案。

2.1.2　盾构机的类型

自从 1818 年盾构机在英国诞生以来，经过 200 年的发展，人们开发出了许多种类的盾构机来满足不同的需求。盾构机可按盾构自身构造的特征、尺寸大小、功能、挖掘土体的方式、削面的加压方式、施工方法、适用地质状况等多种方式分类。目前，地铁施工中常用的复合盾构机类型有泥水平衡式盾构和土压平衡式盾构两种。

1. 泥水平衡式盾构

泥水平衡式盾构机（图 2.1.1）的工作原理是：盾构刀盘切削土体后，土体进入泥浆室中，同时盾构将泥浆送入泥浆室内，使泥浆在开挖面处形成不透水的泥膜，通过该泥膜保持水压力，以对抗作用于开挖面的土压力和水压力，同时泥浆中细微黏粒在极短时间内渗入土层，有利于增强土层自立能力。开挖的渣土以泥浆形式输送到地面，通过处理设备离析为土粒和泥水，分离后的泥水进行质量调整，再输送到开挖面。

泥水盾构适用土层范围很广，从软弱黏土、砂土到砂砾层都可适用。对一些特定条件的工程，如大量含水砂砾，无黏聚力、极不稳定土层和覆土浅的工程，尤其是超大直径地表变形要求高的工程，都能显示其优越性。另外对有些场地较宽、有丰富水源和较好排放或泥浆仅需作简单沉淀处理排放的工程，使用泥水盾构掘进可较大地降低施工成本。而且采用泥水加压盾构施工，不需辅以其他（气压、降水）工艺来稳定开挖面土层，其施工质量好、效率高、安全可靠。但是它需要一套技术较复杂的泥水分离处理设备，投资较高，占地面积大，尤其是在城市施工时困难较大。

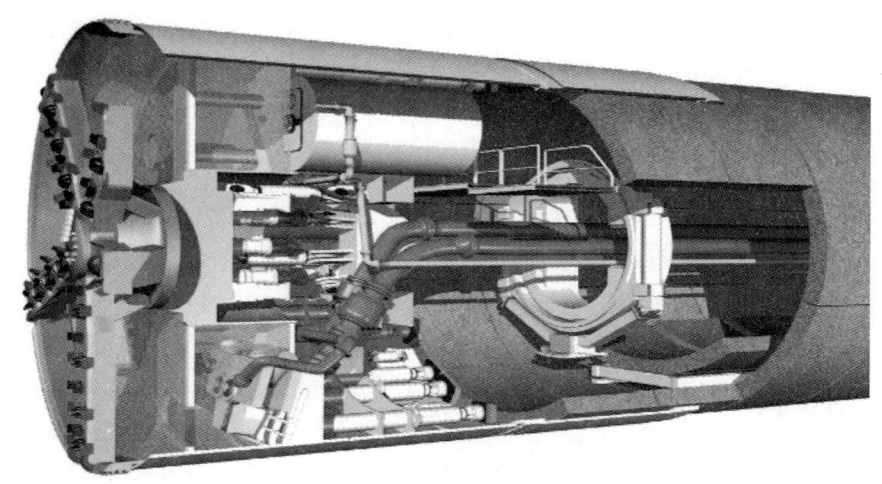

图 2.1.1　泥水平衡盾构机

2. 土压平衡盾构

土压平衡盾构机如图 2.1.2 所示，其工作原理为：盾构开挖下的泥土在土舱内对开挖面土层形成支护作用，维持开挖面稳定。因此土压盾构在某些方面既具有泥水盾构的优良特性，又避免了其复杂的泥水分离处理等工序。土压平衡盾构在隧道施工中得到了广泛应用，可应用于松软黏性土或砂砾土层等。

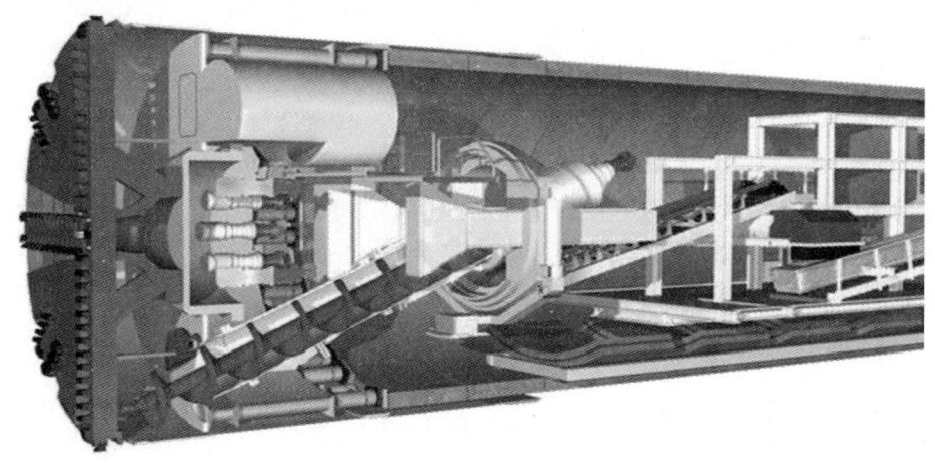

图 2.1.2　土压平衡盾构机

1）普通型土压平衡盾构

由刀盘切削下的泥土进入土舱，再通过螺旋输送机将渣土向后排出，通过渣车运送出隧道。

泥土被切削后受扰动塑流性增加，使泥土舱内的土压向前均匀传递，并通过调节螺旋机转速或盾构推进速度，使得土舱土压与开挖面静止土压接近，从而保持开挖面土层的稳定，其适用范围主要是松软黏性土地层。

2）加泥型土压平衡盾构

加泥型土压平衡盾构与普通土压平衡盾构的区别在于其装备有注入添加材料以促进开挖土砂流动性的机构。在含砂量、含水量较大的土层中施工时，根据土质不同，选用膨润土、高吸水树脂、泡沫、Polymer 等添加材料，通过盾构机的加泥装置将其注入开挖面和泥土舱，并通过搅拌机构对添加材料与渣土进行强力搅拌，改良渣土的可塑性、流动性、防渗性，使之符合土压平衡盾构施工要求。加泥浆型土压平衡盾构主要适用于土质松软、易于崩塌、透水性好的积水砂砾层，或覆土较浅、泥水易喷出地面和易产生地表变形的极差地层的施工。

3）加水型土压平衡盾构

加水型土压平衡盾构主要适用于砂层、砂砾层等透水性较大的土层施工。

2.1.3 盾构机选型依据与原则

盾构选型是盾构法施工的关键环节，直接影响盾构隧道的施工安全、施工质量、施工工艺及施工成本。为了保证工程的顺利完成，对盾构的选型工作应非常慎重。

1. 盾构选型依据

盾构选型主要是指依据招标文件、工程勘察报告、地铁隧道设计、施工规范及相关标准，对盾构类型、驱动方式、功能要求、主要参数、铺设设备配置等进行研究。

盾构选型主要根据盾构隧道的外径、长度、埋深、地质条件、围土岩性、土体的颗粒级配、地层硬稠度系数、土层渗透率及弃土容重等特征以及线路的曲率半径、沿线地形、地面及地下构筑物等环境条件，以及周围环境对地面变形的控制要求，结合掘进和衬砌等诸因素进行。

2. 盾构选型原则

盾构选型从安全性、可靠性、适用性、先进性、经济性等方面综合考虑，所选择的机型应能尽量减少辅助施工并能保持开挖面稳定和适应地质条件。选型时参考国内外已有盾构工程实例及相关的盾构技术规范，按照可靠性、安全性、适用性第一，技术先进性第二，经济性第三的原则进行，保证盾构施工的安全、可靠，选择最佳的盾构施工方法和选择最适宜的盾构。

2.1.4 莞惠城际轨道 GZH-6 标段盾构机的选型

1. 莞惠城际轨道 GZH-6 标段工程概况

珠三角莞惠城际轨道交通全长 102 km，设计速度为 200 km/h。由中铁二十局集团承建的 GZH-6 标位于东莞市大朗镇，线路全长 5.928 km，全部为地下工程。莞惠城际轨道盾构段施工段里程为 GDK33+951.219～GDK38+359，总长 4406.455 双延米。其隧道埋深为 15～43 m。如图 2.1.3 所示，隧道内衬砌管片采用 4 块标准片、2 块邻接管片、1 块封顶管片，管片内径 ϕ7700 mm，外径 ϕ8500 mm，环宽 1600 mm，环纵向螺栓采用 M30 斜螺栓。莞惠城际轨道盾构段区间起始位置至大朗站区间最大纵坡为 24.4‰，轴线推进误差不大于 50 mm。

图 2.1.3　隧道内衬砌管片

GZH-6 标段位于东莞市大朗镇，交通较为便利，施工场地周围主要为交通道路、居民区、商业区和厂房，施工时受周边环境的影响较大，施工区域内地下管线主要有电力、电信、雨水、上水、污水、燃气、路灯等，施工现场地处繁华的东莞大朗镇中心，周边环境较为复杂。本标段主要为盾构及暗挖施工，对地面交通影响较小。

2. 盾构机的设计要求及依据

针对本标段工程条件及工程地质特点，盾构机应该具备以下功能特点：

1）对地质的适应性要求

该标段主要地层为第四系全新统黏性土、碎石以及全、强、弱风化混合片麻岩等，盾构在地层中施工时应重点考虑以下功能：

（1）具备土压平衡掘进功能。

（2）足够的刀盘驱动扭矩和盾构推力，合理的刀盘及刀具设计，刀盘开口率足够，开口位置合理，并且在连续开挖时盾构刀盘、刀具、螺旋输送机耐磨损。

（3）完善的渣土改良系统，包括泡沫系统、膨润土系统等。

（4）易于更换刀具的人舱设计。

（5）盾体有足够的强度防止发生变形、盾构本体在压力状态下的防水密封性能、盾体的防扭转性能。

（6）管片壁后同步注浆系统。

2）精确的方向控制

该区间盾构施工里程较长，且有平曲线，曲线半径为 2 200 m，要求盾构的导向系统具有很高的精度，以保证线路方向的正确性。盾构方向的控制包括两个方面：一是盾构本身能进行纠偏、转向；二是采用先进的激光导向技术，保证盾构掘进方向的正确。

3）环境保护

盾构法施工的环境保护包括两个方面：一是盾构施工时对周围自然环境的保护，即地面沉降满足设计要求，无大的噪声、震动等；二是要求盾构施工时使用的辅助材料如油脂、泡沫等不能对环境造成污染。

4）设备可靠技术先进、经济

盾构机的可靠性包含整体设计的可靠性即地质的适应性和设备本身的性能、质量、使用寿命可靠性。

盾构机设计应该考虑到对先进技术的应用及经济因素的考虑。盾构选型及设计应该按照"可靠性第一，技术先进性第二，经济性第三"的原则进行，即盾构选型应从经济性、安全性、可靠性等方面综合考虑，所选择的机型要能尽量减少辅助施工法并能确保施工安全可靠。盾构选型的依据是土质条件，岩性，开挖面稳定，隧道埋深、地下水位，隧道断面，环境条件、沿线场地，衬砌类型，工期，造价，辅助工法的使用，设计路线、线形、坡度等。

3. 土压平衡盾构机与泥水平衡盾构机的比较分析

泥水平衡式盾构机能更好地控制地表沉降，但其工艺复杂，辅助设备多，尤其是需要配置专门的泥水处理系统，占地大，施工投入大，掘进每米平均成本相比土压平衡式盾构机高出40%左右。

目前，随着盾构机和辅助功能的完善与发展，如局部气压平衡系统、加泥加泡沫系统的采用，防喷涌功能系统和保压泵渣装置的应用等，土压平衡盾构机已具有了十分完善的功能和先进的技术性能。土压平衡盾构适合多种地质条件，如黏结性、非黏结性、有水或无水的软土或硬岩等多种复杂的地层；其施工速度快，能有效地控制地表沉降。经过采取适当的辅助措施如加膨润土、加泡沫等，可以在地层中很好地稳定开挖面，增强渣土的不透水性，从而可靠安全地掘进。土舱土压力与地层水土压力平衡状态图见图2.1.4。

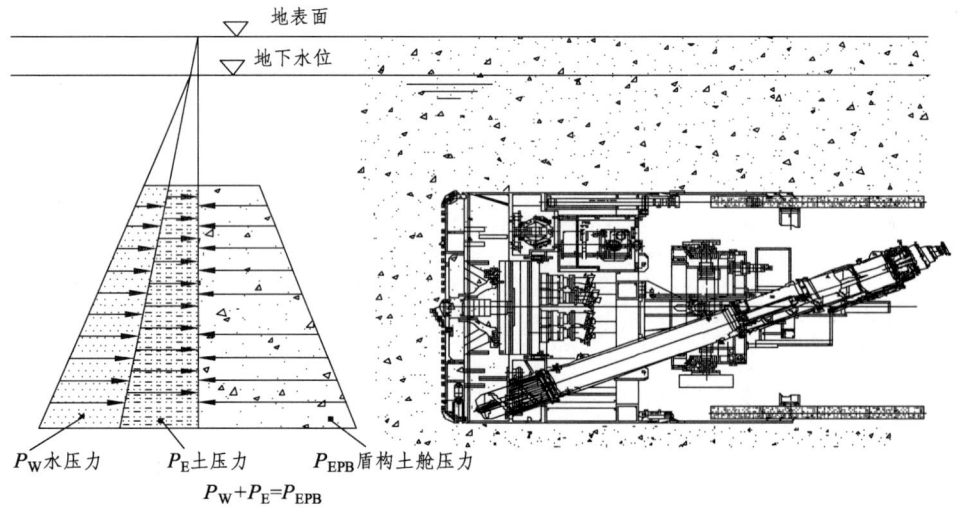

图2.1.4 土舱土压力与地层水土压力平衡状态

4. 盾构机机型的确定

（1）在莞惠城际轨道 GZH-6 标段中，隧道穿越地层地质情况复杂，要求在盾构设计中考虑防喷涌的设计，如添加剂注入系统、安全闸门等。

（2）盾构存在半径为 2 200 m 的曲线，在盾构设计时，需考虑铰接装置。

（3）盾构机需通过部分硬岩段，局部强度可达 100 MPa，要求刀盘具有足够的强度、刚度和稳定性及足够的切削能力，刀盘刀具设计时应进行计算分析。采用的盾构机岩石切削能力为 200 MPa 左右。

（4）盾构区间穿越学校、工厂、居住建筑、道路等，且沿线两侧地下管线密集，盾构在通过这些地段时需将地表变形控制在正常范围内，并对土压检测系统的精度及稳定性有高要求。

（5）莞惠城际轨道 GZH-6 标段地质状况差异大，本标段通过地层主要为软土地层，但在局部要通过旋喷桩，这要求盾构机有软土通过能力和切削混凝土能力。

各种类型的盾构都具有自己最适应的地质范围，对其他地层都有不同程度的局限性，盾构的选型应该按照适应工程绝大部分以上的地层施工的原则来进行。根据盾构选型的一般原则并结合类似工程盾构的选型经验和广州地铁既有盾构工程的盾构类型，本标段决定采用两台法国 NFM 技术北方重工生产的直径 ϕ 8.83 m 的土压平衡式盾构机并配备保压泵渣装置，加膨润土、泡沫及水装置，以增强对地层的适应性。北方重工盾构机主要参数见表 2.1.1。

表 2.1.1 北方重工盾构机主要参数

莞惠城际轨道	细目部件名称	参　　数
北方重工盾构机	盾构机类型	土压平衡盾构机 EPB
	地层土质种类	广东地区
	整机正常使用寿命	10 km
	开挖直径	8 830 mm，磨损后开挖直径
	最大破岩能力	200 MPa
	前盾、中盾、尾盾直径	8 804 mm、8 792 mm、8 780 mm
	主机长度	~13.5 m（盾提长 12.5 m）
	整机长度	~105 m
	盾构及后配套总重	1 080 t（G1 40t，G2 32t，G3 33t，G4 27t，G5 41t，CB1 63t，CB2 44t）
	最小平曲线半径	550 m（300 m 纠偏）
	最小竖曲线半径	800 m
	最大线路坡度（爬坡能力）	40‰

莞惠城际项目 GZH-6 标使用的 2 台 ϕ 8.83 m 土压平衡盾构机，是在 2011 年进场的当时国内最大直径的土压平衡盾构机。北方重工盾构机如图 2.1.5 所示。

图 2.1.5　北方重工盾构机

2.1.5　佛莞城际轨道交通 FGZH-1 标段盾构机的选型

在总结莞惠城际项目盾构施工经验后的基础上，佛莞城际轨道交通 FGZH-1 标段盾构机选型采用与铁建重工联合开发的方式，按照设计人员提供的总体设计方案设计制造。铁建重工盾构机见图 2.1.6。莞惠城际项目采用的北方重工盾构机与佛莞城际轨道的铁建重工盾构机总体情况对比见表 2.1.2。

表 2.1.2　北方重工与铁建重工盾构机总体情况对比

项目	北方重工盾构机	铁建重工盾构机
开挖直径/m	ϕ8.83	ϕ8.85
盾体/整机/m	13.5/105	10.7/102
质量/t	1130	1200
铰接	主动	被动
台车	2+5	1+6
最大推力/kN	70 000 kN@36 MPa	70 614 kN@35 MPa
额定扭矩/(kN·m)	12 680	17 690
脱困扭矩/(kN·m)	16 484	19 760
最小平曲线半径/m	550	500
主驱动功率/kW	9×220	12×250
功率/kW	3 116	3 980

图 2.1.6　铁建重工盾构机

莞惠城际项目 GZH-6 标两台盾构机出洞后进行了相应的维修改造,主要包括刀盘、螺旋机换新,泡沫系统改为单管单泵,主控室方向移位到一侧,由北方重工改造;其余在现场由机修人员与专业厂家共同维修,主要包括主轴承(图 2.1.7)外密封更换、推进油缸维修、尾盾矫圆、中心回转体维修、拼装机和吊机维修、其他损坏件更换等。

图 2.1.7　主轴承维修

佛莞城际轨道 FGZH-1 标段盾构区间隧道选用 4 台 ϕ8.85 m 土压平衡式盾构机,其中:广州南站至长隆站区间使用 2 台新购铁建重工生产的盾构机(左线 4 615 m,右线 4 675 m);长隆站至番禺大道站区间使用 2 台莞惠城际项目经维修改造的盾构机,为北方重工生产(左右线均长 3 970 m)。

2.2 盾构机的主要配置

盾构在施工中会遇到各种不同地层，从淤泥、黏土、砂层到软岩及硬岩等。作为盾构机的关键部件之一，刀盘主要起到开挖土体、稳定工作面及搅拌土砂的功能，因此在掘进过程中刀盘工作环境恶劣，受力复杂。刀盘形式及结构关系到盾构的开挖效率、使用寿命及刀具费用。刀盘配置及选型主要依赖于工程地质及水文地质条件，不同的地层应采用不同的刀盘形式。当然，除刀盘刀具配置外，盾构机其余配置的选择也需慎重。针对珠三角复合地层盾构隧道工程，我们对盾构机主要配置的选择与设计参数进行了调整。

2.2.1 莞惠城际轨道 GZH-6 标段盾构机配置

1. 刀盘驱动方式、结构形式与支承方式

1) 刀盘驱动方式

盾构设计时要求结构紧凑、效率高、启动扭矩大、设备的散热温度低，所以盾构驱动方式的选择非常关键。驱动方式有三种：一是变频电机驱动，二是液压驱动，三是定速电机驱动。由于定速电机驱动的刀盘转速不能调节，一般采用前 2 种。变频驱动与液压驱动的区别见表 2.2.1。

表 2.2.1 刀盘驱动方式比较表

序号	项目	①变频方式	②液压方式	备 注
1	外形尺寸	大	小	电机尺寸大
2	后续设备	少	多	需要液压泵油箱冷却装置等
3	效率/%	95	65	液压系统效率低
4	启动力矩	大	小	启动力矩可以达到额定力矩的150%
5	启动冲击	小	小	①利用变频，②控制液压泵排量
6	转速控制	好	好	①利用变频调速，②控制液压泵排量
7	噪声	小	大	液压系统噪声大
8	洞内温度	底	高	液压系统传动效率低，功耗大，温度高
9	维护保养	好	差	液压系统维护保养要求高
10	总成本	1.00	1.10	
11	综合评价	变频方式的传动效率比液压传动高，热平衡性能好，目前已在盾构上普遍采用		

本工程经综合评价，采用变频驱动。

2) 刀盘结构形式的选择

刀盘是盾构的关键部件，是盾构的主要工作部件。

刀盘是盾构的掘削机构，主要具有三大功能：

（1）开挖功能：刀盘旋转时，刀具切削隧道掌子面的土体，对掌子面的地层进行开挖，开挖后的渣土通过刀盘的开口进入土舱。

（2）稳定功能：支撑掌子面，具有稳定掌子面的功能。

（3）搅拌功能：对于土压平衡盾构，刀盘对土舱内的渣土进行搅拌，使渣土具有一定的塑性，然后通过螺旋输送机将渣土排出。

刀盘形式必须按适合地质条件，切实发挥其功能的原则进行设计。刀盘结构形式通常有面板式和辐条式两种（图 2.2.1），而辐条加小面板式是前两者综合的形式，应用时根据施工条件和地质条件等决定。

（a）面板式　　　　　　　（b）辐条式　　　　　　（c）辐条加小面板式

图 2.2.1　刀盘结构形式

面板式刀盘开口率小，刀盘中心部位基本没有开口，出渣不流畅，在黏土地层中掘进，易结泥饼，适用于在岩石抗压强度较高的地层中掘进，且面板式刀盘对掌子面的机械支撑效果好，更易于控制地表的沉降，当人员进入开挖舱检查或更换刀具时，可以提供更好的机械支撑保护；辐条式刀盘设有搅拌叶片，土、砂流动顺畅，不易黏和堵塞，适合黄土、古壤土、砂性土等软土地层，缺点是对掌子面的支撑效果差；辐条加小面板式刀盘综合了上述两种刀盘的优点，不仅对掌子面的支撑效果好，而且特别适合于软土地层。最后，我们采用辐条加小面板式的刀盘，其设计见图 2.2.2。

图 2.2.2　刀盘设计图

3）刀盘支承方式选择

不同的支承方式对刀盘刀具切削能力与排渣能力有不同的影响，也影响着主轴承的工作寿命，应根据地质条件和盾构直径合理选择刀盘的支承方式。

刀盘的支承方式有中心支承方式、中间支承方式和周边支承方式三种（图2.2.3）。在设计时应考虑盾构直径、土质条件、排土装置等因素。

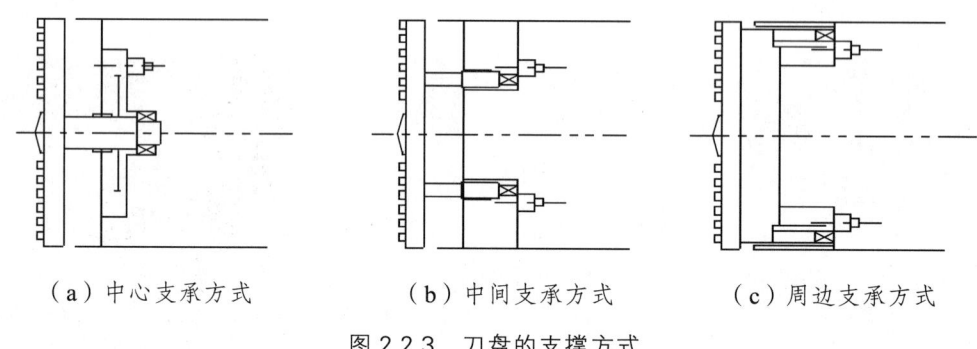

（a）中心支承方式　　　（b）中间支承方式　　　（c）周边支承方式

图 2.2.3　刀盘的支撑方式

（1）中心支承方式：切削刀盘由中心轴支承，滑动部位的密封很短，扭矩损失小。由于构造简单、制造方便，这种方式常用于中小直径的盾构机。其缺点是机内空间除去驱动部件所占之外所剩狭窄，难以处理大砾石。

（2）中间支承方式：结构上较为平衡，切削刀盘由多根横梁支承，常用于大中直径的盾构机，用于小直径盾构机时，横梁间隔变窄，土砂难以流动，必须充分考虑防止横梁附近附着的问题。地铁盾构一般采用中间支承方式。

（3）周边支承方式：切削刀盘由框架支撑，机内中心部位的空间变宽，对处理大砾石及障碍物均有利，一般用于小直径盾构。该方式易在刀盘的外周部分黏结泥土，在黏性土中使用时，需充分研究如何防止黏附的问题。本工程使用的盾构刀盘支撑方式为中间支承方式，主轴承采用耐高负荷的3列滚柱轴承。

2. 刀盘、刀具形式与布局特点

1）刀盘

根据东莞地区的地质条件，并综合考虑其他因素，刀盘开挖直径为 8 830 mm，前盾直径取 8 804 mm。刀盘总质量约 130 t，刀盘的开口率为 30%，刀盘可以双向旋转，采用中间支撑方式。刀盘结构由 12 块辐条及相应的辐板所组成，刀盘结构和驱动装置之间通过 6 根梁来连接，这 6 根梁位于刀盘面板横梁和用螺栓连接于驱动部分的重型环圈之间。横梁将刀盘面板部分连接至辐条。刀盘采用 S355J2G3/Q345B/16 MnR 材料制作，刀盘的中心部分有较大的开口（开口率约为 40%）。

2）刀具

莞惠城际轨道 GZH-6 标段盾构机使用的刀具形式主要以软土及强风化混合片麻岩刀具为主。刀具配备 52 把盘型滚刀、88 把正面切刀、24 把周边刮刀、1 把超挖刀（行程 100 mm，由液压操纵伸缩）、12 把刀盘保护刀、磨损检测装置 6 个。所有的刀具都可以在刀盘背后换装（换刀现场如图 2.2.4），从而保证安全、高效地更换刀具。刀具使用情况如图 2.2.5 所示。

(a)进入人舱　　　　　　　　　　(b)土舱内换刀

图 2.2.4　换刀现场

图 2.2.5　刀具使用情况

3)刀盘的布局特点对地质的适应性

(1)对软土和高黏性地层的适应性。

刀盘的开口率达 30%,有利于中心部分渣土的流动并进入土舱。刀盘上设置有 8 个泡沫和膨润土注入口,能够充分保证渣土的改良效果。

通过黏性土地段时,根据需要可以开启中心部分的 4 个泡沫注入孔,可以有效地防止中心泥饼的产生。

(2)对软硬交错地层的适应性。

刀盘的设计同样能够适应软硬交错地层的盾构施工。该标段为复合地层,局部要经过旋喷桩,当通过软硬交错的地层时,刀盘上的先行撕裂刀可以切削旋喷桩,配合渣土改良系统,调整刀盘的推力和扭矩参数,在掘进的过程中注意随时调整盾构的姿态。

(3)对曲线段施工的适应性。

本标段的工程最小曲线半径在水平方向为 2 200 m,最大纵坡坡度为 24.4‰;为满足盾构调整姿态的需要,我们在刀盘上安装了一把仿形刀,调整姿态或较大转弯时可以进行局部超挖。

(4)对弱风化岩层的适应性。

本区段穿越大量弱风化混合片麻岩地层,局部岩层强度可达 100 MPa,要求盾构刀具具有足够的破岩能力。

3. 盾构机设备配置要求及依据

1）基本配置要求

盾构需具有开挖系统、出渣系统、渣土改良系统、管片安装系统、同步注浆系统、动力系统、控制系统、测量导向系统等基本功能。根据 GZH-6 标段盾构区间地质特点，盾构还需适应粉土、粉质黏土和粉细砂地层的施工。

2）设备性能要求

（1）设备适用于莞惠城际轨道交通项目工程施工总承包 GZH-6 标的工程地质及水文地质条件，并能处理不可预见的掘进线路上的障碍物。

（2）设备具有可靠、灵敏的土压平衡调节能力，以保证开挖面的稳定，控制地表隆陷值不超过 -10～+30 mm。

（3）盾构平均完好率不低于 90%，盾构具备日掘进 6 环的能力。

（4）刀盘驱动采用变频控制空冷式感应电机。

（5）刀盘的结构形式和刀具布置合理，刀盘的材质和重量合理，保证刀盘在切削旋喷桩时不发生变形，保证刀具的高耐磨性，确保中途不更换刀具。刀盘额定扭矩为 12 680 kN·m、脱困扭矩为 16 484 kN·m，最大总推力为 70 000 kN，油缸行程为 2 500 mm。

（6）主轴承装置的润滑采用泵送循环润滑，油池设计有油位指示，顶部有通气阀，底部有排油阀；在润滑回路上装备磁性沉积杯的滤清器。

（7）刀盘主轴承使用寿命：在最大推力下不小于 10 000 h。

（8）管片安装机满足每环拼装时间不大于 25 min 的要求。管片吊机下方空间满足 3 块重叠管片的管片车自由进入和管片吊下的要求。

3）适用于粉土地层的施工

盾构应针对粉土、砂土地层进行设计，以完全适应粉土、砂土地层所具有的高黏着性、高透水性特点。在粉土层中掘进时，应有防泥饼的针对性措施，防止刀盘中心及土舱壁黏结。盾构机刀盘采用辐条式加小面板式刀盘，并采用圆柱断面辐条来减小挖掘土砂搅拌时的摩擦阻力，使开挖土渣流动顺畅，能有效地防止刀盘堵塞，也能有效地管理土压，防止因粉土的湿陷性而出现地面沉降。

盾构在粉土地层中施工时还应重点考虑以下功能：

（1）足够的刀盘驱动扭矩和盾构推力。

（2）完善的渣土改良系统，包括加泥系统、泡沫系统、聚合物系统等。

（3）盾构的防水密封性能。

（4）适用于砂性土地层的施工。

（5）由于砂性地层的高透水性，渣土在螺旋机内不易形成土塞效应，在土舱和螺旋输送机中均装有添加剂注入管路，对砂土进行改良，以防止喷涌。

4）地表沉降控制

莞惠城际轨道工程盾构穿越的地层主要为粉土、砂土等。粉土的湿陷性和砂性土的高透水性，易使土舱压力不易控制。盾构穿越不同的地层时，埋深不同，水土压力也不同，盾构应有良好的土压调整功能。在土舱内设置有 6 个土压计，4 个位于承压隔板上，2 个位于螺旋输送机上,能精确控制土舱压力和进行土压管理,以满足地表沉降控制在规定的范围。

5)精确的方向

盾构方向的控制包括两个方面:一是盾构本身能够进行纠偏、转向;二是采用先进的导向系统,保证盾构掘进方向的正确。导向系统能够对盾构在掘进中的各种姿态以及盾构的线路和位置关系进行精确的测量和显示。操作人员可以及时根据导向系统提供的信息,快速、实时地对盾构的掘进方向及姿态进行调整,以保证盾构掘进方向的正确。

6)数据采集与信息化管理的要求

配备数据采集系统,通过PLC对掘进数据进行采集和运算,见图2.2.6。

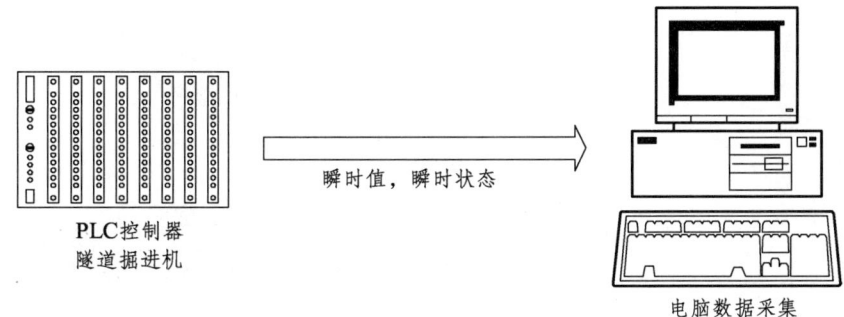

图 2.2.6　盾构机数据采集系统

其主要功能是显示并保存施工数据,模拟显示设备工作状态,对保存的历史数据进行统计、运算和处理,查询故障报警,打印施工环报表。

通过数据采集系统收集到的信息,可以实现对盾构的状态进行实时信息化管理。通过互联网、电话拨号网以及计算机可以将当前的盾构掘进状态数据传送至相关业务部门,为整个工程的信息化管理提供重要信息来源。

7)环境保护

环境保护包括三个方面:一是盾构施工时对周围自然环境的保护,盾构施工时使用的辅助材料如油脂、添加剂等不对环境造成污染;二是使用的盾构及配套设备无大的噪声、震动等;三是盾构法施工的现场环境管理。

8)区间隧道掘进时确保中途少换刀

盾构采用辐条式刀盘,辐条采用楔形断面,有利于渣土的流动,减少了刀盘和刀具的磨损,并配备高耐磨的重型碳化钨合金钢刮刀,最大破岩能力为200 MPa,施工中通过使用泡沫剂降低刀具与土体的磨耗,在刀盘上不同区域和不同半径的切刀上分别配置了刀具磨损检测装置,实时掌握刀具的磨损量。

9)盾构的可靠性和安全性

盾构施工时应能保证人员及设备的安全。盾构的可靠性表现在以下方面:对地质的适应性,整体设计的可靠性;设备本身的性能、质量、使用寿命等的可靠性;在盾构设计时,应该考虑到应用先进的技术来确保施工安全及人员和设备的安全。

为了保证刀具检修更换及处理障碍物作业的特殊空间需要,盾构机配备双气路的双室人舱，以便在压缩空气下带压进入开挖室和隧道掌子面，确保万一需要换刀或处理开挖面障碍物时的施工安全和快速作业。螺旋机闸门和蓄能器系统相连，必要时（如突然断电时）可以关闭螺旋输送机闸门。

10）土压平衡掘进模式（EPB模式）及其要求

莞惠城际轨道盾构机所采用的EPB模式用于地质不稳定或水压高、水量大的地层，如图2.2.7所示。

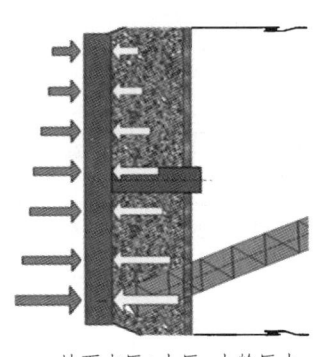
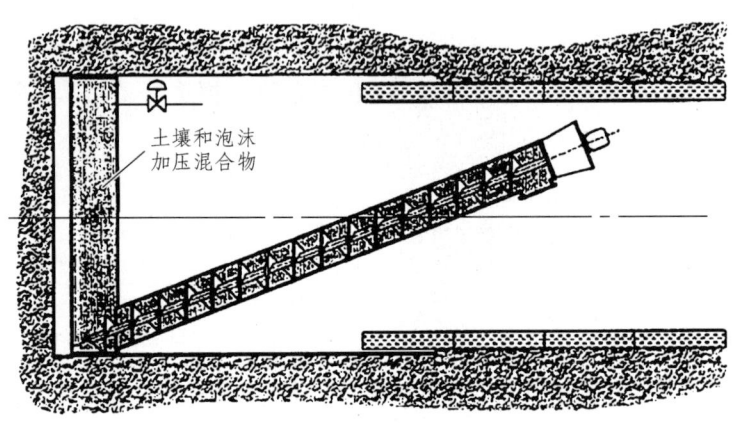

图2.2.7　土压平衡掘进模式

采用EPB模式施工时，可以通过添加剂注入系统加入泥浆、聚合物或泡沫，以改善渣土的塑流性。在EPB模式下工作时，需控制好螺旋输送机的转速和出渣量，防止土舱中压力下降过大而造成地面下沉。

盾构在土压平衡模式下工作时，需具备以下功能特点：

（1）盾构必须具有土舱土压监测功能，以便对土舱内的土压进行监控和调节。

（2）盾构必须具有泡沫、膨润土和压缩空气注入系统。通过注入这些不同的附加材料，我们可以在不同的地层中根据需要进行土舱加压、改良渣土和堵水。

（3）盾构本身必须具有一定的密封防水性能，具体就是指主轴承、铰接密封和盾尾密封必须具有一定的防水性能。

（4）刀盘的主轴承密封必须能承受一定的土压力。

（5）人闸是用于在压力模式下人员进出土舱的通道，也是土压平衡盾构必不可少的重要部件之一。

（6）螺旋输送机的出渣量及出渣速度可以控制；螺旋输送机必须可以随时关闭，并具有防喷涌的功能；螺旋输送机必须能建立土塞效应。

在土舱内提供平衡压力的方式主要有以下两种：一是在土舱内充满渣土以产生压力；二是向土舱内加注辅助材料如泡沫、膨润土、泥浆、聚合物、水或空气来产生一定的压力。

4. 莞惠城际轨道GZH-6标段盾构机主要设备配置

1）开挖系统及泡沫、泥浆注入设备

开挖系统主要由刀盘、切口环、密封隔板组成。

刀盘用来切削土体，同时也具有搅拌泥土的功能。刀盘采用辐条加小面板式结构，如图

2.2.8 所示。刀具主要参数在前几节已阐述，大多数刀具采用螺栓连接在刀盘面肋板上，可在泥土室内检查或更换刀片。刀盘设进料口 16 个，刀盘开口率为 30%，便于土渣的流动，进入土舱的土渣粒径小于 0.5 m，以保证螺旋输送机的顺利出渣。在维修刀盘时可关闭进料门，保证开挖面的稳定。在刀盘面板及周边最易磨损处，覆以耐磨钢板或交叉堆焊硬质合金，以增加刀盘的耐磨性。刀盘中心装有回转接头和管路，以便连接超挖刀液压管路和泥浆管路。刀盘后装有搅拌臂，以防止产生泥团。刀盘的旋转动力由 9 台变频电机驱动，刀盘支承在组合式大型滚柱轴承上。

（a）刀盘正面图

（b）刀盘侧面图

图 2.2.8　刀盘结构

密封隔板上安装有刀盘驱动设备、土压传感器、注泥浆管路、气压管路、人员及材料闸等。

为了保证土舱内的土压稳定控制，盾构机设有土渣改良设备，主要由泡沫、泥浆注入设备组成。当盾构处于流动性大、透水性强的砂层中推进时，应向盾构泥土密封舱内注入黏土泥浆，用以将开挖面砂土转变为塑性好和不透水性好的泥土，使之较好地充满泥土舱和螺旋输送机的全部空间，以维持土压平衡工作。同理在黏性土层中掘进时，可注入泡沫改进土渣的性能。泡沫、泥浆注入量可实现自动控制和手动控制，按比例控制泡沫、泥浆注入压力及流量。

2）刀盘驱动及推进系统、盾壳及盾尾密封

驱动刀盘系统由6个液压驱动电机、减速器、大小齿轮、三滚子及轴向径向主轴承组成，可驱动刀盘正反旋转。

推进系统为沿支承环圆周均匀安装的19套盾构推进油缸，油缸布置与管片分别对应，是盾构推进的动力装置。油缸分左上、右上、下、左、右五组进行控制，可单个油缸控制，通过调整各组的推进力大小来控制掘进方向。推进油缸行程总计为2 500 mm，满足1 600 mm管片楔形块3/5插入法安装的要求，因此既能满足管片通缝拼装，又可满足管片错缝要求。

支承环与盾尾铰接连接，铰接角度为2°，便于曲线掘进时转向，减轻了盾尾密封的损害，延长了盾尾密封寿命。

盾尾密封是为了防止地层中的泥水或管片外围的浆液通过盾尾与管片间的间隙漏入盾构内，盾构尾部设有三道钢丝刷以便密封。另外，在两道钢丝刷密封间有四道管路向盾尾密封处注入专用密封油脂，以提高密封效果及可靠性，并起到减少钢丝刷密封件与钢筋混凝土衬砌表面摩擦的作用。密封装置见图2.2.9。

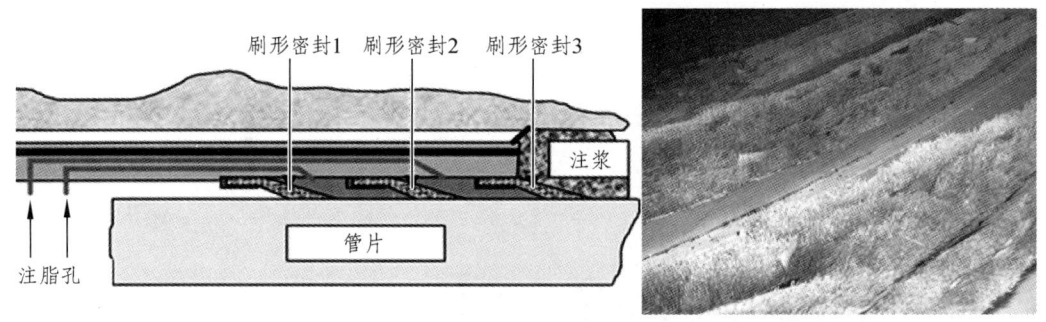

图2.2.9　盾构密封装置

3）出渣运输系统

出渣运输系统由螺旋输送机、皮带输送机组成。

盾构所采用的螺旋输送机为轴式螺旋输送机，由两台液压电机驱动，入口端装在盾构泥土密封舱底部，通过密封隔板向中心倾斜安装。在泥土入口端，装有维修闸，螺旋机外壳底部堆焊硬质合金条纹，作为螺杆前端的支承面，所有螺旋叶片边缘也都堆焊硬质合金条纹以增加耐磨性。在泥土排出口设有液压油缸控制的闸门和排土导槽，可使排土顺势流畅，做到连续向后方排送。螺旋输送机转速可调，可控制排土量、保证土舱压力。螺旋输送机上装有泡沫及注泥浆管路，可减少阻力并延长其寿命。螺旋输送机上安装有两个土压传感器测量压力变化情况，便于控制土舱压力。为了防止喷涌现象，在螺旋输送轴上采取断开一环螺旋的措施，以便产生栓塞效应防止泥浆喷涌。螺旋输送机设计见图 2.2.10。

皮带输送机装在后配套拖车上，把土渣从螺旋输送机出口运到后配套拖车的尾部装车。通过出渣列车，工作井提升设备把土渣运到地面。皮带输送机设计见图 2.2.11。

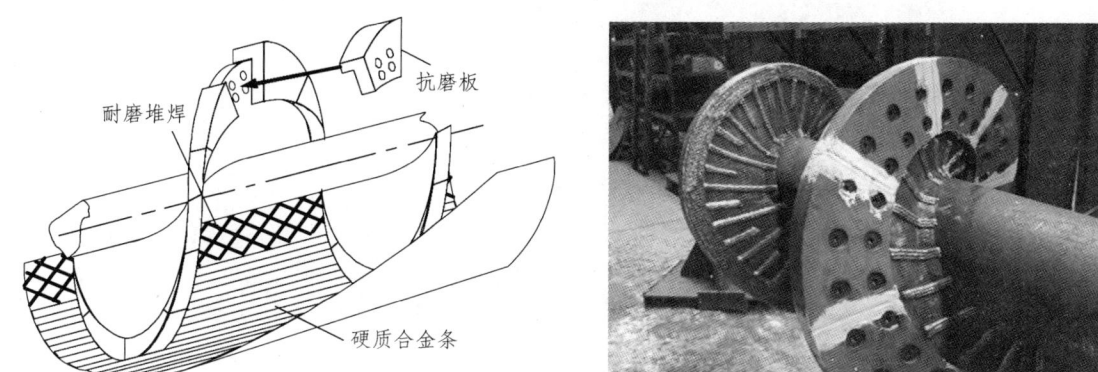

图 2.2.10　防磨防喷涌的螺旋输送机设计

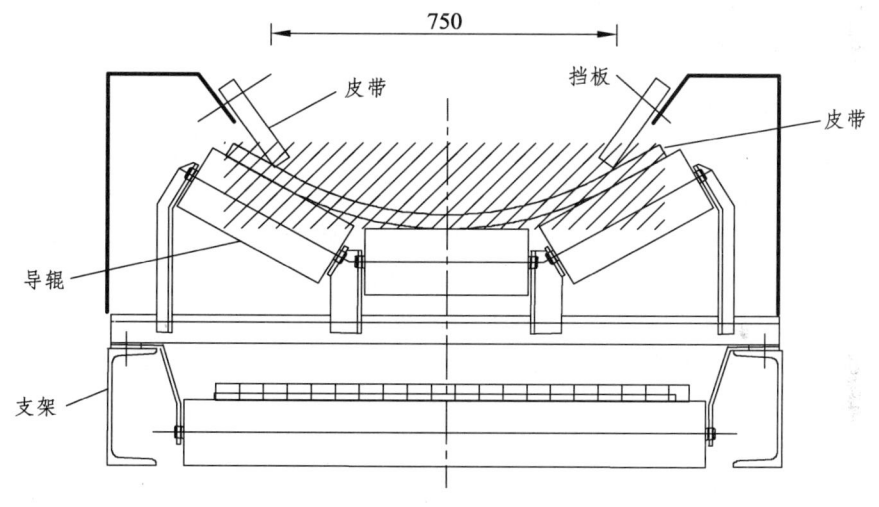

图 2.2.11　皮带输送机结构简图

4）管片安装系统及同步注浆设备

管片安装系统及同步注浆设备由管片供给设备、管片拼装机、整圆器、同步注浆系统组成。

管片拼装机（图 2.2.12）为环形结构，由盾构支撑环加强圈上的两根横梁支承。拼装机可在横梁上移动，其回转由两台齿轮液压电机和小齿轮驱动，拼装机平移时的伸缩由液压油缸操纵。

除回转动力外，其余各千斤顶液压回路是一个独立封闭系统，固定安装在环形盘体上，从而简化了管线布置。整圆器在衬砌好的最后一环管片上，其作用是防止管片因注浆压力不匀而变形。

同步注浆系统是在盾尾壳板外设有 4 根同步注浆管，当盾构推进时，可对管片外表面的环形空隙进行同步注浆，以防地表沉陷，同步注浆有两种控制方式，即手动控制、自动控制程序控制，可对注浆压力及流量进行控制。

图 2.2.12　管片拼装机

5）导向系统

导向系统采用 PPS 系统,从而自动快速显示掘进方向及管片安装的准确位置,保证掘进方向的控制精度、盾构机姿态及管片安装的准确位置。

6）控制系统及数据处理传输系统

土压控制系统由传感器、PLC 及程序软件、操作台等组成。除了土压控制系统外,盾构机还设有泡沫及膨润土自动控制系统、同步注浆压力及流量自动控制系统。盾构工作可分为三个独立阶段,即盾构掘进、管片拼装及停止。盾构掘进时,可采取下列控制模式:

（1）自动控制模式:根据土舱压力及推进速度自动改变螺旋输送机转速以改变排土量来维持土舱内的土压力与掌子面土压力平衡的控制模式。

（2）手动控制模式:根据推进速度、土舱压力手动改变螺旋输送机转速以改变排土量来维持土压平衡的控制模式。

当盾构推进一个行程后,即可切换到拼装阶段,可用管片机现场操作台和手提操纵器操纵,即转入管片拼装阶段工作。

7）通风设备

通风设备由风管储存箱、二次通风机、风管组成,可实现隧道主风管的自动延伸。通过二次通风机及风管把新鲜空气送到盾构主机位置,可调节隧道温度、改善工作环境。

8）后配套车架

后配套车架共 7 节,包括 2 节连接桥加 5 节门架式拖车。由于隧道内空间狭小,大部机电设备均安装在后配套车架上。车架为门式结构,中间为通道,顶部安装皮带运输机,两侧安放机电设备。车架和盾构之间装有管片起吊电动葫芦。吊梁的一端连接在盾构上,另一端与车架连接,同时将车架拉向前进。

9）超前钻机和及时注浆

在盾壳前部圆周上有超前钻及注浆孔,需要时可在管片安装机头部安装超前钻机,对盾构前方进行钻孔和注浆作业,加固地层。超前钻机也可用于管片二次注浆（图 2.2.13）。

图 2.2.13 二次注浆现场

5. 盾构机主要尺寸和技术参数

莞惠城际轨道 GZH-6 标盾构区间所采用的北方重工生产的土压平衡盾构机的主要尺寸及技术参数见表 2.2.2。

表 2.2.2 北方重工盾构机参数表

莞惠城际轨道	细目部件名称	参 数
刀盘	刀盘形式	复合式,3 分块(1 中心块+2 零块),滚刀齿刀可以互换
	安装滚刀时最大开挖直径	8 850 mm,新刀开挖直径
	安装齿刀时最大开挖直径	8 830 mm
	质量	150 t
	开口率	35%
	中心滚刀	6 把 17 in[①]双刃滚刀,刀间距 90 mm,刀高 160 mm
	正面滚刀	34 把 19 in 滚刀,刀间距 85 mm,刀高 160 mm,正面滚刀 19 in 与 20 in 能互换
	滚刀轴向转动力矩	22~80N·m(根据地质条件可调整)
	边缘滚刀	12 把 19 in 边缘滚刀
	正面切刀	88 把,刀间距 220 mm,刀高 120 mm
	周边刮刀	24 把,刀高 125 mm
	刀盘磨损检测装置	3 处,一处刀具磨损检测,一处刀盘面板磨损检测,一处刀盘外圆磨损检测
	刀盘外缘保径刀	12 把
	贝壳刀	6 把
	泡沫/膨润土浆注入孔数量	12 个
	换刀方式	背装式
	搅拌臂数量	4

[①] 注:1in = 25.4 mm;17 in = 431.8 mm。

续表

莞惠城际轨道	细目部件名称	参 数
刀盘驱动	驱动形式	变频电驱动
	转速	0~4.07 r/min（双向旋转，连续可调）
	最大实际额定扭矩	12 680 kN·m（1.35 r/min 时）
	最高转速实际扭矩	2 863 kN·m（4.07 r/min 时）
	实际脱困扭矩	16 484 kN·m（0.25 r/min 时）
	主驱动装机功率	9×220 kW
	主轴承形式	3 排（轴向—径向）圆柱滚子轴承
	主轴承直径	4 800 mm
	主轴承使用寿命	≥10 000 h
	主轴承密封最大承压能力	0.6 MPa
	主轴承密封形式	2×3 道 4 唇密封
	主轴承密封在施工过程中的可更换性	是
	主轴承密封润滑方式	内、外密封均为自动集中润滑
盾壳	形式	主动铰接式
	中盾与前盾之间连接方式	螺栓连接
	承压能力	0.6 MPa
	钢丝刷密封数量	4 道
	钢板束数量	2 道（1 道尾刷+1 道止浆板）
	盾尾密封承压能力	0.6 MPa
	紧急密封装置（备选）	1 set
	盾尾间隙	40 mm
	土压传感器数量	6 个（4 个位于承压隔板上，螺旋输送机上 2 个）
	搅拌臂数量	3
	预留超前探测与注浆孔	2 个水平孔；8 个超前注浆斜孔
	前盾质量（约）	130 t（含设备）
	中盾质量（约）	190 t（含设备）
	盾尾质量（约）	50 t（含设备）
推进系统	最大总推力/工作压力	70 000 kN @36 MPa
	油缸数量	19 根
	油缸行程	2 500 mm
	最大推进速度	60 mm/min，用 19 个油缸
	管片安装模式下最大回缩速度	3 000 mm/min，用 3 根油缸
	管片安装模式下单缸最大回缩速度	3 000 mm/min
	位移传感器数量	4 只
	推进油缸分区数量	5 区
	推进系统装机功率	100 kW

续表

莞惠城际轨道	细目部件名称	参 数
铰接系统	类型	主动式铰接
	最大推力	55 000 kN@35 MPa
	最大收缩力	22 871 kN@35 MPa
	油缸数量	16 根
	位移传感器数量	5 只
	铰接密封结构形式	1 道 4 唇型密封+1 道钢板束
	铰接密封注脂方式	唇封注 NlGi2，钢板束注盾尾密封油脂
皮带输送机	驱动类型	电机驱动
	数量	1 个
	皮带宽度	1 000 mm
	皮带长度（约）	60 m
	速度	3.2 m/s
	最大能力	830 m³/h
	皮带机装机功率	110 kW
管片安装机	类型	6 自由度，齿圈式，真空抓取
	额定抓举能力	100 kN
	侧向挤压力	35 kN/m
	转动扭矩	405 kN·m
	静扭矩	632 kN·m
	每环管片拼装时间	约 20 min
管片吊机	形式	真空抓取式
	数量	1
	起吊能力	10 t
	控制方式	无线（1 个备用）
管片存放器	控制	面板
	存储能力	1 整环（6+1）
	安装功率	45 kW
导向系统	形式	PPS
	测量精度	2 s
	有效工作距离	200 m
后配套	拖车数量	2 节连接桥+5 节门架式拖车
	连接桥长度	16 m
	单节拖车长度	13 m
	允许列车通过尺寸（长×宽×高）	60 000 mm×2 000 mm×2 900 mm
	后配套拖车轮间距（中心距）	2 910 mm
	后配套拖车行走方式	轨行式

续表

莞惠城际轨道	细目部件名称	参　数
冷却水系统	能力	90 m³/h@0.7 MPa，27 ℃，<500 μm（买方提供）
	冷却水箱容积	2 m³
	进水管规格	ϕ100 mm
	水管卷筒及水管长度	2个（24 m+24 m）
电力系统	初次电压	10 kV（-5%~+5%）/50 Hz
	二次电压	690 V（刀盘）、410 V（辅助）、230 V（照明）、24 V（监测）
	变压器数量	2台
	变压器	3 150 kV·A（硅油式）
	辅助变压器	1 250 kV·A（硅油式）

2.2.2　佛莞项目盾构机总体设计思路

复合式土压平衡盾构是我国大多数南方城市地铁隧道施工的主要盾构类，通过加强刀盘耐磨设计、优化刀具配置与布局、配置先进的渣土改良、可靠的关键部件密封与润滑等设计手段，大幅度拓展了土压平衡盾构的应用范围。

针对佛莞城际轨道交通广州南站至望洪段 FGZH-1 标站前工程的工程地质特点，中国铁建重工集团对复合式土压平衡盾构方案进行了总体设计，设计思路为：

（1）总体功能：具备隧道开挖、排土与管片衬砌三大主要功能和渣土改良、同步注浆、油脂润滑与密封、通风与冷却、气体保压、物料运输、方向控制、数据采集八大辅助功能；整机寿命不小于 10 km。

（2）刀盘：刀盘形式为复合式，开口率为 35%，采用优质高强度钢板和耐磨材料焊接。

针对佛莞城际轨道 FGZH-1 标段地质的高磨损性和对刀具高冲击性的特点，中国铁建重工集团加强了刀盘体和刀具的耐磨设计，并采用了高寿命且耐冲击的优质性能刀具，配置进口高可靠性重型滚刀，滚刀与齿刀能够完全互换安装，所有可拆式刀具可以从刀盘背面进行更换，具备磨损检测功能。结构设计上，刀盘满足在全断面硬岩和上软下硬的复合地层掘进所需的结构强度，加大开口设计，并尽量将开口向中心连续延伸，用以扩大中心的开口率，降低刀盘结泥饼的风险。

（3）主驱动：变频驱动，最大扭矩为 14 600 kN·m，主轴承采用原装进口高可靠性三排圆柱滚子轴承，轴承寿命大于 10 000 h，密封承压 0.6 MPa，无级调速。

（4）螺旋输送机：设计最大排土能力 550 m³/h，满足盾构最大推进速度下的渣土输送；后部液压电机驱动、双闸门设计，更好地控制可能发生的喷涌；空心驱动轴设计，提高了驱动轴刚度，降低了驱动阻力；采用精湛的螺旋叶片制作工艺和优质的耐磨材料，确保掘进效率和施工安全。

（5）渣土改良：通过向渣土中注入泡沫、膨润土或水等添加剂，增加渣土的流动性，降低渣土的透水性，达到堵水、减磨、降扭及保压的效果，对平衡、维持开挖面的稳定有重要作用。针对佛莞城际轨道 FGZH-1 标段地层对渣土改良能力的要求，在系统设计上采用单路单泵的配置并提高注入能力，且在盾体隔板上预留多个注入口。刀盘上布置有 8 个注入口，土舱隔板上分布有 2 个注入口，螺旋输送机前后两段共分布有 8 个注入口。

（6）土压控制：土舱隔板和螺旋输送机上安装精确的土压传感器，并利用快速准确的总线控制技术与优化的 PID 控制算法，配合地面测量数据对比，实现对土舱压力实时监测与调整。正常施工情况下满足地面最小沉降量控制目标值不大于 15 mm。

（7）盾构转弯半径和爬坡能力：通过合理地设计盾体长度、盾尾间隙、铰接油缸行程等参数，精确控制盾构推进系统和铰接系统相互配合动作，满足盾构最小转弯半径 500 m 和爬坡能力≥35‰的施工要求。

2.2.3　佛莞城际轨道 FGZH-1 标段盾构机配置

1. 刀盘及主驱动系统

1）刀盘概述

复合式刀盘有利于对隧道开挖面进行有效的机械支撑，优化的开口率保证了进渣顺畅。

刀盘钢结构采用 Q345C 高强度钢板分块式焊接而成，刀盘（图 2.2.14）包括 1 个中心块（5100 mm×5100 mm）和 4 个边块，中心块与 4 个边块之间通过销孔定位，采用焊接的方式组成整体。刀盘法兰与主轴承之间通过采用液压拉拔方式紧固的高强螺栓连接，保证刀盘的推力均匀地传递至主轴承。

图 2.2.14　刀盘

2）耐磨措施

为了满足长距离隧道的掘进，刀盘面板焊有 12.8 mm 厚的 SA1750CR 复合耐磨板，刀盘外周焊有 50 mm 厚的 Hardox500 耐磨钢板。

3）泡沫喷嘴

刀盘上布置有 8 个泡沫（膨润土）喷嘴，用于改良渣土，有利于对刀盘进行维保作业。泡沫（膨润土）通过安装在刀盘后部的回转接头及管路，由泡沫喷嘴注入到刀盘前部及土舱内。

4）主驱动系统

主驱动系统的作用是提供刀盘正反方向掘削动力的同时承受刀盘掘削土体的轴向支撑反力。

主驱动系统主要包含 1 个变速箱、1 个主轴承、12 个变频电机、12 个扭矩限制器、12 个减速机、12 个小齿轮、1 个法兰、1 套内外唇形密封系统和 1 套位于后配套拖车上的电机变频控制系统。

主轴承由德国 Hoesch Rothe Erde 制造。主轴承采用大直径、整体内齿圈、三排圆柱滚子结构，拥有良好的承受轴向推力、轴向反推力、径向力及倾覆力矩性能。主轴承正常使用寿命大于 10 000 h。

减速机由德国 ZOLLERN 制造。减速机体积小，正常使用寿命大于 10 000 h。主驱动系统可根据实际需要，改进成电液混合的驱动形式。动力源在电机和液压电机之间进行切换，增加了主驱动系统的适用性。主驱动结构见图 2.2.15。

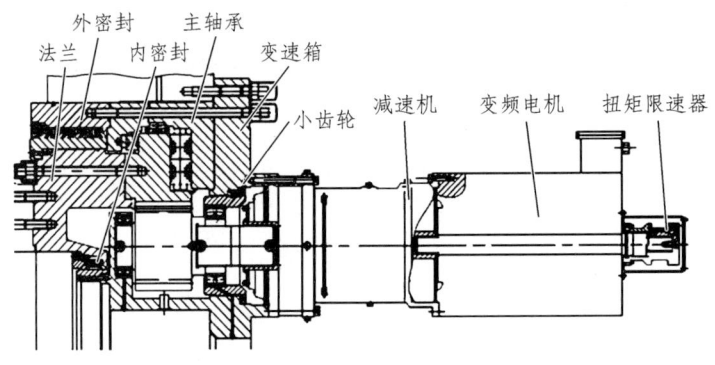

图 2.2.15 主驱动结构示意

2. 刀具形式

刀盘上布置 17 in 双联中心滚刀 6 把、19 in 正面滚刀 32 把、19 in 边缘滚刀 10 把。滚刀刀高 160 mm，刃间距 90 mm。配备切刀 92 把和边缘刮刀 16 把（刀高 125 mm）进行全断面刮渣。

刀盘边缘过渡区布置足够的边滚刀保证隧道开挖面边缘过渡区的平整。19 in 滚刀承载能力强，允许磨损量大，刀刃材料选用优质工具钢，提高了刀具的耐磨性能和使用寿命。滚刀的安装采用楔块螺栓式，所受荷载能够均匀传递至刀座及刀盘上。滚刀刀毂和刀刃由特殊的优质工具钢加工而成，增加了整个滚刀的耐磨性能和破岩能力，17 in 双联中心滚刀的承载能力为 250 kN，19 in 滚刀的承载能力为 350 kN。

性能可靠的滚刀轴承具有较长的使用寿命，采用重载型密封装置和封闭式的润滑类型。滚刀重载型刀刃可以进行更换；切刀边缘刮刀刀体采用优质工具钢加工而成，刀刃采用硬质合金增加了刀具的耐磨性能，具有较长的使用寿命。

3. 佛莞城际轨道 FGZH-1 标段盾构机主要设备配置

1）盾体及其组件

盾体包括三个主要组件：前盾（切口环）、中盾（支承环）和盾尾。其主要组件尺寸见表 2.2.3。

表 2.2.3　盾体主要组件尺寸

项目	名　称			盾尾间隙
	前盾	中盾	盾尾	
外径/mm	ϕ8800	ϕ8785	ϕ8770	40 mm
长度/mm	2 385	3 680	4 445	
分块	6	6	4	
板厚/mm	70	60	60	

（1）前盾。

前盾又称切口环或前体，设计有连接主驱动、螺旋机、人舱的接口，同时盾体内有行走平台和楼梯，便于设备的维护和检修。前盾包括开挖舱与过渡舱，开挖舱内的膨润土浆液通过刀盘的转动与其开挖下来的渣土均匀混合，并通过对保压系统进排气及掘进与排土速率的综合控制来支撑开挖面的水土压力。

（2）中盾。

中盾又称支承环或中体，中盾内布置有推进油缸以及支撑管片拼装机的 H 架。中盾内设计有左右平台和上下平台，以方便人员通过和设备维护、检修。左右平台上安装推进油缸的控制阀组、加压泵以及主轴承润滑油脂存储桶等设备。在中盾盾壳圆周均匀布置若干个 Rp2 的径向润滑孔，当需要时可以通过这些预留孔注入膨润土等以减小盾壳与土层间摩擦系数，或实施临时止水。中盾与前盾采用焊接方式连接成一体。

（3）超前注浆管。

沿中盾壳体分布有一定数量 DN100 超前注浆管，并通过安装在管片拼装机抓举头上的超前钻机来实现超前钻探和超前加固。超前注浆管见图 2.2.16。

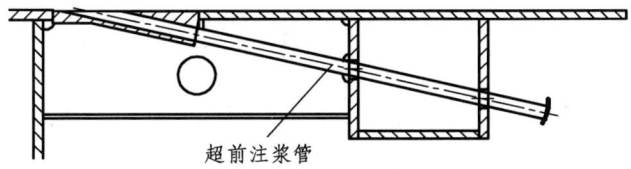

图 2.2.16　超前注浆管

（4）推进系统。

推进系统包括 38 根推进油缸，分 6 个组。推进油缸系统设计最大推进速度为 60 mm/min。根据计算，最大总推力约为 70 613 kN@35 MPa，并有安全余量。通过调整每组油缸的不同推进压力和速度可实现盾构机纠偏和调向。推进系统其中 6 个位置的油缸安装有位移传感器，通过油缸的位移传感器可以计算出盾构机的实时姿态。

推进油缸活塞杆前端与撑靴通过球轴承和蝶形弹簧连接，油缸可以在侧向力的作用下自由转动 4°。推进油缸固定在中盾支撑环板上的油缸固定板内，并垫有橡胶内衬。掘进时，油缸上的侧向力可以通过蝶形弹簧以及橡胶内衬的弹性变形来缓冲平衡，从而防止因管片推偏而开裂损坏。推进油缸分组控制见图 2.2.17。

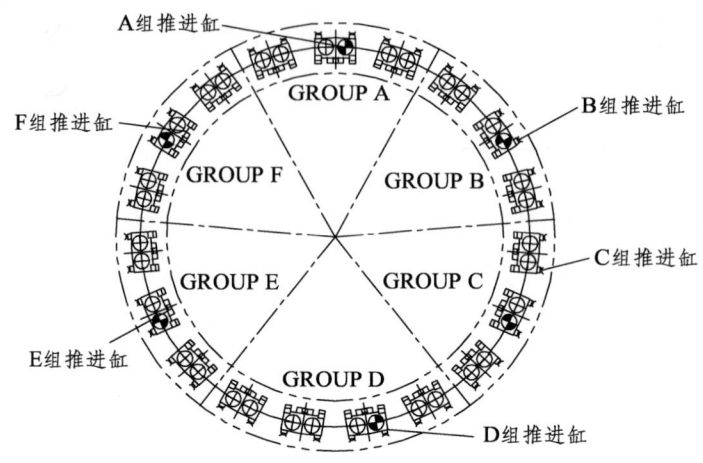

图 2.2.17　推进油缸分组控制示意

（5）铰接。

在中盾与盾尾连接处设置被动铰接。依靠推进油缸分组控制行程和压力来实现盾构转向，铰接油缸只是被动跟随。当铰接油缸行程超限时（行程小于 10 mm 或者大于 140 mm）可手动给铰接油缸供油，保证油缸安全。

中盾和盾尾之间用 15 根铰接油缸连接，连接处设计有两道铰接密封组件（密封圈+紧急气囊），铰接密封的压紧量可调，从而保证隧道内泥砂等不进入盾构主机内；同时中盾末端设置一圈闭合的铰接密封钢板束，配合填充密封油脂，可以阻挡大颗粒渣石进入铰接段。保护铰接密封组件见图 2.2.18 所示。

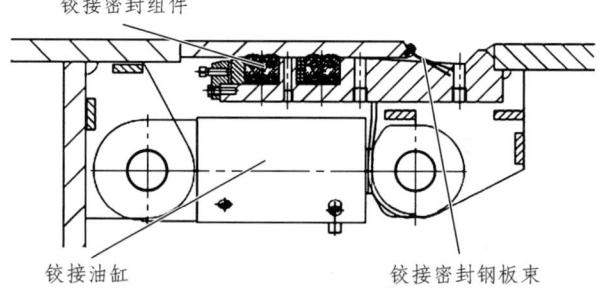

图 2.2.18　保护铰接密封组件

（6）盾尾。

盾尾壳体内设置有内置的同步注浆管道和盾尾油脂密封管路。同步注浆管道数量为 2×6 路，6 用 6 备。每路注浆管均有单独的压力传感器，并设置有两个清洗口，注浆管路意外堵塞时可以用高压水进行清洗。

盾尾油脂密封管路为 3×10 路，盾尾后部采用 4 道盾尾钢丝刷进行密封，盾尾刷之间的每个腔室内各设置 10 处油脂注入口，可承受盾体外的水土压力和注浆压力。4 道加强型盾尾钢丝刷最大承受压力可达 0.6 MPa；根据工程需要，通过设计措施能承受更高压力。盾尾尾部设置有一道止浆板，阻止砂浆流到开挖舱内。

（7）人舱。

人舱是盾构掘进途中进行带压作业的关键设备，它具有压力调节和安全过渡功能，当工作人员需要在不良地质条件下（如软弱地层、高渗透性地层等）进入土舱作业时，可通过人舱安全地进入土舱或刀盘前方。

人舱具有主、副两个舱室。主舱和前盾的气垫舱通过法兰连接，是带压作业的主要舱室，可同时容纳4人，内部净空长度＞1 800 mm，能放置急救担架（折叠式，长约1.8 m）。副舱是辅助舱，用于带压作业期间舱外物资的出入转运，另外在作业期间出现紧急情况时可作为急救舱供舱外人员进入舱内实施救助，内部净空长度为1 325 mm，可容纳2人。

人舱各舱室均配置以下系统：加减压系统（内外双向控制）、压力实时监测和显示系统、通信系统（包括一套紧急通信系统）、消防系统、加热系统等。进入人舱的空气经过精密过滤并达到人体呼吸空气的要求。人舱主要参数和元器件见表2.2.4，人舱示意图见图2.2.19。

表2.2.4　主要参数和元器件

舱室数量及容积	主舱（4人）+副舱（2人），主舱内径 $R820$ mm，主舱内部长度约2 000 mm
照明	2只防爆灯/舱室，额定电压24 V
通信系统	3套（主、副舱和舱外） 每套系统具有紧急通信和常规通信功能
压力级别	最大工作压力0.8 MPa， 舱体水压试验的测试压力为1.2 MPa
舱门形式	3扇 $\phi 700$ mm 舱门，2扇 $\phi 600$ mm 舱门， 气压压紧密封，密封材料为硅橡胶
加减压系统	各舱室配备独立的加减压系统，均为内外控制，设有流量计
主要元件	气动记录仪（美国 Reynolds）、流量计（德国 CROHNE）、声力电话（美国 AMRON）、安全阀（美国 apollo）、减压阀（SAMSON）等

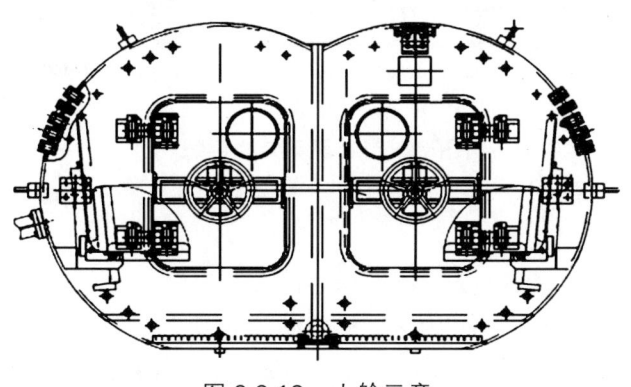

图2.2.19　人舱示意

2）密封系统

主驱动有两套密封系统：外密封系统对开挖舱方向进行密封，内密封系统对盾体内部常压进行密封。外密封系统主要由4道唇形密封组成，通过自动持续注脂方式防止开挖舱的砂石、污水等进入变速箱。内密封系统主要由两道唇形密封组成，防止盾体内部固体微细颗粒等进入变速箱。

内外密封环采用表面淬火处理，可通过螺栓调整密封环与密封唇口的接触位置，有效提高密封系统的使用寿命,主轴承密封寿命大于 10 000 h。

外密封腔第一道注入 HBW 密封油脂,第二道注入 EP2 润滑脂,第三道注入空气和稀油混合物,第四道用于密封失效检测。内密封腔手动注入油脂。外密封见图 2.2.20。

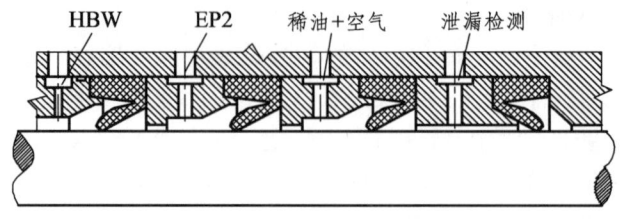

图 2.2.20　外密封示意图

3)螺旋输送机

螺旋输送机采用有轴式螺旋、渣板式出渣门结构形式。螺旋输送机安装角度为 22°,固定在前盾底部套筒法兰上。在掘进时,刀盘开挖的渣土掉落到土舱底部,通过螺旋输送机输送到皮带输送机上。螺旋输送机通过油缸的伸缩使螺旋轴与筒体形成相对运动,以此来处理堵塞现象;在筒体上设有 5 个检修门,必要时可以打开检修门来清理被卡在螺旋叶片间的渣土。螺旋机筒体上布置有 8 个注入口,可通过这些孔注入膨润土或泡沫来改善渣土的流动性。螺旋输送机正常使用寿命大于 10 000 h。

(1)驱动方式。

螺旋输送机驱动方式为后部中心驱动,包含 1 个液压电机、1 个减速机、1 个关节轴承、1 个螺旋轴等。螺旋输送机可以在 0～20 r/min 内无级调速,通过控制出土量维持土舱压力的平衡。驱动结构见图 2.2.21。

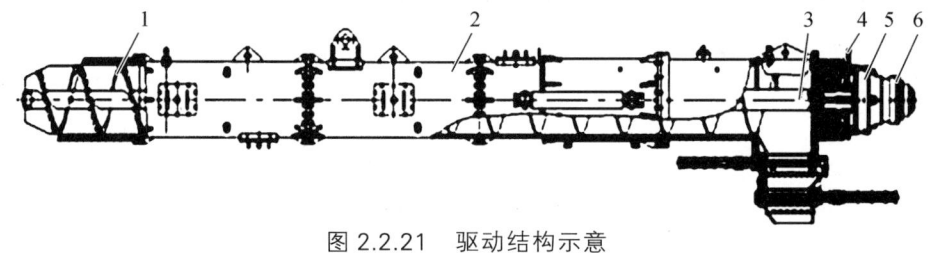

图 2.2.21　驱动结构示意

1—底部套筒;2—筒体;3—螺旋轴;4—回转支承;5—减速机;6—液压电机

(2)耐磨设计。

在螺旋叶片及轴表面堆焊 5 mm 厚耐磨层;前 3 节叶片周边焊接耐磨合金块。底部套筒、固定节、出渣门筒体堆焊 5 mm 厚耐磨层。耐磨设计见图 2.2.22。

(a)螺旋叶片及轴表面堆焊

(b)焊接耐磨合金换

图 2.2.22　耐磨设计示意

(3) 出渣能力。

螺旋叶片直径 1 000 mm，节距 630 mm，筒体内径 1 020 mm。螺旋输送机能通过的渣土最大尺寸能达到 590 mm×390 mm。

4）管片拼装机

管片拼装机固定在盾尾区域，用于安装衬砌管片。管片拼装机见图 2.2.23。

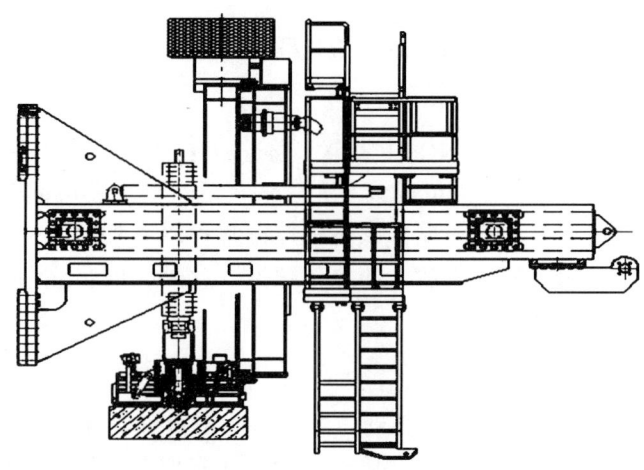

图 2.2.23 管片拼装机示意

管片拼装机的控制方式有无线遥控和有线控制两种，两种方式都可以对每个动作进行单独灵活的控制，也可协同控制几个动作，控制精度高，安全可靠。管片拼装机抓取管片时具有 6 个自由度。管片拼装机驱动方式为液压驱动，液压比例阀可实现无级调速。

管片拼装机主要由托梁、回转架、移动架、管片抓取机构和提升油缸等组成，由单独的液压系统提供动力，通过对液压电机和液压油缸等执行机构动作的比例控制，可实现拼装管片的纵向移动、径向移动、横向移动、回转、横摇和俯仰动作，使得管片能够快速精确地完成定位并安装。

此外，管片拼装机与液压、电控系统配合，可实现以下安全保护：管片拼装机旋转角度不超限；液压系统超压保护；管片拼装机旋转、平移等动作制动可靠；管片抓持压紧状态采用压力检测；两个回转电机均带制动器；可实现较远距离无线遥控。

5）管片吊运系统

管片吊运系统主要由双梁式管片吊机与管片运输小车组成。

管片吊机通过真空吸盘吸取管片，管片的起吊由 4 个环链电动葫芦来实现，其旋转动作通过两个电动旋转机构驱动来实现。管片的横移采用液压油缸驱动，横移距离±150 mm。同时，管片吊机采用摩擦轮行走驱动，行走速度达 40 m/min，最大可适应 3.5%的坡度。管片吊机最大吊运能力为 15 t，最大起吊速度达 4 m/min，带一个可行走的辅助吊机，额定起重 0.5 t，起升速度 4/1 m/min，起升高度 5 m，横移速度 6 m/min。管片吊装机见图 2.2.24。

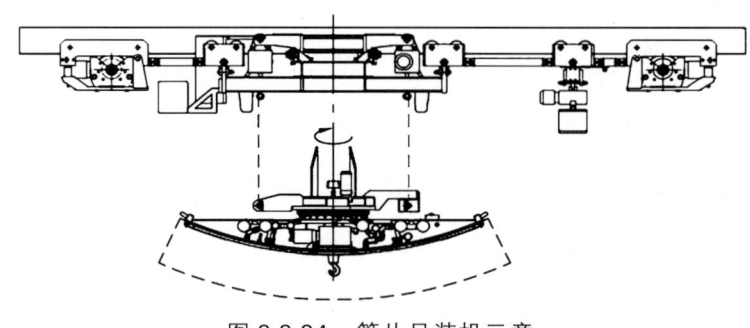

图 2.2.24 管片吊装机示意

6）注浆系统

盾构机配有液压驱动的 SCHWING 注浆泵，通过盾尾的注浆管道将砂浆注入开挖直径和管片外径之间的环形间隙。注浆压力可以调节，注浆泵泵送频率在可调范围内实现连续调整，并通过压力传感器监测其压力变化。操作人员从控制室可以看到单个注浆点的注入量和注浆压力信息，随时可以储存和检索砂浆注入的操作数据。此外，同步注浆系统有手动控制和自动控制两种模式。

7）盾尾油脂密封系统

盾尾油脂密封系统以气动油脂泵作为动力源。盾尾密封可以通过 PLC 系统按照压力模式或行程模式进行自动控制和手动控制，对盾尾密封的注脂次数及注脂压力均可以在控制面板上进行监控。

8）油脂集中润滑系统

油脂集中润滑主要是由盾体内的电动油脂泵向主驱动、螺旋机等部位供油，通过气动油脂泵补油，电动泵注入。电动油脂桶顶部装有超声波液位开关，检测桶内油脂量。当桶内油脂达到低位时，气动泵自动开启，向油脂桶内泵油，高位时泵送停止。

9）HBW 油脂系统

HBW 油脂密封系统以气动油脂泵作为动力源，可以通过控制系统设定油脂的注入量，并可以从外面检查密封系统是否正常。

10）渣土改良系统

盾构机配有两套渣土改良系统：泡沫系统和膨润土系统。两者在桥架前部共用一套输送管路，两个系统用球阀隔离，使用时手动转换。

（1）泡沫系统。

盾构机配有一套泡沫发生系统，用于对渣土进行改良。系统主要由泡沫泵、高压水泵、电磁流量阀、泡沫发生器、压力传感器、管路等组成。泡沫系统在控制室内控制，分为手动、半自动、自动三种模式：

① 手动模式：完全由盾构机司机手动调节水、气、泡沫的流量等。

② 半自动模式：可预先设置好每个泵及气体调节器的参数，由系统自动配比，司机只需根据现场情况控制每路泡沫的开关。

③ 自动模式：根据土舱压力、掘进速度等，由系统自动控制，无须人为干涉。

（2）膨润土系统。

膨润土注入系统用于对渣土的改良。膨润土输送管道使用前须关闭与之共用管道的泡沫输送泵及相应的球阀，膨润土通过输送泵压入刀盘、土舱和螺旋输送机内，达到改良渣土的目的。膨润土管路旁通有气动球阀，起泵时气动球阀打开（约10 s），膨润土管路与膨润土罐旁通，可防止膨润土泵带载起动，起到保护作用。在起泵后气动球阀关闭，系统正常工作。

根据实际需要，可以往膨润土箱装入泥浆，然后注入土舱内。

11）水系统

（1）冷却循环和工业用水。

盾构机水系统分为内循环和外循环，内循环主要用来冷却液压泵站、刀盘主驱动的减速机、主驱动的齿轮润滑油、螺旋输送机的减速机、空气压缩机、配电柜等，建议内循环用防冻液，可根据施工地点不同，选择不同凝点防冻液。外循环为工业用水，进水温度需低于25 ℃，流量不小于80 m³/h，压力为0.5~1 MPa，水质应符合国家《工业循环冷却水设计处理规范》（GB 50050—2017）的规定，外循环水主要是冲洗用水、泡沫用水及设备用水等。

从隧道外引水至尾部拖车处，与盾构机的延伸管路连接上，给盾构机供水。拖车上安装有内循环水泵，保证内循环水的流量和压力。拖车液压泵站附近安装有增压泵，保证盾构机上的设备用水、冲洗用水有一定的压力。

（2）排污系统。

盾构机开挖带来的渗透水及隧道冲洗排放的污水经污水隔膜泵吸入泵送至拖车上污水罐，再由渣浆泵排出。气动隔膜泵进气压力可在0.2~0.5 MPa内调节。

（3）地面监控系统。

盾构机的数据及画面通过光纤传输到地面监控室，地面监控室配有1台视频监视器和1台计算机（含2台显示器和1台主机等）。视频监视器显示4个摄像头拍摄的画面，计算机分别显示工控机界面和导向系统界面，有专用的软件读取盾构机工业计算机的数据，实现状态显示、数据查询、报表打印及数据导出等功能。

12）导向系统

盾构安装了一套自动导向系统。该系统能够对盾构在掘进中的姿态进行精确的测量和显示。操作人员可以及时地根据导向系统提供的信息，实时地对盾构的掘进姿态进行调整。导向系统构成见图2.2.25。

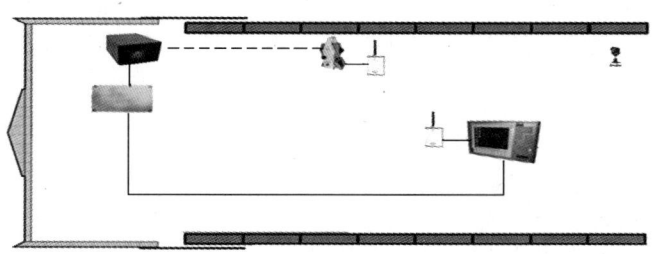

图2.2.25　导向系统构成示意

13）气体检测系统

盾构上有一套固定式气体检测装置安装于连接桥处，分别用于检测O_2含量、CH_4含量、

CO 含量和 H_2S 含量，其含量能够在触摸屏和工控机上进行显示，设置有一级报警点和二级报警点，并且配有报警灯和报警喇叭，能够实现自动检测报警的功能，同时配有一套便携式气体探测装置。其技术指标见表 2.2.5。

表 2.2.5 气体探测技术指标

产品型号	产品名称	技术指标			
		测量范围	分辨率	一级报警点	二级报警点
$BS03-O_2$	氧气探测器	（0~30%）vol	0.1% vol	19.5% vol	23.5% vol
BS03-CO	一氧化碳探测器	（0~1 000）ppm	1 ppm	35 ppm	200 ppm
$BS03-H_2S$	硫化氢探测器	（0~100）ppm	1 ppm	10 ppm	15 ppm
$BS03-CH_4$	甲烷探测器	（0~100%）LEL	1%LEL	20%LEL	50%LEL

注：① vol 为气体体积百分比；
② ppm 为气体体积百分比含量的百万分之一；
③ LEL 为可燃气体在空气中能爆炸的最低体积百分比浓度。

4. 盾构机技术参数

佛莞城际轨道 FGZH-1 标盾构区间所采用的铁建重工生产的土压平衡盾构机的主要尺寸及技术参数见表 2.2.6。其出厂编号分别为 DZ166、DZ167。

表 2.2.6 铁建重工盾构机参数

主部件名称	细目部件名称	参数
综述	盾构机类型	土压平衡盾构机 EPB
	地层土质种类	广东地区
	整机正常使用寿命	10 km
	开挖直径	8 850 mm
	最大破岩能力	200 MPa
	前盾、中盾、尾盾直径	8 804 mm、8 792 mm、8 780 mm
	主机长度	10 965 mm
	整机长度	105 m
	盾构及后配套总重	1 080 t
	最小平曲线半径	550 m（300 m 纠偏）
	最小竖曲线半径	800 m
	最大线路坡度（爬坡能力）	40‰
刀盘	刀盘形式	复合式，3 分块（1 中心块+2 零块），滚刀齿刀可以互换
	安装滚刀时最大开挖直径	8 850 mm，新刀开挖直径
	安装齿刀时最大开挖直径	8 830 mm
	质量	150 t

续表

主部件名称	细目部件名称	参　　数
刀盘	开口率	35%
	中心滚刀	6把17 in双刃滚刀，刀间距90 mm，刀高160 mm
	正面滚刀	34把19 in滚刀，刀间距85 mm，刀高160 mm，正面滚刀19 in与20 in能互换
	滚刀轴向转动力矩	22~80 N·m（根据地质条件可调整）
	边缘滚刀	12把19 in边缘滚刀
	正面切刀	88把，刀间距220 mm，刀高120 mm
	周边刮刀	24把，刀高125 mm
	刀盘磨损检测装置	3处，1处刀具磨损检测，1处刀盘面板磨损检测，1处刀盘外圆磨损检测
	刀盘外缘保径刀	12把
	贝壳刀	6把
	泡沫/膨润土浆注入孔数量	12个
	换刀方式	背装式
	搅拌臂数量	4
刀盘驱动	驱动形式	变频电驱动
	转速	0~4.07 r/min（双向旋转，连续可调）
	最大实际额定扭矩	12 680 kN·m（1.35 r/min时）
	最高转速实际扭矩	2 863 kN·m（4.07 r/min时）
	实际脱困扭矩	16 484 kN·m（0.25 r/min时）
	主驱动装机功率	9×220 kW
	主轴承形式	3排（轴向－径向）圆柱滚子轴承
	主轴承直径	4 800 mm
	主轴承使用寿命	≥10 000 h
	主轴承密封最大承压能力	0.6 MPa
	主轴承密封形式	2×3道4唇密封
	主轴承密封在施工过程中的可更换性	是
	主轴承密封润滑方式	内、外密封均为自动集中润滑
系统	泡沫系统	管路注入口20个，泡沫发生器和混合液泵数量各有12个，最大泡沫注入量每小时12×2.4 m³。可手动和自动选择。管路注入口数量：刀盘10个+扭腿1个+隔板1个+螺旋输送机8个
	同步注浆系统	砂浆管容量15 m³，注浆管路数量（含备用内置注浆管）2×6个，3台双柱塞泵注浆泵，分布有6个压力传感器。每小时可以注入3×12 m³浆液

2.3 盾构后配套选型

2.3.1 莞惠城际轨道 GZH-6 标段盾构后配套选型

莞惠城际轨道工程设计运行目标速度 200 km/h，隧道管片采用通用管片，管片外径 8.5 m、内径 7.7 m、宽度 1.6 m。此标段共投入 2 台 φ8.83 m 土压平衡盾构机，为使盾构机正常施工，需配备必要的配套设备，主要包括洞内的有轨运输的服务列车、竖井垂直运输的龙门吊、注浆用的砂浆搅拌站以及隧道通风设备等。

1. 服务列车方案确定

开挖渣土的外运是盾构隧道施工运输方案的主要决定因素。该工程选用的土压平衡盾构施工，运输方案采用列车有轨运输。工程每环出土量为：$8.832 \times 3.14 \times 1.6 \times 1.5/4 = 147 \text{ m}^3$。

以上考虑了渣土松散系数 1.5，由此可以看出每环的出渣量约是地铁施工的一倍。开挖土方量大对运输能力提出了更高要求。通过可行性、可靠性进行比较分析，并结合一次出渣受到机车牵引力限制及列车总长度限制等因素，我们选择完成一环掘进采用两列车运输方案，列车编组如图 2.3.1。

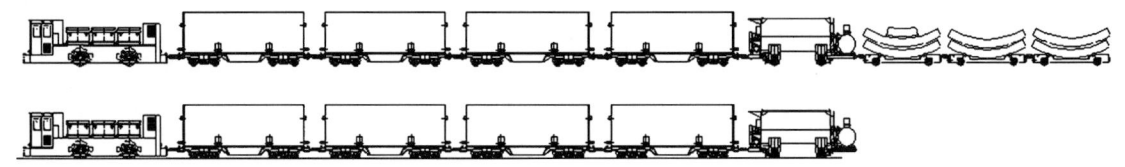

图 2.3.1 列车编组

在盾构机设计联络时，与盾构设计厂商协商后确定列车总体参数如下：

（1）行走轨道选 43 号钢轨，轨距为 900 mm。

（2）整列车高度不能高于 2 500 mm，宽度不超过 1 600 mm，总长度不超过 57 m（正常编组包括：电机车 1 台、土斗车 4 节、砂浆车 1 节、管片车 3 节），不含机车总长不超过 48.7 m；三节管片车不超过 14.2 m。

（3）正常编组重载情况下能保证在 30‰ 坡道上安全启动电机车正常行驶。

（4）持续运行速度要达到 25 km/h，牵引高度为 430 mm。

2. 电机车选择

采用蓄电池为动力的变频电力机车，选用目前国内黏着力最大的 45 t 电机车。该工程最大坡度为 2.44%，出洞为上坡。后配套质量以最大质量 228 t 为分析依据，经计算，45 t 机车 24.4‰ 坡道重载上坡起动时牵引吨位为 234 t，满足牵引上述两列机车牵引最大 228 t 的需要。

3. 管片车选择

管片车主要用于运送管片也用于运输油脂和轨料等材料，所运管片尺寸决定了管片车的尺寸。管片拼装尺寸为：外径 8.5 m、管片厚度 400 mm、衬砌环宽 1 600 mm，每环管片为（4+2+1）块，最大环块弦长 4 150 mm。每块管片质量约 7 t，分 3 个管片车运输。

4. 砂浆罐车选择

砂浆罐车主要用于同步注浆的运输，每环同步注浆的需要量为 7.85 m³；注浆填充系数取 1.5，则每环砂浆用量为：7.85×1.5=11.78 m³；砂浆输送泵要求输送距离不少于 18 m，卸浆时间小于 15 min；转弯半径 25 m，运行速度 25 km/h；外形尺寸长宽高不大于 5 m×1.6 m×2.5 m；容积 7 m³，搅拌功率不小于 11 kW。

5. 渣土车选择

渣土车用于开挖的渣土，每环的开挖渣土松方按 147 m³ 考虑，8 个土斗出完，考虑到每个土斗不能卸净剩余 5%，每个土斗的容积为 19.3 m³。

6. 龙门吊选择

龙门吊用于垂直提升材料，设两台龙门吊，一台专门用于提升渣土斗，另一台用于下管片和其他材料。

1）渣土斗提升门吊选择

渣土质量与土质有直接关系，通过试验得出，盾构开挖后渣土最大比重为 2，20 m³ 渣土斗质量为 6.5 t，因此满载的渣土最大总质量为 20×2+6.5=46.5 t，选额定起吊质量为 50 t 的门式起重机，跨度根据现场情况确定。

2）吊装材料门吊选择

此门吊主要用于吊运管片下井、管道、钢轨、轨枕油脂等材料，单片管片质量为 6.6 t，每次吊 2 块管片，选门吊额定起吊质量为 20 t。跨度根据现场确定。

7. 通风机选择

盾构施工的洞内通风主要目的是降低洞内温度、改善洞内空气质量、减低洞内湿度、确保工作人员的身体健康和降低洞内故障。隧道通风采用压入式，盾构机上的风管储存筒决定了使用的通风管的直径。该工程施工的通风管为 ϕ1400 mm 的软式风管，盾构机后备拖车上所设二次通风机的功率为 37 kW，风量为 3 800 m³/h，一次通风机风量要达到扣除风管的漏风损失后不小于 70 000 m³/h。

按照压力要求并通过计算分析，最终选择一号盾构机施工通风机为 55×2 kW 对旋风机，风量为 70 000～110 000 m³/h，风压为 3 700Pa。二号盾构机施工通风机为 110×2 kW 调速对旋风机，风机最大风量为 120 000 m³/h，风压为 4 800Pa。

2.3.2 后配套选型设计改良

1. 长距离、复合地层螺旋输送机针对性设计

螺旋输送机作为出渣装置，长期和渣土接触，容易磨损，因此其耐磨性要高，磨损部位应可更换或方便维修，同时在富水地层还需具有防喷涌能力。北方重工螺旋输送机和铁建重工螺旋输送机见图 2.3.2。

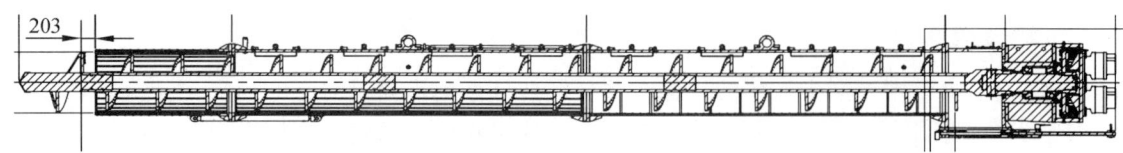

（a）北方重工螺旋输送机

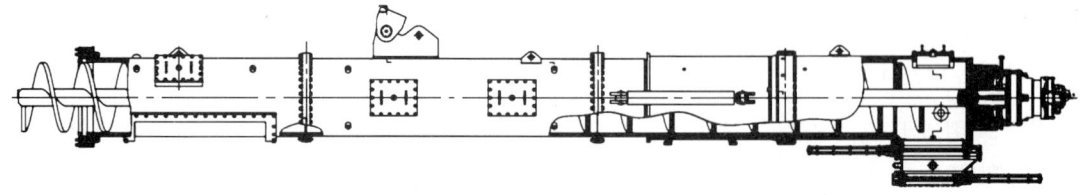

（b）铁建重工螺旋输送机

图 2.3.2　北方重工螺旋输送机和铁建重工螺旋输送机

螺旋输送机设计调整：

（1）由前端套筒式改为后部套筒式。

（2）采用双排渣门设计，防止喷涌。

（3）前端 2 m 的下部 120°筒壁可以拆卸，方便前端螺杆磨损后维修，拆卸的筒壁亦可维修更换。改进后的螺旋机衬板见图 2.3.3。

图 2.3.3　螺旋机衬板

（4）加大螺旋输送机后部电机排量，提高脱困能力。

（5）螺旋机叶片、轴、筒体内壁堆焊 10 mm 厚耐磨层，前端叶片采用镶嵌合金块设计，后端叶片外周采用铸造式合金块设计，极大地提高了螺旋输送机轴、叶片、筒体的耐磨性能。螺旋机叶片改进见图 2.3.4。北方重工盾构机后配套图见图 2.3.5。

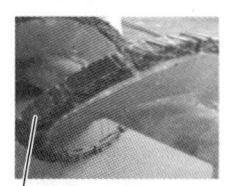  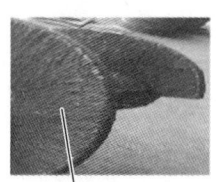

图 2.3.4　螺旋机叶片改进示意

图 2.3.5　北方重工盾构机后配套图

2. 佛莞城际轨道 FGZH-1 标段盾构机管片吊运系统设计

本标段盾构使用管片的外径为 8.5 m，内径为 7.7 m，管片厚 0.4 m，分 7 块（4 个标准块，2 个连接块，1 个封顶块），分 3 垛堆放。

管片吊运系统的快慢，是否操作简单、维修方便，直接影响整个盾构施工的效率。本标段 2 台新盾构机，去除喂片机，采用一次管片吊机系统，直接将管片吊运至拼装机下方，避免二次倒运及维修保养喂片机，增大了连接桥底部空间，方便现场施工；同时加设卸载器，提高电瓶车使用效率。管片吊运系统改进见图 2.3.6。

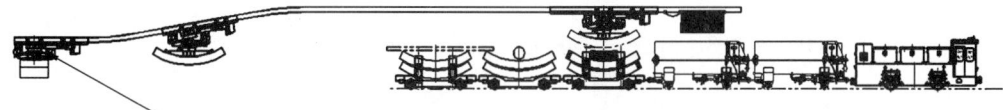

采用一次吊运系统设计，除去了中间喂片环节，在事发和正常掘进过程中都能大幅提高管片物流效率

图 2.3.6　管片吊运系统改进示意

采用液压卸载器，满足整环管片定点卸载要求，有效提高了管片运输车使用效率。管片液压卸载器见图 2.3.7。

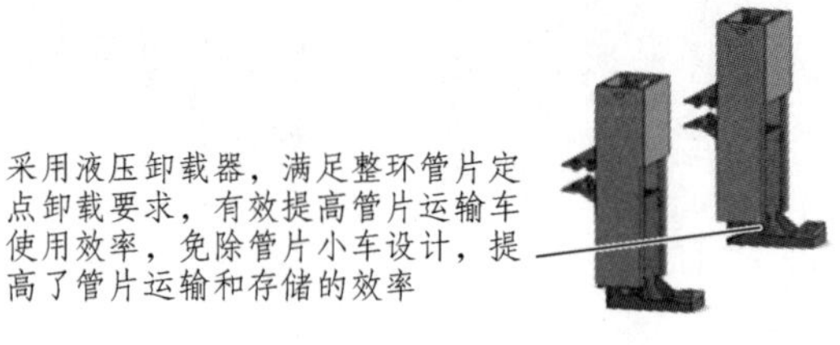

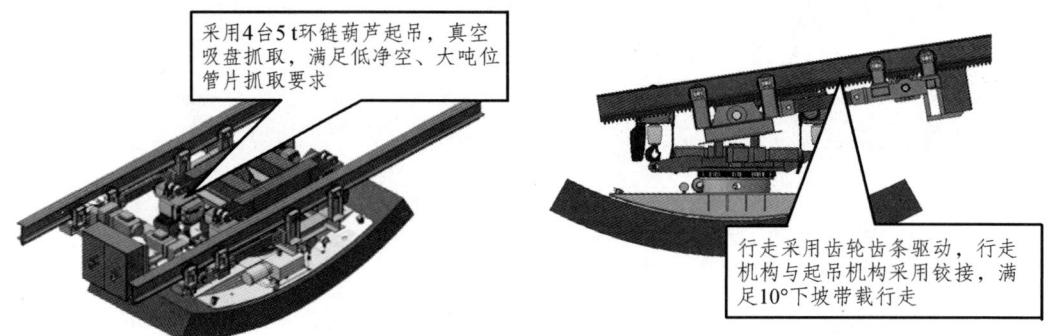

图 2.3.7　管片液压卸载器示意

管片吊机采用双轨梁、链轮链条式行走、4 台环链葫芦起吊、可回转的真空吸盘抓取。最大起吊质量为 20 t，最大起升高度为 3.5 m；行走速度 15/25 m/min，起升速度 0.75/3.2 m/min；回转机构±90°，并以链轮链条式传动作为行走传动方式。管片机行走部分改进见图 2.3.8。

图 2.3.8　管片机行走部分改进示意

3. 佛莞城际轨道 FGZH-1 标段盾构机连续皮带

连续皮带出渣应用在广州南站至长隆站盾构区间，左线 4615 m，右线 4675 m。连续皮带机由掘进胶带机（主皮带）、提升胶带机（斜皮带）及储带舱组成。主皮带采用头部三驱动，驱动功率为 3×185 kW，斜皮带采用头部单驱动，驱动功率为 1×75 kW。采用 2 套皮带机驱动与控制系统，每套驱动装置包含 380 V 低压变频器、控制柜及相关소件等。各驱动点最终通过 Modbus 结成完整的驱动控制系统，实现输送系统整体运行的工况要求。连续皮带出渣主要参数见表 2.3.1。铁建重工盾构机后配套图见图 2.3.9。

表 2.3.1　连续皮带出渣主要参数

组成部分	带宽	带速	输送量	粒度	提升高度	倾斜角度	电机功率
掘进主胶带机				< 50 mm	12 m		3×185 kW
转载胶带机	1 000 mm	3.15 m/s	500 t/h	< 30 mm			7.5 kW
提升斜胶带机				< 50 mm	20 m	10°	2×37 kW
储带及张紧装置	储带长度 600 m，额定牵引力 70 kN，制动器最小开闸压力 2.8 MPa						55 kW

图 2.3.9 铁建重工盾构机后配套图

第3章　大直径盾构始发与到达施工技术

3.1　盾构始发井施工

3.1.1　盾构始发井工程概况

佛莞城际轨道交通 FGZH-1 标长隆站大里程端盾构始发井位于长隆站 DK5+375.00 处。该盾构始发井担负本区间盾构隧道左右线的出渣、材料、设备运输以及盾构机安装及始发等任务。

长隆站盾构始发井位于广州市番禺区钟村镇，前后均接隧道盾构区间。车站站台中心里程 DK5+195.00，全长 535 m。盾构始发井基坑采用多支点连续墙支护体系与基坑内降水方案，其中盾构井段开挖宽度为 50.15 m，后配套井段开挖宽度为 29.15~37.45 m，基坑开挖深度为 20.0~22.0 m。盾构井段围护结构采用 1 000 mm 厚的地下连续墙以及 6 道内支撑体系，第 1 道支撑采用钢筋混凝土环框梁进行支撑，2~6 道支撑采用 $\phi 600$ 的钢管内支撑（壁厚 16 mm），后配套井段采用 1 000 mm 厚的地下连续墙与 5 道内支撑，第 1 道支撑采用钢筋混凝土支撑，2~5 道支撑采用 $\phi 600$ 的钢管内支撑（壁厚 16 mm）。

3.1.2　盾构始发井端头加固的必要性

盾构始发段一般埋深较浅，地质情况差。端头加固是通过改良端头土体，提高土体的强度和自稳能力，阻塞土体颗粒之间及不同地层之间的水流，防止洞门破除后出现涌水、涌砂、坍塌等现象，保证盾构始发的安全。端头加固既有强度要求，又有抗渗要求，其必要性为保证地表稳定、洞门不坍塌、抑制水土流失，满足重型起重设备对土体的承载力要求，满足始发井周边建（构）筑物、管线、道路等安全要求，防止地面沉降过大，威胁周边建筑物安全。

3.1.3　始发井端头加固

1. 始发井端头加固方法

本标段采用大直径土压平衡盾构机，盾体长度为 13.5 m，加固长度确定为 15 m，加固宽度为 8.83 m，加固深度为刀盘底 1 m 至原地面全长注浆。其中始发井洞门位置埋深 12.2 m，洞门前段地质为全、强风化花岗片麻岩，端头加固采用地表旋喷桩加固与洞门内水平注双液浆加固。

始发井端头加固设计范围为宽度 35 m、长度 10 m。旋喷桩直径为 600 mm，间距为 500 mm，桩深 27.4 m，实桩深度为 17.5 m。本区间的两台北方重工 $\phi 8.86$ m 土压平衡盾构机盾体长 12.5 m，在原有加固区域前方增加两排 $\phi 600$ mm 旋喷桩，形成长 5 m、宽 10 m 闭合的加固区域，盾构始发井咬合旋喷桩加固见图 3.1.1。

（a）始发井端头旋喷桩加固

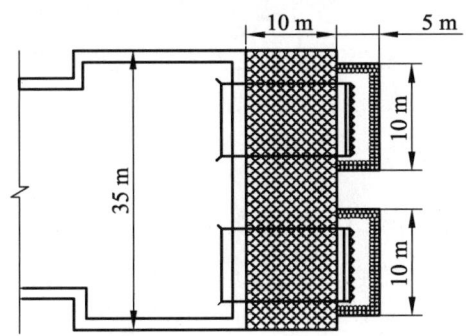

（b）始发井咬合旋喷桩平面布置图

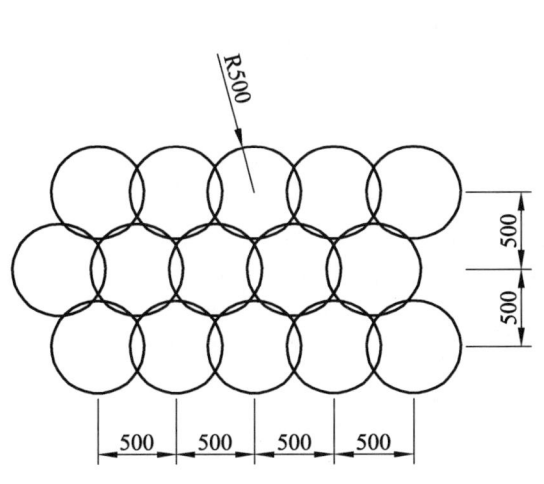

（c）旋喷桩咬合图示意

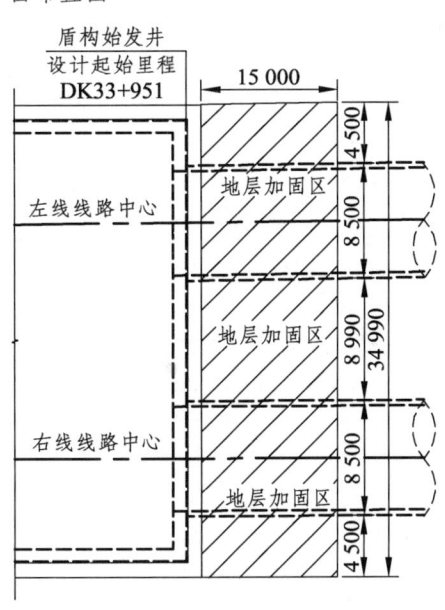

（d）加固平面示意

图 3.1.1　盾构始发井咬合旋喷桩加固示意

旋喷桩采用双重管法高压喷射加固措施,大于 30 MPa 的高压水泥浆射流从 $\phi 1.9$ mm 的喷嘴喷出,水泥浆射流四周以压缩空气加以保护。随着喷管的旋转与提升,高压水泥浆射流冲切破坏土体,同时将水泥浆与黏土掺搅形成桩体;压缩气升扬置换的作用,使切割的部分土体从孔口冒出,水泥浆与黏土混合物固结后,形成所需要加固体。双重管法的主要优点在于压力大、流量大、能量大、桩径也较大,直接用水泥浆切削地层,削除了高压水对水泥浆的稀释,节约了水泥,从而也保证了成桩质量,减少了废浆的排放。旋喷桩施工工序见图 3.1.2。

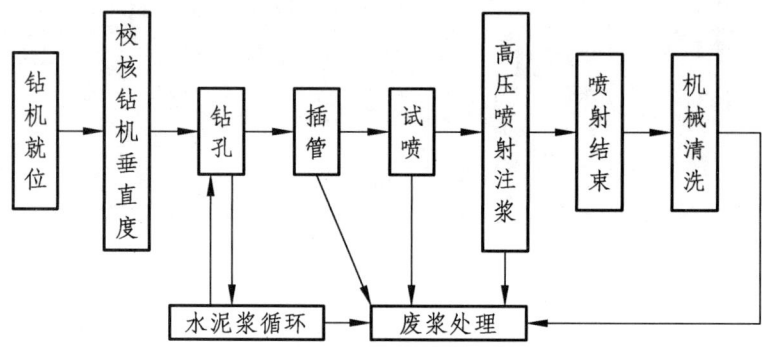

图 3.1.2 旋喷桩施工工序示意

2. 旋喷桩施工工艺

旋喷桩施工中采取分批跳孔施作以防止施工时因相邻两桩施工距离太近或间隔时间太短,造成高压喷射串浆。钻孔桩施工时按每间隔一孔施作,施工顺序依据现场实际情况确定。旋喷桩施工流程如图 3.1.3。

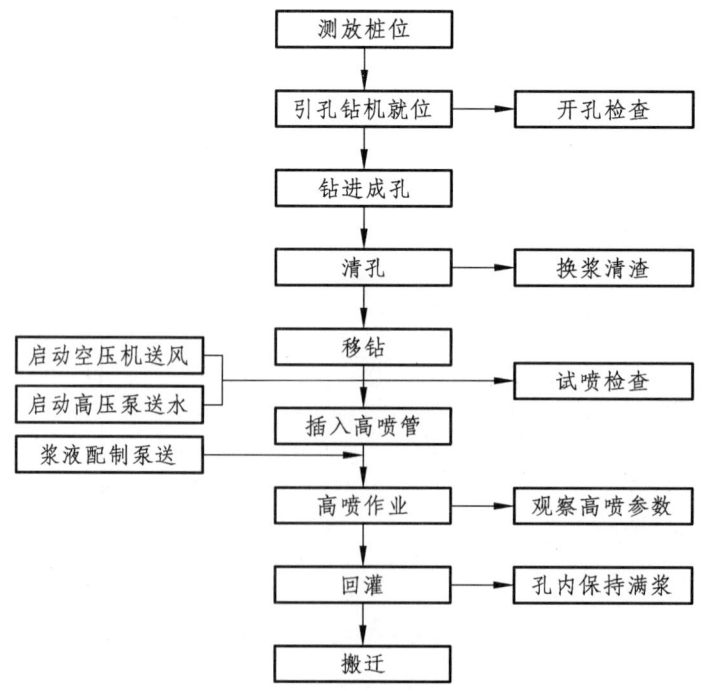

图 3.1.3 旋喷桩施工工艺流程

3. 洞门水平注浆施工工艺

洞门水平注浆采用双液浆,在破除洞门之前进行,水平注浆顺序如图 3.1.4 所示。本标段工程注浆深度为 10 m,采用袖阀管进行注浆,其技术参数为:注浆速度 30~40 L/min,水玻璃浓度 35°Bé、水泥:水:水玻璃=1:1:0.5,凝结时间控制在 120 s,配合比根据实际情况适当调整,注浆压力为 10~15 MPa。

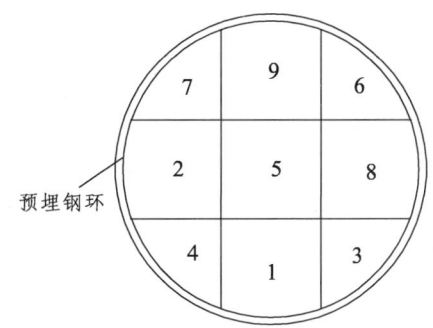

图 3.1.4 洞门水平注浆顺序示意

3.2 始发基座的安装

始发基座是始发阶段盾构机盾体的主要承重部件,是保证盾构机始发姿态的关键因素。始发架在始发时要承受盾构机纵向、横向的推力以及盾构机扭转力矩,所以必须安装平整,固定牢固。

始发基座由专业厂家制作,支撑导轨成 60°分布在盾体圆周的两侧。基座长 12 850 mm、宽 5 963 mm、高 1 220 mm。始发基座见图 3.2.1。

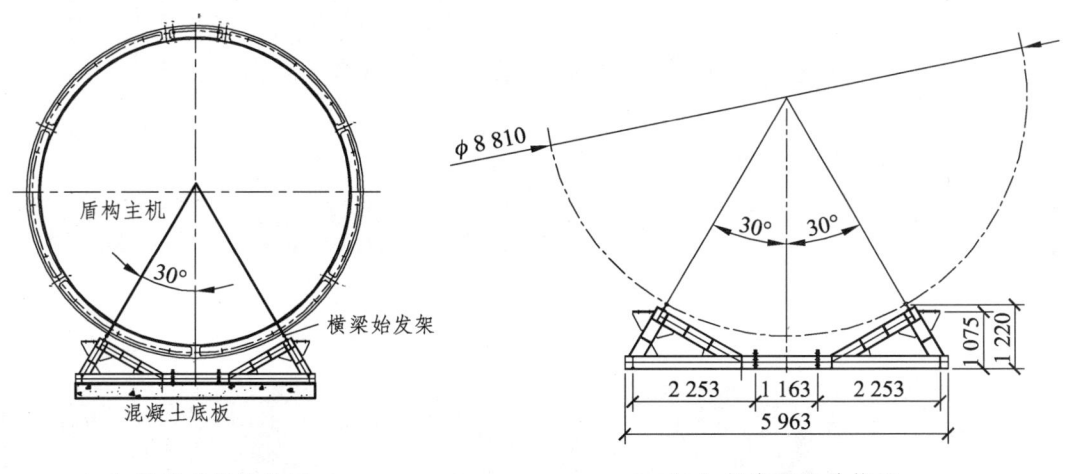

(a)始发基座结构图　　　　　　　　(b)始发基座结构图

(c)始发基座图

图 3.2.1 始发基座

由于始发段地质较差,为防止盾构机"叩头",在安装始发架的时候,本工程向上抬高了 20 mm,故始发基座底部需预制 400 mm 高的混凝土平台。混凝土平台由三段构成,每段之间留 700 mm 横向空隙,为后期盾构机施焊提供作业空间。空隙位置分别在距离洞门 6.2 m 和 9.2 m 处。基座安放在混凝土平台上,与平台上的预埋件焊接,前后、左右用 I20b 工字钢在基座与竖井边墙之间做水平支撑,固定基座。

3.3 盾构机下井组装

本工程盾构机组装采用整机一次组装始发的方式进行,采用一台 400 t 履带吊和一台 220 t 汽车吊配合作业。盾构组装前,先下放并准确定位始发基座,然后将盾构机分段吊放在始发井底的始发基座上,拖车后移后再进行组装,主机直接在始发基座上组装连接。具体盾构组装顺序如图 3.3.1 所示。

(a)电瓶车下井(用于移动拖车)

(b)5 号拖车下井(高压电缆卷筒、膨润土罐、二次风机、水管卷筒、备用发电机)

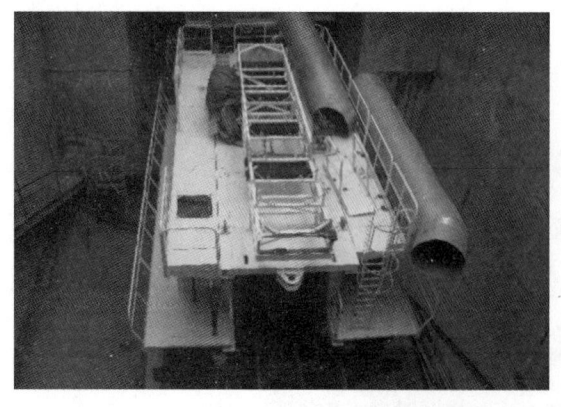

(c)4 号拖车下井(皮带输送机驱动、皮带输送机支架、空压机、污水箱)

(d)3 号拖车下井(储气罐、空气过滤器、空气干燥器、工业水箱、水泵、主变压器、辅助变压器、皮带输送机支架)

(e)2号拖车下井(用电柜、泡沫箱、皮带机输送机支架、低压管路)

(f)1号拖车下井(主泵站、砂浆泵站、双液浆注浆系统、皮带输送机支架、低压管路)

(g)2号连接桥下井(注浆泵、管片吊机、皮带输送机支架、高压管路、低压管路)

(h)1号连接桥下井(喂片机、主控室、皮带输送机头部从动段、油脂泵)

(i)螺旋输送机下井

(j)螺旋输送机放置在小车上备用

(k)前盾下部下井

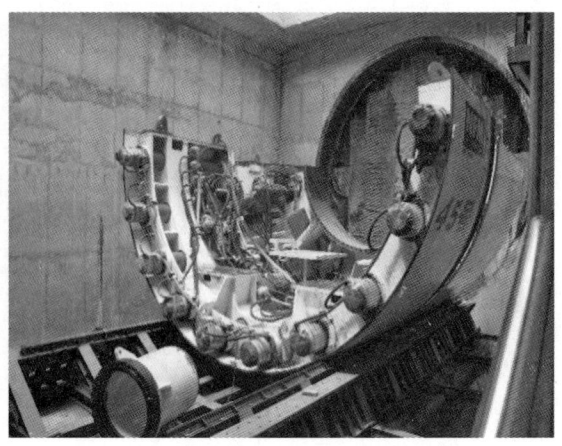

(l)中盾下部下井

(m)主轴承下井安装

(n)前盾上部下井安装

(o)螺旋输送机支架、人闸、门字架下井安装

(p)中盾上部下井安装

（q）刀盘焊好后下井安装

（r）尾盾下部下井安装

（s）拼装机行走梁下井安装

（t）拼装机下井安装

（u）螺旋输送机安装

（v）尾盾左右部分下井安装

图 3.3.1　盾构机组装顺序

盾构机组装完成后，在前盾盾壳下部、水平导轨外侧，平行于导轨焊接防扭转挡块。在前盾脱离始发基座后割除防扭转挡块。

3.4 反力架的安装

反力架为钢结构,用来提供盾构推进所需的反力。反力架左右和上下偏差应控制在±10 mm之内,高程偏差应控制在±5 mm 之内,特别要求始发台水平轴线的垂直方向与反力架的夹角小于±2‰,盾构机姿态与设计轴线竖直趋势偏差小于2‰,水平趋势偏差小于±3‰。

反力架成上下扣合的两部分。在盾构主机组装完成后,安装反力架的下半部分,然后配套台车前移,与主机对接后再进行管线安装及整机调试。在皮带输送机、注浆系统安装调试完毕后,安装反力架的上半部分。反力架安装完毕,基准环端面距离盾尾664 mm,见图3.4.1。

反力架底部与底板预埋钢板焊接。上下横梁各有5道水平支撑,水平支撑长度为750 mm,并与始发井中板、底板端头预埋件连接。左线隧道反力架左右垂直立柱各设有一道斜支撑(右线隧道不设斜支撑),斜支撑的撑脚设置在始发井边墙上的腋脚处,这段腋脚需要凿除。为保证盾构推进时反力架横向稳定,用I20b型钢对反力架侧面进行横向固定,见图3.4.2、图3.4.3。

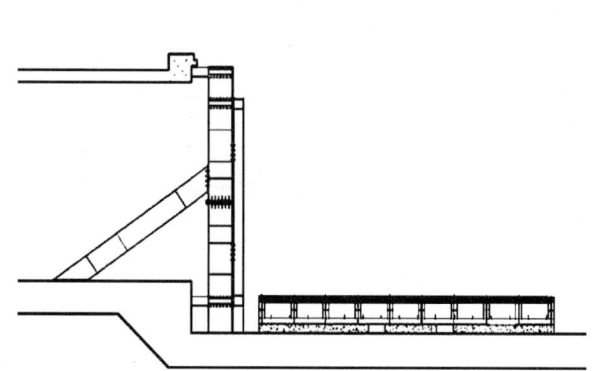

图3.4.1 反力架位置图

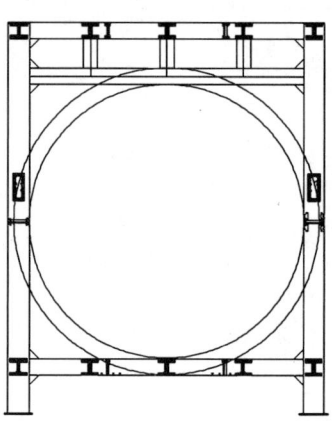

图3.4.2 反力架固定示意图

(a)反力架吊运

(b)反力架安装

图3.4.3 反力架的安装

3.5 始发掘进推力确定

始发推力按如下公式计算:

$$F_{\max}=F\times(N_1+0.7\times N_2)+\mu\times W=13\,830(\text{kN}) \tag{3.5.1}$$

式中：F——单只滚刀荷载（kN）；

N_1——正面滚刀数量；

N_2——边缘滚刀数量；

W——主机重量（盾体和刀盘总重）（kN）；

μ——钢-钢滑动摩擦系数，取 0.15。

设计反力架时，根据设计图纸，按 3 000 t 承载能力对反力架结构进行了有限元分析，并进行了结构优化。

3.6 洞门凿除

3.6.1 洞门开凿前准备

洞门开凿前应对洞门轴线坐标、洞门直径、端头加固区抗渗性能进行检测，并在洞门范围内设置 3 个检测排水孔，位于洞门底部往上 1 m 左右，对称于洞门竖直直径线分布。考虑到实施旋喷加固时探测到洞门底部往上 1 m 的位置已经位于弱风化岩石地层，故水平探测孔的钻进位置调整到岩-土分界面之上。探测孔用圆管式长螺旋钻机（KLB301-600）水平开凿，钻孔直径为 60 mm，深度分别为 8 m、12 m、16 m。

3.6.2 洞门开凿顺序

车站围护结构为 1 m 厚的地下连续墙，端头土体采用旋喷桩加固。在盾构机刀盘进入预留洞门前只能凿除部分围护结构以保证安全，施工时先凿除 800 mm 厚，并将外露钢筋割掉；盾构机组装调试完成、负环管片拼装工作开始后，凿除剩余围护结构，割掉最后一层钢筋。

洞门采用人工凿除，将洞门划分为 9 部分，凿除时按先上后下，先中间后两侧进行作业，如图 3.6.1。

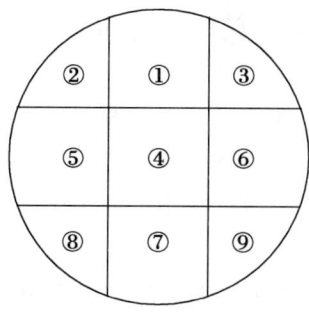

图 3.6.1 洞门凿除顺序

3.6.3 洞门凿除过程

（1）洞门凿除过程中要设专人密切观察洞门掌子面的渗水和稳定情况，确保施工安全。

（2）洞门破除之前应在洞门下段做水平钻探，检查旋喷加固效果及地下水渗漏情况。

（3）破除前应配备砂浆喷射设备，作为防范措施。一旦洞门土体暴露后出现失稳迹象，马上喷射砂浆稳定土体。

（4）洞门破除开始于盾构始发前一个月。完全破除后，应能保持 7 d 左右的侧向自稳，在这 7 d 内完成渣土清理、洞门帘布安装、洞门支撑的安装、4 环负环管片的拼装。

3.7 安装洞门密封装置

3.7.1 洞门钢环的安装

洞门钢环是为了满足盾构机进洞临时封堵洞门端头要求的环状钢板。环状钢板的内径为 9 100 mm，外径为 9 500 mm，环向每 3°预留螺栓孔 1 个，共计预留螺栓孔 120 个。为了环板能够牢固地嵌入竖井衬砌结构内，环板背面与盾构始发井衬砌结构钢筋应连接牢固。竖井内衬施工时，及时将洞门钢环安装就位。

内衬施工绑扎钢筋至洞门位置时，将已分块制作好的环状钢板精确定位后焊接在端墙钢筋上，然后立模板，浇筑混凝土。在施作过程中应保证：钢环位置的纵向偏差不得大于 5 mm。钢环必须牢固地嵌入混凝土且单面紧靠模板，灌注混凝土时不得松动。

3.7.2 洞门密封装置安装

为了防止盾构始发掘进时渣土、地下水从盾壳与洞门的间隙处流失，造成开挖面失稳，在盾构始发时需安装洞门临时密封装置。该密封装置由橡胶帘布、扇形压板、折页翻板和螺栓等组成。洞门密封装置见图 3.7.1。

盾构机始发前，在洞门钢环上依次安装固定螺栓、帘布橡胶板、压板及折页翻板等，最后拧紧螺母固定。盾构机进入洞门前在刀盘外围和橡胶帘布外侧涂抹润滑油脂，防止盾构机刀盘损坏橡胶帘布、影响密封效果。

盾壳外径与管片外径相差较大（304 mm），故洞门折页翻板在两种外径条件下翻转角度不同，与盾壳的夹角是 20°，与管片的夹角是 64°，且盾构机始发时需要控制其始发姿态，盾体轴线与洞门轴线并不重合。因此，上述夹角在圆周范围内是不一致的，顶部和底部会更大（更小），这会导致在盾体进入洞门时，对洞门帘布、翻板甚至洞门钢环产生推力破坏。另外，盾体通过后，若折页板与帘布和管片外弧面夹角过大，甚至越限外翻，那么洞门密封装置将不能起到密封作用。

图 3.7.1　洞门密封装置

3.8　负环管片拼装

3.8.1　负环管片数量

负环管片数量由式（3.8.1）计算

$$N=(DK_0-DK_j)/W \qquad (3.8.1)$$

式中：DK_0——第一环的设计起始里程；
　　　DK_j——反力架基准环断面里程；
　　　W——管片宽度。

$$N=16/1.6=10（环）（编号为-9~0环）$$

3.8.2　负环管片的拼装

本工程管片采用"4+2+1"通用型管片，即：4 块标准块，2 块邻接块，1 块封顶块，共 7 块管片。管片环端面楔形量为 46 mm，采用错缝拼装。

先将基准环最底部与管片连接的两个螺栓孔的中线沿盾体方向引至尾盾，在尾盾上做好标记，标准块 B2 的 B3 接缝与此线重合。由于有盾尾间隙（40 mm）存在，所以在尾盾底部沿盾壳纵向焊接 ϕ30 mm 的圆钢，以防止盾尾间隙过大造成管片下移，并在圆钢上涂抹黄油，以便于管片后移顺滑。拼完 B3 和 B2，开始拼装 B1、B4。拼时要在尾盾上焊接钢板拉住 B1、B4，防止管片掉落、变形。连接块 L1、L2 采用同样的方法加固。最后拼好封顶块 F 块后，割除加固支撑用的钢板，再将整环后推，准备与基准环连接。

根据尾盾长度和推进油缸行程进行计算，需在尾盾内拼装两环才能将负环管片推送到与反力架接触位置。-9环拼装成环后，割除固定钢板，用推进油缸将-9环管片整体向后推送一环的距离，腾出拼装第二个负环（-8环）的空间，按同样的方法拼装第二负环，第二负环与第一负环间正确连接。第二环负环拼好后，用推进油缸将两环管片一起慢慢推出盾壳，一直到第一个负环管片脱离盾尾，顶在基准环上，并与基准环连接。用两根长28 m、直径ϕ14 mm的钢丝绳绕过负环管片顶部，将钢丝绳头固定在始发架两侧，每个绳头上安装上紧绳器，旋转紧绳器，将钢丝绳拉紧，如图3.8.1所示。

图3.8.1　负环管片拉紧

由于始发架与管片外侧有152 mm的间隙（盾体外径为8 804 mm，管片外径为8 500 mm），为了避免管片推出盾尾后下沉，在始发台导轨与管片外侧之间要用垫木楔紧，将负环管片托住。每环管片两侧各垫2块木楔。

从拼装-7环起，盾体开始前移，负环管片逐渐脱出盾壳。这时，要在管片外壁与始发基座导轨之间间隔400 mm塞入150 mm的楔子，填充两者之间的缝隙，防止管片下沉。同时，用两道钢丝绳从上往下箍住每环管片，钢丝绳两端固定在基座上的拉索环内，用手动葫芦拉紧钢丝绳。

3.9　盾构机调试

3.9.1　盾构机调试必要性

盾构前200环为试掘进阶段。盾构试掘进要熟悉盾构机各项性能，完成盾构整机磨合负载运转；要熟悉盾构机和配套设备各项操作，掌握盾构施工操作流程和施工顺序；要检验后配套设备的匹配能力，如垂直运输系统和水平运输系统等；要安全地通过始发段，保证地面建筑物和地下管线的安全；要收集数据，积累经验，为下一步正常快速地掘进施工提供参考依据。

3.9.2 盾构试掘进各要素的控制

为了确保安全掘进，根据地层情况和地面建筑物的情况，试掘进过程必须严格控制盾构机的掘进参数，降低掘进速度，控制盾构掘进方向，同时时刻注意调整各系统参数、掘进参数，保证盾构机顺利掘进。始发掘进参数如表3.9.1。

表3.9.1 始发段掘进参数

序号	项目	参数
1	土舱压力	上部 0.14～0.2 MPa、下部 0.23～0.3 MPa
2	刀盘转速	1～1.5 r/min
3	推力	15 000～25 000 kN
4	扭矩	5 000～5 700 kN·m
5	推进速度	10～30 mm/min

1. 掘进速度控制

由于盾构始发是完全敞开式掘进，为控制地面沉降，盾构机始发过程必须快速建立土压。采用土压平衡模式掘进时，应尽量少出渣、不出渣，直至达到设计参数要求后，保持设计土舱压力进行掘进，一切正常后逐步充气调整土压。故盾构试掘进阶段，掘进速度应不大于30 mm/min。盾构掘进速度设定时，注意以下几点：

（1）盾构启动时，盾构司机需检查千斤顶是否顶实，开始推进和结束推进之前速度不宜过快。每环掘进开始时，应逐步提高掘进速度，防止启动速度过大冲击扰动地层。

（2）每环正常掘进过程中，掘进速度值应尽量保持恒定，减少波动，以保证土舱压力稳定。在调整掘进速度时，应逐步调整，避免速度突变对地层造成冲击扰动和造成土舱压力波动过大。

（3）推进速度的快慢必须满足每环注浆量的要求，保证同步注浆系统始终处于良好工作状态。

（4）掘进速度选取时，必须注意与地质条件和地表建筑物条件匹配，避免速度选择不当导致盾构机刀盘、刀具非正常损坏以及对隧道周边土体扰动过大。

2. 盾构机姿态控制

1）盾构始发姿态控制测量

盾构机始发姿态测量是利用盾构机自带的PPS自动导向系统来完成的。以竖井联系测量的井下起始边为支导线的起始边，沿隧道设计方向布设导线，将激光全站仪安置于井壁上适当点位置，后视井下另一导线点，将此两点坐标输入盾构机控制电脑中（此两点坐标采用导线测量确定），激光全站仪发射出一束可见红色激光束，激光束照射到激光靶，通过盾构机控制电脑分析得出盾构机中心点高程及各特征点高程。盾构中心点高程必须与盾构始发设计高程一致，如有偏差再进行局部微调，以确保盾构始发高程准确。

首先，沿隧道方向测设中线点，通过隧道中线点确定盾构始发基座轴线。始发基座轴线要与隧道中线及盾构机轴线一致。其次，通过水准测量控制盾构始发井井底坡度与隧道设计坡度一致，盾构始发基座安装时确保基座坡度与隧道设计坡度一致，确保盾构始发方向正确。

2）采用 PPS 导向系统和人工测量辅助进行盾构姿态监测

该系统配置了导向、自动定位、掘进程序软件和显示器等，能够适时、动态地监控盾构机当前位置与隧道设计轴线的偏差及趋势。据此调整控制盾构机掘进方向，使其始终保持在允许的偏差范围内。人工测量应定期检查复核，确认 PPS 系统的稳定与正确。

3）方向控制及纠偏注意事项

（1）在切换刀盘转动方向时，应保留适当的时间间隔（大于 2 min），否则可能损坏刀盘，并造成管片受力状态突然改变，而使管片损坏。推进油缸油压的调整不宜过快、过大，否则有可能造成管片局部开裂或破损，对盾构机的管路也造成损伤。

（2）根据掌子面地层情况应及时调整掘进参数。调整掘进方向时应设置警戒值与限制值。达到警戒值时就应该立即采取纠偏措施。

（3）蛇行的修正应以长距离小幅度修正为原则（长度大于 30 m），如修正得过急，蛇行反而更加明显。

（4）正确拼装管片，根据隧道曲线及当前姿态，合理设定封顶块的位置，使管片端面尽可能与计划的掘进方向垂直。

（5）严格控制纠偏力度，防止盾构机发生卡壳现象。

（6）盾构始发时方向控制极其重要，应按照始发掘进的有关技术要求，做好测量定位工作。

3. 盾构机始发防扭转姿态控制措施

始发阶段，刀盘切入土体开始掘进时，盾壳尚未完全脱离始发托架，盾体周边没有土体提供摩擦力。为平衡刀盘的旋转扭矩，盾壳会在刀盘旋转的相反方向上产生一定的扭转，从而产生扭转量。

为此，特设置防扭转装置：在前盾盾壳底部、始发基座导轨外侧各焊接一块平行于导轨的钢板架，钢板架到导轨的间隙为 40 mm。当盾体扭转到钢板架接触导轨时限制盾体的进一步扭转，防扭转装置在前进到洞门底部设置的支撑导轨之前割除。防扭转装置安装见图 3.9.1。

图 3.9.1　防扭转装置

4. 盾构机始发防"栽头"控制措施

始发阶段，随着盾体的前移，盾体的重量逐渐作用于隧道土体，在这个过程中，盾体重量作用于土体产生的沉降会反映到刀盘上，产生向下超挖，超挖量不断加大，到盾体脱离始发托架进入隧道后，已经形成一段下行斜坡，前盾在此斜坡段相较于后方隧道下倾，这就是"栽头"现象。这种情况也会出现在盾构机从硬质地层进入松软地层时。

控制栽头的措施有：在洞门钢环底部安装支撑导轨。防止盾体因悬空产生的栽头。支撑导轨与始发托架上的导轨在圆周的同一角度。支撑导轨高度比始发托架导轨低 20 mm（避让刀盘的大直径），导轨长 600 mm，两端应做圆弧过渡处理。

5. 同步注浆浆液质量及注浆量的控制

当盾尾通过洞门密封后开始实施同步注浆。注浆浆液选择水泥砂浆，水泥砂浆的凝结时间在 6 h 左右，浆液的强度不小于 5 MPa。浆液配合比见表 3.9.2。

表 3.9.2　浆液配合比

注浆方式	配合比				
	水泥/kg	粉煤灰/kg	水/kg	膨润土/kg	砂/kg
同步注浆	350	250	400	50	450

理论注浆量为

$$V=\pi/4\times(8.86^2-8.5^2)\times1.6=7.85 \text{ m}^3 \tag{3.9.1}$$

充盈系数按理论结构空隙的 130%～180%考虑，即理论注浆量为 10.21～14.14 m³。实际注浆量的确定还应同时参照注浆压力。

6. 地面沉降的控制

盾构始发推进过程中，要把土舱压力的波动范围严格控制在 2 kPa 以内，以保持正面土体的稳定，减小对土体的扰动。同时要加强同步注浆管理，及时充填盾尾空隙，并且在沿隧道纵向轴线的地面上布设沉降观测点（建筑物、地下管线等控制沉降要求较严的影响区域内布设横断面，重要建筑物要事先进行结构分析评估且可采用地面注浆加固措施以确保构筑物的稳定）。在盾构推进过程中进行跟踪观测，并对所测沉降数据进行分析和反馈，为调整下阶段的施工参数提供依据。

7. 盾构始发试掘进技术措施

（1）始发前在刀头和密封装置上涂抹油脂，避免刀盘上刀头损坏洞门密封装置。

（2）在拼装第一环负环管片时，为防止两块邻接块失稳，可在盾壳内与负环管片之间焊接托持挂架，以稳定管片，管片推出盾尾后要及时约束，避免大的变形。

（3）若发现盾构有较大转角，可采用刀盘正反转的措施进行调整，同时需严格控制此时推进速度不大于 5 mm/min。

（4）为防止盾构机通过端头加固区后"栽头"，可在盾构出加固区前适当增大底部油缸推力。

（5）千斤顶总推力应控制在反力架承受能力以下，一般为 15 000～25 000 kN，同时确保在此推力下刀具切入地层所产生的扭矩小于始发基座提供的反扭矩。

3.10 负环管片拆除

3.10.1 负环拆除准备

根据广东地区及其他盾构隧道施工经验,当盾构始发 100 m、同步注浆浆液强度不小于 2.5 MPa 时,即可拆除反力架及负环管片。

拆除负环管片时已拼装管片与土体摩擦力的计算经验公式如下:

$$F=\mu \times \pi \times D \times L \times P \tag{3.10.1}$$

式中:μ——管片与土体的摩擦系数,取 0.3;

D——管片外径,取 8.5 m;

L——已安装的管片长度,取 100 m;

P——作用与管片背面的平均土压力,取 100 kPa。

故管片提供的摩阻力为:

$$F=0.3 \times 3.141\,6 \times 8.5 \times 100 \times 100=80\,111(kN) \tag{3.10.2}$$

当盾构始发掘进 100 m 时,管片与周围土体摩擦力大于 70 000 kN(盾构机额定最大推力),满足拆负环反力要求。因实际施工过程中最大推力控制在 50 000 kN 以下,所以结合现场场地情况,负环拆除定为始发后 110 m。

在拆除负环管片前应准备好拆除所需的工具设备,并对起吊设备(端头龙门吊)进行检查,确保达到使用条件。对 1~20 环管片进行二次注浆,每隔 4 环或漏水的管片注入双液浆,保证负环管片的拆除能安全、顺利地进行。隧道内高压电缆在拆除负环管片前须断电。

3.10.2 反力架及负环拆除施工

1. 基准环及反力架拆除

检查反力架斜撑上应力片,测得其读数接近为零后,先将反力架后面的钢支撑与中板、底板预埋钢板之间的焊缝割除。支撑割除的顺序按先割除斜撑,再从上至下的顺序,最后拆除钢支撑。拆除反力架分为上下两部分拆除,先拆除上半部分的连接螺栓并将其用吊车吊出,然后再拆除下半部分的连接螺栓以及水管和部分轨道,最后起吊下半部分反力架。

基准环分为 4 部分,由螺栓固定于反力架前端面。基准环按照从上至下的顺序拆除,吊机收紧后,拆除连接螺栓后即可分别吊出。

2. 负环管片拆除方法选择

负环拆除方法有两种:一种是整环拆除,吊出后再拆分成块;一种是在井底分块拆除,逐一吊出。

整环拆除速度快,但安全风险大,而且对吊装空间要求高。根据现场施工实际情况,综合考虑龙门吊起吊高度、现场场地空间等因素,我们采用了分块拆除的办法。负环管片布置图及基准环管片布置图如图 3.10.1 及 3.10.2 所示。

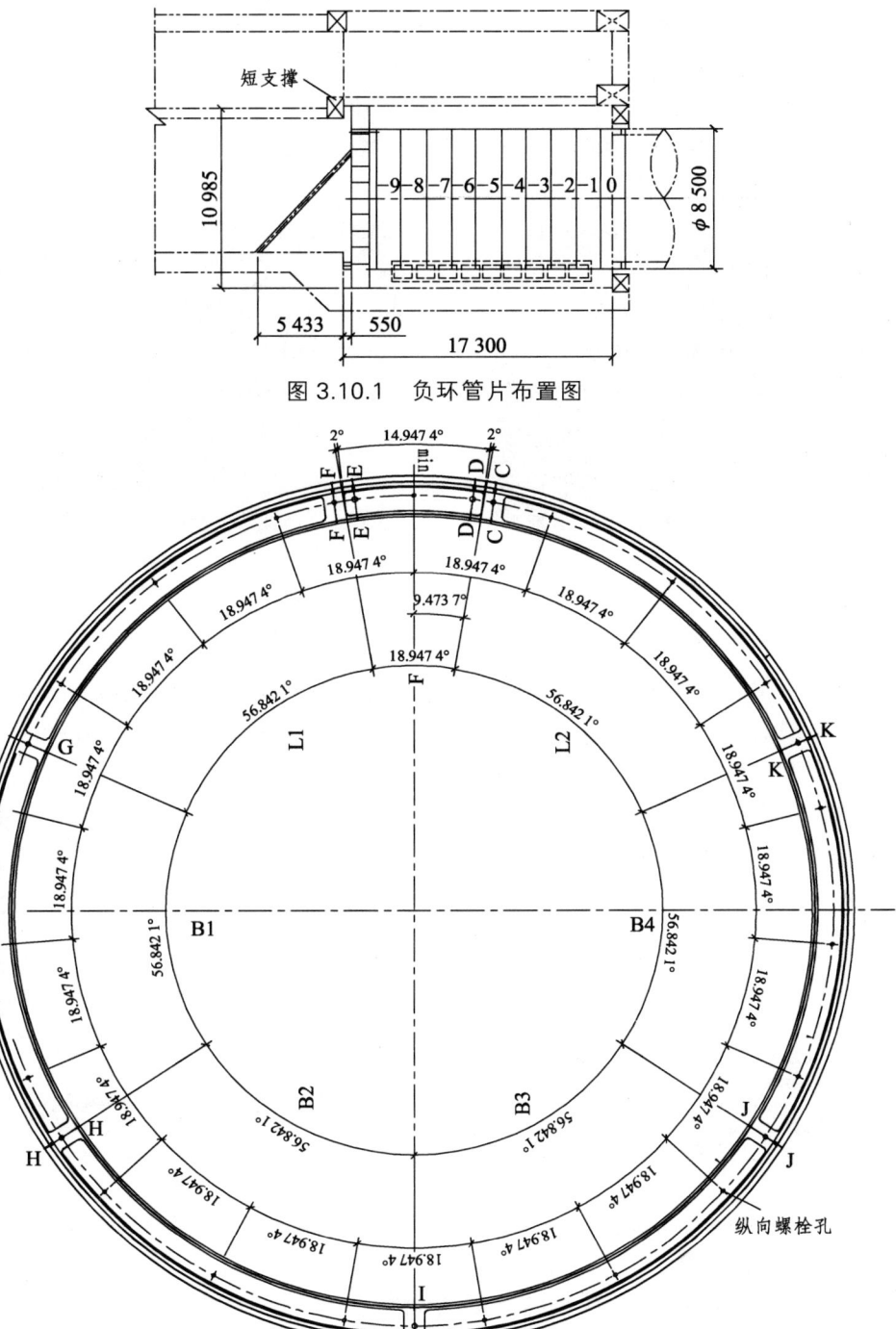

图 3.10.1 负环管片布置图

图 3.10.2 基准环（-9 环）管片布置图

3. 负环管片拆除

负环管片拆除时首先将加固负环管片的钢丝绳、木楔逐环拆除，最先拆除-9 环管片的 L 块。为防止在 L 块拆除时，周围临接块（尤其是 F 块）突然掉落，对其采取临时加固措施，将其用钢丝绳与-9环固定在一起，固定好后将钢丝绳上部挂在龙门吊吊钩上，下部穿过L块吊装孔。起吊钢丝绳，使钢丝绳处于拉直但L块不受拉力状态，卸除纵向连接螺栓，再分别卸除两侧环向螺栓，用同样的方法取出环向螺栓。L块拆除后，再拆除F块。F块拆除后拆除B块，把钢丝绳穿进B块管片螺栓孔进行吊出。连接螺栓取出办法和拆除L块时相同。最后拆除B3块。如图3.10.3所示。

（a）

（b）

图3.10.3　负环管片拆除过程

4. 轨道铺设

拆除完负环管片后，需利用始发架铺设轨道。先把始发架上的钢轨拆除，并在始发架上铺设H400×200型钢，型钢长度6 m，间距约1 m，理论高差为10 mm，需要调整高度时用钢板进行调整。始发架端面示意图及轨道纵断面示意图如图3.10.4及图3.10.5所示。

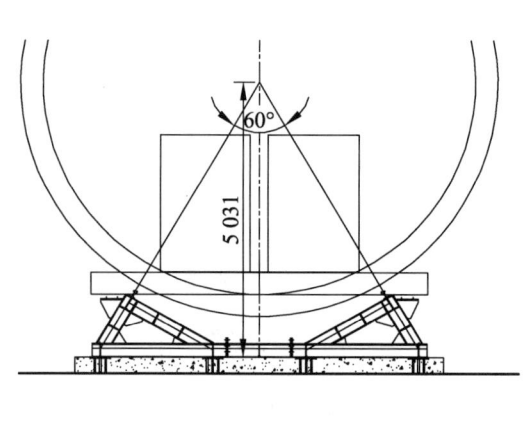

图3.10.4　始发架端面示意

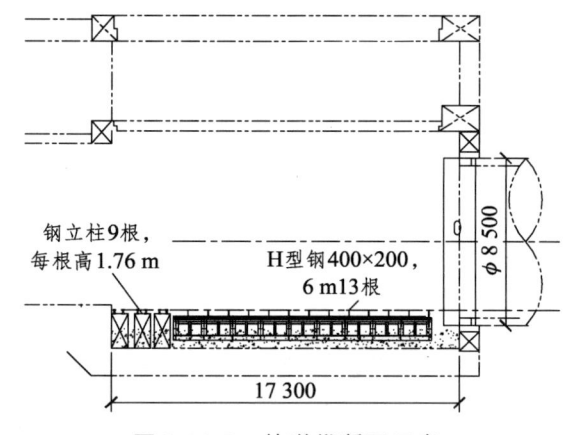

图3.10.5　轨道纵断面示意

3.11　始发阶段常见问题及处理

3.11.1　土体失稳

洞门凿除后掌子面失稳主要表现为土体坍塌、涌水、涌砂，原因多为端头加固效果不好，在小范围内可采用在洞门凿除的同时进行喷射混凝土以封闭土体临空面。如果情况严重，要立即停止洞门破除，采用棉被封堵，方木、钢管加以支撑，然后水平注双液浆，待洞门重新封闭后再凿除。

3.11.2 盾构机"栽头"

始发推进后,在抵达掌子面及脱离加固区后,由于地质条件变化及刀盘重量大的原因,容易出现前盾"栽头"现象,严重时可能超限报警。通常采用抬高盾构始发、合理安装导轨及连续推进的办法以减少此现象。

3.11.3 盾尾失圆

盾构始发阶段由于盾构机自重较大,通常情况都会产生盾尾失圆现象,造成盾尾间隙上下左右偏差较大,有时会超过 10 cm。一般可通过调节铰接油缸、调整推力油缸行程、改变管片拼装方式(采用通缝拼装,但不允许连续超过3环)来调整,以保证盾尾隧道的椭圆度在控制范围内。

3.12 盾构接收井施工

3.12.1 盾构接收井工程概况

佛莞城际 FGZH-1 标长隆车站至广州南站区间采用盾构施工,隧道开挖直径为 8.85 m,管片外径为 8.5 m,内径为 7.7 m,环宽 1.6 m。右线长安一号于 2016 年 10 月 14 日始发,起始里程为 YDK4+840,终止里程为 YDK0+165,全长 4647.9 m(包括 27.054 m 的短链)。左线长安二号于 2016 年 11 月 14 日始发,起始里程为 DK4+840,终止里程为 DK0+225,全长 4615 m。盾构掘进至进口明挖段(右线 YDK0+165、左线 DK0+225)位置接收并吊出。进口明挖断接收井周边平面图如图 3.12.1 所示。

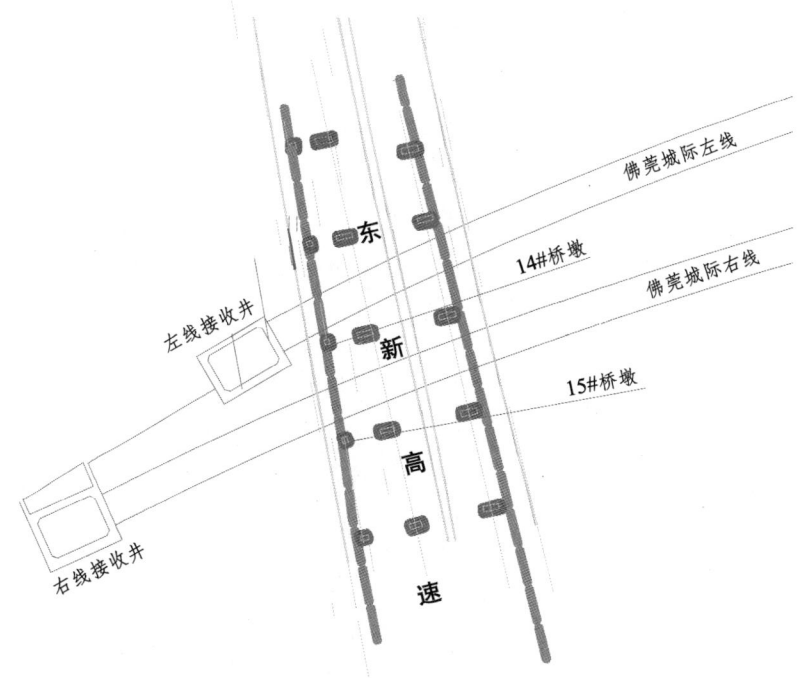

图 3.12.1 接收井周边平面图

3.12.2 盾构接收井端头加固

进口明挖段盾构接收井加固采用 ϕ 800 mm@600 mm 旋喷加固及地面注浆加固。旋喷桩加固深度至进入 W3 强风化地层不小于 0.5 m，W3 强风化地层采用地面注浆，纵向长度 6 m，底部至隧底 3 m，外侧宽度至隧道轮廓外 4 m。加固平面示意图如图 3.12.2 所示，剖面图如图 3.12.3 所示。

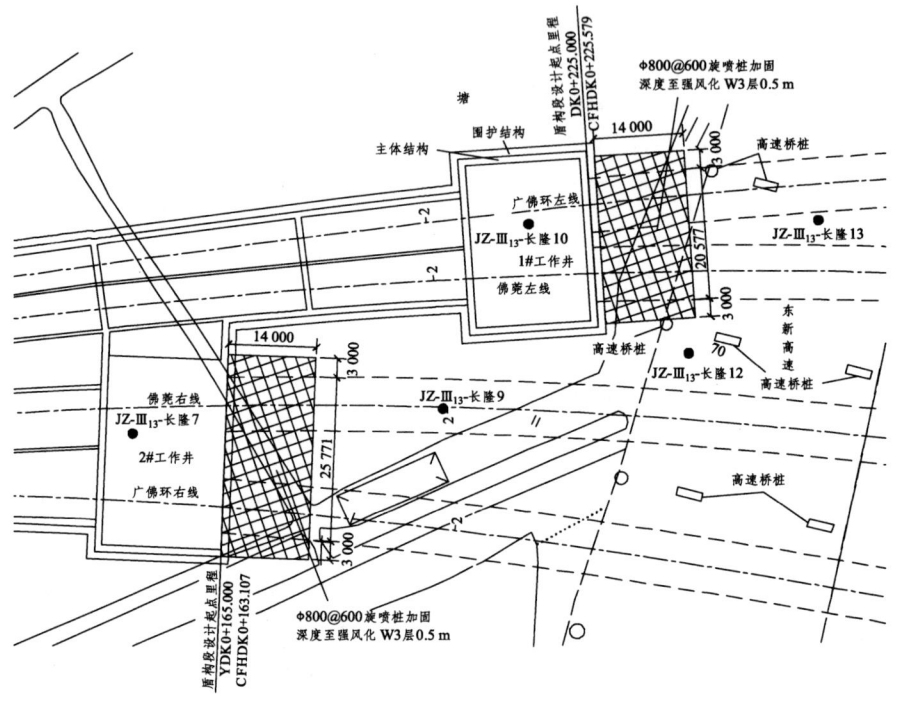

图 3.12.2 加固平面示意

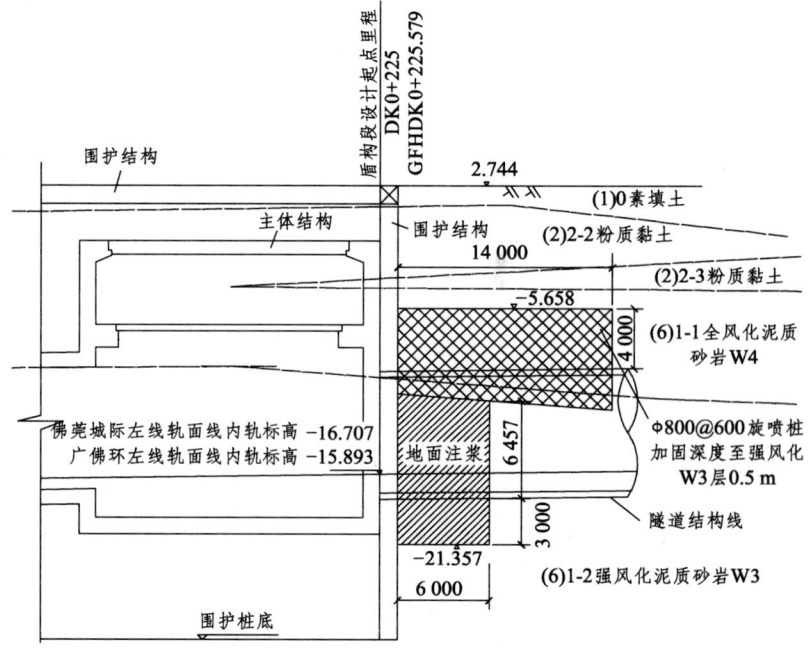

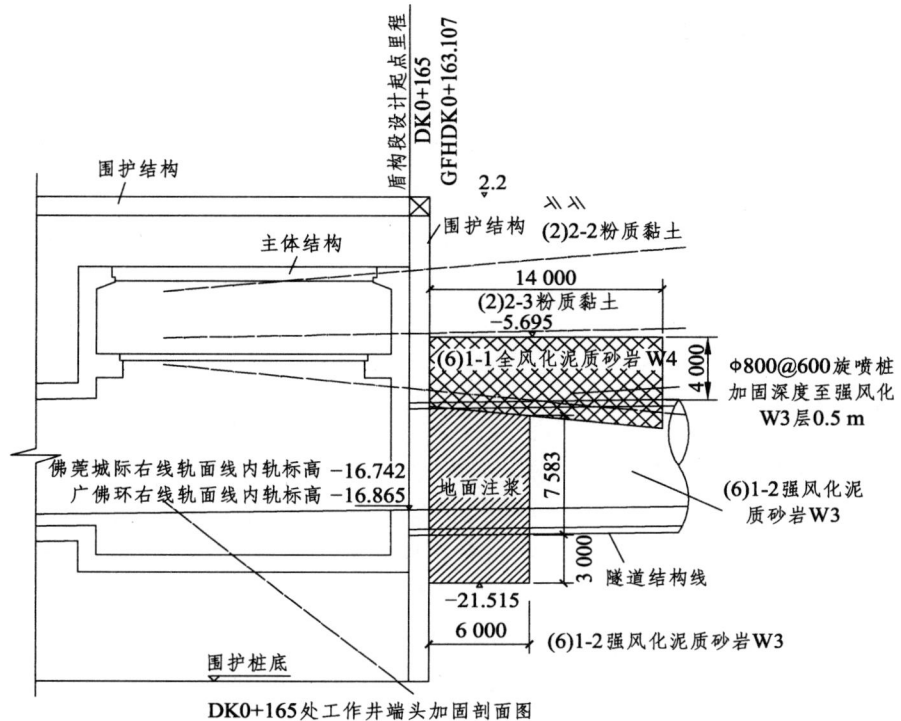

图 3.12.3　加固剖面示意

旋喷采用 42.5 级以上的普通硅酸盐水泥，可根据需要加入适量的外加剂及掺合料，且需保证每立方米加固体水泥用量不得少于 600 kg，水泥浆液的水灰比为 1∶1~1∶1.5，旋喷加固后，土体 28 d 无侧限抗压强度不小于 1.0 MPa。

地面注浆采用水泥浆（水灰比 1∶1），要求注浆加固后土体 28 d 无侧限抗压强度大于 2 MPa，渗透系数不大于 10^{-7} cm。

3.12.3　洞门水平探孔

盾构接收洞门凿除前，应在洞门做水平钻探，检查旋喷加固效果及地下水渗漏情况。水平检查孔数为 9 个，呈"米"字形布置，水平探孔深度为 2.5~3 m，如图 3.12.4 所示。

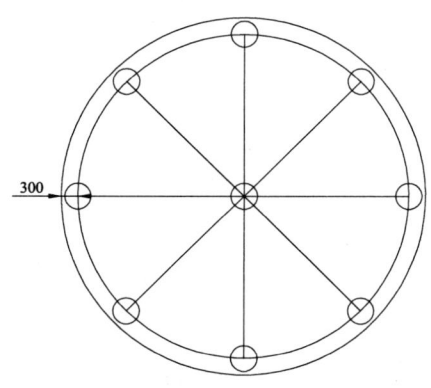

图 3.12.4　接收端洞门水平探孔布置图

3.12.4 盾构姿态的复核

当盾构施工进入盾构到达范围时，应对盾构机的位置进行准确的测量，明确隧道中心轴线与隧道设计中心轴线的关系，同时应对接收洞门位置进行复核测量，确定盾构机的贯通姿态及掘进纠偏计划。

盾构机姿态在贯通时重点关注两种偏差：一是盾构机贯通时的中心轴线与隧道设计中心轴线的偏差，二是接收洞门位置的偏差。两种偏差需在隧道设计中心轴线的基础上进行适当纠偏且一环纠偏不大于 3 mm。

3.12.5 接收架定位

接收架是盾构机在工作井接收时坐落的基座，必须能够充分承受盾构机的自重。由于受盾构机自重及端头井口大小的限制，接收架上的盾构机须对准洞门中心，且与隧道轴线一致。接收架的位置、方向、高度等按设计轴线进行正确测量放样后，再进行加工制造施工，安装时按测量放样的基线吊入井下就位焊接。

本区间施工所用的盾构机为直径 8.85 m 的土压平衡盾构，其自重约 1200 t（含动荷载）。接收架底座为长方形，长 12 850 mm、宽 5963 mm。接收时考虑降低 20 mm 接收。接收架示意如图 3.12.5。

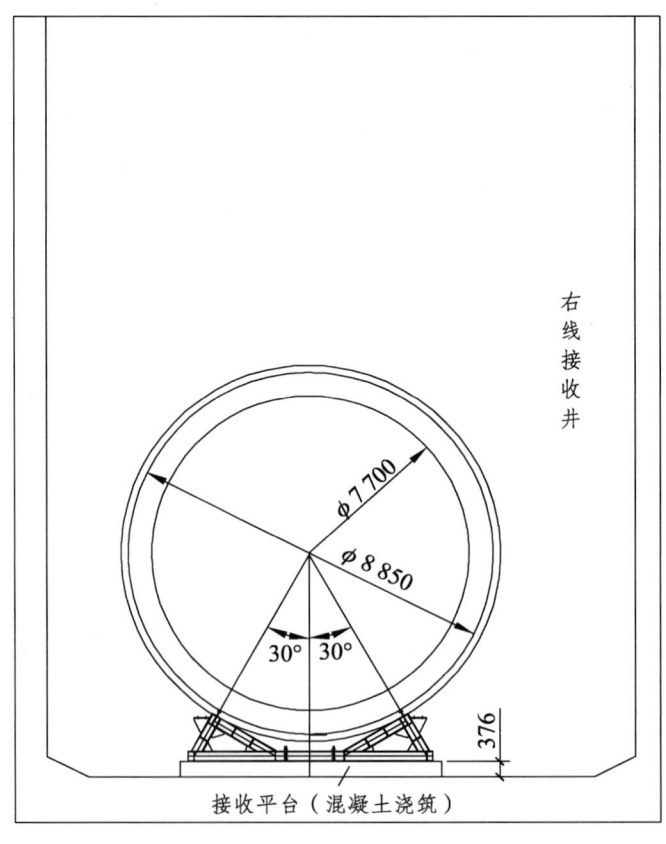

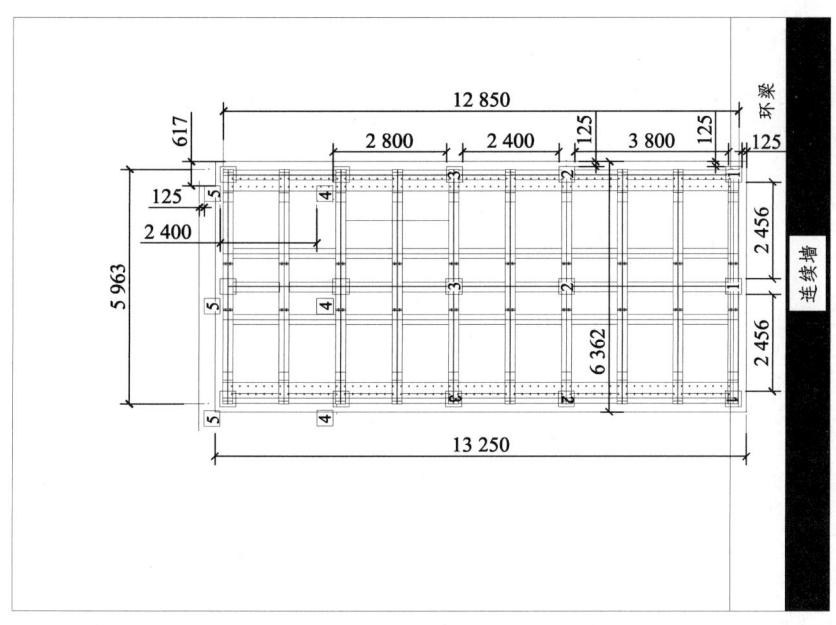

图 3.12.5 接收架示意

接收架固定时,提前做好接收台,接收台用 C40 混凝土浇筑,长 13 250 mm、宽 6362 mm、高 376 mm,并在浇筑时做好预埋件,接收台示意如图 3.12.6,预埋件示意如图 3.12.7。

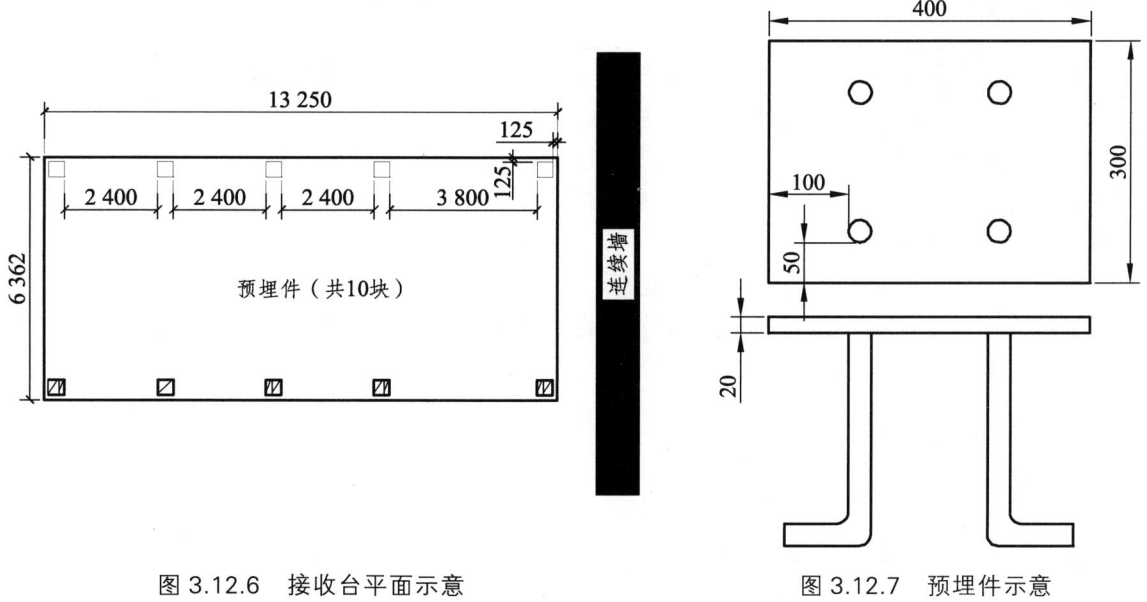

图 3.12.6 接收台平面示意　　　　图 3.12.7 预埋件示意

接收台预埋件共 10 块,长 400 mm、宽 300 m,使用 20 mm 钢板制作。

3.12.6 洞门凿除

洞门凿除的主要目的是割除盾构机通过范围内接收井端头围护结构的钢筋,使盾构机顺利通过加固土体。其工艺流程为:

1. 搭设脚手架

洞门破除前的各种准备工作完成之后,在洞门与接收架之间搭设脚手架,同时须确保脚手架牢固安全,如图3.12.8所示。

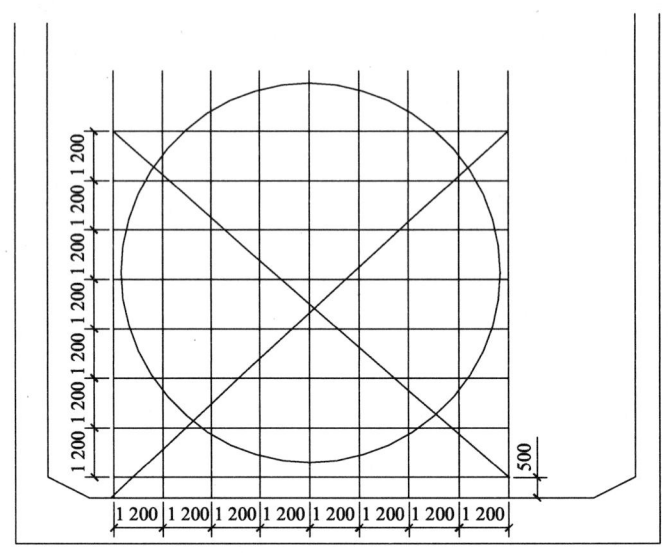

图3.12.8　脚手架布置示意

2. 破除洞门

为保障洞门破除的安全实施、降低施工风险,洞门破除分为两个工序进行。

第一步:破除地下连续墙外侧的钢筋混凝土。

从上到下逐层破除地下连续墙外侧的钢筋混凝土,破除至第2层钢筋外表面时,割除外侧1/2钢筋,并做好渣土清理工作。待外侧破除清理完毕后,观察和探测地下连续墙的渗漏水情况,确保没有涌水、涌砂迹象。

第二步:破除剩余地下连续墙钢筋混凝土。

破除剩余混凝土时,保留钢筋,以作为最后一道防护,避免涌水、涌砂的施工风险,对渣土清理完毕后进行钢筋割除。

3. 清理破碎混凝土块

将破除的混凝土块以及割除的钢筋头全部清理干净并吊出。

4. 清理洞门周围钢筋及杂物

破桩完成后,快速将洞门周围的钢筋头全部清除,以防盾构推进时卡住刀盘,并拆除脚手架以及清理杂物,准备盾构顶入洞门内。

3.12.7　洞门临时防水装置安装

橡胶帘布板、扇形压板和折页翻板严格按设计要求在专业加工厂加工制作,误差符合设计要求。安装要求:密封装置中心应位于盾构实际接收洞门中心线上,误差不大于10 mm,

橡胶帘布板与接收洞门井壁紧密接触，螺母紧固有效。

洞门预埋钢环上的双头螺栓孔进行攻丝清理，上紧双头螺栓后，再点焊固定。其次，洞门凿除完成后，清理渣土。密封装置安装顺序为：橡胶帘布板→圆环板→卡板→垫圈→螺母。其密封原理如图 3.12.9 所示。

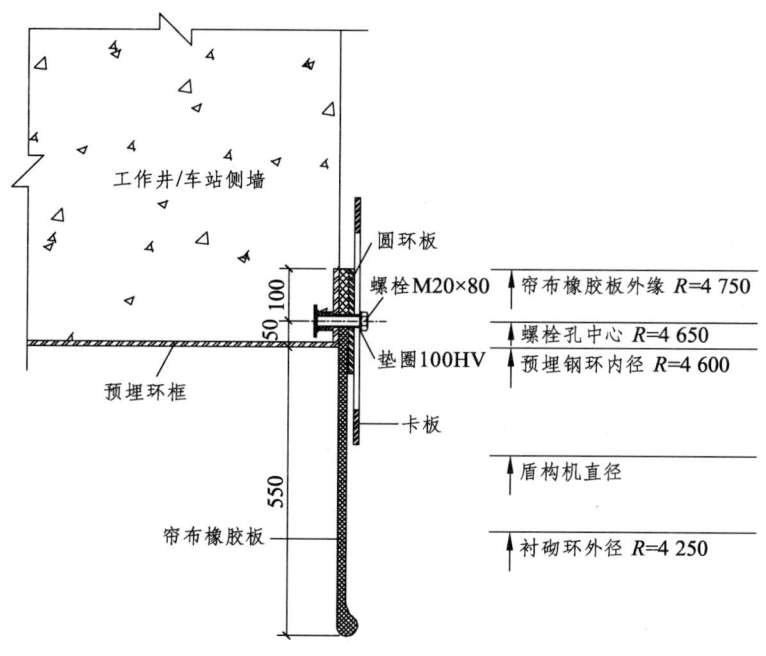

图 3.12.9　洞门临时防水示意

当盾壳被推出洞门时通过调整卡板使其尽量压紧橡胶帘布板，以防止洞门泥土及浆液漏出，保证在管片脱出盾尾时压板能压紧橡胶帘布，让帘布一直发挥密封作用。洞门止水效果示意图如 3.12.10 所示。

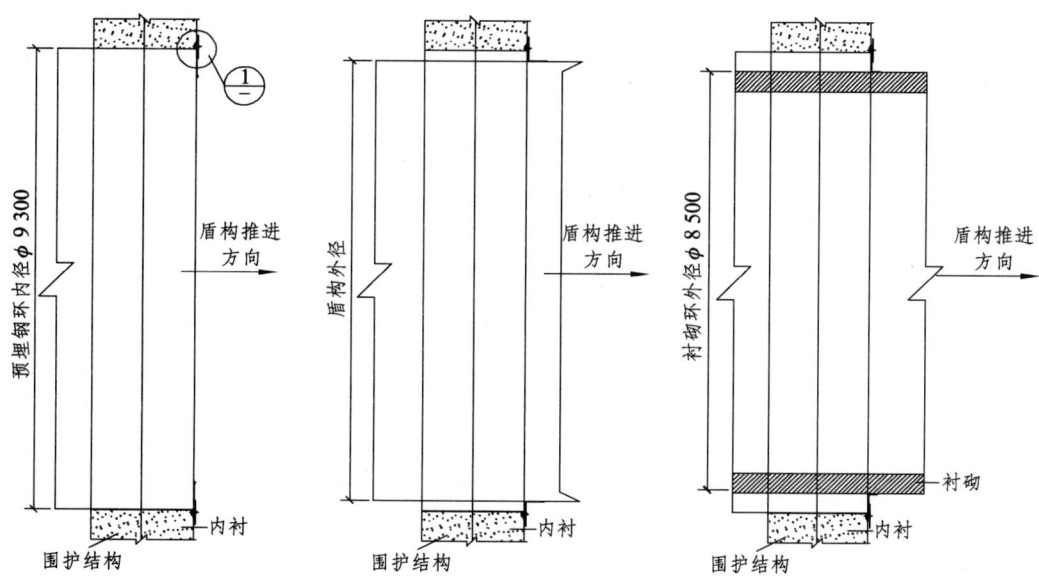

图 3.12.10　洞门临时防水效果示意

3.12.8 盾构接收段掘进

1. 土舱压力值的选定

由于盾构接收段处于加固区,并且需要将土舱内的渣土清理干净以便后续工序施工,因此土舱压力值的设定可以偏低。本标段盾构刀盘在加固区内时土舱压力设定为 0.1 MPa 左右,并在最后 3 环逐环降低 0.01 MPa,最后一环设定为零。

2. 盾构出土

盾构接收段推进时,最后 1 环尽量排尽土舱内的渣土,以减少盾构接收后刀盘清土工作量。

3. 推进速度

盾构接收推进速度应缓慢,宜小于 10 mm/min。

4. 技术措施

(1)盾构机盾壳脱出洞门钢环后立即将止水装置的钢丝绳收紧,防止盾构机外壳与止水装置之间流水、流砂。

(2)为防止因盾构脱离隧道时对管片压力的突然消失而造成管片环缝的张开,在盾构接收段最后 10 环使用拉紧装置对其进行连接,如图 3.12.11 所示。

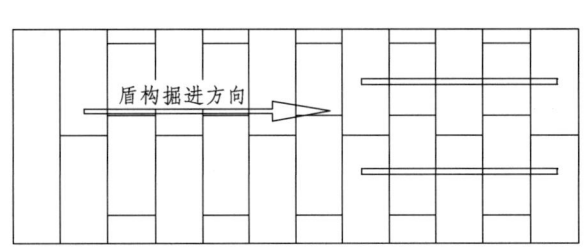 

图 3.12.11 管片拉紧装置

在紧固螺栓前,将做好的紧固件放置在螺栓垫片之前,然后再紧固螺栓,下一环按照同样的方式放置紧固件,最后紧固件通过 10# 槽钢连接,并将紧固件与槽钢之间满焊。紧固件示意图如图 3.12.12 所示。

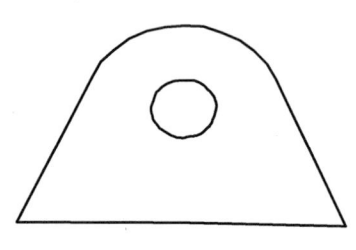 

预制钢板   拉紧示意

图 3.12.12 紧固件示意

（3）盾构推进最后 2 环不进行同步注浆，接收后使用二次注浆方式填充盾尾空隙，同时随即进行洞门封堵。

（4）注意盾构接收段纵断面线形，推进时应提前做好管片纠偏，保证盾构姿态满足盾构接收要求。

（5）当盾构机靠近洞门或盾构机前部基本位于加固体内时，通过盾尾 1~2 环管片的注浆孔向外侧土层注入双液浆，以截断盾构机后部的水源，使此后的整条隧道形成有效的止水帷幕，防止盾构进洞过程中出现漏水、漏砂现象。

（6）最后一整环拼装完成后，其余仅拼装底部 2~3 块管片供盾构前进，直至盾尾完全脱离隧道后。

（7）当盾尾脱离洞门后，立即封闭洞门，再根据实际情况对洞门处进行注浆封堵。

第4章 大直径盾构掘进技术

4.1 掘进模式的选择

盾构掘进模式分为敞开式（欠压式）、半敞开式、土压平衡模式。

敞开式用于能够自稳、地下水少的地层，类似于 TBM 掘进。盾构机切削下来的渣土进入土舱内即刻被螺旋输送机排出，土舱内仅有极少量的渣土，土舱基本处于空舱状态，掘进中刀盘所受反扭力较小。由于土舱内压力为大气压，故不能支撑开挖面地层和防止地下水渗入。

半敞开式用于具有一定自稳能力和地下水压力不太高的地层。掘进中土舱内的渣土未充满土舱，通过向土舱内输入压缩空气与渣土共同支撑开挖面和防止地下水渗入，其防止地下水渗入的效果主要取决于压缩空气的压力。

土压平衡模式用于不能稳定的软土和富水地层。土压平衡模式是将刀盘切削下来的渣土充满土舱，并通过推进操作产生与土压力和水压力相平衡的土舱压力来稳定开挖面地层和防止地下水的渗入。该掘进模式主要通过控制盾构推进速度和螺旋输送机的排土量来产生压力，并通过测量土舱内土压力来随时调整盾构推进速度和螺旋输送机转速。在该掘进模式下，刀盘所受的反扭力较大。

莞惠城际轨道 GZH-6 标隧道从全断面弱风化 W2 和中风化 W3 混合片麻岩围岩以及全风化 W4、粉质黏土中穿过，地下水主要是孔隙水和基岩裂隙水，埋深在 2.0～5.0 m，有的地段基岩裂隙水比较发育。因此，在掘进过程中主要采用空舱（欠压）模式和土压平衡模式。即在上软下硬地层中采用土压平衡模式，在硬岩地层中两种模式均采用。

4.2 掘进参数的选择

由于盾构机的可操作性很强，掘进参数的选择不能一概而论，需根据不同的地质情况、不同的刀具磨损情况以及掘进过程中的现状选择相应的掘进参数。掘进速度和盾构设备的保护都与掘进参数的选择有直接的关系，掘进参数根据地质情况来选择，地质情况一是根据地质资料，二是根据掘进参数和渣土状态来判断。

4.2.1 掘进参数

1. 推力

盾构机在硬岩地层中掘进时，其掘进参数主要指总推力、刀盘转速和扭矩、掘进速度以及出土量等。其中推力是主要的参数，推力越大扭矩则越大，同时贯入度也越大，同等条件下切削下来的渣土也越多。如果推力过大，刀盘扭矩必然增大，势必加剧刀具的磨损甚至解体从而导致刀圈和挡圈断裂、脱落甚至导致刀座变形、刀盘变形。

根据本标段的掘进经验，在土压平衡模式下掘进时，依据顶区土压的大小，掘进推力一般控制在 20000~28000 kN 左右。而在欠压模式即全断面硬岩中掘进时，掘进推力要考虑到刀盘滚刀数量以及每把滚刀所能承受的最大压力，一般控制在 13 000~18 000 kN 左右。

2. 刀盘转速

在复合地层中掘进时，硬岩就像一个强度很大、根基很深的巨大的桩，阻碍刀盘的正常旋转，刀具承受冲击荷载。在全断面硬岩地段掘进时，硬岩强度高，掌子面岩石基本无缝、无裂隙、整体性好，阻碍了刀盘的正常旋转，滚刀承受冲击荷载。

在复合地层中掘进时，刀盘转速不能过快，最好是低转速且匀速地向前掘进。根据本标段的掘进经验，在土压平衡掘进模式下，刀盘转速一般控制在 1.2~1.8 r/min，以减小对土体的扰动。而在欠压掘进模式下，刀盘转速可适当提高，一般控制在 1.8~2.3 r/min。

3. 刀盘扭矩

刀盘扭矩指盾构机掘进过程中刀盘切削土体时需要刀盘驱动系统提供的作用力。刀盘扭矩由切削土体扭矩和搅拌土体扭矩组成。影响刀盘扭矩变化的因素有掘进速度、地质因素、渣土改良状况和刀具状况等。

4. 掘进速度

盾构机单位转速内推进的长度为贯入度，单位时间内推进的长度为掘进速度。刀具在复合地层中受力不均匀，故掘进速度要考虑贯入度对刀具的影响。若掘进速度过快，势必加速刀具的损坏。根据地层的变化及渣土的分析，本标段掘进速度控制在 12~25 mm/min。而在工作面大部分为软土的地层，掘进速度适当加快，速度可达到 30 mm/min，同时控制盾构掘进出土量来防止地表发生沉降。

5. 盾构掘进出土量

出土量是前方地层稳定与否的直观反映，在泡沫与水注入正常的情况下，每一环的出土量一般为 130~160 m³，当遇到上软下硬的地层时，上方容易坍塌，出土量往往偏大。因此，在掘进过程中对出土量的控制十分关键。

盾构机掘进出土量的控制主要依靠对螺旋输送机的转速以及排渣门开度的控制。螺旋输送机的出土量应与盾构机的掘进速度维持在一个相对平衡的状态。当发生喷涌时，螺旋输送机排渣门的开度需足够小，仅提供少量泥水喷出的通道。

本工程渣土车每斗容量为 20 m³，但实际情况每斗的出土量为 16~18 m³，根据现场掘进情况，每一环出土量控制在 8~9.5 斗，可确保不超挖。盾构司机在掘进过程中做好每斗渣土前后油缸的行程差记录，对每斗渣土取样进行检查，判断工作面的地层情况，进而调整其相关掘进参数。

4.2.2 掘进主要参数的计算

1. 推力的计算

在盾构施工过程中，由于施工环境的不同，可能会采用不同的掘进模式。土压平衡模式和欠压模式掘进时，推力是不同的，因此计算方式也不同。理论上盾构机的推力组成如下：

$$F = F_1 + F_2 + F_3 + F_4 + F_5 \tag{4.2.1}$$

式中：F——盾构机总推力；

F_1——盾构机盾壳与围岩的摩擦力；

F_2——土压平衡模式下的有效推力；

F_3——盾尾与管片之间的摩阻力；

F_4——后方台车的阻力；

F_5——密封土舱内的土压力引起的反作用力。

由于全断面硬岩具有完全自稳能力，故在硬岩中掘进时，盾构机的拱顶、两侧、底部所受的压力均很小，对盾构机的推进影响不大，盾构机的推力主要消耗在滚刀贯入岩石所需要的推力上，所以可把滚刀贯入岩石的推力近似为盾构机的推力，其他作用力在选取盾构机推力的富余量时进行统筹考虑。

根据力平衡原理和能量守恒原理计算刀盘滚刀的滚压推力：

$$F_{总} = mF_{力} \tag{4.2.2}$$

式中：$F_{力}$——单个滚刀贯入岩石所需要的力；

m——刀盘上安装的盘形滚刀（单刃）的数量。

每个盘形滚刀的推力：

$$F_{力} = \frac{4}{3} K_d R_{压} \left(\frac{r_i}{1.5}\right)^{0.5} \left(\frac{\theta_i}{35}\right)^{1.4} h\sqrt{2Rh - h^2} \tan\frac{\phi}{2} \tag{4.2.3}$$

式中：K_d——岩石的滚压系数，查表取 K_d=0.55；

$R_{压}$——岩石的抗压强度，取 $R_{压}$=60 MPa；

r_i——盘形滚刀的刃角半径，取 r_i=8 cm；

θ_i——盘形滚刀的半刃角，取 θ_i=30°；

φ——岩石的自然破碎角，取 φ=155°；取 h=1 cm。

代入数值得单个滚刀受力为 $F_{力}$=23.73 t，所以盾构机在左线掘进时有效总推力为 $F_{总}$=54×23.73=1 281.4 t，在右线掘进时有效总推力为 $F_{总}$=60×23.73=1 423.8 t。

由于盾构在施工中经常需要纠偏、转向，因此盾构的推力实际上要比计算出来的大，按照经验数据，盾构实际的推力为计算值的 1.5 倍。

2. 刀盘扭矩的计算

本标段盾构区间掘进使用北方重工生产的变频电机驱动盾构机，刀盘扭矩计算与电机电流有关，其计算公式如下：

$$T = \frac{\sum_{i=9}^{i=1} C_{\mathrm{T}} \phi_{\mathrm{m}} I_i \cos\varphi \times 55.44 \times (174.0/14)}{1000} \times 0.9072 \tag{4.2.4}$$

式中：T——刀盘扭矩；

C_T——电动机的转矩常数；

ϕ_{m}——电机线圈的每极磁通；

I——电机电流；

φ——电压与电流的相位差；

$\cos\varphi$——电机的功率因数。

从上式中可以看出，盾构机刀盘扭矩与驱动电机电流成正比关系，即刀盘负载越大，电流越大，刀盘扭矩越大，反之亦然。

4.3 盾构姿态调整

盾构机姿态指盾构机轴线相对于隧道设计轴线的位置以及变化趋势，以水平及垂直方向上的相对量来表示。盾构掘进过程中盾构机方向的偏差一般控制在±30 mm 以内，线路曲线半径越小控制难度越大。姿态的控制主要受到设备状况、地质条件和施工操作等方面的影响。

盾构机在复合地层曲线段掘进时，盾构机的姿态控制比较困难，极易产生盾构机垂直和水平方向上的过量"蛇形"，并且由于管片纠偏量跟不上盾构姿态偏移量，造成盾尾单边间隙过小，极可能造成管片错台或开裂。在此复合地层中，盾构掌子面软硬不均、地质条件恶劣导致刀盘受力不均、姿态控制的难度较大。因此，在盾构机在掘进中应密切注意以下几点：

（1）掘进过程中时刻观察 PPS 导航系统提供的盾构机姿态值，包括水平偏差、垂直偏差、滚动角、俯仰角等。结合各分区千斤顶的压力差和行程差，以及铰接千斤顶的行程差，调整各分区千斤顶的推力以及铰接千斤顶的行程，缓慢纠偏以保持盾构机姿态的平稳。

（2）在掘进过程中随时注意滚动角的变化，及时调整刀盘的旋转方向，使其滚动角控制在±0.3°之间。

（3）底部推进油缸的压力稍高于顶部压力，以防止盾构机"栽头"。

（4）当盾构机的姿态处于轴线左边时，先要提高盾构机左侧分区千斤顶的推力，使盾构机机头向右侧偏移，然后相应再逐渐减小左侧分区千斤顶的推力，加大右侧分区千斤顶的推力，逐渐使盾构机逼近设计轴线。当盾构机姿态处在轴线右侧、轴线上面及轴线下面时，也应按照类似的方法进行纠偏。

（5）注重管片的纠偏，复合地层施工中岩土面起伏大，盾构姿态跟随地质的变化可能发生突变，这类地质突变引起的姿态偏差很难通过调整千斤顶的推力分布来进行控制，因此需要通过管片不断的纠偏以保证千斤顶的行程差不致变得过大。千斤顶的行程差主要产生原因是盾构机尾部姿态与管片姿态不匹配造成的，即盾构姿态变化过大，管片纠偏跟不上姿态变化造成的，所以一般通过盾构姿态控制及配合管片纠偏来控制推力千斤顶的行程差。

4.4 掘进数据分析

盾构机在相同地质条件下硬岩段掘进时，左线采用土压平衡模式掘进，掘进速度慢而推力、刀盘扭矩、土舱顶区压力等掘进参数变化较快，且在掘进过程中发生了螺旋输送机喷涌、刀盘结泥饼严重等现象。右线采用欠压模式掘进，掘进速度明显较快。左右线硬岩段掘进数据见表4.4.1，具体数据分析如图4.4.1~图4.4.6所示。

表 4.4.1 左右线硬岩段掘进数据表

环号	总推力/kN	铰接拉力/kN	掘进速度/(mm/min)	刀盘转速/(r/min)	刀盘扭矩/(kN·m)	土舱顶区压力/kPa	油缸行程/mm
右线385环	2 450	2 170	11	2.03	2 500	34	661
	2 400	2 050	12	2.02	2 800	35	792
	2 450	2 100	9	2.03	2 700	33	889
	2 420	2 145	10	2.14	2 550	26	1 101
	2 400	2 175	13	2.14	2 658	34	1 204
	2 360	2 200	10	2.13	2 680	21	1 314
	2 270	2 177	12	2.13	2 640	27	1 426
	2 250	2 154	11	2.12	2 950	10	1 531
	2 057	1 901	9	2.2	2 710	10	1 612
	2 079	1 990	10	2.15	2 800	12	1 702
	2 200	2 074	11	2.13	2 920	13	1 823
	2 320	2 120	8	2.14	2 840	17	1 926
	2 338	2 160	10	2.12	2 913	14	2 046
左线385环	2 400	1 910	6	2.03	3 200	130	759
	2 707	2 160	6	2.09	3 356	100	875
	2 614	2 064	5	2.05	3 197	147	976
	2 808	2 104	6	2.04	2 854	143	1 090
	2 715	2 212	7	2.05	3 542	134	1 170
	2 693	2 178	5	2.05	3 602	136	1 299
	2 770	2 231	6	2.07	2 802	130	1 425
	2 774	2 217	6	2.05	3 798	122	1 517
	2 563	2 108	6	2.05	3 341	135	1 637
	2 609	2 132	5	2.04	3 389	124	1 762
	2 554	2 102	5	2.07	2 803	129	1 867
	2 607	2 176	4	2.1	2 738	117	1 949
	2 695	2 237	6	2.09	3 665	120	2 091

其中，左线掘进时喷涌现象，刀盘结泥饼严重。

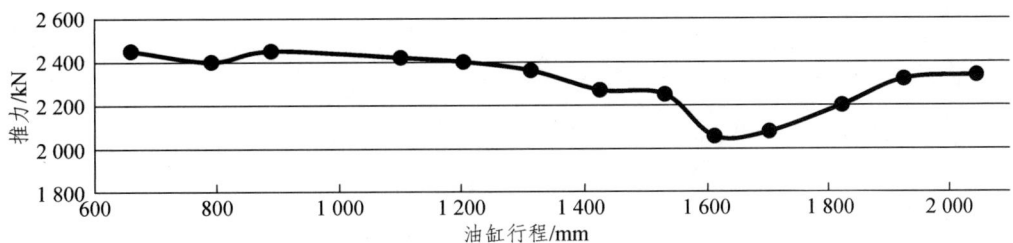

图 4.4.1　右线 385 环掘进时推力变化曲线

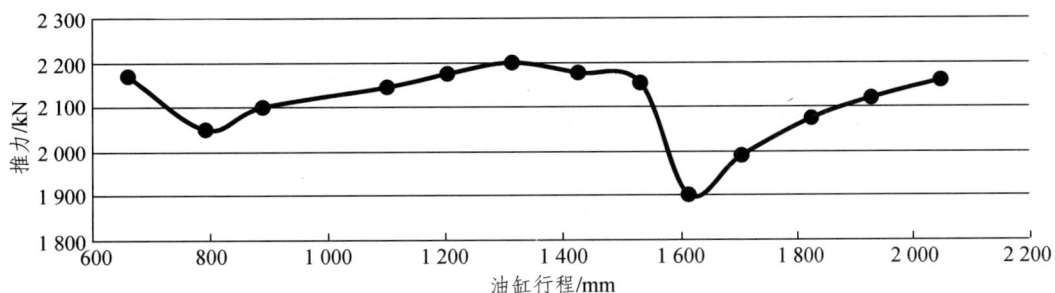

图 4.4.2　右线 385 环掘进时铰接拉力变化曲线

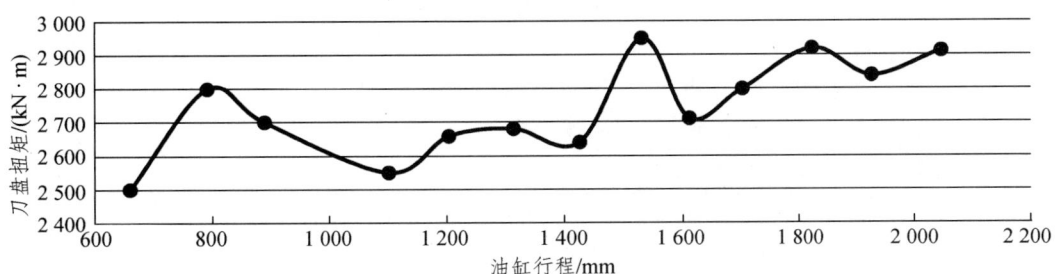

图 4.4.3　右线 385 环掘进时刀盘扭矩变化曲线

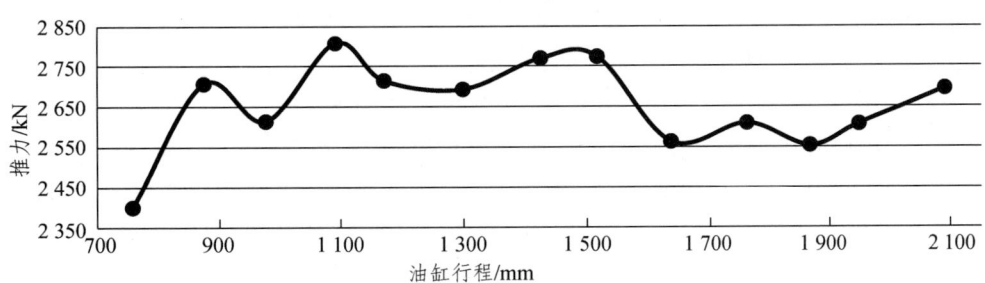

图 4.4.4　左线 385 环掘进时推力变化曲线

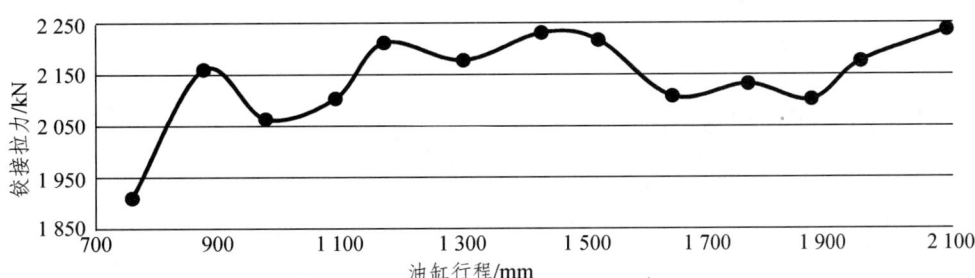

图 4.4.5　左线 385 环掘进时铰接拉力变化曲线

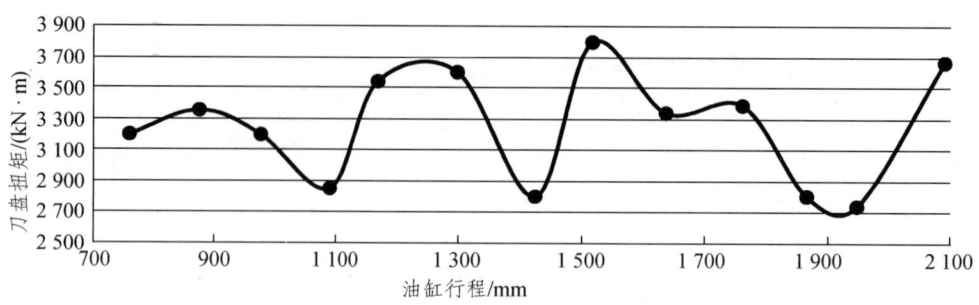

图 4.4.6　左线 385 环掘进时刀盘扭矩变化曲线

由此可见，在全断面硬岩地层掘进中，调整掘进参数，建立动态平衡是掘进的关键。同时还要做好渣土的改良以及管理，避免土舱温度过高，导致刀盘结泥饼严重，从而加剧刀具的磨损，降低掘进效率（表 4.4.2）。

表 4.4.2　右线 396 环—410 环刀具磨损情况

日期	刀具磨损情况
2015.5.7	57#、58#、59#、60#，其中 60#刀圈断裂，59#偏磨楔块、压块掉落多
2015.5.12—2015.5.13	2#、4#、5#、11#、13#、14#、21#、23#、26#、28#、29#、30#、31#、32#、35#、37#、38#、39#、40#、45#、46#、49#、52#、53#、54#、55#、56#、57#、58#、59#、60#，其中，中心刀 3 把、偏心刀 2 把、正面刀 7 把偏磨，其余正常磨损 2 cm，楔块、压块掉落多
2015.5.14	58#挡圈掉落
2015.5.16	51#、60#挡圈掉落，58#刀圈断裂，48#正常磨损 2 cm，楔块、压块掉落多
2015.5.17	3#、5#、58#、60#均偏磨，48#楔块、压块全部掉落
2015.5.18	58#偏磨，60#楔块、压块掉落
2015.5.19	1#、3#、4#、29#、55#、56#、57#均偏磨，59#刀圈断裂，60#刀圈掉落，28#刀轴损坏，楔块、压块掉落多

注：1#、2#、3#、4#、5#为中心刀（双刃），57#、58#、59#、60#为偏心刀，其余为正面刀（单刃）。

从表 4.4.2 可以看出，在 396 环到 410 环之间共掘进 24 m，总换刀 7 次，其中每次都更换偏心刀，补楔块、压块。更换中心刀 3 次，刀具失效严重。由此可以得出结论：在掘进过程中刀盘震动大、岩石硬度大及推力偏大都使得刀具磨损严重，从而影响隧道施工进度。因此，盾构掘进时应加强刀具的管理、调整掘进参数或采用与盾构法相结合的辅助工法来减少刀具的磨损，以达到减少施工成本以及加快隧道掘进进度的目的。

4.5　盾构掘进控制

盾构掘进控制（图 4.5.1）的目的是确保开挖面稳定的同时，构筑隧道结构、维持隧道线形、及早填充盾尾空隙。因此，开挖控制、管片拼装控制、线形控制和注浆控制构成了盾构掘进控制四要素。

图 4.5.1 盾构掘进控制

4.5.1 开挖控制

土压平衡盾构的特点是将掘进时刀具切削下来的土充满土舱,然后利用土舱内泥土压力与掌子面的土压力和水压力相抗衡,同时利用螺旋输送机进行与盾构推进量相应的排土作业,维持掘进过程中开挖土量与排土量的平衡,以保持掌子面土体稳定,并防止地下水的流失而引起地表过大的沉降。因此,开挖控制以土压力和塑流化渣土改良控制为主,以排土量、盾构参数控制为辅。

1. 土压力控制

(1)开挖面的土压力控制值,按地下水压(间隙水压)与土压及预备压设定。

(2)在隧道纵向一定距离(一般取 20 m)内,确定土压力控制的上限值与下限值,土体稳定性好的工况取低值,地层变形要求小的工况取高值。

(3)为使开挖面稳定,土压力变动幅度要小。

2. 塑流化渣土改良控制

(1)土压平衡盾构掘进时,理想地层岩土的特性是:
① 黏—软稠度好;② 流塑至软塑状;③ 内摩擦力小;④ 渗透性低。

(2)一般地层岩土需要利用合适的添加剂进行渣土改良,扩大盾构机适应地层范围。

(3)改良材料一般有泡沫、膨润土、聚合物等,其作用机理不同,适用范围也不一样。改良控制应注意:

① 认真研究各种材料的用途,有针对性地使用。

② 及时总结添加剂在不同地质地段使用的浓度和用量。

③ 注意对泡沫管的保护,发现堵塞应该及时疏通或改造泡沫系统。

4.5.2 管片拼装控制

1. 拼装作业

1)成环方式及拼装顺序

盾构机拼装管片一般都采取错缝拼装。在纠偏或急曲线施工的情况下,有时采用通缝拼装。一般从底部的标准块（B型）开始，依次左右两侧交替安装标准管片，然后拼装邻接块（L型），最后安装封顶块（F型）。

2）紧固连接螺栓

先紧固环向（同环管片之间）连接螺栓，后紧固轴向（环与环之间）连接螺栓。采用扭矩扳手紧固，紧固力取决于螺栓的直径与强度。本标段控制的预紧力为510 kN，风动扳手扭矩为2 445N·m。管片拼装完成一环后，利用全部盾构千斤顶施加均匀压力，充分紧固轴向连接螺栓。

盾构继续掘进后，管片在盾构千斤顶推力作用下脱出盾尾，并在水土压力的作用下产生变形，导致拼装时紧固的连接螺栓松弛。为此，待管片推进到千斤顶推力影响不到的位置后，用扭矩扳手再一次紧固连接螺栓。

2. 管片拼装控制标准

依据《高速铁路隧道工程施工质量验收标准》（TB 10753—2010），管片拼装（图4.5.2）控制标准（括号内数据为成型隧道控制标准）为：

（1）轴线允许偏差：圆环平面位置±70 mm（±120 mm），圆环高程±70 mm（±120 mm）。

（2）错台：同环间径向6 mm（12 mm），相邻环间环向7 mm（17 mm）。

（3）直径椭圆度：±6‰D（D为隧道的外直径）。

图4.5.2 管片拼装

4.5.3 线形控制

线形控制的主要任务是通过控制盾构姿态，使拼装好的管片环几何中心线线形顺滑，且位于设计中心线的容许偏离误差范围内。

在掘进过程中，PPS自动测量导向系统会通过电脑屏幕显示姿态数据（水平偏差、高程偏差和滚动角）如图4.5.3。通过提前输入设定偏差报警值，可以用绿、黄、红等不同颜色代表当前盾构机的姿态，出现偏差也会自动计算拟合最佳纠偏方案，以指导接下来盾构机的掘进和管片拼装。

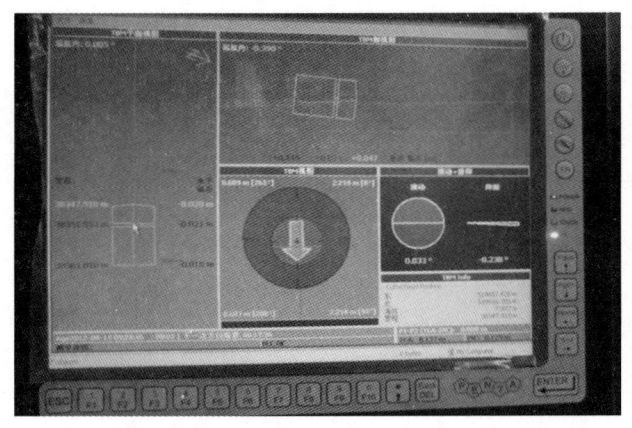 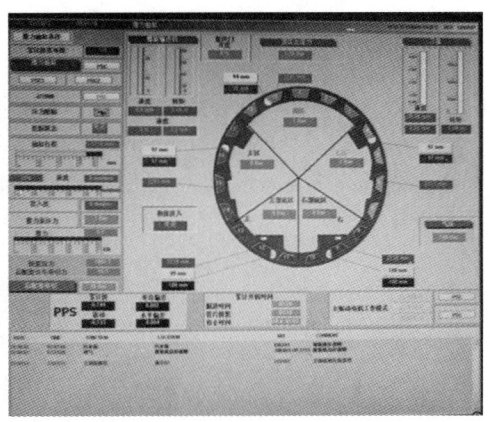

图 4.5.3 盾构机主控室显示屏

盾构姿态控制包括机体滚转控制和前进方向控制。总的来说，用反转刀盘的方式控制机体滚转，用调整千斤顶分区推力和油缸行程差的方式控制前进方向。盾构姿态控制最重要的就是必须对线路趋势（平、纵坡）充分掌握，对前方地质特性做出预判，才能适时做出有效控制。否则，偏了再纠，必然是蛇形量较大，姿态控制不力。

4.5.4 注浆控制

由于刀盘的开挖直径大于管片外径，成环管片脱出盾尾后，与土体间形成一个环向间隙，称为盾尾间隙。注浆是向盾尾间隙中注入填充浆液，以有效防止地层变形和隧道本身偏移，同时也能提高隧道的抗渗能力，预防盾尾水源流入密封土舱而造成的喷涌。它是盾构法施工中必不可少的关键性辅助工法，一般分同步注浆和二次注浆。

1. 同步注浆

同步注浆是指盾构在掘进的同时不断地向管片背后的盾尾空隙注入浆液的一种壁后注浆方法。盾构推进油缸与注浆联动，以保证盾构前进时环缝中的压力。砂浆流动速度是无级调整的，这样就可以调整它来满足盾构前进的速度。注浆操作通过预先设定的压力值进行控制，以避免注浆压力过高或不足。

注浆控制所有操作功能都通过操控室内中央控制板控制。其主要指标有：注浆压力、注浆量、注浆时间及速度。

1）注浆压力的设定

同步注浆压力需大于该点的静止水压力及土压力之和。正常掘进时，注浆压力设定一般取盾构机埋深的水土压力加上 0.01~0.02 MPa，以出口压力为准，一般不超过 0.4 MPa。

2）注浆量

注浆量的大小理论上需根据填充切削土体与管壁之间的盾尾间隙确定，但施工中要考虑注浆压力、土层渗透跑浆、纠偏超挖、注浆材料收缩、损耗等因素。本标段在硬岩中的注浆量一般为理论量的 1.3~1.5 倍，在始发阶段和上软下硬地层中为理论量的 1.6~1.9 倍。

3）注浆时间及速度

注浆时间以盾构开始推进计算，推进完毕结束。根据推进速度，以每循环达到总注浆量而均匀注入，具体注浆速度根据现场实际掘进速度计算确定。

2. 二次注浆

二次注浆是以弥补同步注浆缺陷为目的进行的注浆。它通过每块管片中部注浆孔连接注浆设备实施。

3. 注浆材料

注浆一般分单液浆和双液浆两大类：

（1）单液浆是指多由粉煤灰、砂、水泥、水、外加剂等一次拌和而成的浆液。这种浆液又可分为惰性浆液和硬性浆液。惰性浆液中没有掺加水泥等胶凝物质，强度较低；硬性浆液中掺加了水泥等胶凝物质，具备一定的早期强度和后期强度。

（2）双液浆是指由水泥砂浆等搅拌成的 A 液与由水玻璃等组成的 B 液混合而成的浆液。

单液浆工艺简单、不易堵管、造价低，但易被地下水稀释、凝结慢、强度低，正常施工使用；双液浆工艺复杂、易堵管、造价高，但凝结迅速、强度高、堵水效果好，应急堵水使用。

4.6 管片拼装技术

4.6.1 管片拼装方式

管片拼装方式采用错缝拼装。通缝拼装的管片较好地体现出柔性衬砌的特点，变形大而受力小；而错缝拼装的管片由于纵向加强作用，变形控制得小，且管片接头的张开角度有所减少，但受到的最大正负弯矩有所增加，对应的轴力减少，单点变形量比通缝拼装小。并且错缝拼装由于纵向接头引起衬砌圆环的咬合作用，导致空间刚度加大、内力加大使衬砌圆环变形量减小，对隧道防水有利。

管片拼装采用先纵后环法，先拼装标准块 B1、B2、B3、B4，然后是邻接块 L1、L2，最后拼封顶管片 F 块，依次错缝安装管片。错缝拼装成型管片如图 4.6.1 所示。

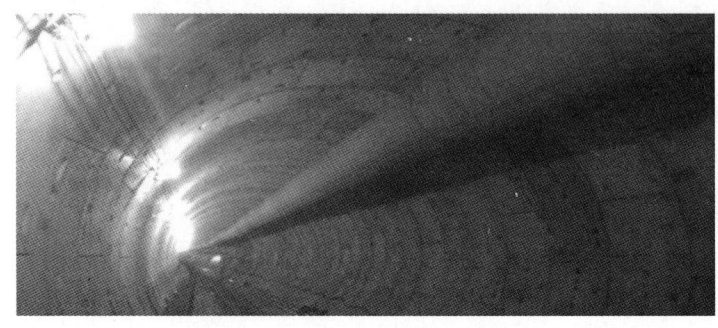

图 4.6.1　错缝拼装成型管片示意

直线段拼装时，F 块的位置左右对称选择在三、九点位以保证拼出的管片切面平整，能与推力油缸贴合紧密。曲线段拼装时根据盾尾间隙大小以及油缸行程来选择 F 块的点位，将 F 块拼装在间隙大、油缸行程短的区域内，以达到调节盾尾间隙和油缸行程的目的。环与环之间前后错缝向前推进。

4.6.2 拼装过程中容易出现的问题

1. 管片旋转及解决措施

管片发生旋转的主要原因：

（1）千斤顶编组不合理，使管片受力不均匀而产生相对转动。

（2）管片环面不平，千斤顶的顶力方向与环面不垂直，盾构推进时就会产生使管片转动的力矩导致管片旋转。

（3）管片螺栓孔和螺栓之间有 2 mm 的间隙，拼装时管片的位置安放不准确，造成两环管片之间相互错动引起旋转偏差。

（4）后拼装的管片与已就位的管片发生碰撞，使已拼装的管片发生移位。

解决管片旋转的办法：

（1）控制好盾构掘进姿态，确保千斤顶编组要使推力变化均匀，调整好管片环面的角度，减小推进过程中产生的转动力矩。

（2）拼装管片时管片要放置正确，千斤顶要有足够的顶力使管片不发生相对滑动。

（3）发现管片定位槽离开油缸中心后要及时调整标准块的拼装顺序，例如当管片往顺时针旋转时，拼装顺序由原来的 B2、B3、B4、B1 改为 B1、B2、B3、B4，让管片在拼装时有逆时针旋转挤压碰撞的趋势。

2. 管片碎裂

管片碎裂的主要原因：

（1）管片环面不平整，在千斤顶推力作用下，使后拼的管片受力不均匀，导致管片的表面出现裂缝，且盾构的推力较大时会顶断管片。

（2）拼装时前后两环管片间夹有杂物，使相邻块管片环面不平整，后拼装的管片在推进的时候就可能被顶断。

（3）管片上翘或下翻，使管片局部受力不匀，造成破碎。

（4）封顶块管片插入时，由于管片开口不够而使管片受挤压产生碎裂。

解决管片碎裂的办法：

（1）每环管片拼装时都要测量盾尾间隙，根据油缸行程选择合适的 F 块拼装点位，保证管片环面平整，使后拼上的管片受力均匀。

（2）及时调整管片环面与轴线的垂直度，使管片在盾尾内能居中拼装成环。

（3）对于管片存在上翘或下翻的情况时，要及时纠正，拆下后调整好再拼装。

3. 管片环高差过大形成错台

管片环高差过大形成错台的主要原因：

（1）由于盾尾间隙环向不均匀且管片拼装的中心与盾尾中心不重合导致管片与盾尾相碰，为了将管片拼装在盾尾内，故将管片径向内移，造成过大的环高差。

（2）管片拼装的椭圆度较大，造成环高差过大。

（3）管片的环面与隧道轴线不垂直，如继续沿上一环的方向拼装，将会使管片与盾尾相碰，故将管片往相反方向移动，造成过大的环高差。

（4）管片脱出盾尾后，空隙没有及时填充，管片受自重的作用，造成环高差过大。

（5）注浆量过大、注浆压力过高引起管片错台。

（6）地下水丰富导致浆液不能固定管片造成管片上浮。

解决管片环高差过大形成错台的措施：

（1）将管片在盾尾内居中拼装，使管片不与盾壳相碰。

（2）纠正管片环面与隧道轴线的不垂直度。

（3）及时、充足地进行同步注浆，用同步注浆的浆液将管片托住，减小环高差，见图4.6.2。

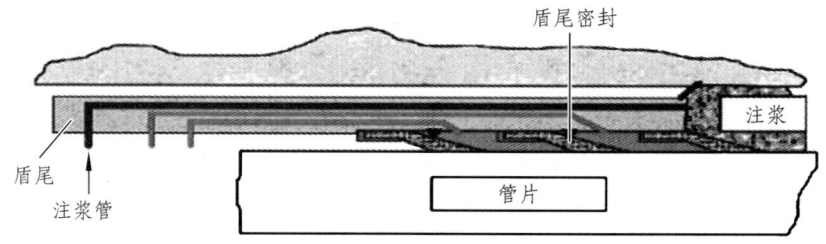

图4.6.2 管片与盾尾的关系

（4）拼装过程中若发现新拼装的管片与前一环管片的环高差过大，则采取松开连接螺栓、逐块调整管片位置的方法。

（5）不同地质条件采用不同注浆压力参数，适时调整。脱出盾尾的管片要及时注浆，推进过程中要多遍复紧螺栓。

（6）盾构掘进至富水段地层时，需注入双液浆以固定管片防止其上浮。

4. 管片椭圆度过大

管片椭圆度过大的主要原因：

（1）管片的拼装位置中心与盾尾的中心不重合，管片无法在盾尾内拼装成正圆，只能拼装成椭圆形。

（2）单边注浆压力过大使管片受力不均匀。

解决管片椭圆度过大的办法：

（1）调节F块的拼装位置，使盾尾间隙控制在合理范围内，使管片的拼装位置中心处在盾尾的中心。

（2）控制盾构纠偏，使管片能在盾尾内居中拼装。

（3）待管片脱出盾尾后，由于四周泥土的挤压力近似相等，使椭圆形管片逐渐恢复圆形，此时对管片的环向螺栓进行复紧，使各块管片的连接可靠。

（4）注浆时注意注浆管的布置，使管片受力均匀。

5. 管片接缝渗漏

管片拼装完成后，往往有地下水从已拼装完成的管片接缝中渗漏进入隧道，主要表现为管片接缝漏水、管片破损处漏水。如果渗漏问题处理不当，将会使管片受到地下水长时间的冲刷作用，使钢筋混凝土管片受到电化学腐蚀。

管片接缝渗漏的主要原因：

（1）管片接缝中有杂物且纵缝有内外张角、前后喇叭等，导致管片拼装质量不好，管片之间的缝隙不均匀，局部缝隙太大，使止水条无法满足密封的要求，周围的地下水就会渗漏进入隧道。

（2）管片碎裂范围达到粘贴止水条的止水槽时，导致止水条与管片间不能密贴，地下水能从破损处渗漏进隧道。

（3）止水条粘贴不牢固或遇水膨胀，使止水条在拼装时松脱、变形、提前膨胀，无法起到止水作用。

解决管片接缝渗漏的办法：

（1）控制衬垫的厚度，在衬垫处的止水条应按规定加贴一层遇水膨胀橡胶条，并且要在止水槽清理及胶水不流淌后才能粘贴止水条。

（2）对渗漏部分的管片接缝进行二次注浆，利用双液浆在渗漏点附近进行壁后注浆。

（3）对管片的纵缝和环缝进行嵌缝，嵌缝一般采用遇水膨胀材料嵌入管片内侧预留槽中，管片外注入水泥砂浆以达到堵漏目的。

4.6.3 拼装质量控制

管片拼装质量控制的措施有：

（1）控制盾构掘进姿态，使盾构的中心与设计中线误差控制在允许范围内。

（2）采取对称注浆，防止同步注浆时由于不对称注浆使管片偏压造成错台。

（3）应重视管片背后注浆压力和注浆量，使管片与土体间的空隙填充密实，减小地表沉降量，避免使管片受压造成错台。

（4）盾构掘进过程中要控制掘进速度和盾构姿态，如果部分区域的千斤顶推力减小，则会造成安装的管片松弛，故每环管片在推进时需要多次复紧。

（5）管片拼装完成后，及时使推进油缸顶紧管片以防盾构机在工作面土压的作用下后退，并及时拧紧连接管片的纵、横向螺栓，在管片脱出盾尾后再次拧紧纵横向连接螺栓。

（6）控制管片拼装误差，及时调整 F 块拼装位置，保持管片环面与油缸撑靴表面无夹角贴合。

4.7 连续皮带机出渣技术

佛莞城际 FGZH-1 标盾构隧道出渣采用连续皮带长距离快速出渣技术，该技术在土压平衡盾构施工中首次应用。

4.7.1 出渣方式的选择

本标段长隆车站至进口明挖段区间使用铁建重工生产的开挖直径为 8.85 m 的土压平衡式盾构机掘进，单线长 4 615 m。盾构施工隧道距离长、断面大、出渣量大、工期紧、任务重，需要采用一种经济、高效、实用的出渣方式。

盾构施工常见的出渣系统有以下两种类型：

（1）电瓶车出渣：电瓶车的电瓶有使用寿命短、故障率高、效率低、运输成本高、牵引力不足等缺点，适用于距离短、水量小、出渣量较小的隧道。

（2）连续皮带机出渣：连续皮带机出渣技术具有连续输送、运距远、运量大、污染小、故障率低、效率高、使用寿命长、自动化程度高等特点，适用于长距离且地质条件较好的隧道掘进中。

两种类型出渣系统情况对比见表 4.7.1。

表 4.7.1 矿车出渣与连续皮带出渣情况对比

序号	特点	矿车出渣	连续皮带出渣
1	技术可靠度	3 km 以内成熟，大于 3 km 无应用	TBM 成熟，国内土压盾构无应用
2	安全性能	中	较高
3	效率	低	高
4	施工组织	较难	易
5	配套设备	多	少
6	投入	高	低
7	洞内环境	较差	较好
8	工期	长	短
9	车站结构		多 2 个预留口

4.7.2 连续皮带机出渣的应用

连续皮带机出渣技术应用于广州南站至长隆站盾构区间，左线 4 615 m，右线 4 675 m，其中连续皮带机由主皮带机（掘进胶带机）、斜皮带机（提升胶带机）及储带舱组成。主皮带采用头部三驱动，驱动功率为 3×185 kW；斜皮带采用头部单驱动，驱动功率为 1×75 kW。采用 2 套皮带机驱动与控制系统，每套驱动装置包含 380 V 低压变频器、控制柜及相关选件等。各驱动点最终通过 Modbus 结成完整的驱动控制系统，实现输送系统整体运行的工况要求。连续皮带出渣布置见图 4.7.1。

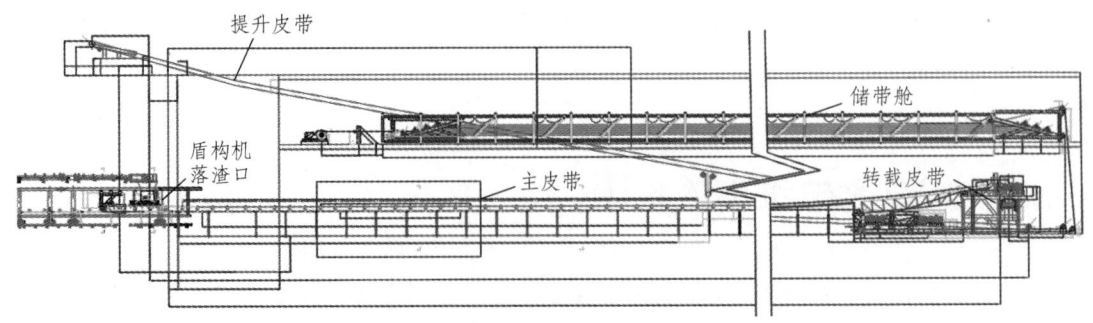

图 4.7.1 连续皮带出渣布置图

4.7.3 主皮带机

主皮带机的尾部装置（含尾部改向滚筒、尾架、尾部驱动装置）安装在盾构机的后配套台车上，随着后配套台车的前进，皮带往前延伸，所以掘进过程中皮带机的长度是可变的。主皮带见图 4.7.2 所示。

图 4.7.2 主皮带示意

盾构机土舱内的渣土通过螺旋输送机运至盾构机皮带上，然后落在主皮带上，再由斜皮带运至渣土坑。盾构机与皮带机的转换见图 4.7.3。

图 4.7.3 盾构机与皮带机的转换处

1. 主皮带的驱动系统

为了保证输送机驱动系统启动过程的平稳、可控，消除或减小动态应力，皮带机采用具有可控启动功能的驱动装置，控制输送机按理想的启动曲线启动和制动，减小输送带及承载部件的动态荷载。其工作原理是通过改变电源频率使电机改变转速、减少启动时的加速度，可根据需要，通过控制器设置所需要的加速度曲线和起动时间。同时，为了减小驱动平台空间，驱动装置采用单点浮动支撑结构，配置空心轴减速器。

隧道内皮带用托架支撑，托架安装在管片上，长 3.2 m，每 2 环安装一次。皮带机托架见图 4.7.4。

图 4.7.4 皮带机托架

2. 主皮带转弯设计

主皮带在曲线段受到皮带张力的作用下产生一个向心合力，使输送带产生向曲线内侧滑移的趋势。输送机在转弯处结构设计的关键是产生向曲线外侧的导向力。转弯处皮带采取的改进措施为：内曲线抬高、加大槽角、托辊设置前倾、曲线内侧面设置挡辊。

主皮带转弯设计见图 4.7.5。

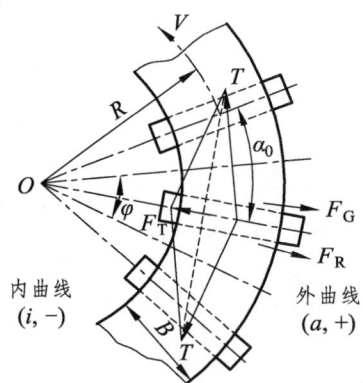

图 4.7.5 主皮带转弯设计示意

设置挡辊是防止输送带向内偏移的最后一道措施。它的原理是将曲线段槽型托辊组的内外托辊设计成不同，但内外托辊角相同。主皮带内外托辊设计见图 4.7.6。

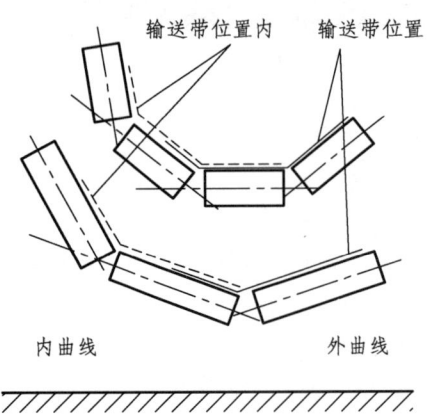

图 4.7.6 主皮带内外托辊设计示意

3. 主皮带清扫装置

主皮带机上的渣土含有一定的水分且渣土的黏附性较强，故必须设置性能较好的清扫装置。为了保证设备正常运转，增加皮带的使用寿命，清扫装置使用刮刀清扫器、空段清扫器和水洗清扫装置。主皮带清扫装置见图 4.7.7。

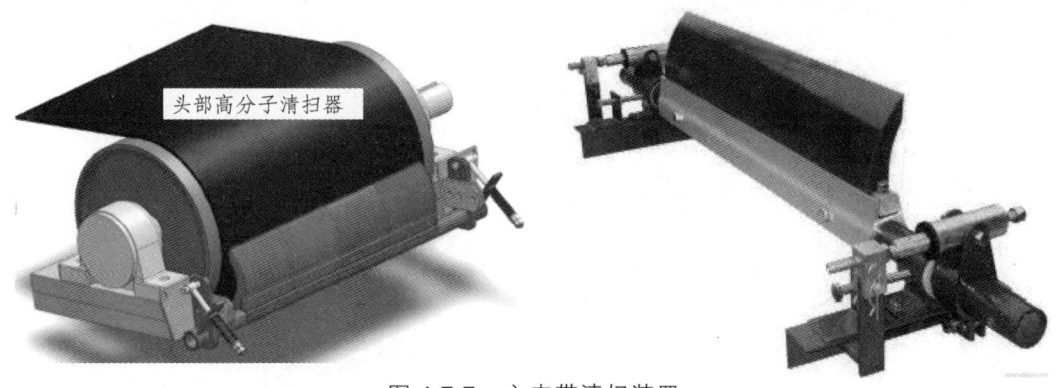

图 4.7.7　主皮带清扫装置

4.7.4　斜皮带

斜皮带机长度固定，为了保证渣土能随皮带机顺畅地输送到渣土坑，皮带机的倾斜角度需尽量地小。根据现场实际情况，设定皮带机的斜角为 9°。斜皮带布置见图 4.7.8。

图 4.7.8　斜皮带布置

4.7.5 转载皮带

主皮带与斜皮带的切换是通过主皮带转载把渣土落到斜皮带上,再由斜皮带运至渣土坑。主皮带与斜皮带的切换见图 4.7.9。

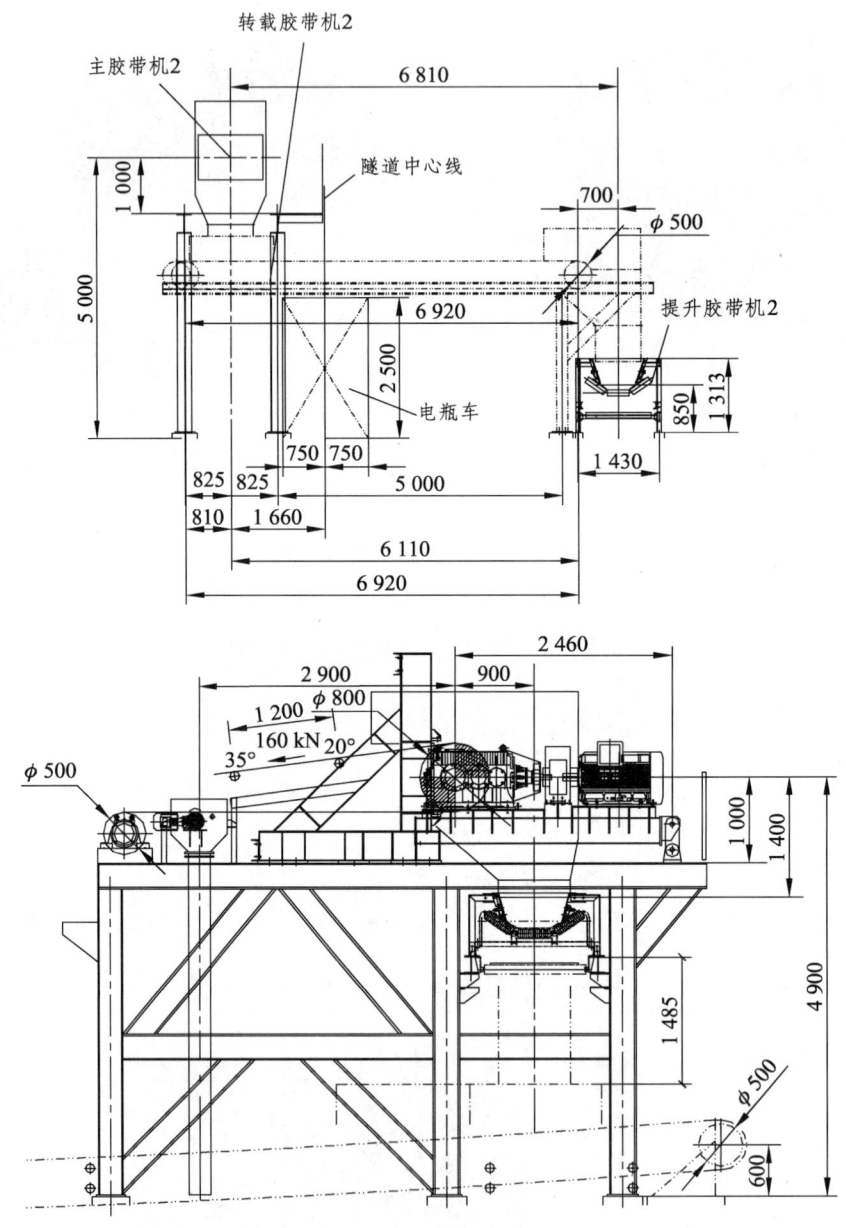

图 4.7.9 主皮带与斜皮带的切换示意

4.7.6 储带舱

1. 储带舱的构成

储带装置布置车站中板上,一般设在头部回程段(位于驱动滚筒后面)。在储带装置的固定端机架设 4~5 组改向滚筒缠绕胶带,在另一端的游动小车架上相应设 4~5 组改向滚筒缠绕胶带,让胶带来回折叠成 8~10 层,中间设若干组游动托带装置,托带装置用链条纵向串接,以保证储带舱内胶带的垂度。游动小车架及其上的改向滚筒在拉紧装置的作用下可沿舱体框架轨道来回移动,实现胶带的存储和释放。储带装置见图 4.7.10。

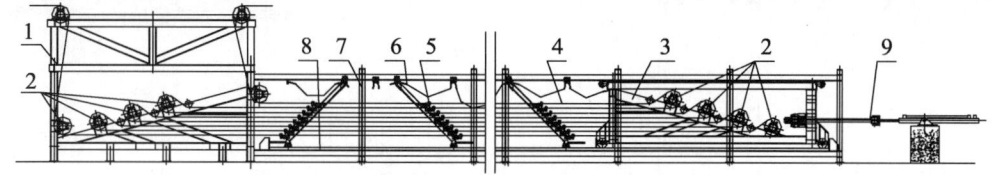

图 4.7.10　储带舱装置示意

1—固定端机架；2—改向滚筒；3—游动小车架；4—胶带 5—游动托带装置；
6—链条；7—舱体框架；8—轨道；9—拉紧装置

2. 储带舱各部分装置

（1）固定端机架。固定端机架固定在地面基础上,除安装 4~5 组用于折叠胶带用的改向滚筒外,还需安装几组其他改向滚筒使胶带顺利绕入、绕出并与胶带机相接。为降低多层叠加胶带的高度,安装缠绕胶带用的改向滚筒的主梁应与水平约成 20°斜角,并在每个改向滚筒处设一组增面压辊,减少折叠间胶带的距离。

（2）游动小车架。游动小车架安装缠绕胶带用的改向滚筒结构形式与固定端机架大体一致,车架底部设 2 对行走车轮,前后行走车轮的位置与车架相适应,保证车身受力时不被抬起,保持车架稳定行走,防止胶带跑偏。车架顶部设 2 对导向轮,保证车架行走时不脱离轨道和窜动。车架的右侧设 2 组改向绳轮与拉紧装置相接,游动小车架在胶带机张力和拉紧力的作用下沿舱体轨道来回水平移动。

（3）托带装置。由于储带装置的舱体较长（约 100 m）,为保证舱体内胶带的垂度,需在舱体内设一定数量的托带装置。单个托带装置由托架、平行辊子、侧挡辊、上下行走轮等组成。各托带装置纵向由悬挂链条串连,链条始端固定在固定端机架,终端固定在游动小车架上。托架上、下各设一对小车轮分别沿舱体轨道来回移动,平行辊子用于支撑舱体内储存的胶带。为防止此处胶带跑偏,每层胶带的两侧均设有侧挡辊。

（4）舱体。储带装置的舱体要承受储存胶带和游动小车的重量，舱体框架必须保证其刚性要求，同时游动小车的行程较长，约为 90 m，充分保证框架两侧轨道的直线度和平行度。轨道的起止端应设有缓冲器，以减少游动小车架停止时产生胶带的不适应度和胶带层间的拍打。

（5）皮带拉紧装置。皮带拉紧装置中的皮带装置包含有输送皮带、传动滚筒、托辊夹和张紧滚轮。利用传动滚筒驱动输送皮带，在输送皮带转动的过程中，通过托辊夹对其进行支撑，保证输送皮带正常转动，设置张紧滚轮来调整输送皮带的张紧，确保输送皮带与传动滚筒紧密接触，增大输送皮带与传动滚筒的摩擦力，避免输送皮带打滑，提高施工效率。

皮带拉紧装置既要能保证皮带机制动和运行所需的张力，又要满足储带舱能自动释放和收集 600~800 m 长的胶带。目前常用的拉紧方式为重锤塔架+绞车方式和液压缸+绞车方式。重锤塔架+绞车方式拉紧响应快，但胶带伸缩时不太好自动控制重锤箱，且重锤塔架需占较大的空间。本项目采用的液压缸+绞车方式拉紧能配合胶带机伸缩时自动化操作，且占地空间小，能很好适应狭窄空间的隧道工作环境。拉紧装置见图 4.7.11。

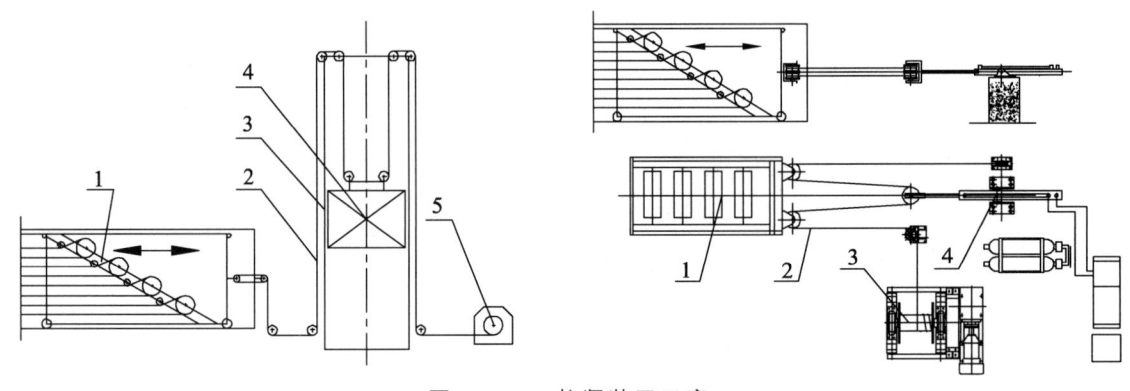

图 4.7.11　拉紧装置示意

1—游动小车架；2—钢丝绳；3—塔架；4—重锤　　1—游动小车架；2—钢丝绳；3—绞车；4—液压缸

此外，在皮带拉紧装置中还设置了检测装置，包括张力检测模块、摩擦力检测模块和荷载检测模块。实时检测输送皮带的张力、摩擦力和荷载。根据检测结果，通过微控制器控制液压拉紧装置，及时调整输送皮带的张力，保证输送皮带的张力稳定，避免输送皮带打滑，从而使皮带机正常工作。

4.7.7　连续皮带出渣的使用效果

以单隧道出渣为背景，将矿车出渣与连续皮带出渣做经济对比，对比结果见表 4.7.2。

由表可知，连续皮带出渣方式在设备、材料、施工用电、人工、工期以及技术等各个方面的经济对比均优于矿车出渣方式。所以，连续皮带出渣方式的效率更高，更节省工期，能带来更大的经济效益。

表 4.7.2 矿车出渣与皮带出渣经济对比（单隧道）

序号	对比项目	组目	分项名称	单位	规格型号	矿车出渣方案 数量	矿车出渣方案 单价/万元	矿车出渣方案 总价/万元	矿车出渣方案 应摊销成本/万元	矿车出渣方案 说明	皮带出渣方案 规格型号	皮带出渣方案 数量	皮带出渣方案 单价/万元	皮带出渣方案 总价/万元	皮带出渣方案 应摊销成本/万元	皮带出渣方案 说明	经济比较 矿车-皮带/万元
1	设备折旧	1.1	皮带输送机（洞+井口）	套								1	1200	1200	684	残值5%，5年折旧共摊项目销60%	-684
		1.2	超级电容机车	台	55 t	4	120	480	228	残值5%，5年折旧共摊30个月	45 t	2	71	142	44.9667	残值5%，5年折旧共摊20个月	183.0333
		1.3	超级电容	套	55 t	4	80	320	320	本项目一次摊销	45 t	2	69	138	138	本项目一次摊销	182
		1.4	超级电容充电站	台	20 m³	2	31.5	63	29.925	残值5%，5年折旧共摊30个月	45 t	1	29.5	29.5	9.3417	残值5%，5年折旧共摊20个月	20.5833
		1.5	渣土车	台	7 m³	16	10.2	163.2	77.52	残值5%，5年折旧共摊30个月							77.52
		1.6	砂浆车	台	20 t	5	8.8	44	20.9	残值5%，5年折旧共摊30个月	7 m³	3	8.8	26.4	8.36	残值5%，5年折旧共摊20个月	12.54
		1.78	管片车	台	10 t	10	3	30	14.25	残值5%，5年折旧共摊30个月	20 t	5	3	15	4.75	残值5%，5年折旧共摊20个月	9.5
		1.8	物料平台车	台	20 t/36.5 m	2	3.5	7	3.325	残值5%，5年折旧共摊30个月	10 t	2	3.5	7	2.2167	残值5%，5年折旧共摊20个月	1.1083
		1.9	L形门式起重机	台	50 t/28 m	1	110	110	26.125	残值5%，5年折旧共摊30个月	20 t/36.5 m	1	110	110	17.4167	残值5%，5年折旧共摊20个月	8.7083
		1.10	门式起重机	台		1	180	180	42.75	残值5%，5年折旧共摊30个月							42.75
2	周转材料摊销	2.1	道岔	对	半径100，轨距1940	5	20	100	40	大型周转材料摊销40%	半径100，轨距1940	1	20	20	8	大型周转材料摊销40%	32
		2.2	双线轨枕		I20a	555	0.01015	5.63325	2.2533	中型周转材料摊销40%	工20 a	222	0.01015	2.2530	0.9013	中型周转材料摊销40%	1.3520
		2.3	轨道辅材	米					30	估值，小型周转材料摊销95%					10	估值，小型周转材料摊销95%	20
3	材料费	3.1	编织袋	万个		150	0.3	45	40	隧道清理编织袋每延米300~400只							45
4	施工用电费用	4.1	盾构掘进停机期间耗电量	环		2906.25	1399.2	406.6425	406.6425	每环约66%×3000 kW×1 h×8次×5 min/60=1399.2 kW·h							406.6425
		4.2	超级电容用电	kW·h		1981721	0.0001	198.17213	198.1721	电容用电量估算[1.6 m×(1+2906)/3000 m]×220 kW×30 min/(60×0.5)×4台(0.5为电能综合利用效率)		990860.64	0.0001	99.086064	99.0861	电容用电量估算[1.6 m×(1+2906)/3000 m]×220 kW×30 min/(60×0.5)×2台(0.5为电能综合利用效率)	99.0861

续表

序号	对比项目	细目	分项名称	单位	矿车出渣方案					皮带出渣方案					经济比较 矿车-皮带/万元
					规格型号	数量	单价/万元	总价/万元	应摊销成本/万元	说明	规格型号	数量	单价/万元	总价/万元	应摊销成本/万元	说明	
4	施工用电费用	4.3	出渣起重设备用电（50t门吊）	kW·h		411 718.8	0.000 1	41.171 9	41.171 9	门吊用电量估算(4 650m/1.6 m)×170 kW·50 min/60，门吊功率170 kW					41.171 9	皮带用电量估算(4 650 m/1.6 m)×320 kW×100min/60，整隧道平均使用功率320 kW	41.171 9
		4.4	皮带输送机用电	kW·h								1 550 000	0.000 1	155	155		−155
5	人工费	5.1	隧道操作人员	人·mon		300	0.5	150	150	电瓶车司机5×2=10人，工期30 mon		100	0.5	50	50	电瓶车司机5人，工期20 mon	100
		5.2	地面操作人员	人·mon		300	0.5	150	150	充电工4人，龙门吊司机6人，工期30 mon		80	0.5	40	40	充电工2人，龙门吊司机2人，工期20 mon	110
		5.3	隧道清理工	人·mon		300	0.5	150	150	至少10人，每班2人，工期30 mon		60	0.5	30	30	3人，工期20 mon	120
		5.4	耗电工	人·mon		120	0.3	36	36	共4人，每班2人，工期30 mon		40	0.3	12	12	共2人，每班1人，工期20 mon	24
		5.5	渣盒对比	人·mon		120	0.3	36	36	共4人，每班2人，工期30 mon		80	0.3	24	24	共4人，每班2人，工期20 mon	12
6	工期效益	6.1	盾构掘进工效对比	mon		2.690 972	50	134.548 6	134.548 6	节约月数[4 650/1.6×8×5/(60×24×30)]盾构掘进促中需要停掉机最少8次，每掘一环增加人工费8次。增加运输成本约运渣不便，增加30%和渣土体积增30%					134.548 6	效率不变，不受隧道长距离限制	134.548 6
7	技术效益	7.1	盾构掘进出渣对比													含水量少，运输方便	
合计								2 182.583 4						1 338.039 1			844.544 4
效益比较	盾构掘进时矿车两列车能够出一环渣土，盾构机平均每环掘进80 min，盾构机平均每环掘进80 min，管片拼装40 min，矿车进出隧道相对传统列车出渣都属于空载，所以进出隧道都需要60 min，下管片、砂浆、材料等待20 min。80+40=(50+30+40+20)=10<0，所以矿车到达盾构机台车出渣40 min。在3 km一错一错满足连续施工要求。80+40=(60+40)=20>0，处一错一错满足连续施工要求。
总结说明	以上数据是根据市场调查和以往经验所得。采用连续皮带出渣比矿车出渣工期约节省3 000月，皮带出渣工期20 mon，矿车出渣工期约30 mon，双线轨机，轨道辅材这里仅指矿车会车段道岔部分，其余段落所用机轨及轨道辅材及使用20 t门式起重机两种方案都需要，也不作对比。单线区间为4 650 m，隧道维护人工资平均为5 000元/mon，不作对比，下管片、油脂等所需要。

4.8 刀具更换技术

在盾构掘进过程中，盾构机的刀具担负着切削岩土的重要作用，当遇到地层软硬不均、软硬频繁交替以及长距离硬岩等复杂地质条件时，盾构机刀具会被严重磨损，甚至脱落。因此，进舱进行刀具的维护与更换成了盾构施工中的经常性工作。

目前在盾构施工中，进舱换刀的方法主要分为常压进舱和带压进舱两种。前者主要适用于微风化、中风化等自稳性较好的地层，可以进舱更换刀具，直接排空土舱内渣土；后者主要适用于不能自稳又受地面条件限制，无法进行地面加固的地层，可能发生塌方、涌水、涌砂等病害时，在土舱密闭的情况下加气，带压进舱作业，通过辅助加固措施提高土体的稳定性后才能进舱作业。根据本标段工程实际，我们总结了在莞惠城际铁路修建过程中常压和带压进舱两种换刀技术的施工要点。

4.8.1 工程概况

莞惠城际轨道 GZH-6 标盾构区间地质自上而下主要为素填土、残积层粉质黏土、全风化混合片麻岩、强风化混合片麻岩、弱风化混合片麻岩，其中 DK38+359.000 始发井洞门处有部分含有部分砂层。区间地下水较丰富，在盾构掘进过程中，刀盘故障多，刀具更换频繁。

4.8.2 常压换刀

1. 常压开舱位置选择

根据地质情况和盾构机本身的工况，本次换刀位置中心里程为 DK33+978，隧道所穿越的围岩为强风化混合片麻岩，节理裂隙发育，具有中等透水性，渗透系数为 5.0 m/d。在这种地层开舱，必须对刀盘前方的土体进行处理，并有效地控制岩层地下水的渗透，才能确保刀盘前方及两侧的土体的稳定。

2. 地面加固

由于强风化混合片麻岩渗透系数大、保压性能差、漏气严重，地面个别位置有泡沫渗出，无法采用带压换刀作业，只能采用常压进舱换刀，但必须对地面进行加固。地面加固采用旋喷桩的方式，如图 4.8.1。

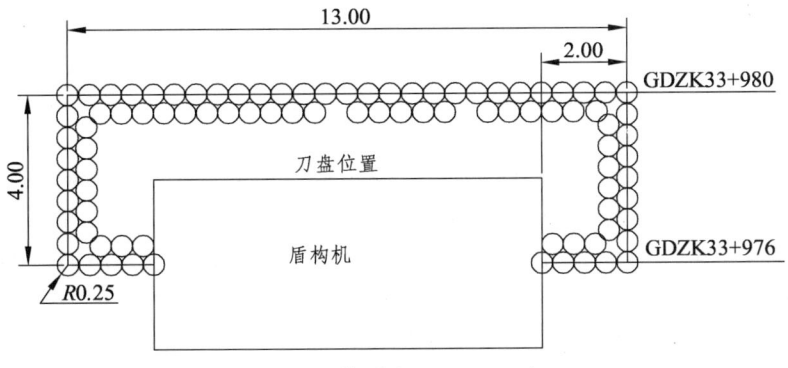

图 4.8.1 旋喷加固平面示意图

3. 换刀前准备工作

1）地表监控

在开舱之前和开舱过程中要加强地表沉降监测工作，监测频率为 24 次/d，必要时改为半小时一次。如果地表沉降的数据变化不大于 0.1 mm/d 并持续 3d 以上，则可认为地层已稳定，具备开舱条件。如果检测过程中发现数据异常，要及时通知井下作业人员撤离土舱并关闭舱门。

2）物资设备的准备

物资与设备的充分准备是实现快速换刀、减少掌子面暴露时间的基本保证。在物资设备到位的情况下，优先选择高效、先进的工具，同时对损坏率可能较高的设备要有足够的备用，确保设备损坏后可立即更换。主要物资设备见表 4.8.1。

表 4.8.1 物资设备表

工具名称	数 量	备 注
单刃正面滚刀	10 把	
双刃滚刀	2 把	
1 t 重的导链	4 个	2 个备用
5 t 重的导链	4 个	2 个备用
风动扳手	1 把	配 36 套筒
松动扳手	2 把	36 mm，备用 1 把
刀具吊耳	6 只	M24
吊带	6 条	50 mm 宽，备用 2 条
24 V 照明灯具	10 只	备用 6 只
污水泵	1 台	2.2 kW，配 50 m 消防水管
污水泵	2 台	5.5 kW，备用
洋镐	4 把	
风镐	4 把	
对讲机	6 部	备用 2 部
变光手灯	4 把	
堵漏灵、快硬水泥	10 t	
编织袋	200 条	

4. 进舱换刀工作流程

进舱换刀步骤如图 4.8.2。

（1）开舱之前不加泡沫和水等，向前推进 200~300 mm，切削下刀盘前已经被水浸泡的土体，并将土舱内的渣土逐步排空。在螺旋机排土的过程中，应当注意观察土舱压力的变化情况。一般通过主控室显示面板上的土压力传感器反馈的数据观察土舱压力。如果在排土过程中土舱压力逐步减小，且随着土舱内渣土的排空，土舱顶区压力趋于 0，在 30 min 内增加幅度不大于 0.1 MPa，则认为刀盘前面掌子面土体基本稳定，可以进行下一步工作；否则应继续稍向前推进，反复重复上述工作直至土舱压力趋于稳定。

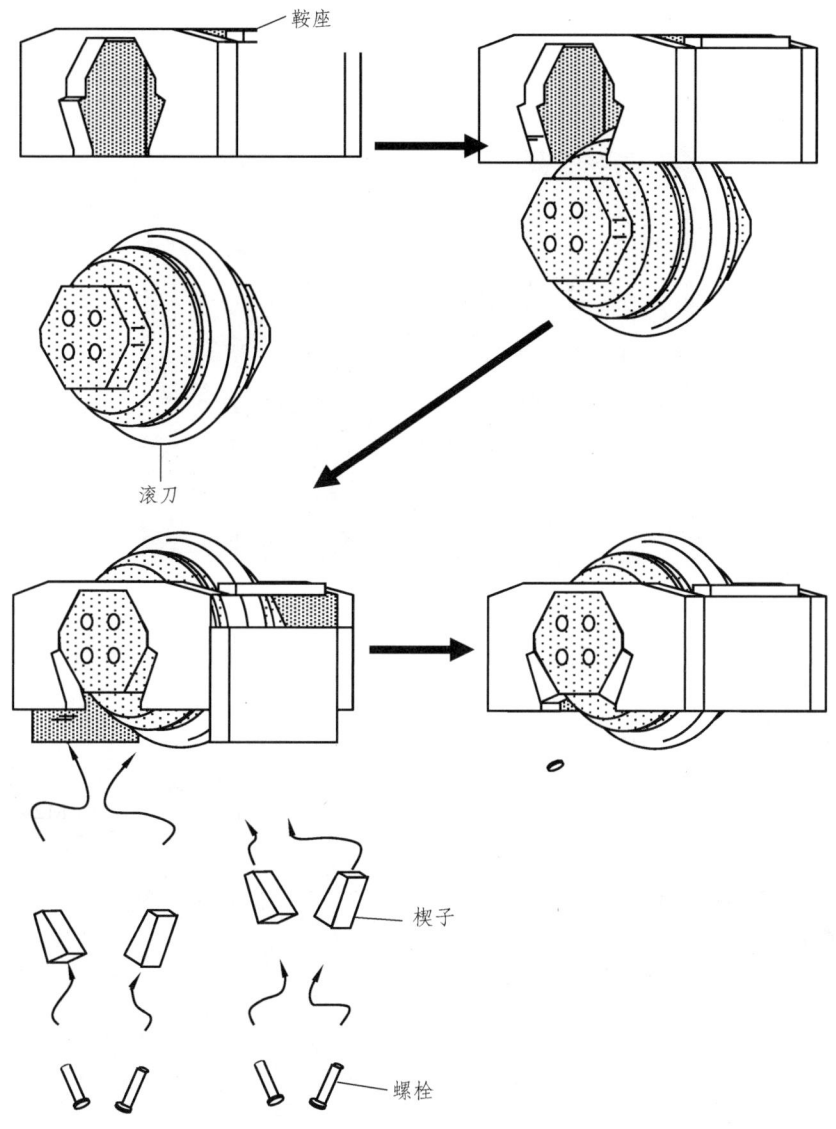

图 4.8.2　滚刀更换步骤

（2）土舱内放气。土舱渣土完全清空并且压力趋于稳定后，在开舱之前要进行土舱内放气和换气工作。

本盾构机土舱舱门的右上部设置有直径 100 mm 球阀门，慢慢打开球阀，此时若无压力气体、泥水喷出，则土舱内压力已经降下，可完全打开球阀，然后用钢筋头插入，根据插入情况，也可大致判断土舱内是否有异物、掌子面土体是否稳定。然后用通风机通过球阀向土舱内注入新鲜空气，将土舱内污浊气体排出，注入新鲜空气的同时也进行了降温工作，此工作一般持续 4~8 h。

（3）打开舱门。在开舱门之前，首先松开全部舱门螺丝的 2~3 丝牙，观察有无泥水自舱门门缝渗入；若无泥水渗入，再继续松开全部螺栓至剩余 3~4 丝牙，然后撬动土舱门，使舱门稍稍有所张开；若还无泥水渗入，则松开全部螺栓丝牙，打开舱门。用有毒有害气体检测仪伸入土舱内进行检查，在确认无毒害气体后，将舱门口的泥土进行人工铲除，引入照明并观察掌子面的稳定情况，确认无危险后，人员进舱，并留一人在土舱口进行监控。

（4）人员进入土舱后，先把土舱内各处附着的渣土清理至土舱底部，然后用高压水将刀座冲洗干净至露出钢板及刀具的螺丝、楔块等，便于刀具更换。如图4.8.3所示为清洗后的刀具。

图4.8.3　清洗后的刀具

（5）选择最佳工作位置，在人舱内设置好吊运刀具的吊环，人舱内的人员配合新刀吊入土舱，把拆卸下的旧刀吊出土舱，如图4.8.4。人员进土舱作业后，在焊接吊环时要加强通风，及时排除土舱、人舱内污浊空气。刀具更换如图4.8.5。

（a）

（b）

图4.8.4　吊运刀具

（a）

（b）

图4.8.5　刀具更换

5. 安全注意事项

进舱换刀是极具风险的施工作业，作业人员必须注意以下安全事项：

（1）进舱之前一定要履行有害有毒气体检测程序，严禁酒后进舱。

（2）进舱人员必须佩戴安全帽、安全带，穿防滑鞋等防护措施到位后，方可进舱。

（3）土舱内有工作人员时，盾构机主控室内一定要设专人值班看守，并将总开关钥匙拔出，防止错误操作转动刀盘引发事故。

（4）进舱作业后，在土舱与土舱通道门位置处，必须设置一名责任心强的技术人员负责监控掌子面稳定情况，发现异常立即要求土舱内人员撤离。

（5）当需要通过转动刀盘调整位置时，必须等土舱内人员全部撤离完毕，由值班工程师清点过人数后，关闭土舱门，方可下达转动刀盘指令。

（6）有毒有害气体的检测，除进舱之前外，一般每间隔1 h要检测一次，并做好记录，同时要加强土舱内的通风。

（7）刀具在水平运输的过程中，人员不得站在或靠近刀具的下方。

（8）刀具的运输、装卸等必须采用专业工具，不得采用撬杠、钢管等物品砸、撬、抬等，防止人员受伤或损坏刀具。

（9）在进舱之前，值班人员负责监控进舱人员，严禁将非作业需要工具带进土舱，尤其是大直径钢筋、钻头等有可能遗忘到土舱内，以免在后续掘进过程中损坏刀具。

4.8.3　带压换刀

莞惠城际轨道 GZH-6 标盾构施工区间地层复杂，施工沿线上软下硬地层占了区间很大一部分。在这种地层条件下施工最容易磨损刀具，施工中需要频繁检查和更换刀具。在地面建筑密集的区间段，由于盾构地下施工的特殊性，在没有条件做好地面加固的前提下，贸然开舱检查势必会引起地面塌陷，对地面居民日常生活和工作具有一定的影响，所以带压进舱技术在地下施工中就显得尤为重要。通过带压换刀以及检查刀具，掌握刀盘及刀具在不同地层中的使用情况，使换刀作业规律化，避免刀具和刀盘的超常使用。

1. 压气作业施工前期技术准备

1）压气施工地质条件选择

压气效果受围岩条件影响，在做压气施工前应该先调查围岩的组成、透水性、透气性以及地下水和地面构（建）筑物的状态，确认是否满足压气作业要求。

2）压气压力的设定

压气压力以开挖面的地下水压力为基准再考虑隧道埋深来确定。选择压气压力的方法因覆土厚度、地质、隧道直径而异，一般取压气压力等于从盾构顶部算起 $D/2 \sim D/3$ 位置的地下水压力。根据盾构掌子面实际埋深和地质情况，标段2号盾构前4次带压换刀采用0.1~0.14 MPa的作业压力，后两次采用 0.15 MPa 的作业压力。

2. 土舱加压保压前的准备

（1）土舱内加注大浓度膨润土，转动刀盘，打开保压系统，将膨润土压往缝隙中完成凝膜。

（2）在靠近尾盾 4~5 环的位置做止水环，注浆一定要饱满，达到止水密封的效果。

3. 制订应急预案

压气作业开始前应针对作业环节制订切实可行的应急预案，准备足够的应急物资，一旦在作业过程中发生意外情况，要确保应急预案立即启动，确保作业人员及盾构设备的安全。

4. 压气作业的实施与组织

1）压气作业流程

压气换刀之前一定要把需要的道具、材料和吊装工具准备齐全，合理编写施工操作方案和压气作业操作手册，合理安排人员，严格执行操作规范，保证上下通信通畅和协调。每班安排负责人和记录人员，确保进舱刀具、工具和材料的进出一一对应。开始换刀之前根据地层情况，在确保掌子面土体稳定的情况下，施加最小压气。进舱流程图如图 4.8.6 所示。

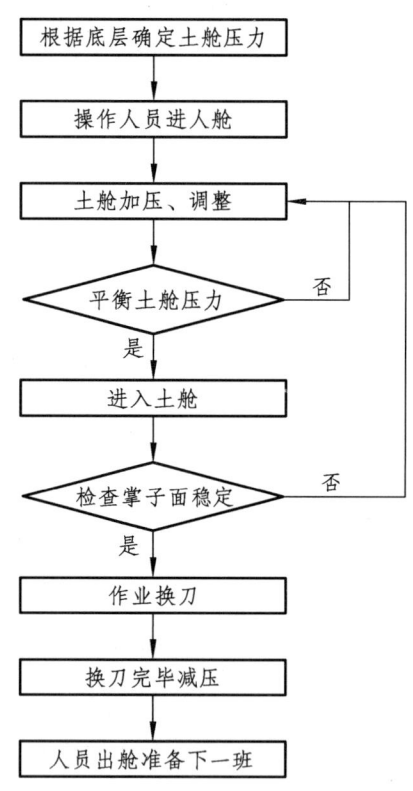

图 4.8.6　换刀人员进舱流程

2）压气作业对照减压表

由于和正常环境换刀不同，减压作业对身体影响比较大，在压气作业期间正常工作时间为 2~4 h。

推荐减压时间表如表 4.8.2 所示。

表 4.8.2 压气作业减压时间

工作环境气压/kPa	各阶段气压保压时间/min					总时间/min
	150	120	90	60	30	
75-85				10	20	30
85-95				10	20	30
95-105			5	10	20	35
105-115			5	15	25	40
115-125			5	15	25	45
125-135			5	15	25	45
135-145		5	10	15	25	55
145-155		5	10	15	25	55

4.8.4 压气作业技术要点

1. 保持土舱气压稳定

带压作业的关键点在于保持土舱内的气压稳定。如果骤然发生变化，不仅会造成开挖面土体失稳坍塌，还会导致舱内作业人员产生气压病，危机舱内作业人员的生命安全，所以必须保证有可靠的供气系统和做好前期准备工作。

2. 作业人员身体要求

压气环境对人体的要求比较高，因此必须严格遵守压气作业的相关规定：
（1）作业人员压气前必须进行身体检查。
（2）作业人员在作业期间严禁饮酒。
（3）压气作业过程中严禁吸烟。
（4）进出舱时，作业人员要穿干燥的衣服。

3. 舱内空气要求

舱内空气浓度要求如表 4.8.3。

表 4.8.3 舱内空气浓度要求

CO_2	CO	H_2	N_2	CH_4	O_2	油微粒
<0.05%	<0.001%	<0.001%	<0.0001%	<0.1%	20%~30%	<1 mg/m³

4. 医疗保障措施

压气除了有可靠的压气系统和严格的作业规程外，还应有完善的医疗保障措施。在压气作业期间采取如下保障措施：
（1）与当地有资质医院取得联系，确保发生意外时作业人员能第一时间得到救治。
（2）工地 24 h 有监护人值班，且监护人不得离开岗位。
（3）商务车在工地 24 h 留守，且做到专车专用。

(4)压气过程中有人出现头晕耳鸣现象时,应当让其从副舱减压出舱,送往医院治疗。

4.8.5 终止作业的情况

为了舱内作业人员的生命安全,一旦出现以下情况,舱内人员应立即减压出舱:
(1)气压舱压力突变,压力值波动过大。
(2)掌子面出现渗水、漏水、坍塌及漏气等情况。
(3)多人出现头晕耳鸣等不适症状。
(4)机电设备故障有可能影响到作业安全的情况。

4.9 复合地层大直径盾构机施工沉降控制技术

盾构机在推进过程中易造成地层扰动,致使地表隆起和沉降,从而导致地下管线损坏、建筑物开裂、倾斜甚至是垮塌等一系列问题。在复合式地层中,盾构施工所带来的沉降问题表现得更为突出,因此,沉降控制技术有着非常重大的意义。

在上软下硬地层中采用盾构法进行地铁隧道施工时,盾构机向前掘进非常困难,且很容易发生软土地层土体大面积塌陷、盾构机推进角度偏离预定值等情况,导致地表大幅度沉降,给隧道以及周边建筑设施带来极大的安全隐患。其主要原因是盾构机推进过程中,刀盘切削工作面土体时,上部软土地层容易进入密封土舱,而下部较硬岩体不易破碎。这样往往会使上部软土地层过量切削进入舱内,一旦密封土舱内有一点土压失衡,上部的松软地层会很容易造成土体流失,进而发生较大的沉降风险。此外,上软下硬地层地表纵向沉降还要受硬层比的影响,主要表现在地表纵向沉降量及开始和结束的位置变化上,随着硬层比的减小,盾构施工对地表纵向沉降量及其影响范围都在变大。

4.9.1 工程概况

莞惠城际轨道 GZH-6 标盾构区间起止里程为 DK33+951.219~DK38+359.000,全长 4407.8 双延米,隧道为标准单线单洞断面,埋深 10.5~42.1 m。其中松山湖北到大朗盾构区间隧道位于东莞市大朗镇,横穿大井头村、巷头村、巷尾村,整个区间隧道下穿密集的建筑群,沿线房屋覆盖率高达 90%,且多为老旧无基础的土砖房,道路空间狭小,地表注浆加固困难,因此控制好掘进引起的地表沉降尤为重要。地表建筑情况见图 4.9.1。此外,在区间大里程端部下穿大井头高架桥、区间下穿道路处,道路下管线密集,主要地下管线有电缆、通信线缆、给排水水管、煤气管等,埋深不一。

盾构机穿越多变的复合式地层,地层自上至下依次为素填土,淤泥质粉质黏土,粉质黏土,全风化、强风化及弱风化混合片麻岩。盾构机掘进过程中,会遇到上软下硬岩、右软左硬岩、全坚硬岩、孤石、漂石、砂层等不良地层,为沉降的控制带来了巨大的挑战。地面坍塌如图 4.9.2。

密集的房屋　　　　　　　　　狭小的道路　　　　　　　　　老旧的房屋

图 4.9.1　地表建筑情况

图 4.9.2　地面坍塌

4.9.2　地面沉降的控制措施

1. 地质补勘指导盾构施工

为了更好地了解盾构区间内的地质情况，指导盾构施工，在盾构施工前应做好补充地质勘探工作，尤其在地层起伏交界处应进行钻孔，查清上软下硬地层的位置和长度，并在上软下硬区间内钻孔，了解岩石裂隙、完整性、硬度，以及上部软土的自稳性、透水性，提前在盾构机进入复杂地层前做好充分准备。

2. 掘进模式影响盾构施工

土压平衡式盾构机通常掘进模式有：敞开模式、半敞开模式、土压平衡模式。

1）敞开模式

敞开式掘进模式是在非土压平衡的状态下掘进，土舱内的空气压力为常压，不需要在开挖舱内建立土压或气压平衡以支撑工作面的土体压力和水压力。这种掘进模式具有较强的切削和破碎硬岩的能力，岩渣通过刀盘上的卸渣口进入刀盘后的土舱内，并在土舱的底部聚集，然后通过伸入土舱底部的螺旋输送机传送出去。

2）半敞开模式

采用半开敞式掘进时，刀盘后的土舱内下半部分是岩渣，上半部分是压缩空气，空气压力与掌子面的土压和地下水的压力保持平衡，以防止掌子面的坍塌或地下水的涌出。半敞开模式掘进切削硬岩的能力远远好于土压平衡模式掘进。

3）土压平衡模式

当采用土压平衡模式时，刀具切削下来的渣土充满土舱，与此同时，螺旋输送机进行与盾构推进量相应的排土作业，在掘进过程中，始终维持开挖土量与排土量的平衡来保持舱内渣土的土压力，并利用土舱内渣土的土压力与掌子面的土压和水压平衡，维持掌子面的土体稳定并防止地下水涌出。

目前，盾构机掘进时常用的控制模式有"满舱高压"和"辅助气压"两种。"满舱高压"为土压平衡模式，是一种控制超挖及地表沉降的理想方法，但易造成结泥饼的负面效应，同时也会加大了盾构机的负荷；"辅助气压"为一种半敞开模式，对盾构机司机的操作水平要求很高，土舱压力和出土量较难控制。

通过本工程的施工实践，我们对掘进模式的适用条件总结如下：

（1）当底部岩石裂隙不发育、完整性强、硬度高，顶部软土松散、含水量大，掘进速度小于10 mm/min 时，宜采用"满舱高压"的土压平衡模式掘进。

（2）当底部岩石裂隙发育、硬度小，顶部软土有一定的自稳性、含水量小，掘进速度大于10 mm/min 时，宜采用"辅助气压"的半敞开模式掘进，并根据实际情况控制顶部气体占的体积比，本标段顶部气体体积占1/3。

3. 掘进参数

为了提高刀具使用寿命、减少带压开舱次数、控制地表沉降，掘进参数参考值见表4.9.1，隧道埋深以26 m 为例。

表 4.9.1 掘进参数

掘进参数	推力 T/kN	掘进速度 /(mm/min)	刀盘转速 /(r/min)	刀盘转矩 /(kN·m)	土舱顶压/MPa
半敞开模式	≤3 800	10~15	1.0~1.2	≤4 500	0.26~0.28
土压平衡模式	≤4 200	5~10	1.0~1.2	≤4 800	0.25~0.27

施工过程中还应注意以下事项：

（1）为保护刀具、控制土舱顶区压力稳定，掘进时可在土舱内注入膨润土，或将膨润土与泡沫配合使用。

（2）掘进过程中不断观察出渣情况，并结合推力、扭矩、速度、土压以及渣土中石块的比例和大小，判断硬岩的比例、硬度，刀具磨损情况，及时调整掘进参数。

（3）如掘进过程中出现速度、扭矩突变，应及时停机，重新缓慢启动，防止刀具过载、异常损坏。

（4）长时间停机须将土舱推至满舱，或将保压系统打开。

4. 出渣量直接影响地表沉降

本台盾构机刀盘直径 $\phi 8.83$ m，管片长 1.6 m，理论出渣量为 98 m³，上软下硬段渣土松散系数取 1.3~1.4，实际出渣量为 127~137 m³，正常情况下上软下硬段出土 8.5~9 斗（考虑到上软下硬段盾构掘进速度缓慢、土舱加水以及喷涌），每斗应掘进 170~190 mm。出渣过程中要注意以下事项：

（1）必须清除土斗残渣剩余量，并汇报给盾构司机，严格控制出渣量。

（2）盾构司机必须保证每斗掘进长度，如果连续两斗掘进长度低于 170 mm，必须及时汇报给值班领导。

（3）当一环掘进完成后，盾构司机必须估算出总出土量，如有异常及时汇报给值班领导。

（4）单环有超挖小于 3 m³ 时，须加密地表房屋监测次数，通过尾盾同步注浆和二次注浆填充，超挖超过 3 m³ 即可启动地表注浆等应急机制。

5. 同步注浆、二次注浆控制地表沉降

同步注浆可有效地防止土体的坍陷，控制地表的沉降，而二次注浆可弥补同步注浆的填充不足，二者在防止管片背后水力通道的形成、有效制止或减小喷涌的发生、阻止管片上浮方面起决定性的作用，尤其是在地层稳定性差、掘进速度缓慢、有轻微超挖现象、采用土压平衡模式掘进时，同步注浆和二次注浆的重要意义更为明显。注浆时应该注意：

（1）鉴于同步注浆和二次注浆在上软下硬地层的重要性，必须做到同步注浆足量、二次注浆及时。

（2）为使同步注浆尽快发挥其作用，在上软下硬地层中应将浆液胶凝时间控制到 5 h 左右，在上软下硬地层注入率一般取 1.4~1.5，具体注浆量根据岩石所占比例、是否存在超挖现象、地表沉降情况控制。

（3）由于本段地层地下水丰富，二次注浆采用水泥浆与水玻璃的混合浆液，胶凝时间控制在 15 s，注浆压力小于 0.5 MPa。

6. 地表监测

隧道工程发生重大事故前都有预兆，这些预兆首先反映在监测数据中。要从数据中发现工程问题，则需通过确定监控报警值来实现。

本标段地表房屋沉降监测警戒值为 +8~-24 mm，控制值为 +10~-30 mm。鉴于本标段地表房屋结构的特殊性，规定单次测量沉降超过 3 mm，即可启动地表注浆等应急机制。当出现下列情况时，应该加密监测次数：

（1）监测数据达到报警值。

（2）监测数据变化较大或者速率较快。

（3）存在勘察未发现的不良地质。

（4）超深、超长开挖或未及时注浆等违反设计工况施工。

（5）支护结构出现开裂。

（6）周边地面突发较大沉降或出现严重开裂。

（7）邻近建筑物突发较大沉降、不均匀沉降或出现严重开裂。

（8）当场地出现危险征兆时，对影响范围内进行连续监测。

4.10 复合地层盾构掘进技术难点及对策

复合地层一般定义为在开挖断面范围内和开挖延伸方向上，由两种或两种以上不同地层组成，且这些地层的岩土力学、工程地质和水文地质等特征相差悬殊的地层组合。在这种地层中进行盾构法施工，有很多难题需要解决。

本标段隧道从弱风化 W2 和中风化 W3 混合片麻岩中穿过，地下裂隙水发育，岩石硬度大。在掘进过程中，我们遇到了各种困难比如刀具磨损严重、楔块压块掉落严重、震动大、刀盘卡死、土舱压力上涨得快、螺旋机发生喷涌以及其叶片磨损严重、刀盘结泥饼、管片破损（错台）、上浮严重、盾尾间隙小、管片背后注浆量不足等问题，从而导致掘进速度缓慢，成型隧道质量差。下面主要针对这些问题提出解决办法以及预防措施。

盾构掘进参数的确定受各种因素的制约，在实际操作中要根据不同的现实情况分别对待。选择正确的掘进模式、确定较好的掘进参数是顺利掘进的前提。比如：推力太大就会做无用功还会导致刀具磨损严重，或者造成刀盘变形、盾构机卡壳等，推力过小又无法破岩；速度太快很难达到平衡模式，会造成地面沉降。在掘进过程中面临的问题也会不断出现，下面就几种常见问题做下简要的说明。

4.10.1 螺旋输送机喷涌及防治

在正常工作状态时，螺旋输送机（图 4.10.1）是流塑或软塑固体渣土的输送通道，而喷涌时它转变成具有一定压力的液体管道。螺旋输送机发生喷涌现象时，大量的高压水泥浆从螺旋机出口喷射而出，严重污染盾体及隧道内的施工环境，以至于不得不停机处理。更有甚者，大量喷涌会造成密封土舱的突然卸压而引起地面的严重沉降。

图 4.10.1　螺旋输送机

在掘进过程中，刀盘切削下来的渣土以大小不等的岩块为主，渣土的分选性与和易性不好，当管片背后注浆不充分时就会形成地下水通道，大量地下水汇聚到管片背后并经过工作面进入土舱，从而导致螺旋机发生喷涌。

本标段掘进过程中发生喷涌的原因有：土舱压力大、成型隧道渗流的水汇聚到掌子面、刀盘结泥饼。

造成喷涌的根本原因是密闭土舱螺旋输送机出口处形成了补给充足并有一定压力的水源。因此防治喷涌主要方法就是"治水"，防治措施主要有：

（1）在富水的松散地层中，加入适量的添加剂。如果施工环境允许，可通过加气压的方法将地下水逼出密封舱，从而改善渣土的和易性。

（2）在自稳性好的地层中止水，如果管片同步注浆不充分，应该通过管片进行双液注浆，以尽快封堵隧道背后的汇水通道。

（3）在黏性土中先防止结泥饼，才能防喷涌。

4.10.2 刀盘结泥饼及预防

泥饼是盾构机刀盘切削下来的细小的岩土颗粒、碎屑在土舱内重新聚集而成的半固结和固结状的块状体。泥饼的存在加重了盾构机刀盘和刀具的负荷，常常使掘进参数出现突变，使施工效率大大降低。

泥饼的形成主要与地质条件、盾构机选型及施工条件等方面有关。其中地质条件是客观自然的，是形成泥饼的基础。黏土层，黏土质砂土地层，泥岩，母岩为花岗岩的残积土层、全强风化岩层等都易结泥饼。盾构刀盘系统、搅拌系统、密封土舱以及螺旋输送机出土系统构造也都对形成泥饼有一定影响。在掘进过程中泥饼的形成原因有：

（1）复合地层下的盾构掘进模式设置不当。

在土压平衡模式时土舱内土压设定值过高，导致切削下来的渣土不能顺利通过螺旋机排出，在土舱内堆积挤压，密实度和密度越来越大，最终形成泥饼。

（2）掘进过程中渣土改良不到位。

为改善切削下来的渣土的和易性（干稀度、流动性），通常在刀盘和土舱内加入水、膨润土和泡沫剂。泡沫剂是一种化学物质，它对砂土有膨化、润滑和降低附着力的作用，对降低砂土和刀盘刀具温度也起主要作用。但施工过程中若对加入的改良剂的浓度配比、注入压力、注入量等掌握不准，则会导致泥饼产生。

（3）盾构机维护保养的影响。

因系统冷却水温度偏高，或是刀盘高速旋转后与周围土体介质摩擦生热，使土舱内温度升高，对泥饼有"烧结促成"作用，使设置在刀盘面板上的注入孔时常被堵塞，无法适时按量加入泡沫剂，渣土和易性得不到有效改良。

在掘进过程中预防刀盘结泥饼的主要措施有：

（1）有针对性地向密封土舱和刀盘面板适量加注高质量的泡沫或聚合物或膨润土或它们的混合液，以改善土体性能。在施工过程中，应及时观察所排渣土的情况，分析渣土的黏性和含砂粒比例的情况，及时添加适量的土体改良剂（泡沫、聚合物、膨润土），进行土体改良，以减小土体黏性度和黏着力。

(2）在地层相对自稳时，设定的出土压力不宜超过主动土压，宜采用欠土压平衡模式掘进。

（3）若地层稳定性差，但隔气性较好时，宜采用辅助气压作业，掘进也宜采用欠土压平衡模式掘进。

（4）采用冷却措施，避免密封土舱高温高热。

（5）避免在密封土舱饱满加压状态下长期停机。盾构施工要求"连续、快速、稳定"，长时间的停机会导致土舱内土压逐步升高、流动性减弱、刀盘面板及刀具结泥饼的可能性增加。

（6）定期开舱检查。定期的开舱可以较准确地掌握前方地层的地质状况和刀具的磨损情况，对刀盘结泥饼可起到预防作用，当检查出刀盘有泥饼黏着的情况时应及时、彻底清理。

4.10.3 管片破损、错台、上浮的原因及预防措施

隧道成型质量是盾构施工的核心问题之一，作为一种高度集成的机械化施工工法，其质量控制技术是机械和土木相结合的综合控制技术。预防成型隧道管片破损、错台、渗水以及上浮是盾构质量控制技术的重要组成部分。

1. 管片的破损、错台

在掘进施工中，出现不同程度的管片破损、错台是一种较为常见的现象。无论是管片的破损，还是管片之间的错台，都是受力不均匀造成的。当某一点的极限载荷超过了设计极限之后，必然会导致管片之间的相对位移或管片结构的破坏。造成管片破损、错台的原因主要有：

（1）管片在吊装、运输过程受力不均。

（2）在掘进过程中，盾构机姿态控制不当、千斤顶推力过大或受力面不平，导致管片与千斤顶撑靴接触部位呈现应力集中，出现裂缝或破碎，导致管片连续几环几十环发生错台和破损。

（3）在拼装过程中，操作不当。

（4）注浆压力控制不当。

（5）在隧道成型后，管片上浮，隧道变形。

预防管片错台和管片破损主要从施工过程入手，即严格按照规定操作，尽可能地减少错误操作。具体措施如下：

（1）在盾构掘进过程中，对盾构机姿态的调整应当缓纠偏。

（2）在拼装过程中做好管片的选型工作，防止人为地使得隧道偏离设计轴线。

（3）按照相关的规范严格操作，包括管片进入隧道前的检查、注浆，盾构推力和扭矩等参数的设定，管片的吊装、运输。

（4）防止由于隧道围岩应力环境和地下水环境的突然变化，应采取及时有效的措施防止隧道管片上浮。

2. 管片的上浮

在盾构施工中，管片上浮发生在隧道成型后。管片上浮一般要具备三个条件：第一，周围要有产生浮力的液体或流塑体；第二，外界产生的浮力要大于管片及盾构机自身的重力；第三，上部要有浮动的空间或可压缩的空间。管片上浮受到超挖、推力不均、纠偏、注浆压

力不均衡等多因素的影响。通常情况下，管片上浮的原因主要有以下几点：

（1）同步注浆浆液稠度不够，凝固时间太长，壁后填充不充分。

（2）围岩地层中，地下水丰富，浆液随着地下水通道进入密封土舱，隧道上浮空间没有被有效填充。

（3）隧道坡度的变化。

当施工中出现管片上浮时，应及时采取有效措施阻止管片上浮，其具体措施有：

（1）加强同步注浆效果的控制，使管片在脱离盾尾后能够及时固定，必要时采取二次注浆，调整砂浆配合比使得砂浆凝固时间缩短，保证壁厚得到有效填充。

（2）严格控制管片拼装质量，复紧管片连接螺栓至少3次，保证管片连接密实。

（3）加强对盾构姿态的控制，在上下坡地段掘进时，注意千斤顶的作用分力对管片的影响，及时调整盾构机姿态和千斤顶的行程差。

4.10.4 刀具的磨损原因及预防措施

在掘进施工中，当地质条件发生变化时，为保证盾构施工安全和加快施工进度，必须对刀具进行检查。当刀刃因磨损超限，刀圈断裂、脱落，挡圈断裂、脱落，偏磨时就需要对刀具进行更换。刀具损坏的原因为：地质因素、刀具本身因素、刀盘的选型、掘进过程中的参数控制。

在施工中要减缓对刀具的磨损应采取相应的刀具保护措施，以达到加快工程进度和节约成本的目的。对刀具的保护就是指准确掌握地层的情况，在操作时选择正确掘进参数，防止刀具偏磨、刀圈崩裂等非正常磨损。刀具保护措施有以下几点：

（1）刀具偏磨主要是因为推进力太大，部分刀具所受压力过大，致使刀具不能正常转动，而出现偏磨，所以要注意根据不同地层选择合适的推力；或者是因为刀具被渣土裹死，使刀具停转，而出现偏磨。为避免这种情况出现，应注意渣土的改良。

（2）在地层情况良好、渣土正常时出现掘进速度异常下降的情况，有可能是刀具被渣土裹死或刀盘前结成泥饼，导致刀具不能正常工作，致使掘进速度下降。出现这种情况时，如果地质条件允许，应开舱检查。

（3）刀圈崩裂主要是因为刀盘的震动、刀具的撞击、刀具的切入量过大等。在比较破碎的硬岩地层，刀盘的振动比较大，刀具经常受到撞击，刀盘前响声大，有可能发生刀圈崩裂。在这种情况下应该勤检查、更换刀具。

4.10.5 盾构掘进中刀具更换

刀具是消耗品，盾构掘进中换刀工作的关键并不在换刀本身，而是换刀环境的可实施性。根据换刀环境的不同，通常的换刀措施有以下几种：

（1）在自然围岩条件下直接开舱换刀。这是指在围岩自稳能力好且地下水涌出量不大的条件下直接开舱换刀，且需在实施换刀过程中密切监测围岩的稳定性（1号盾构机在全断面硬岩中掘进时，换刀即采取自然状态下直接开舱操作的模式）。

（2）在地层预加固条件下换刀。

（3）在压缩空气条件下换刀。但是带压换刀作为一种应急的办法，不宜作为常规手段使用，原因如下：

① 在隧道覆土较薄或地层松散、破碎时，容易跑气失压，2 号盾构机掘进时就发现不少的居民水井跑气。

② 对压气作业人员身体要求高，且需要进行特殊培训。

③ 工作空间小、条件差、时间短、效率低、成本高（2 号盾构机在上软下硬地层中掘进时，地面房屋密集，被迫进行了 6 次压气作业）。

4.10.6　上软下硬地层中的掘进技术措施

盾构机在上软下硬地层推进时，刀盘下部遇硬岩不易破碎、进尺少，而上部软弱地层受扰动多，往往会使上部软弱地层被过量切削进入舱内。当隧道上部地下水较丰富且有砂层、淤泥层时，若密封土舱有微小土压失衡，则极容易造成上部松散地层的土体流失，进而发生较大沉降，甚至贯穿至地面。本标段常用处理措施有：

（1）做好地质补勘，掘进中密切关注渣样变化，结合推力、扭矩、速度、土压以及渣土中石块的数量和大小，判断硬岩比例，及时调整掘进参数。

（2）保持在土压平衡状态下掘进，同时可用辅助气压法帮助建立平衡。

（3）合理控制刀盘上下区域千斤顶的推进油压。

（4）宜采用低转速，以减少滚刀与岩土分界面的冲击。

（5）加强对泡沫、膨润土的控制，改良渣土，增加水密性和流动性，减少刀盘结泥饼。

（6）加强出渣量控制，防止超挖，同时保证盾尾注浆质量。

4.10.7　全断面硬岩中的掘进技术措施

一般而言，硬岩是指单轴抗压强度大于 60 MPa 的岩体，而本标段盾构机选型时主要针对复合地层，因此刀具的配置及刀具间距的设计等在全断面硬岩地段掘进时具有一定局限性。1 号盾构区间硬岩段，其弱风化混合片麻岩的抗压强度普遍超过 100 MPa，导致盾构掘进极其困难且刀具的磨损也非常严重。在 2012 年 9 月至 11 月 3 mon 的掘进中，盾构机换刀 15 次，用时 35 d，更换滚刀 194 把，刮刀 119 把，仅完成了 300 m 掘进。

在全断面硬岩中掘进时，盾构掘进管理及刀盘刀具管理总结如下：

（1）刀盘应该具有足够的结构强度和耐磨强度，防止刀盘变形以及保证开挖直径使得盾构机在掘进过程中不会出现盾壳"卡壳"现象。

（2）配备渣土搅拌装置和注入口，以便在掘进过程中往土舱中注入泡沫、水和膨润土防止刀盘结泥饼现象的发生，以减小刀具的磨损。

（3）合理使用泡沫和膨润土改良渣土的和易性和流塑性，以便于螺旋机出土及皮带机运送渣土到渣土车内。当刀盘扭矩偏大时，应该加大泡沫的注入量，以便降低土舱温度，防止结泥饼现象的发生；当螺旋机发生喷涌时，应减小泡沫的注入量。

（4）刀具磨损较快，必须配备足够的刀具并及时开舱检查和更换刀具。刀具的磨损可通过掘进参数的变化做出初步判断：当出现推力偏大、掘进速度偏小、扭矩偏大、盾构机姿态很难纠正时，刀具可能已经磨损严重，需要安排开舱检查刀具；当连续出现刀盘或螺旋机卡死、驱动电机突然跳停时，需要立即停机进行检查；当从渣土中发现碎石不均匀，并伴有大块石头出现时，刀具有可能损坏，应停机检查。确定安全后再进行开舱检查，必要时采取压气作业换刀。

（5）盾构机掘进应控制好姿态，避免频繁纠偏。频繁地调整姿态会使滚刀受力不均匀，容易损坏。

（6）选择合理的掘进参数，包括掘进总推力、刀盘转速、扭矩、推进速度、切削量等。推力过大会造成滚刀轴承变形影响自转，最终导致刀圈的偏磨或断裂。过大的转速也会造成盾构机振动颠簸，加剧刀具的磨损。

（7）连续掘进及时注浆保证管片壁后得到有效填充，并保证注浆质量，以防止管片脱离盾尾后发生破损、错台、上浮。

第 5 章　珠三角盾构施工的技术难题及解决方法

5.1　刀盘设计及改进技术

刀盘刀具是掘进过程中实现破碎剥离岩土、渣土过流、界面支护功能的关键部件，其设计技术是土压平衡盾构机的核心技术之一。盾构机在地下开挖过程中会遇到各种不同的地层，从淤泥、黏土、砂层到软岩及硬岩等，复杂的条件下介质的物理参数随机变化且差异极大，加之多场耦合作用，使得刀盘受力状态变化剧烈，刀盘系统的切削状况和受力状态极其复杂。刀具布局、刀盘构型、开口位置、开口率等刀盘设计结构直接影响刀盘刀具的发热、磨损、切削效率和可靠性，而刀具布局与开口位置的相互制约更是增大了刀盘的设计难度。因此，如何保证刀盘的使用寿命及地层适应性是土压平衡盾构机设计制造所必须解决的关键问题。

在复合地层中进行盾构施工，需要盾构机刀盘具有广泛的适应性。对于盾构机来说，最关键的问题就是采用何种刀盘结构形式和刀具配置才能够使盾构机在整个隧道掘进过程中达到最小的刀具磨损、最少的换刀次数和最快的掘进速度；同时在长距离复合地层中施工更应考虑刀盘耐磨性能、整体结构的刚度和强度。

5.1.1　刀盘结构设计

莞惠城际 GZH-6 标段左线盾构机刀盘刀具的设计过程如下。

1. 刀盘构造

刀盘是实现开挖的重要组件，在地层不稳定时，刀盘还起到支撑开挖面的重要作用。刀盘由面板（辐条）、连接支撑楔、各类刀具、刀具支撑座、搅拌棒和添加剂注入管道等附属结构组成，其形式因水文地质情况而异。常用的刀盘形式有辐条式和面板式。辐条式刀盘由几个刀梁以及安装在刀梁上的切削刀具组成，由于辐条式刀盘对开挖面的封闭面积小，所以一般用于开挖面比较稳定的隧道。面板式刀盘的开口较小，其开挖面的封闭面积较辐条式大，因此软土与不稳定地层的刀盘大都采用面板式，以利于开挖面和周边土体的稳定。

刀盘结构是根据施工区段的地质负载特性要求进行设计的，莞惠城际 GZH-6 标段左线盾构机刀盘设计采取面板+辐条式结构，结构如图 5.1.1。

整个刀盘为焊接结构，刀盘从中间分为两部分，采用焊接连接，在刀盘上焊接了各种刀具的刀座。刀盘和主驱动通过厚法兰盘连接，刀盘背面和法兰盘通过 6 根厚壁扭腿焊接以传递足够的扭矩和推力。刀盘直径为 8 750 mm，开挖直径为 8 830 mm，刀盘厚度为 857.7 mm，刀盘所用材料为 Q345B。刀盘总质量为 110 t（包含所有刀具和法兰盘），刀盘设计模型在硬岩模式下对每个滚刀加载 250 kN 荷载。

图 5.1.1　面板+辐条式刀盘结构

2. 刀盘开口形式的设计

刀盘开口率是指刀盘留空面积占整个刀盘面积的百分比。这部分留空面积，是切削渣土的运输通道。渣土脱离土体后，在重力及刀具刮削作用下，沿刀盘开口流动到土舱。渣土经搅拌后，从土舱底部螺旋输送机排出。开口率的大小对应的是渣土排放的效率。若开口率取值过小，破碎（切削）的渣土不能及时进入土舱，滞留在刀盘前方，跟随刀盘做摩擦运动，随着温度升高，会固结在刀具、辐条等部位形成泥饼。因此，在结构强度允许的情况下，开口率尽可能地取较大的值。开口率的取值依据单位时间内刀盘留空区域扫过面积与刀盘开挖面积相等确定。

开口率的计算公式为：

$$K=1/(r+1) \tag{5.1.1}$$

其中：K——开口率（%）；

　　　r——刀盘转速（r/min）。

刀盘转速是一个从 0 到 r_{max} 的范围值，通常是连续可调的，但刀盘的开口率是固定的，一经设计、制造成型就不可更改。因此，我们需要预先评估地质条件，然后根据隧道地质条件下刀盘的经常工作状态和刀盘的常态转速来确定刀盘的开口率。

岩土硬度高、节理发育差的地层要求的刀盘开口率小，刀盘转速应大，对应的施工形态为高硬度岩土开挖效率低，出渣量小；反之，岩土硬度低、节理发育丰富的地层（如全、强风化地层）要求刀盘开口率大，刀盘转速应小，对应的施工形态为软弱地层易开挖，出渣量大。

莞惠城际轨道交通 GZH-6 项目隧道地质主要是弱风化混合片麻岩，岩体较硬。对于这类地层，施工时刀盘常态转速的经验值为 1.5～2 r/min，据此，计算出开口率的值 K 为 33%～40%。根据强度优先的原则，盾构刀盘采用辐条+面板的结构形式。结合刀具的布置等其他因素，左线掘进刀盘开口率选择 31%，但是根据 K 值范围看，这个结果偏小。为保证在局部软弱地层中的开挖效率，盾构设计方采用了加大中心区域刀盘开口的方法来提高刀盘的适应性，将中心刀（双刃）一线排列，中心部位其余地方留空，使中心 1.6 m 范围内的开口率提高到 41%。

3. 渣土改良注入口

刀盘面板上共有 8 个泡沫注入口，分布在不同半径的圆周位置上，在辐条正面 0°和 180°的半径位置上分布有 4 个泡沫注入口，在辐条正面 60°和 240°的半径位置上也设置了 4 个泡沫注入口。在刀盘转动切削土体时，从泡沫口喷出的泡沫将同各自区域的渣土混合在一起，转动一周后，将同整个刀盘区域的土体混合，从而到达改良所有渣土的目的。

4. 刀座设计及支撑

刀盘上的刀座分为 4 种，包括小齿刀刀座、周边大齿刀刀座、单刃滚刀刀座、双刃中心滚刀刀座，其中单刃滚刀刀座和双刃中心滚刀刀座的外形和焊接安装工艺一样，只是尺寸有所不同。单刃滚刀的刀座由 4 个尺寸一样的刀座在刀箱内组装而成；双刃中心滚刀由 4 个小的刀座和 2 个大的刀座在刀箱内组装而成，其小的刀座尺寸比单刃滚刀刀座小，大的刀座尺寸比单刃滚刀要大。小齿刀刀座和周边大齿刀刀座类型一样，都是带有螺纹孔的刀座，只是其大小和螺纹孔的数量不同，小齿刀刀座内有 4 个螺纹孔，周边大齿刀刀座内含有 12 个螺纹孔，比小齿刀刀座大 3 倍。

刀盘支撑使刀盘和主轴承相连接，把主驱动提供的扭矩和推力传递给刀盘，以实现刀盘切削开挖面的功能。刀盘支撑有两种形式：一种是中间支撑式，另一种是周边支撑式。本标段采用的为中心支撑方式，有 6 根扭腿一端同刀盘背面焊接，另一端同有一定厚度的法兰盘焊接，法兰盘用螺栓同主轴承连接。

5. 刀具的形式

根据本标段软硬不均等地质特点以及刀具不同的破岩机理，本刀盘所选择的刀具有单刃正面滚刀、双刃滚刀、偏心刀、小齿刀、周边大齿刀、仿形超挖刀以及周边保径刀。其中正面滚刀安装 40 把、双刃滚刀 5 把、偏心滚刀 4 把、小齿刀 164 把、周边大刮刀 24 把。

滚刀用于硬岩段掘进切削岩石，还有保护齿刀的作用，单个滚刀最大受力 200 kN，设计破岩能力 100 MPa。齿刀及刮刀主要用于软土段掘进切削土体，仿形超挖刀主要用于转弯半径小的曲线段隧道扩大开挖直径，防止因半径过小卡住盾壳。

6. 刀具的高度

在刀盘上滚刀高度为 140 mm，刮刀高度为 95 mm，高度差为 45 mm，这样在硬岩的掘进中，滚刀刀刃先接触到岩石，将岩石挤压破碎，而刮刀并不直接接触岩石，只是把破碎的岩石刮入进渣槽内，可以避免刮刀因岩石过硬而崩损，从而保护刮刀；刮刀还可以将滚刀切削压碎而未脱落的岩石和堆积在滚刀周围的岩石刮下，从而提高滚刀工作效率，使渣土顺畅排出，防止刀盘正面出现的堆渣和结泥饼将滚刀全部糊死。

7. 滚刀的间距

滚刀的刀间距是影响破岩能力的重要因素，刀间距过大，会在相邻刀刃之间出现切削的盲区而形成"岩脊"；刀间距过小，会将岩石研磨成过小的颗粒，降低刀的切削功效。因此，合理的刀间距是实现高速有效破岩的关键。

为了满足刀盘中心区域的开口率，保证在局部软弱地层中的开挖效率，盾构设计方将中心刀（双刃）一线排列，中心部位其余地方留空，从而加大中心区域刀盘开口，并且中心部位的滚刀所承受的力大，其刀间距应该小一些，综合所有因素，最终中心刀刀间距为 84 mm 和 86 mm。

将 10 把边滚刀布置在刀盘面板和刀盘周边区域上，由于边滚刀和刀盘的轴线存在一定的角度，而且在切削过程中，边滚刀靠近刀盘的边缘，边滚刀的旋转速度快，切削岩层的直线间距长，边滚刀的磨损量大于中心刀和正面滚刀。因此，边滚刀的刀间距越靠近刀盘周边越小，并且都应该小于中心刀和正面刀的刀间距。

除中心刀和边缘滚刀外的 34 把正面滚刀，由于受力小于中心刀，旋转速度小于边缘滚刀，所以其刀间距应该大于边缘滚刀，设计取 92 mm。

5.1.2 莞惠城际 GZH-6 标段左线刀盘磨损情况

本标段地质主要为全、强、弱风化混合片麻岩，上软下硬，地下水较丰富，线路最大纵坡为 24‰，隧道覆土厚度为 15～42 m。在左线掘进过程中，刀盘故障多，刀具更换频繁，磨损情况比较严重。下面就左线掘进过程中刀盘的磨损情况进行分类分析。

1. 切口环磨损情况分析

刀盘切口环为 80 mm 厚的特质钢材，外表面焊接有 20 mm 厚的耐磨栅。在左线施工至 659 环时，我们对刀盘磨损进行检查，发现其外表面的耐磨栅全面磨损完，刀盘切口环表面出现一圈凹槽，其最大磨损量在 40 mm 左右，最小磨损量在 20 mm 左右，如图 5.1.2。

图 5.1.2　刀盘切口环磨损

由于刀盘所切削下来的渣土和岩石堆积在开挖隧道外表面和切口环外表面之间，即使刀盘切口环处并不直接接触岩层，该部位仍然是整个刀盘受磨损最严重的。

在岩层较稳定、单轴抗压强度不超过 60 MPa、地下水不是非常丰富的全断面软岩地层里，盾构机处在欠土压平衡状态，土舱为半舱甚至空舱，刀盘震动小，切口环的磨损非常小，只存在土舱底部的一小段距离，磨损速度小，并且推进的速度快，单位掘进长度受磨损的时间也小。

在岩层稳定、单轴抗压强度大于 80 MPa、地下水不丰富的全断面硬岩地层中，盾构机同样处在欠土压平衡状态，土舱为半舱或者空舱，但是由于岩层较硬，刀具承载阻力较大，造成刀盘的震动过大，从而使刀具的紧固螺栓会发生松动而脱落，刀具的压块楔块甚至是刀具也会随之脱落。并且若不及时将其排出土舱，切口环不仅仅受到渣土的磨损，还受到刀具螺栓、压块楔块的磨损，其磨损速度将大幅提高。

在岩层稳定、单轴抗压强度大于 80 MPa、地下水非常丰富的全断面硬岩地层中,由于岩层过硬,推进速度较慢,所切削下来的渣土同地下水混合后比较潮湿,螺旋运输机排出的渣皮带机无法及时带走,堆积于土舱内,同时又有刀具螺栓、压块楔块的脱落,使得土舱通常为半舱和满舱状态。同相同条件下地下水不丰富的全断面硬岩地层相比,其刀盘切口环的磨损速度和单位掘进长度内受磨损的时间将同时增加。

2. 刀盘外圆周磨损情况分析

刀盘外圆周指的是刀盘的最边缘那一周,其上焊接有宽 60 mm、厚 30 mm 的耐磨条,并有 12 把周边撕裂刀均匀分布在外圈。我们在 659 环处进行磨损检查,发现 12 把周边撕裂刀已经被完全磨损,只剩下刀座,耐磨条磨损 12 mm。

磨损原因一方面是在偏心刀磨损过大及周边刮刀脱落时,开挖直径变小,渣土没有及时刮落;另一方面是土舱处在满舱或者半舱状态时,刀盘外圆周同渣土发生摩擦。这样的磨损是无法避免的正常磨损,只能通过优化掘进参数,加强刀具检测和更换来减小磨损。

3. 刀盘正面外缘磨损情况分析

刀盘正面外缘指的是在边缘刀安装部位靠近掌子面的刀盘面板,由 60 mm 厚的特质钢材制成,表面焊接有 20 mm 厚的耐磨栅,经检查,耐磨栅基本被磨完,面板磨损量达到 15 mm。其磨损原因同刀盘外圆周磨损一样。

4. 刀盘刀具磨损、脱落情况分析

(1)刀圈均匀磨损。刀圈均匀磨损是刀具使用过程中正常的磨损形式,无论在哪一种硬岩地层施工,使用任何形式的刀盘都会出现,只是其磨损数量不同。这是由滚刀的破岩机理所决定的,盾构机在硬岩中的破岩是通过滚刀给岩石一定的压力使之产生裂缝。滚刀给岩层一定压力的同时,岩层也将给滚刀刀刃同样大小的反作用力,由此它们之间产生的摩擦就会磨损滚刀刀刃。破岩时,滚刀刀刃绕其刀轴旋转,从而均匀地磨损刀刃,如图 5.1.3。

图 5.1.3 刀圈均匀磨损

(2)刀圈非均匀磨损。刀圈非均匀磨损从外观上看刀刃为多变形、椭圆形,刀刃单边磨损。刀刃非均匀磨损的主要原因是刀刃无法绕刀轴转动和刀刃间歇性转动。

造成刀刃无法自转的因素有很多:

①渣土黏结刀具:当土舱结泥饼时,刀箱内充满了泥饼,刀刃自转的阻力加大,其阻力超过刀刃和掌子面之间的摩擦力时,刀刃将停止自转。

②刀具安装的公差配合过硬:刀具安装的公差配合过硬,使其启动扭矩过大,刀盘旋转

切削岩层时，其启动扭矩大于刀刃和掌子面之间的摩擦力，刀刃不能自转。

③ 刀具轴承损坏：刀具轴承损坏，刀具的启动扭矩就迅速增大，当其启动扭矩大于刀刃与掌子面之间摩擦力时，刀刃停止自转。

造成刀刃间歇性转动的因素有两种：

① 刀盘处在上软下硬的地层中：在这样的地层中，刀盘旋转，刀具在软土层中所受摩擦力小，无法转动，到达硬岩层时，开始转动。

② 土舱内有过硬的铁屑：土舱内堆积了硬度较高的铁屑，刀盘旋转时，刀刃碰到铁屑，摩擦阻力过大，使刀具无法转动，当刀刃通过铁屑堆积区域时，又开始自转。如图 5.1.4。

图 5.1.4　刀圈非均匀磨损

（3）刀圈崩裂。刀圈崩裂指的是刀圈断面上出现一个裂缝或者一个大的缺口，是由刀圈受到的瞬间荷载过大造成的。其产生因素有：

① 土舱内留有高硬度的铁屑：如同刀圈不均匀磨损一样，当刀刃碰到高硬度的铁屑时，所受荷载瞬间增大，造成刀刃崩裂。

② 同一断面地层软硬不均：在软硬不均的地层中，特别是软硬程度相差较大时，刀刃经过软土和强硬岩的界面时，所受荷载也就瞬间增大。

③ 偏心刀过度磨损：偏心刀是用来扩大开挖直径的，分布在刀盘的最边缘，安装角度大于 45°。更换刀具时，通过及时收缩铰接将刀盘往回拉 40 mm，偏心刀同开挖隧道外缘的间隙不会有任何的变化，将新的偏心刀更换后，其刀刃将插入掌子面内。如果旧的偏心刀磨损超过 15 mm，新安装的刀具刀刃插入掌子面的深度也就超过了 15 mm，刀盘旋转时，其所受荷载瞬间增大，超过刀刃所能承受的最大值时，刀刃崩裂。见图 5.1.5。

图 5.1.5　刀圈崩裂和脱落

在左线的整个施工过程中，超挖刀并没有使用过，在掘进到 500 环左右时脱落；周边的大刮刀受力过大，有 20 把大刮刀直接脱落，4 把大刮刀的固定螺栓部分断裂，断裂的螺栓残件很难从刀座螺纹孔内取出,将其焊接在刀座上也会出现脱焊的情况,其余大刮刀刀座靠刀盘外缘处出现磨损,更换刮刀时,最外侧的固定螺栓无法安装;安装的小刮刀也出现部分脱落的情况。

盾构机在始发掘进 68 环后进入地面预加固段落,在此之前进行了整盘刀具的更换。从恢复掘进施工到刀盘变形停机,其间共掘进 104 环,约 166.4 m。掘进参数为:推力 36000~39000 kN,扭矩 3000~4000 kN·m,土舱顶部压力 0.1~0.2 MPa。停机前大约 10 min 时间,扭矩和推力突然升高,最后扭矩已到 8000 kN·m、推力达 50000 kN,同时发现旋转接头连接管断裂,有泡沫喷出,随后停机。

经检查发现刀盘连接盘中心部分发生塑性变形,从支撑臂向中心方向逐渐形变,最大向土舱凹陷约 60 mm。将变形区域内的正滚刀和中心滚刀拆除后,经过现场查看发现此区域内正滚刀的刀箱变形很小或几乎没有变形,中心滚刀箱变形和损坏相对较大,中心刀箱有变形且焊缝开裂,见图 5.1.6。

图 5.1.6　中心刀刀箱变形

5.1.3　刀盘改造

根据刀盘在左线施工中的使用情况,对刀盘进行了重新设计,应用到右线的施工中。左线刀盘中心区域出现变形,切口环处磨损严重,中心刀和偏心刀的更换频率不正常;在全断面的硬岩中,刀具分布对其岩性的适应性不足;根据以上的种种缺陷,经过分析对刀盘做出如下改造。

1. 辐条立板改造

刀盘辐条立板是刀具刀座的载体,它承载着从刀具上传输过来的荷载,刀盘旋转而同掌子面之间产生摩擦扭矩,其应该拥有足够的刚度和尺寸,以保证其不发生变形,特别是在刀盘的中心区域,其中心刀具布局紧密,承载的推力最大,对其辐条立板的要求更高。左线所采用的刀盘辐条立板厚度为 60 mm,设计的新刀盘辐条立板厚度增加到 70 mm,这样的设计不但可以增加辐条承载力,还可以适应新刀盘刀具分布特性。

2. 切口环耐磨改造

根据左线刀盘切口环的磨损状况和特性,设计方将其耐磨形式做了改造,用耐磨板代替了原来的耐磨栅。

旧刀盘切口环外表面焊接有厚 20 mm 的耐磨栅，新刀则是采用宽 150 mm、长 370 mm、厚 16 mm 的哈瓦斯耐磨板，将其以 150 mm 的间隔均匀地焊接在刀盘的切口环表面。这样的设计一是提高其耐磨的性能；二是不用进行刀盘耐磨补修而缩短了施工工期；三是避免了切口环的不规则磨损所造成的工艺复杂的维修。对于耐磨栅的设计，摩擦面为一条线，当切口环的局部阻力过大时，将造成其局部磨损过大，导致磨损不均匀。对于耐磨板的设计，摩擦面为一个面，出现局部阻力过大时，阻挡物会在其表面来回滑动，从而均匀磨损。

3. 刀具改造

刀具的布置是决定刀具破岩功效的关键因素，其合理的刀具高度能够防止刀具被渣土糊死，出现偏磨而失效。合理的刀具高度差可以保证渣土有效脱落而提高刀具功效。刃间距的确定有赖于盾构隧道的岩土性质，合理的刀间距是实现较高破岩效率的重要因素，使刀具既不浪费，也不欠缺。

根据刀盘在左线的使用状况以及刀盘布置的仿真分析，设计方保持原来的刀具高度、刀具高度差不变，将滚刀的刀间距进行了大面积调整。滚刀数量是根据刀盘半径和刀间距决定的，滚刀数量=刀盘半径/刀间距+1，在调整后，刀间距由原来的 80 mm 调整到 76.48 mm，滚刀数量也加大了，由原来的 54 把刀刃增加到 60 把。

刃间距计算公式为：

$$S=2L+T=2P\times\tan(\alpha/2)+T \tag{5.1.2}$$

式中：P——贯入度(mm)；

α——岩石的破碎角(°)；

T——刃宽度(mm)。

本标段地层多为全断面混合片麻岩，其破碎角是 160°17″，滚刀的刃尖宽度是 20 mm，贯入度 P 取值为 5 mm 时，计算的刃间距是 76.48 mm。

由于在较硬的地层中，贯入度可能只有 5~10 mm。根据左线的施工发现，如果刀具的贯入度小于 5 mm，说明刀具的磨损过大，所以用贯入度为 5 mm 时的刀间距作为其最小下限值。按照这样的刀间距布置的滚刀将会造成破岩功效的浪费，但是不会造成"岩脊"现象，从而很好地保护了刀具。综合左线刀具的使用情况和有限元分析，将刀具间距最大值设置为 84 mm。中心刀由于其特殊的紧密性布置，其部分刀间距为 86 mm。

4. 扭腿内部滚刀刀间距调整

扭腿以内主要分布了 5 把中心双刃滚刀和 6 根辐条上的部分正面滚刀，中心刀的刀间距由于其紧密性装配，并没有作出调整。辐条上的部分正面滚刀的旋转线速度较边缘上的刀具更小，刀具所承受的推力较中心滚刀也较小，在整个刀盘区域内，整体破岩量也小，所以刀间距由 92 mm 改为 84 mm。

5. 扭腿外辐条上滚刀间距调整

扭腿外部辐条上主要分布了正面单刃滚刀，同扭腿内部辐条滚刀相比，其刀具的受力一样，但是其旋转的线速度大，破岩量也较大，其刀间距的设置比扭腿内部正面滚刀要小。同扭腿外部辐条不同区域的滚刀相比，由于盾构机刀盘的推力是通过扭腿传递过来的，在扭腿附近的滚刀受力会大一些，其刀间距应该减小；另外，靠近辐条最边缘的切削量也比较大一些，为了保证刀盘整体刀具的均匀磨损，其刀间距也要小一些。综合上述因素，将此部位的刀间距由原来的 92 mm 调整到 80~82 mm。

6. 边缘滚刀刀间距调整

边缘滚刀在整个刀盘所有刀具中，拥有"5 最"的特点。其线速度最大；开挖量最大；当刀盘旋转一周时，在同样的地层中，与岩层之间的磨损直线长度最长；磨损速度最快；更换频率最高。如果对其刃间距不作特殊的设置，在施工中，由于频繁更换此处滚刀，会减缓施工进度，严重的还会因磨损过大缩小了开挖直径而造成卡盾体卡刀盘的事故。因此，其刃间距应该小于其他区域的刃间距，并由内向外逐渐递减。

根据左线边缘滚刀的磨损量进行统计分析，我们发现，边缘滚刀更换较为异常，特别是 51#、52#、53#、54#偏心刀。综上所述，将边缘刀总数由原来的 10 把增加到 12 把。

左线边缘刀的最大的刃间距为 85 mm，比右线辐条最外缘滚刀刃间距大 15 mm，其由内向外的刃间距并不均匀，44#、45#、46#、47#相邻刀之间的刃间距差为 2 mm，47#、48#、49#相邻刀之间的刃间距差为 15 mm，48#、49#、50#相邻刀之间的刃间距差为 5 mm，49#、50#、51#相邻刀刃之间的刃间距差又为 9 mm，这种大间距不规则的边缘刀排布，将大幅提高区域性不均匀磨损的速度，造成频繁少量更换而减缓施工速度。对于右线新刀盘的边缘刀刃间距分布，其最大的刃间距为 70 mm，较左线小 15 mm，而且从 51#刀一直到 58#刀都是以 6 mm 的间距差逐渐递减分布的，49#刀到 51#刀之间的刃间距差为 0，这样的小间距均匀分布，既提高了边缘刀的破岩功效，弥补了边缘刀因为转速过大造成的快速磨损，也防止了边缘刀的不均匀磨损。

5.1.4 左线刀盘改造后在右线中的使用情况

右线的地层特性和左线基本相同，岩石的强度逐渐增加，最小为 30 MPa，最大在 100 MPa 以上，地下水丰富。掘进至 410 环时对刀盘磨损进行初步检查，其磨损情况如下所述。

1. 刀盘切口环磨损情况

右线新刀盘切口环并没有被磨损，只是在切口环处焊接的耐磨板磨损了约 10 mm，剩余 6 mm 左右，在后期的施工中，还可以继续使用。其耐磨板的磨损是均匀的，切口环的中间部位并没有出现凹槽。在后期耐磨板磨损需要加焊新的耐磨板时，其焊接难度将有所减低，从而缩短了维修时间。右线切口环磨损见图 5.1.7。

图 5.1.7 右线切口环磨损

2. 刀盘最外缘耐磨条磨损情况

新刀盘的最外缘同旧刀盘一样焊接有两条 30 mm 厚的耐磨条，磨损程度很小，其中有着多方面的原因：

（1）施工工艺的改进。在相对较稳定的软土和强风化岩地层中，采用了半舱和空舱掘进的方式，从而减小了耐磨条和渣土之间的摩擦距离及摩擦力度。

（2）对边缘刀具的勤检查勤更换，避免刀具过度磨损而缩小开挖直径，从而避免了耐磨条和隧道开挖外表面直接产生硬摩擦。

（3）刀盘边缘的刀具刃间距的合理改造提高了边缘刀具的破岩能力，提高了开挖直径，也减小了刀具的磨损速度，从而减小了耐磨条和隧道开挖外表面直接产生摩擦的概率。

3. 刀盘正面边缘背板磨损情况

刀盘正面边缘背板是边缘滚刀的刀箱刀座和边缘刮刀刀座的载体，其靠近掌子面的面板很容易被磨损。在硬岩段的施工中，边缘刮刀会同掌子面直接接触，其磨损速度非常快，有时掘进不到 2 环，边缘刮刀就因全部磨损、崩齿或者脱落而失效，边缘滚刀切削下来的渣土就无法及时刮进渣槽，堆积在背板和掌子面之间。刀盘旋转时，背板将在每一个区域受到渣土的摩擦，同时加大了边缘滚刀的磨损速度；背板同掌子面的间距迅速减小，缩小了渣土堆积的空间，也就增大了渣土对其的挤压力度，增大了摩擦力。

在右线新刀盘的使用中，边缘正面背板几乎没有磨损，其背板厚度仍然为 60 mm，只是其表面的耐磨栅磨损了约 10 mm。左线刀盘该部位的磨损很大，耐磨栅完全磨损，甚至有些部位的滚刀刀座也已经被磨损。

在恶劣的工作环境下，最容易磨损的背板没有磨损的主要原因是边缘滚刀刃间距的优化。新刀盘的边缘滚刀刃间距不但小而且是有规律均匀递减的，这样的设计有两方面优点：

（1）使得所切削的渣土颗粒小而均匀，渣土可以在没有边缘刮刀的情况下大部分自动脱落，从而减少了渣土的堆积量。

（2）以减小刀具磨损速度来减缓面板同掌子面间距缩小的速度，渣土的堆积空间也就不会迅速缩小。

4. 刀盘刀具脱落情况

左右线刀盘在使用中都出现了大刮刀和小刮刀的脱落及其严重磨损而失效的情况，这主要是由于刀盘刀具配置的"矛盾"。

在硬岩掘进段，只需要装配滚刀，不需要装配刮刀，但又不得不装配刮刀。实际上，在硬岩的破岩过程中，刮刀所起的作用是很小的，其不是被磨平，就是被崩落。这是由于在硬岩掘进过程中，刀盘旋转，滚刀的贯入度超过了滚刀与刮刀的高度差，刮刀会突然碰到岩石而受到瞬间荷载。

刀盘的设计改造，虽然没有杜绝刮刀的脱落和严重磨损，但其磨损程度大幅降低，脱落的数量大大减少。

5.1.5 左右线刀盘情况对比分析

右线刀盘进行改造之后，同左线旧刀盘相比，在刀盘的磨损程度、滚刀的磨损程度及更换数量、有效掘进时间内的施工速度三方面都有很大改进。

1. 刀盘磨损情况分析

左右线刀盘磨损如表 5.1.1。

表 5.1.1 左右线刀盘磨损对比

磨损形式	磨损程度	
	左线旧刀盘	右线改造后刀盘
刀盘变形	a. 中心刀刀箱区域向内发生塑性变形，最大变形量为 60 mm； b. 连箱接与刀盘结合面法兰有变形且焊缝开裂； c. 8#、6#、5#泡沫管及超挖刀油管焊接的保护通道硬性变形； d. 所有刮刀磨损检测油管连接件脱落	6#泡沫管焊接保护通道硬性变形，其余未发现有变形
切口环磨损	a. 切口环外表面耐磨栅完全磨损； b. 刀盘母体发生不均匀磨损，最大磨损量为 40 mm，最小磨损量为 20 mm	切口环外表面耐磨板均匀磨损 14 mm，剩余 6 mm
最外缘耐磨条磨损	磨损 12 mm	基本没有磨损
刀盘正面边缘背板磨损	a. 表面耐磨栅基本完全磨损； b. 刀盘母体背板磨损 12 mm； c. 边缘部分滚刀刀座不均匀磨损	表面耐磨栅未磨损
刮刀损坏	a. 周边大刮刀脱落 20 把，累计脱落次数 36 次； b. 更换周边大刮刀共计 58 把； c. 42%的小刮刀脱落； d. 更换小刮刀总计 112 把	a. 周边大刮刀脱落 8 把，累计脱落次数 8 次； b. 更换周边大刮刀共计 20 把； c. 10%的小刮刀脱落； d. 更换小刮刀总计 0 把

由表 5.1.1 可以看出，无论从哪一个因素来比较，经过改造之后的刀盘磨损程度都比未改造之前的磨损程度都要小得多，特别是在刀盘各个区域的磨损程度上，左线刀盘各个区域的刀盘母体都有不同程度的磨损，而改造后刀盘各个区域的刀盘母体并没有磨损，只是其耐磨层有一定的磨损，不需要维修补焊耐磨层。

2. 刀具磨损情况对比

在左线的施工中，刀具磨损形式主要是刀具刀圈磨损和刀具母体磨损。刀具母体的磨损时常发生，造成刀具无法修复，从而增加了刀具更换的成本。以下为左右线刀具磨损对比表 5.1.2。

表 5.1.2　左右线刀具磨损形式对比

刀具磨损类型	刀具磨损形式	左线磨损情况	右线磨损情况
刀刃磨损	均匀磨损	有	有
	非均匀磨损	有	有
	崩裂	有，较多	有，共2把
	刀刃脱落	有，较多	有，共4把
	刀刃移位	有，较多	有，共2把
刀具母体磨损	刀毂磨损	有，比较严重	没有
	刀具轴承磨损	有	没有
	轴承炸裂	有	没有

左右线刀具的磨损数量统计对比如表 5.1.3。

表 5.1.3　左右线刀具磨损数量对比

刀具磨损区域	刀具磨损数量/把		每掘进1 m，刀具磨损数量/把	
	左线	右线	左线	右线
边缘滚刀	438	68	0.309	0.102
正面滚刀	1207	109	0.851	0.164
中心滚刀	170	25	0.120	0.038
大刮刀	116	43	0.082	0.065
小刮刀	321	0	0.226	0
刮刀总计	437	43	0.308	0.065
滚刀总计	1815	202	1.280	0.303
刮刀滚刀合计	2252	245	1.588	0.368
备注：左线排除空推段，实际掘进1418 m；右线从始发到掘进至411环，共666 m。				

由表 5.1.3 得知，无论从磨损的总数还是从不同区域刀具磨损的数量来说，右线磨损数量都要比左线少得多。原因有两点：

（1）左线的掘进长度是右线始发至今所掘进长度的两倍。

（2）右线刀盘改造后对刀具的保护和破岩效率有了较高的提升。

3. 刀具更换费用对比

刀具更换使用费用包含了刀具更换的人工费、刀具维修的费用、购买新刀具的费用，右线刀具的更换数量要比左线小得多，对左右线费用进行对比分析，结果见表 5.1.4。

表 5.1.4　左右线刀具更换使用费用对比

费用使用类型	费用总数/元		每掘进1 m消耗的费用/元	
	左线	右线	左线	右线
更换刀具的人工费	468 450	56 500	330.36	84.835
维修刀具费用	2 329 105	1 359 655	1 796.559	2 041.524
购买新刀具费用	9 131 238	1 196 508	6 439.519	1 796.559
总计	1 1928 793	2 612 663	8 412.407	3 922.917
备注：左线排除空推段，实际掘进1418 m；右线从始发到掘进至411环，共666 m。				

可见，右线掘进1 m在刀具费用上比左线节约了4 489.49元，具有显著的经济效益。

4. 掘进速度对比

左线除去空推段，实际推进1418 m，总计推进使用时间862 d，平均每天掘进1.645 m。右线共推进666 m，总计使用时间270 d，平均每天掘进2.467 m。根据结果可以看出：改造刀盘后，掘进速度有了很大的提高。

5.1.6 佛莞盾构机刀盘改造

莞惠城际项目GZH-6标使用的2台ϕ8.83 m土压平衡盾构机，由北方重工生产，为当时国内最大直径的土压平衡盾构机，设计基本以厂家为主。

经过莞惠城际项目的大直径土压平衡盾构机施工，我们对广州复合地层有了新的认识，吸取莞惠城际项目盾构施工的经验，采用了与铁建重工联合开发的方式。新型盾构机在佛莞城际项目上表现突出，取得了良好的使用效果。北方重工盾构机、铁建重工盾构机见图5.1.8。盾构机总体情况对比见表5.1.5。

图5.1.8 北方重工盾构机、铁建重工盾构机

表5.1.5 盾构机总体情况对比

项　目	北方重工盾构机	铁建重工盾构机
开挖直径/m	ϕ8.83	ϕ8.85
盾体/整机/m	13.5/105	10.7/102
质量/t	1 130	1 200
铰接	主动	被动
台车	2+5	1+6
最大推力/kN	70 000 kN @36 MPa	70 614 kN@35 MPa
额定扭矩/(kN·m)	12 680	17 690
脱困扭矩/(kN·m)	16 484	19 760
最小平曲线半径/m	550	500
主驱动功率/kW	9×220	12×250
功率/kW	3 116	3 980

大直径、长距离、复合刀盘针对性设计：

在复合地层中进行盾构施工，需要盾构机刀盘具有广泛的适应性。北方重工盾构机刀盘、铁建重工盾构机刀盘见图 5.1.9。

图 5.1.9　北方重工盾构机刀盘、铁建重工盾构机刀盘

与莞惠项目 GZH-6 标刀盘相比，佛莞项目 FGZH-1 标盾构机刀盘主要作了以下设计调整：

（1）刀盘沿用辐条面板式，增加辐条板厚度，加设传力环，提高刀盘整体结构强度和刚度。刀盘采用三分块设计，中心块为整体式，并且中心区域正面采用厚整板，提高中心区域强度和刚度。刀盘设计见图 5.1.10。

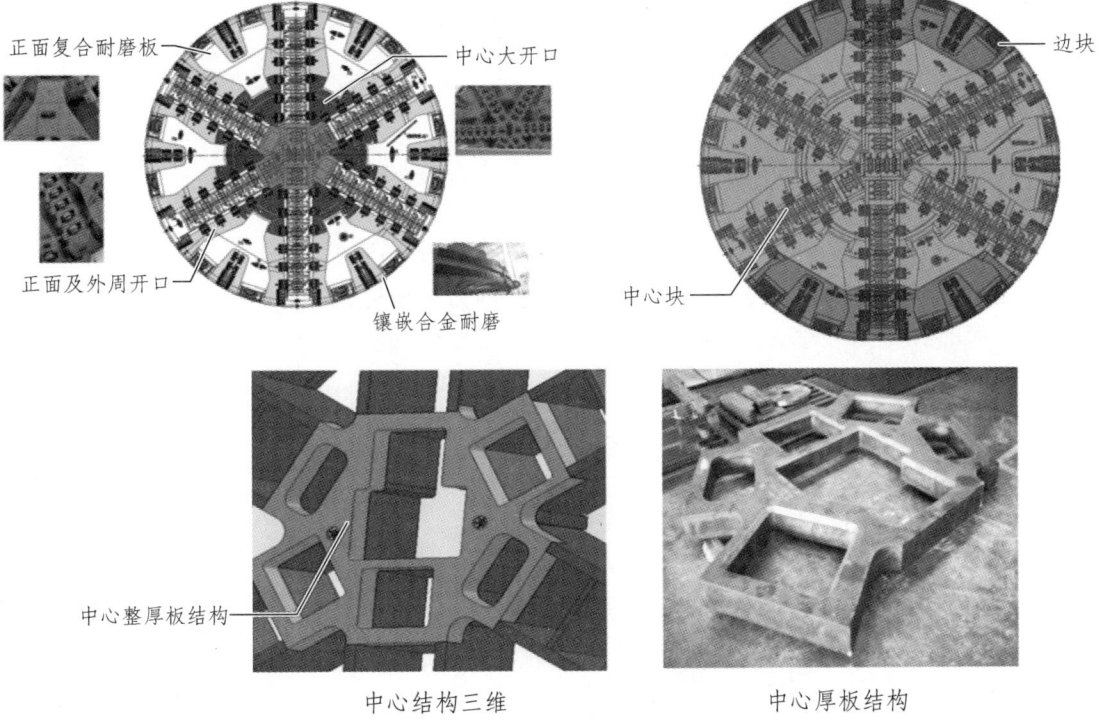

图 5.1.10　刀盘设计图

（2）增加滚刀数量，减小滚刀刀刃间距，尤其是外缘滚刀，使之适应外缘高线速度刀位磨损，减少换刀次数。滚刀改进见图 5.1.11。

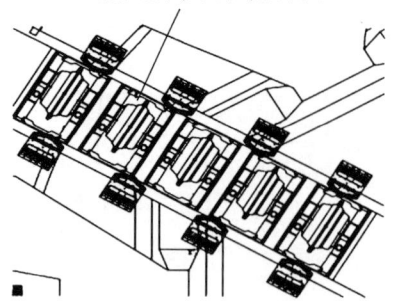
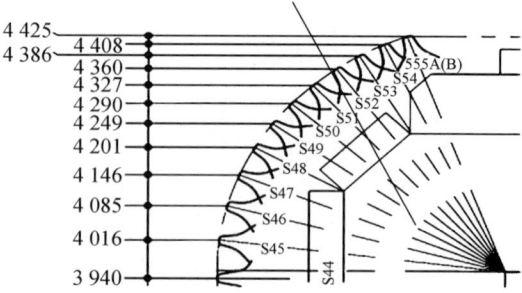

图 5.1.11 滚刀改进示意

（3）面刀及外缘单刃滚刀由 17 in 改为 19 in 滚刀，提高滚刀在上软下硬段中的抗冲击性，提高了滚刀使用寿命，减少了换刀次数。外缘单刃滚刀改进见图 5.1.12。

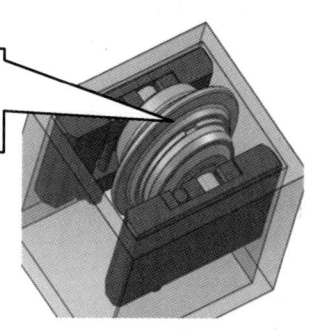

图 5.1.12 外缘单刃滚刀改进示意

（4）外缘滚刀不再偏心设计，所有单刃滚刀可以通用。
（5）滚刀形式由大端盖式改为轴式，方便滚刀更换拆装。
（6）改中心刀一字形布置为十字形布置，方便中心刀更换拆装，提高中心区域强度和刚度。
（7）不设超挖刀，但外缘滚刀刀箱具备安装 20 in 滚刀的能力。
（8）外缘大刮刀由整体式改为三块式，方便大刮刀更换拆装，背部增加导流板，提高抗倾覆能力；同时调整刮刀与滚刀高差，由 25 mm 增大到 45 mm，防止岩脊过高时大刮刀受力，提高大刮刀自保能力。外缘大刮刀由整体式改进见图 5.1.13。

图 5.1.13 外缘大刮刀由整体式改进示意

（9）辐条两侧小刮刀尺寸也相应增大，刮刀增设靠背并且刀座采用台阶式设计，提高刮刀抗倾覆能力。辐条两侧小刮刀改进见图 5.1.14。

图 5.1.14　辐条两侧小刮刀改进示意图

（10）刀盘面板采用复合式耐磨板，外缘采用镶嵌合金耐磨条，提高刀盘耐磨损能力。刀盘面板改进见图 5.1.15。

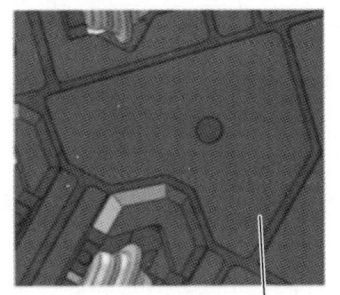
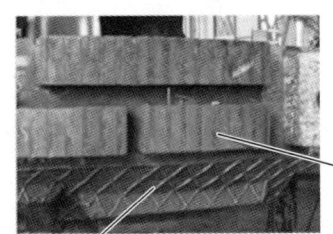

图 5.1.15　刀盘面板改进示意

5.2　盾构拼装管片过暗挖隧道施工技术

城市内地面环境复杂，建筑物覆盖率较高，且地质条件复杂，洞身地质以上软下硬及硬岩地层居多，在建项目盾构区间单向掘进长度普遍超过 3 km，并且在长距离掘进中导致盾构机需维修保养、不良地质条件下费时换刀以及控制地面沉降等因素影响下，长大隧道的贯通工期容易受到影响。在盾构施工工期紧迫且工作面受限制情况下，矿山法接应、盾构机空推的施工方案成了独特、科学、成熟的新型工法之一。

矿山法是一种传统的暗挖施工方法，主要用钻眼爆破的方法开挖断面而修筑隧道及地下工程。盾构法是暗挖法施工中的一种全机械化施工方法，是将盾构机械在地层中推进，通过盾构外壳和管片支承四周围岩，防止发生往隧道内的坍塌的工法。实际进行隧道施工时，盾构拼装管片通过矿山法开挖成型的隧道段是盾构施工过程中的难点。

矿山法开挖成型的隧道段采用复合式衬砌，初期衬砌采用喷射混凝土、钢筋网等组成的初期支护体系；二次衬砌采用盾构机拼装成型的管片环（也称为衬砌环）。盾构机沿暗挖隧道空载推进，在隧道初期支护结构内拼装管片，之后进行管片背后注浆。由于管片环与隧道初期支护结构之间存在间隙，拼装成型的管片环不可避免地会出现上浮、错台等问题。

本小节详细介绍了莞惠城际 GZH-6 标盾构空推拼装管片过 35 m 暗挖法隧道施工技术及成功经验,总结了该工法的原理、适用范围、主要施工工艺及质量控制要点。

5.2.1　暗挖隧道概况

莞惠城际 GZH-6 标松山湖北到大朗盾构区间,左线设计起点里程 GDZK33+949.588,设计终点里程 GDZK38+359,全长 4 398.941 m,在 GDZK38+089.5292 处设短链 10.4708 m。整个区间隧道下穿密集的建筑群,上方房屋覆盖率在 90%以上。由于工期调整,428 风井处左线隧道需要采用矿山法施工,预计向小里程方向施工 32 m。因此本段隧道采用了"矿山法开挖,盾构法衬砌"的施工工法。在盾构机继续向前掘进的同时,从盾构机吊出井处向盾构机方向进行矿山法开挖及初期支护,待盾构机掘进至盾构及矿山法交接面后,再进行盾构机空推拼装管片通过已施工矿山法段,直至盾构区间全部贯通。

本段隧道结构采用复合衬砌,初期支护采用喷混凝土、钢筋网等组成,二次衬砌采用钢筋混凝土管片。隧道初期支护后隧道直径为 9 300 mm,管片外径为 8 500 mm,衬砌环采取错缝拼装形式,管片拼装工艺与正常掘进时的工艺相同。为了保证矿山法隧道端头墙的安全,隧道端头墙全断面采用钢筋网片喷锚支护,喷锚厚度为 200 mm。

5.2.2　施工流程

在盾构机继续向前掘进的同时,从吊出井处向盾构机方向进行相向矿山法开挖,开挖断面要大于盾构机刀盘,开挖结束后加强初期支护措施。在完成矿山法施工后,对接头端墙进行封堵,然后施作矿山法开挖段的盾构掘进导台。在盾构机到达端墙、步入导台后,进行空推拼装管片过矿山法隧道的施工,同时进行背后回填及注浆,直至盾构机到达吊出井。

盾构空推拼装管片过矿山法隧道的具体施工流程如图 5.2.1:

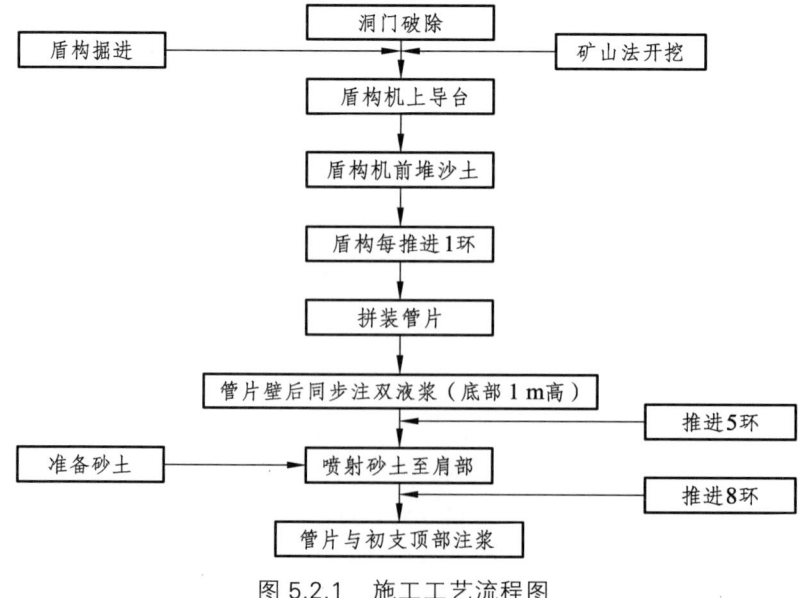

图 5.2.1　施工工艺流程图

1. 矿山法施工

矿山法开挖前及盾构掘进剩余 50 m 时需要反复进行中线复核,确保盾构顺利贯通,减少盾构隧道与矿山法隧道贯通误差,减少盾构机步入矿山法隧道时的纠偏量。矿山法开挖过程中严格控制超欠挖,及时进行断面复核,确保初支表面平整,无凸起物,同时重点控制喷射混凝土质量,确保初支表面无渗漏水。由于盾构机空推时管片所受反力减小,初支渗漏水对管片拼装后成型隧道影响较大,在出现渗漏时应及时进行初支背后注浆及径向注浆。

本项目盾构机开挖直径 8.83 m,盾构管片外径为 8.5 m,管片厚度为 400 mm,矿山法开挖断面 9.78 m×9.54 m,隧道初期支护参数如表 5.2.1 所示:

表 5.2.1 矿山法开挖初期支护参数

喷射混凝土		$\phi 8$ 钢筋网		锚杆			$\phi 20$ 格栅钢架		充填豆砾石及水泥浆	
位置	厚度/mm	位置	网格间距/mm	位置	长度/m	间距/m	位置	间距/m	位置	厚度/mm
拱墙	220	全环	200×200	仰拱边墙	2.5	1.2×1(环)	全环	0.8	拱墙	300
仰拱	220								仰拱	140

2. 导台施工

矿山法隧道施工完成后,在隧道底部施工导台。导台支撑着盾构机并为盾构机前进起导向作用,盾构机在导台上空载推进并拼装管片。导台采用 C25 素混凝土施工,高度为 400 mm。由于盾构机的刀盘外径为 8860 mm,刀盘顶部与隧道壁有 220 mm 的间距,因此矿山法隧道严禁超挖,同时导台的高度和轴线必须控制在设计允许的误差范围内。导台断面的弧长与隧道中心夹角为 60°,以保证盾构机与导台有足够的接触面。导台弧面施工必须满足设计要求,使盾体与导台保持均匀接触。导台结构如图 5.2.2,导台施工如图 5.2.3 所示。

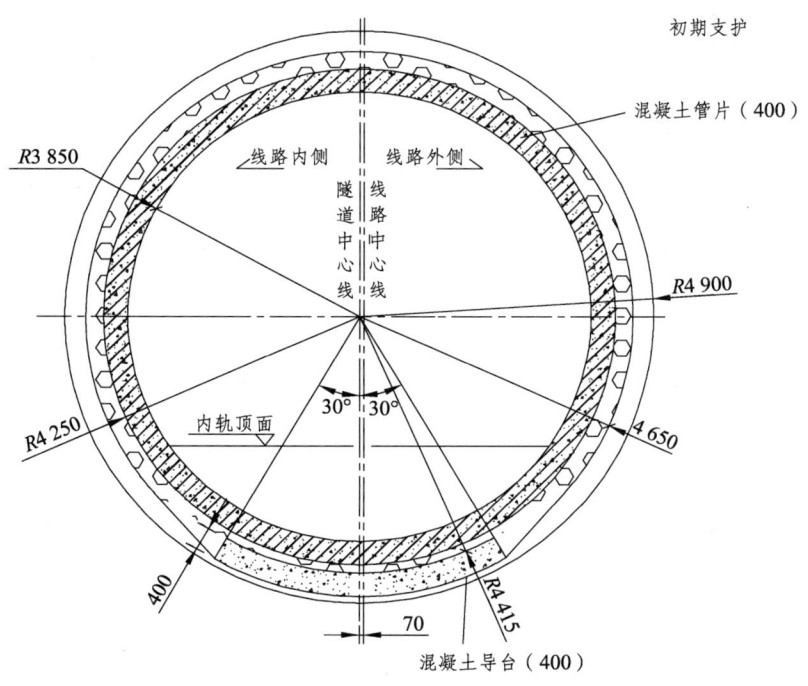

图 5.2.2 导台施工断面图

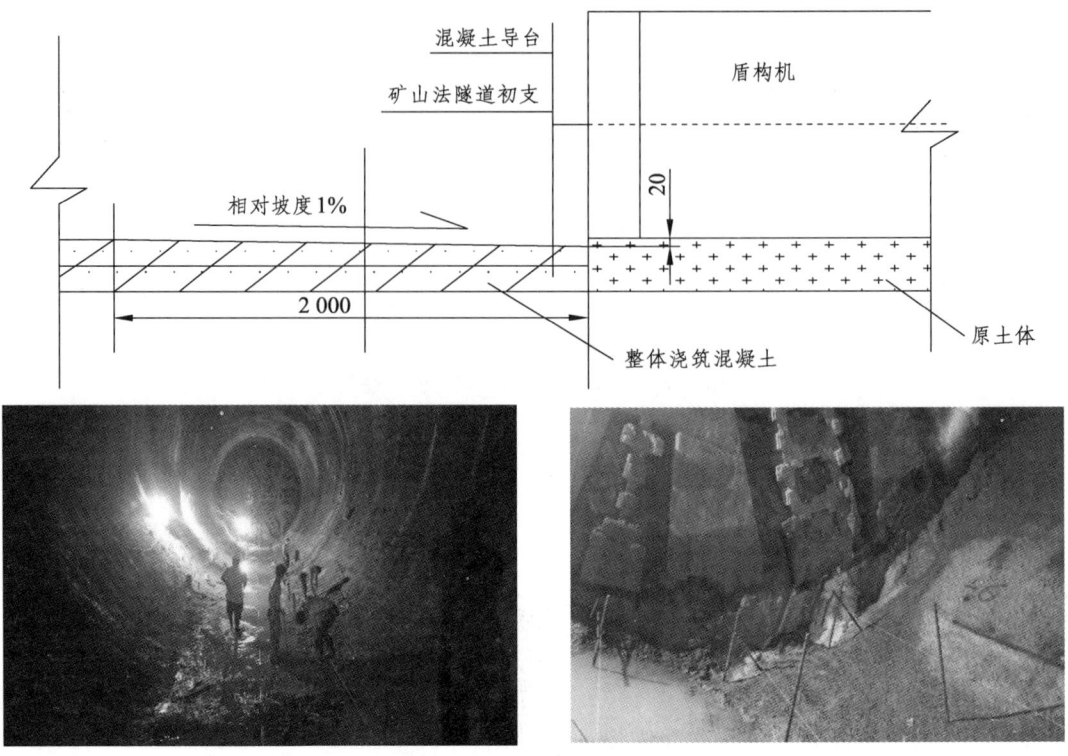

图 5.2.3 导台施工纵断面图

导台从端头墙开始，一直至风井接收井内，在端头墙位置做 10‰ 的坡度，以便盾构机能顺利驶入导台。盾构机中盾与尾盾之间是焊缝连接，拆机时必须刨开焊缝，所以在接收井内的导台中心段之间要预留 1 m 长的缺口，使盾构机中尾盾在缺口处能顺利刨开。同时，在井内导台 60°弧面内预埋三条规格为 8 100 mm×150 mm×10 mm 的钢板并在两侧 1000 mm 的操作台上预埋 400 mm×200 mm×20 mm 的钢板以便于盾构机拆除，其施工图如图 5.2.4~图 5.2.6。

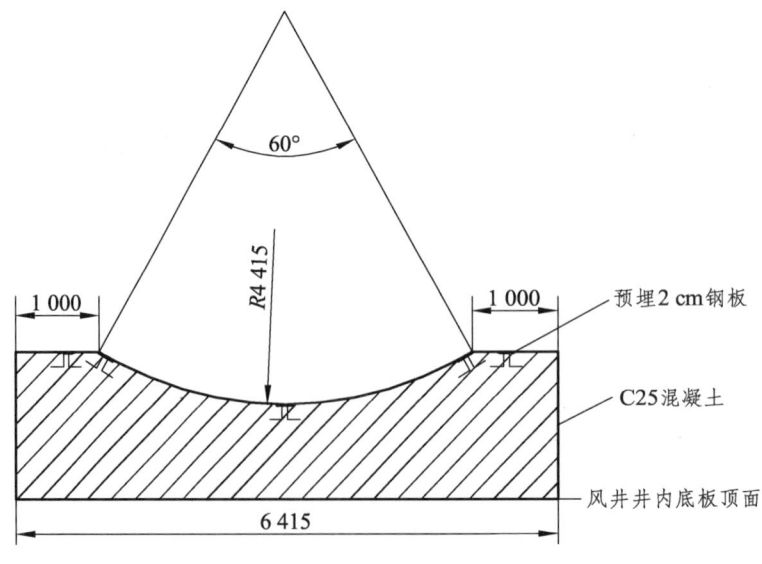

图 5.2.4 接收段导台纵断面图

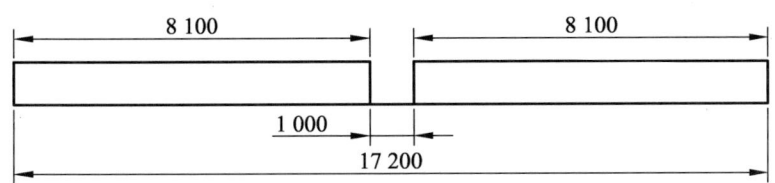

图 5.2.5 接收井内导台纵断面示意

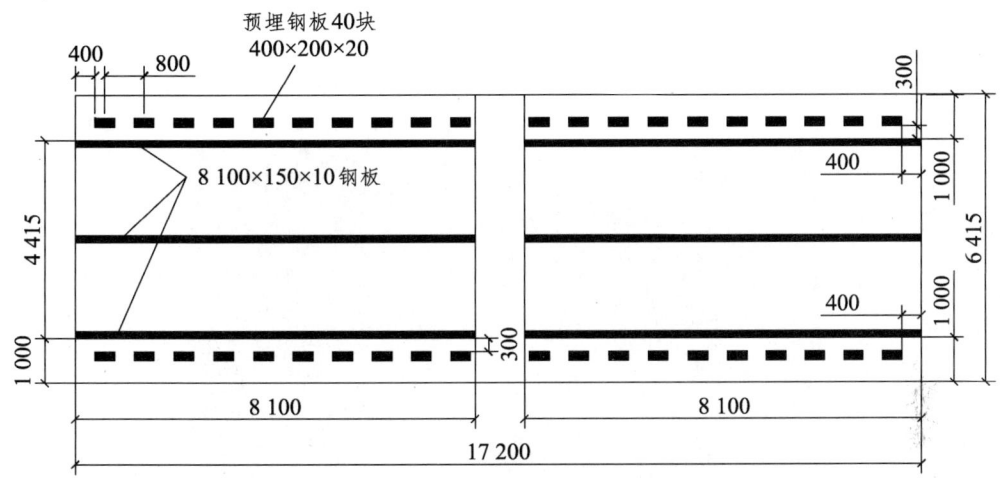

图 5.2.6 接收井内导台平面示意

在施工矿山法隧道段时要特别控制好隧道的中线，导台标高、弧度和导台的中心线，保证施工的精度。严格控制隧道的超挖，在贯通前仔细检查隧道的超、欠挖，导台的施工质量，同时做好地下水渗漏的处理，发现问题要立即进行处理，以免影响盾构机的前行。

由于盾构机刀盘外径比盾体外径大，在盾构机从端头墙端进入导台前，卸掉刀盘与导台面接触的边缘滚刀及周边刮刀，避免盾构机在导台上前进时刀具将导台混凝土刮起，破坏导台。

3. 盾构掘进施工

在到达段（实推段的最后 15 环）盾构掘进采用敞开式模式进行掘进。其施工掘进参数见表 5.2.2。

表 5.2.2 施工掘进参数

项　目	参　数
土舱压力	敞开式
刀盘转速/(r·min^{-1})	1.7～1.9
推力/kN	≤1500
盾构姿态水平偏差	0
盾构姿态垂直偏差/mm	±10
推进速度/(mm·min^{-1})	≤20

在贯通前的最后 3 环，要减小推力、降低推进速度。其施工掘进参数见表 5.2.3。盾构机贯通如图 5.2.7。

表 5.2.3　施工掘进参数

项　目	参　数
土舱压力	敞开式
刀盘转速/(r·min^{-1})	1.4~1.6
推力/kN	≤800
盾构姿态水平偏差	0
盾构姿态垂直偏差/mm	±10
推进速度/(mm·min^{-1})	≤6

图 5.2.7　盾构机贯通图

每环按照设计方量进行同步注浆,同时提高管片抗浮能力,在掘进拼装完成倒数第 3 环后,停止掘进,在倒数第 10 至倒数第 6 环进行二次双液注浆,确保连续 5 环全断面注满。为确保隧道贯通后的管片接缝防水要求,从到达矿山与盾构分界里程后开始,安装每一片管片时,首先人工对每片管片连接螺栓进行初步紧固;待安装完一环后,用风动扳手对螺栓进行进一步的紧固;待管片出盾尾之后,重新用风动扳手进行紧固。

4. 空推施工

当盾构机进入导台后,启动盾构机往前掘进,然后开始进行管片拼装、管片背后衬砌回填工作。

1)管片拼装

盾构机在导台上前行,每前行 1.6 m 安装一环管片。在管片拼装过程中要预先在刀盘前方堆放砂土混合物以提供反力,确保管片安装的质量要求,保证管片接缝的防水效果。经计算,初衬和管片外部的填充量为 11 m³/m,管片拼装所需的反力为 180 kN,所以在刀盘前方堆积的混合料高度为 4 m,长为 4~5 m(机制砂粒径选用 3.7~4.5 mm,堆积密度大于 1 350 kg/m³)。管片拼装工艺与正常掘进时的工艺相同,此外,要根据盾尾间隙、油缸行程差以及盾构姿态选择合适的管片。

在管片拼装最后 10 环时,在隧道内已拼装好的两侧用 18 cm 的槽钢将相邻的两环管片连接在一起,防止盾构机在前行时反力变小、管片止水条压不密实、出现渗漏等质量问题。

盾构掘进模式采用敞开式模式,掘进推力控制在 800 kN 以内(经验算在正常掘进时盾体的摩擦力与后配套牵引力之和大约为 800 kN)。盾构掘进过程中掌子面上可能有较大的水在涌入隧道,为防止管片上浮,应待管片脱出盾尾后,及时在顶部将管片进行固定,采用在吊装头上安装螺杆的方法进行固定,隔 2 环固定 1 环。

2)管片背部回填与注浆

管片拼装完成后,要及时进行管片外径与初衬间的回填工作。在管片脱离盾尾时,喷射砂土混合物进行管片支撑,以防管片下沉,产生错台。管片背部回填是在刀盘前方,将 500 mm 的导管从刀盘前方伸入到盾构机中盾或者盾尾外壳处,在回填时盾构机停止前行,用混凝土干喷机将有一定级配的砂土混合料自刀盘前方向盾体后方吹入,同时安排 3~4 人用铁锹对前盾两侧的空隙进行填充。盾构每前行 0.5~0.8 m 喷射一次,以确保管片背部充分密实。管片回填如图 5.2.8、图 5.2.9。

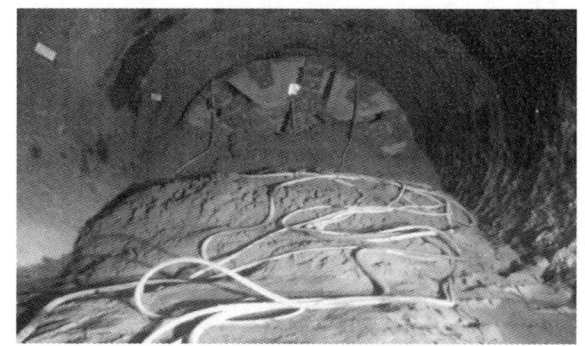 

图 5.2.8 管片背后回填

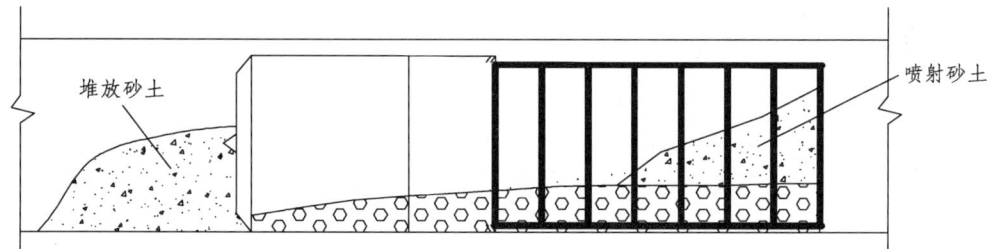

图 5.2.9 空推段盾构掘进及喷射砂土示意

在推进的同时,在距离盾尾 3~5 环处进行同步双液注浆,如图 5.2.10 所示。利用两台注浆系统同时在已成环管片两侧(通常指 3、9 点钟位置)压注水泥浆和水玻璃。水泥浆和水玻璃以 4∶1 的比例混合注入,所用的水泥浆和水玻璃必须在现场做调配试验,凝固时间控制为 20 s,以期快速凝固使管片与初支及地层间紧密接触,提高支护效果。由于管片回填注浆时盾构机前方是敞开的,管片注浆效果可能不理想,必须对管片进行补充注浆。在已拼装成环管片的 10~15 环的顶部间隔一环打开管片注浆孔进行二次注浆(在空推段施工中为第三次注浆,见图 5.2.11),二次注浆浆液采用水泥砂浆,配合比:水泥∶砂子∶膨润土∶粉煤灰∶水为 90∶670∶100∶450∶400,砂浆稠度控制在 10~11,为了保证达到对环向空隙的有效填充,同时又能确保管片结构不因注浆产生变形和损坏,注浆压力控制在 0.1~0.2 MPa。

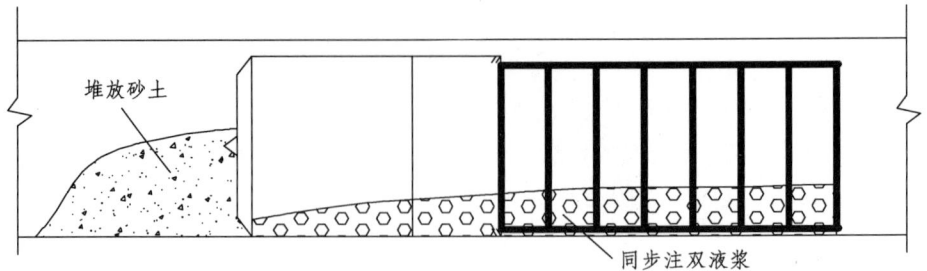

图 5.2.10　空推段盾构掘进同步注双液浆

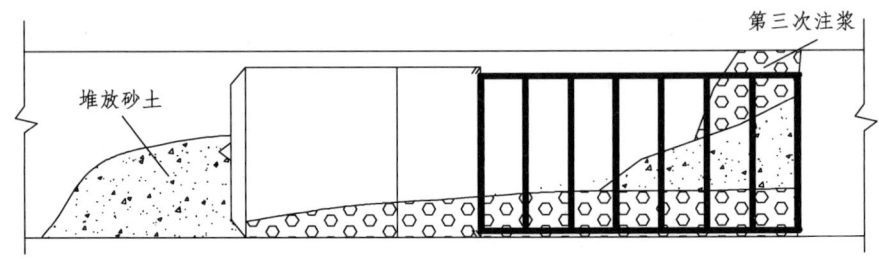

图 5.2.11　空推段盾构掘进第三次注浆

3）盾构到达段洞门注浆

按照正常出洞，应在盾构机到达前一个月进行端头加固，在盾构机到达端头墙前破除洞门围护结构，进入加固范围后破除剩余围护钢筋和保护层，再安装洞门防水密封装置。在矿山法施工中，盾构机和隧道外表面的空隙过大，最大可达 450 mm，如果采用注浆的方式进行填充，浆液的消耗量过大，浆液的凝固时间长，流动性大，容易从洞门流出。施工时先在洞门于管片外砌砖进行堵缝，再用砂子填充，最后注入浆液加固。

空推掘进完成的最后阶段，在盾尾即将脱离洞门 20~30 cm 时停止掘进。在采用砂子和浆液填充前，为了防止砂子和浆液流出，可以在洞门处，沿管片外壁砌砖墙（图 5.2.12），并在洞门顶部预留一个注浆排气口，从此排气口向内部喷入砂子进行初次填充。在砂子满到排气口时，停止喷砂，从管片预留注浆孔注入水泥浆和水玻璃，填充砂子之间的空隙。注入双液浆时，在管片四周从下往上依次注浆，直到空隙填充饱满。洞门砌砖注浆见图 5.2.12。盾构机出洞如图 5.2.13。

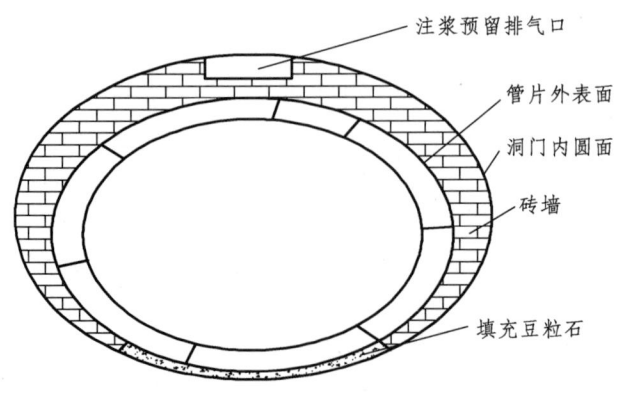

图 5.2.12　洞门砌砖注浆

图 5.2.13　盾构机出洞

5.2.3　盾构空推段质量控制

1. 防止管片上浮措施

为了防止管片上浮，每隔 2 环采用特制支撑螺杆（图 5.2.14）对管片注浆孔进行支撑加固，加固注浆孔位置的选择为成环管片 3 点、9 点钟以上的位置。

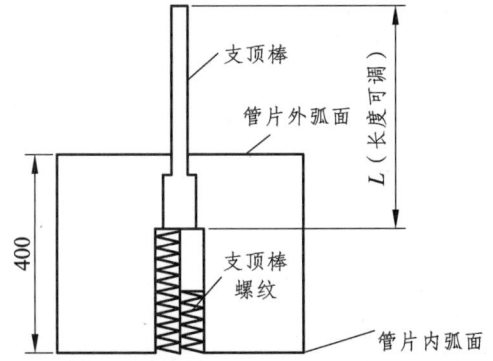

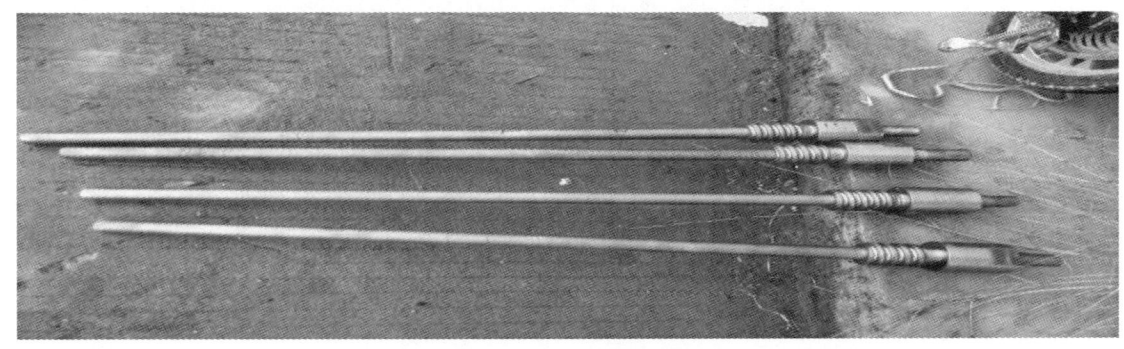

图 5.2.14　特制支撑螺杆

加强管片姿态监控，每 6 环对管片进行一次姿态测量，如发现管片有上浮和下沉趋势应及时调整施工参数，根据测量数据适当调整注浆量。

为防止管片在盾构掘进后产生上浮，在施工过程中，管片背衬注浆只从管片 10 点和 2 点钟位置进行压注，注浆压力不大于 0.2 MPa。此外，注浆应尽量从管片的大跨以上进行注浆，并保证管片两侧同步注浆，避免因注浆而对管片产生偏压，造成管片移位。如果发现管片在后续过程中由于水压上浮，应及时对管片下部注浆口开孔放水，同时在管片肩部以上进行双液注浆。

由于管片外径与初期支护间的空隙过大，即使在刀盘前方提前回填，顶部还是会有空隙，管片在脱出盾尾后，会发生移动、上浮、下沉、错台等现象。为此，在管片 3 点钟和 9 点钟位置，用钢板将空推开始拼装的所有管片连接起来如图 5.2.15 所示，提高管片的稳定性，防止了管片的上浮和错台。通常情况下，管片会由于二次补浆而受力不对称，从而出现崩角错台，将所有管片连接起来，就加大了管片的承压能力，减小了因受力不均而造成错台、变形的概率，为后期的二次补浆起到保护管片的作用。

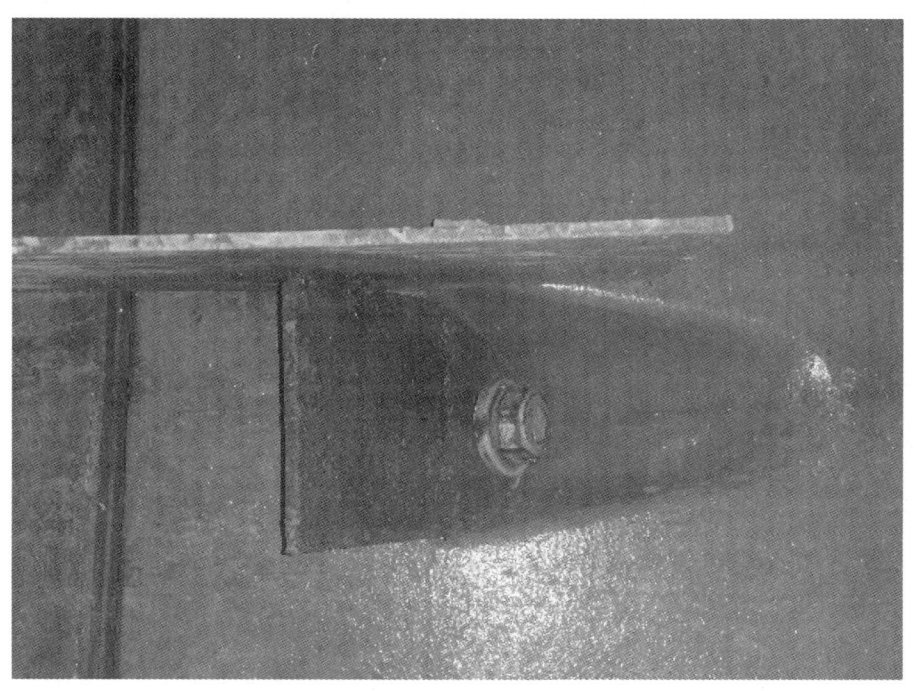

图 5.2.15　空推段管片拉紧装置

2. 防止管片错台措施

盾构掘进时进行壁后同步双液注浆，同时通过试验调整配合比，确保初凝时间在 20 s 以内，保证管片下部有足够的抗力。在必要的时候，缩短回填注浆工作面与管片安装工作面的距离，甚至在盾尾外侧直接进行回填注浆。

3. 盾构姿态控制措施

盾构姿态纠偏时不能过急，以每环不超过 10 mm 的纠偏量为宜，同时确保 45 mm 以上的盾尾间隙，防止盾壳在管片上产生作用力。

盾构机在过空推段过程当中，往往由于反力不够容易造成管片螺栓不能完全复紧，所以在拼完每环管片后应及时对后面 3 环管片螺栓进行复紧，在每次交班前对所有已拼装管片进行复紧，空推结束后对所有管片螺栓进行复紧。

调整好盾构机从实推段到空推段进洞姿态，确保盾构机进出洞时的滚动角＜±3 mm/m，导台的施工精度在±10 mm 以内。空推过程中，控制盾构机姿态水平和垂直的偏差都在±50 mm 以内，管片拼装后加强管片姿态监测频率。要控制好推力，掘进速度不能过快，要控制好盾构机姿态，严密监测管片姿态，防止管片大面积错台、上浮或下沉。

5.2.4 盾构空推段施工注意事项

（1）暗挖空推段初期支护施工时要预留足够的变形量，要勤进行导线测量和断面测量，初期支护不能侵限。

（2）盾构即将到达端头墙时应停止掘进，防止盾构机在到达时将初期支护推塌。盾尾进入导台 3～5 环后要对到达端头进行全断面止水注浆，防止地下水大量涌入空推段，造成管片上浮。

（3）空推段的堆填料要具有透水性高、收缩性小、遇水不膨胀的特点，根据现场试验最好采用豆粒石和机制砂的混合料。

（4）要控制好推力，掘进速度不能过快，要控制好盾构机姿态，严密监测管片姿态，防止管片大面积错台、上浮或下沉。

（5）做好管片背后的排水和注浆。

盾构法施工中，盾构机姿态、管片拼装质量和管片背后注浆效果决定了盾构隧道最终的工程质量，因此盾构通过矿山法隧道施工段的关键技术是导台施工的质量控制、盾构机在导台上的姿态控制、管片拼装质量、管片压紧程度和管片背后填充效果等。做好上述各项质量控制点，盾构通过矿山法隧道质量就得到了有效控制。

在隧道施工结束后，对管片错台和隧道中心线进行了测量和复核，管片错台、隧道椭圆度和隧道中心线应完全满足盾构隧道规范要求。管片块与块之间的最大错台量为 3 mm，环与环之间最大错台量为 5 mm；隧道的断面水平直径和垂直直径最大差值仅为 9 mm，椭圆度为 2‰D（小于 5‰D）；隧道中心高程最大偏差为 8 mm，水平偏差最大为 6 mm；隧道无漏水点，管片表面无湿渍、错台，隧道防水等级达到一级标准，隧道质量达到优良。

5.3 盾构管片上浮控制施工技术

盾构隧道施工中，对于刚脱离盾尾的管片，经常会出现局部或整体的上浮，表现为管片错台、裂缝、破损，乃至轴线偏位等现象。管片上浮多数情况下发生在硬岩地段，其主要受到工程地质、水文地质、壁后注浆质量、盾构姿态控制等方面的影响。

在盾构施工中，管片上浮是发生在隧道成型后。管片上浮一般由三个因素造成：第一，周围要有产生浮力的液体或流塑体；第二，外界产生的浮力要大于管片及盾构机自身的重力；第三，上部要有浮动的空间或可压缩的空间。

5.3.1 管片上浮原因

1. 盾构掘进段管片上浮原因

1)管片封闭成环受力状态

盾构机掘进开挖土方导致地层卸载,掘进开挖的同时其自重又反作用于地层,但开挖土体的重力大于盾构机的重力,故盾构机会表现为上浮的现象。由于这种上浮现象是一种平均效果,盾构机重力在隧道轴线方向上分布不均,则盾尾相对于较重的刀盘会表现出上扬,进而支配并带动管片上浮。

2)盾构掘进顶推时管片受力状态

在盾构掘进施工中,管片可能受千斤顶的偏心荷载作用,使隧道管片在轴线方向上发生弯曲变形,如图5.3.1所示。此外,当使用泥水盾构机掘进时,其较大的切口水压也可能引起盾尾上扬,进而导致附近管片上浮。

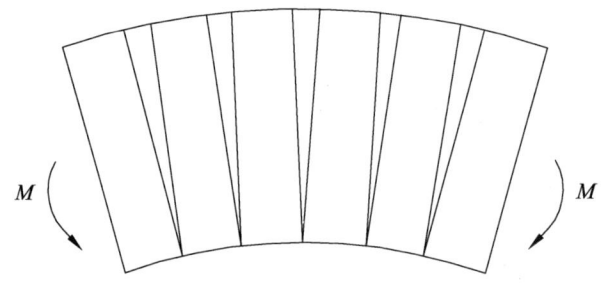

图 5.3.1 管片受偏心荷载作用时的弯曲变形

3)管片脱出盾尾受力状态

(1)软土地层。

盾构隧道处于软土地层中时,由于软土流变性较大,盾尾脱离管片后,隧道管片上方软土应力释放,在自身重力作用下会向开挖洞室内侧移动以至填充盾构间隙的上端区域。此外在隧道轴线方向上,脱出盾尾管片的一侧受已凝固浆液管片的约束,另一侧则受盾尾的约束。所以在软土地层中,隧道的盾尾间隙不会被完全填充,而是在一定范围内存在,如图5.3.2、图5.3.3所示。

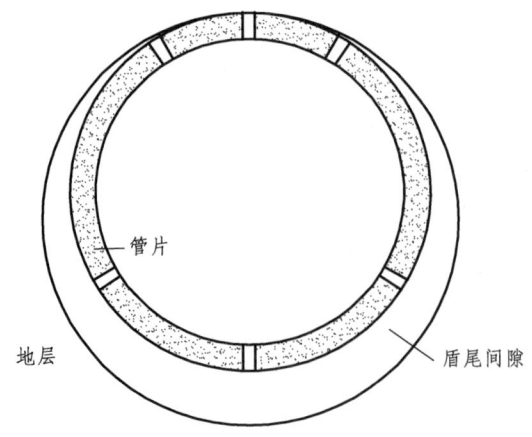

图 5.3.2 软土地层中管片脱出盾尾后的盾尾间隙

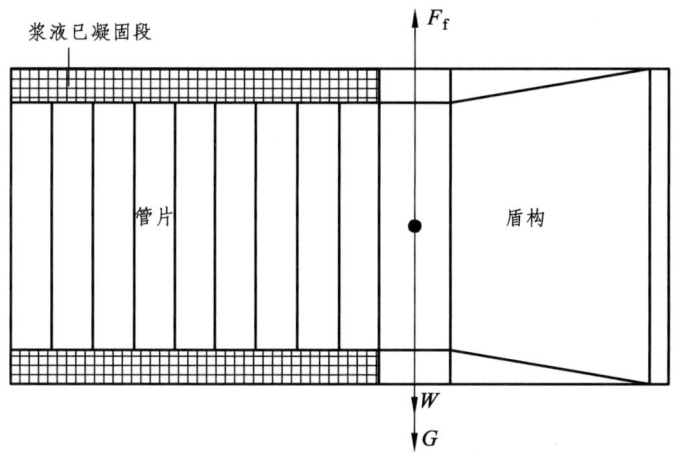

图 5.3.3　管片受力示意

此时若 $F_f > G+W$，即管片与上覆土重力之和小于浮力时，管片有上浮趋势。

（2）硬质土层。

盾构隧道处于硬质地层中时，由于管片衬砌不受围岩压力的作用，管片脱离盾尾后，其盾尾间隙可能在一定时间内完整存在，如图 5.3.4 所示。

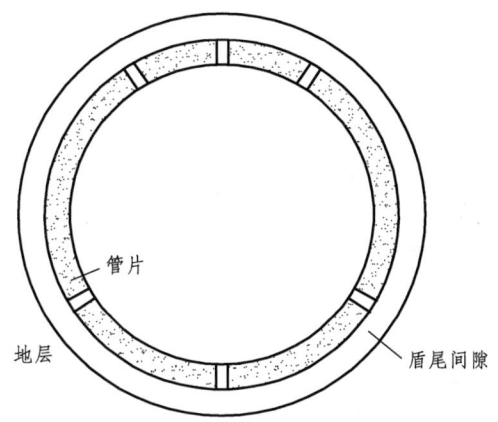

图 5.3.4　硬质土层中管片脱出盾尾后的盾尾间隙

此时若 $F_f > G$，即管片重力小于浮力时，管片有上浮趋势。

4）浆液初凝后管片的受力状态

浆液初凝后，管片、注浆材料、地层相互作用，管片上下产生压力差，应力重分布。

2. 盾构空推段管片上浮原因

（1）盾构空推段隧道管片上浮一是因为矿山法隧道完成后，在矿山法隧道内拼装管片，由于管片外侧与矿山法隧道衬砌之间存在建筑空隙，如果不及时在环形建筑空间进行同步注浆填充和管片背衬砂土混合料的填充，脱出盾尾的管片便处于无约束的状态，在管片背后充满高压力水后，就会给管片的位移提供可能的条件。

（2）空推段管片壁后喷射的砂土混合料和同步注浆量有限，且管片壁后积水较多，同步注浆浆液未能凝固，管片中上部和矿山法隧道初支间基本处于空洞状态，积水及浆液浮力均能引起管片上浮及摆动。

（3）暗挖隧道内为中空且盾构机刀盘前为临空面，同步注浆的浆液几乎全渗流至盾构机下方和刀盘前方，而不能完全填充管片与初期支护之间的空隙。若注浆量过大，在暗挖隧道的空腔内还会产生一定浆液压力引起管片错台和上浮。

5.3.2 管片上浮的影响因素

管片上浮受到超挖、推力不均、盾构纠偏、注浆压力不均衡等多因素的影响。其主要影响因素总结如下：

（1）管片壁后与开挖环间空隙。盾构机的刀盘直径 D 与隧道管片外径 d 有一定的差值。盾构掘进过程中的蛇形运动，会产生超挖和理论间隙，管片与围岩之间有一定的环向空隙。在软土地层中，当管片拖出盾尾时，如果不及时进行同步注浆填充，顶部土体便可能产生变形引起地表过量沉降，但这种沉降消除了管片与围岩之间的空隙，有利于约束管片上浮。在硬岩地层中，管片拖出盾尾后，由于岩层的稳定性，管片与围岩之间的间隙是稳定的，若不及时进行填充，就给管片的位移提供了条件。

（2）管片浮力大于管片自身重力，管片拼装初期容易产生上浮。以本工程为例，管片外径为 8.5 m，内径为 7.7 mm，宽 1.6 m。

管片混凝土自重为：

$$G=\rho_c g V_c=2\,500×9.8×（8.5×8.5-7.7×7.7）/4×1.6=398.8\ (kN)$$

水浮力：

$$F=\rho w_g V=1\,000×9.8×π×8.5×8.5×1.6/4=889.3\ (kN)$$

式中：ρ_c——混凝土密度，2 500 kg/m³；

V_c——管片混凝土方量；

V——每环管片所占空间体积。

水浮力大于管片的自重，给管片上浮提供了动力。

（3）过量超挖。莞惠城际盾构施工盾构机位于复合地层中，同一断面中将出现软硬不均的不同地层，这将造成盾构机在掘进过程中出现蛇形运动，扩大了管片与围岩之间的空隙；在上软下硬地层中，刀盘下部受力大于上部，刀盘旋转切削土体过程中，极易造成上部松软地层过量切削甚至塌方，也会扩大管片和围岩之间空隙。这些蛇形运动和超挖形成的空间为管片位移提供了条件。

（4）推力偏大。隧道为细长比极大的受弯构件，加之地下水浮力的作用，导致管片脱出盾尾后上浮。

（5）注浆效果不佳。注浆浆液如果初凝时间过长，浆液在初凝前容易被稀释，低强度浆液不仅无法对管片提供约束，反而提供了上浮力。管片脱出盾尾后，隧道管片在一定长度范围内就像两端固定的弹簧梁，一端受到盾尾的约束不能上浮，另一端受到已凝固浆液的作用约束不能上浮。这时，如果管片拖出盾尾，同步注浆浆液不能初凝和达到一定的早期强度，管片相当于浸泡在液体当中，在水浮力作用下必然产生上浮现象。另外，在盾构机掘进和电瓶车扰动下，未凝固的浆液很可能被挤到隧道底部和其他缝隙，进一步加剧管片上浮。

（6）基底隆起。盾构机的重量主要集中在前盾，由尾盾至后配套拖车段基本无压载，管片脱出盾尾后无约束，同时还受到周围土层的作用。土层可能对管片产生压力，也可能由于盾构前进出土造成基底卸载，基底回弹导致管片上浮。

5.3.3 盾构掘进段防止管片上浮的措施

当施工中出现管片上浮时，应及时采取有效措施阻止管片上浮。其具体措施有：

（1）加强同步注浆效果的控制，使管片在脱离盾尾后能够及时固定，必要时采取二次注浆，调整砂浆配合比使得砂浆凝固时间缩短，保证壁厚得到有效填充。

（2）保证管片拼装质量，至少复紧管片连接螺栓 3 次，保证管片连接密实，有效控制管片上浮。

（3）加强对盾构姿态的控制，在上下坡地段掘进时，注意千斤顶的作用分力对管片的影响，及时调整盾构机姿态和千斤顶的行程差。

5.3.4 盾构空推段防止管片上浮的措施

1. 及时、足量地填充管片背后的砂土混合料

在管片还未脱出盾尾时，采用干喷机向管片背后喷射砂土混合料，喷砂土混合料遵守由下往上、先里后外的原则，使豆砾石的填充量尽量充分和饱满。

2. 及时、足量地注入性能好的浆液

在盾构空推段隧道施工中为防止管片上浮，常采用单液硬性浆液和双液浆相结合的注入方式注浆，在浆液性能的选择上应保证浆液的充填性、初凝时间与早期强度，以及限定范围防止流失（浆液的稠度）的有机结合，才能使隧道管片与围岩共同作用形成一体化的构筑物。

3. 增大盾构机总推力

由于盾构机在导台上前进阻力很小，盾构机总推力也很小，推进油缸不能有效地压紧管片，造成止水条压缩量不足，管片环向接缝轻易漏水。虽然管片背后已填充砂土混合料，但管片在沿隧道轴向移动时阻力较小，所以可采用增大盾构机总推力来压紧管片的措施。

5.3.5 盾构空推段防管片上浮结构

隧道初期衬砌后直径为 9 300 mm，管片外径为 8 500 mm，盾尾空隙达 400 mm。衬砌环采取错缝拼装形式，管片拼装工艺与正常掘进时相同。将盾构机沿暗挖隧道由后向前空载推进过程中，在隧道初期支护结构内侧管片环拼装完成后且管片背后填充之前，由于管片环与隧道初期支护结构之间存在较大的间隙，拼装成型的管片环不可避免地会出现上浮。

1. 防管片上浮结构的组成

防盾构管片上浮施工结构包括多个管片环支撑件，管片环支撑件的结构均相同且沿着暗

挖隧道的纵向延伸方向由后向前进行布设。

管片环支撑件由左右两个对称布设且分别插装在两个位于管片环的上半圆环上的加固孔（注浆孔）内的特制支撑螺杆组成，其夹角为 60°。特制支撑螺杆由前至后分别为前部节段、中部节段和后部节段，前部节段的直径小于中部节段的直径，中部节段的直径小于后部节段的直径，前部节段、中部节段和后部节段均呈同轴布设。后部节段与加固孔以螺纹的方式进行连接，前部节段伸出至管片环外侧，其前端支顶在隧道初期支护结构上。特制支撑螺杆如图 5.2.14。

防盾构管片上浮的结构示意图如图 5.3.5。

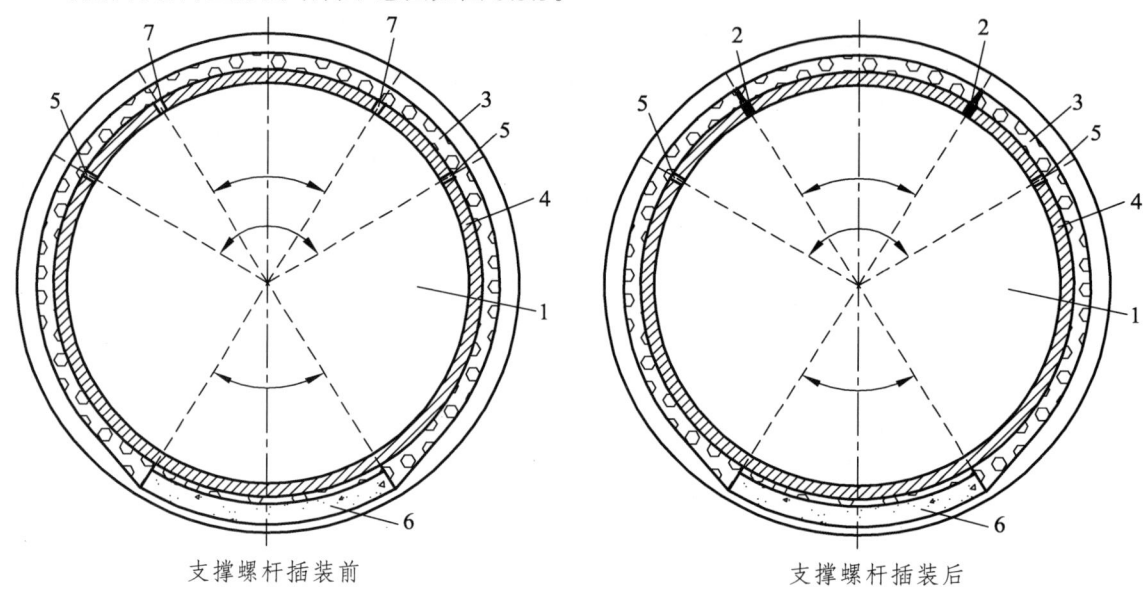

图 5.3.5　防管片上浮结构组成

1—暗挖隧道；2—支撑螺杆；3—隧道初期支护结构；4—管片环；5—注浆孔；6—导台；7—加固孔

支撑螺杆的安装位置示意如图 5.3.6。

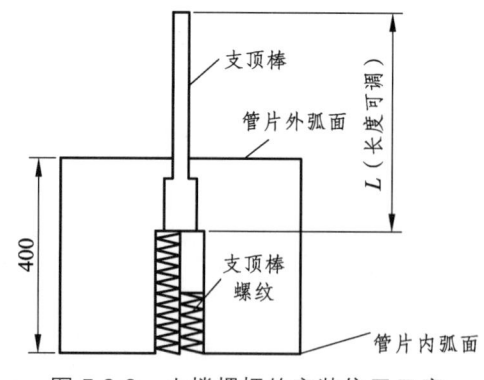

图 5.3.6　支撑螺杆的安装位置示意

2. 防管片上浮施工结构的应用

在盾构机过空推段每隔 2 环采用特制支撑螺杆对管片注浆孔进行支撑加固，两个加固注浆孔位置的选择为成环管片 3 点、9 点钟以上的位置，其夹角必须小于 180°。

5.4 同步注浆与二次注浆在富水段的施工技术

5.4.1 同步注浆和二次注浆概述

注浆技术是一项实用性强、应用范围广的工程技术，已被广泛地应用于矿山、地下建筑、大坝、隧道、地铁、桥梁和土木工程等各个领域，主要用于减小岩土的渗透性、增加其强度或降低地基土的压缩性。为了达到预期效果，用钻机将注浆孔钻到预定土层后，将浆液以压力注入，直至注浆点周围孔隙或裂隙被浆液充填到满足设计要求为止。

在盾构施工过程中，盾尾脱离管片而形成的土层和管片外壁的间隙是导致地层变化和管片成型效果不佳的主要原因。因此，我们必须采取及时有效地填充盾尾的技术，也就是及时充分地对盾尾脱离管片所产生的空隙充填注浆的技术，即同步注浆技术。同步注浆是通过注浆系统及盾尾的注浆管，在盾构向前推进、管片背部建筑空隙形成的同时进行注浆，浆液在空隙形成的瞬间及时填充，从而使周围衬砌管片得到及时加固，可有效地防止岩土的坍塌，控制地表的沉降，同时起到管片背后的防水作用。在稳定性差的地层中，采用土压平衡模式掘进时，同步注浆的重要性更加突出和明显。同步注浆已取代传统的惰性浆液、可硬性浆液及其他薄浆，在盾构施工中起到重要的作用。二次注浆则是对同步注浆的补充，让局部注浆不均匀的地方得以填充密实。

注浆工艺是达到注浆目的，保证盾尾密封性、地面建筑及衬砌管片安全的重要一环，因此必须严格控制，并依据地层特点及监控量测结果及时地调整各种参数，确保注浆质量和效果。以往由于缺乏对同步注浆的质量控制，为了控制地面沉降，采用了超量同步注浆方法，一次注浆量是理论量的 200%~250%。过多的注浆量不仅未起到有效加固衬砌管片的作用，反而打破了盾尾密封，造成了盾尾漏浆，隧道渗水反而得不到控制。因此，必须强化对同步注浆的管理，特别是同步注浆浆液质量的控制。为达到更好的注浆效果，推行使用新型混凝可硬性注浆，并强化对同步注浆新型注浆质量控制。

莞惠城际项目的一号盾构机从 GDZK33+951~GDZK35+428 左线掘进过程中，进行了大量的同步注浆和二次跟进注浆，却没有起到预期的堵水和防止沉降的效果，推进过程中发现地面沉降过大、地层损失率超标、隧道内渗漏水点位多等一系列问题。隧道渗漏水如图 5.4.1。

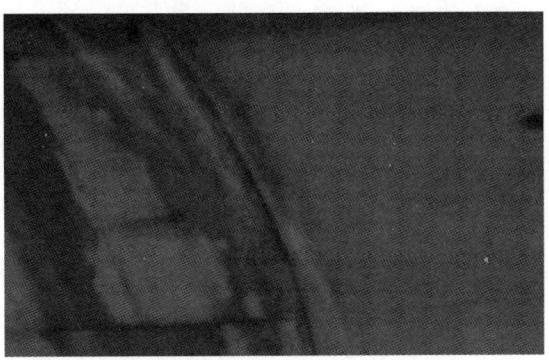

图 5.4.1　隧道内管片接缝及注浆孔渗漏水

总结分析原因，除了地层条件差、地下水量大外，主要还有材料、管理和注浆工艺方面的问题。

注浆工艺方面：配合比和施工工艺不合理，直接影响到浆液性能指标；注浆压力、注浆速度、注浆量、注浆方式等直接影响到了注入岩体的浆液质量，也是地层损失的主要因素。

材料方面：以往的惰性浆液、可硬性浆液在本标段地下水丰富的地段并不适用，需通过试验重新选择新型材料。

人员管理方面：施工作业人员素质、能力参差不齐，不熟悉操作及施工工艺直接影响实施效果，须采取针对性培训、交底方式，分阶段、集中突破。

5.4.2 同步注浆

同步注浆是盾构一边向前推进，一边不停地向管片与岩体的空隙加压注浆材料，用不间断加压的方法使注浆材料在充入空隙、没有达到与土体相同强度前，能保持一定的压力和土体相当，从而将地面沉降控制在最小的范围。

1. 同步注浆设备

同步注浆设备见表 5.4.1。

表 5.4.1 同步注浆设备

名称	单位	数量	备注
砂浆拌和站	套	1	
浆液输送泵	台	2	
盾尾注浆系统	套	1	

同步注浆系统为自动注浆系统，使用的注浆泵为全液压双缸双出口活塞注浆泵，该泵由电动液压泵站提供动力。浆液在搅拌站配置好以后，由砂浆运输车（带搅拌叶片）运至注浆站，通过软管抽送至砂浆存储罐内（即砂浆搅拌罐），连接好注浆管路，并在设定压力、流量后进行注浆。

2. 同步注浆的材料及配合比

1）注浆材料

结合施工需要，考虑双液浆凝结快，不易控制，故采用单液型注浆材料。水泥砂浆作为同步注浆材料，具有结实率高、结实体强度高、耐久性好的特点。其中细砂作为填充料，水泥作为提供浆液固结强度和调节浆液凝结时间的材料，并掺加适量的粉煤灰，用以改善浆液的和易性。此标段地质为全断面硬岩，裂隙水和孔隙水水量丰富，添加膨润土可减缓浆液的材料分离，降低泌水率等。同步注浆浆液的主要物理性能需满足以下指标：

（1）浆液的强度：1 d 不小于 0.2 MPa，28 d 不小于 2.5 MPa。

（2）浆液的胶凝时间为 3~8 h，根据地层条件和掘进速度来调整和控制浆液的凝结时间。

（3）浆液的结实率大于 95%，即固结收缩率小于 5%。

（4）浆液的稠度：80~120 mm；

（5）浆液的倾析率小于 5%。

2）配合比

施工中应根据掘进时的地层情况调整浆液的配合比，特别是和易性适宜的浆液，要达到易于泵送、不离析、不沉淀、不堵管的效果。对于全断面硬岩、有其一定的自稳能力的岩层，要均匀地充填地层，就必须增加浆液的流动性，因此浆液配合比要在保证砂浆稠度、倾析率、固结率、强度等指标的基础上延长其凝胶时间，控制在 12～30 h，以获得更为均匀的填充效果；对于软土层，其自稳能力较差的岩层，注浆后应尽快获得浆液固结体强度，因此浆液配比要保证砂浆的固结率和强度，并将凝胶时间适当缩短为 5～7 h，以便在较短的时间内加固地层，增强地层的稳定性，填充孔隙，防止管片的上下浮动；在富含水地层中，要求浆液的保水性要好，不离析，凝胶时间为 5～6 h。另外，若在同步注浆后还漏水，则应进行补注水泥、水玻璃双液浆，以达到固结堵水的目的。配合比设计见表 5.4.2。

表 5.4.2 配合比设计表

材料名称	水泥	细砂	膨润土	水	粉煤灰
材料理论用料/（kg/m³）	90	670	100	400	450

本工程总体上要求缩短浆液凝胶时间，以便在填充地层的同时能尽早获得浆液固结体强度，保证开挖面安全并防止从盾尾处漏浆和进入土舱。由此可见，同步注浆材料受地质条件、地下水状况、施工技术等多方面因素的影响，所以，要充分考虑这些因素，在满足设计要求的前提下，有针对性地进行配比设计，并根据现场实际情况进行调整。这样所配制的浆液，不但各项指标能满足施工要求，而且有良好的经济性，有利于降低施工成本。

3）注浆压力

注浆压力应以略大于该地层位置的静止水土压力，同时避免浆液进入盾构机的土舱中为宜。

最初的注浆压力是根据理论静止水土压力确定的。注浆压力必须克服地下水压力、土压力及管阻摩擦力等才能将浆液送到空隙中，达到填充作用。如果注浆压力过大，会导致地面隆起和管片变形，还易漏浆。如果注浆压力过小，则浆液填充速度赶不上空隙形成速度，又会引起地面沉陷。一般而言，注浆压力取 1.1～1.2 倍的静止水土压力，最大不超过 0.3～0.4 MPa。

4）注浆量

注浆量是根据管片背部与岩体的空隙量，以及由地层、路线及掘进方式等因素决定的饱满系数而确定。饱满系数包括由注浆压力产生的压密系数、取决于地质情况的土质系数、施工消耗系数、由掘进方式产生的超挖系数等。土质系数取决于地层特征，一般取值为 1.3～2.5。在完整性好、自稳能力强的全断面硬岩中，浆液不易渗透到衬砌周围的土体中去，可取较小土质系数甚至不用考虑。但在裂隙水、孔隙水较丰富的地层中，浆液固结速度慢，损失量大，可取 1.5～2.5。

根据刀盘开挖直径和管片外径，计算出一环管片的理论注浆量：

$$Q = \pi K L \left(D_1^2 - D_2^2 \right) / 4 \qquad (5.4.1)$$

式中：Q——一环管片的理论注浆量（m³/环）；

K——充填系数，软土、砂层一般取 1.5～2.5，硬岩地层一般取 1.3～1.5；

L——一环管片的宽度（m/环）；
D_1——刀盘的直径（m）；
D_2——管片的外径（m）。

代入相关数据可得：

$$\begin{aligned} V &= \pi KL(D_1^2 - D_2^2)/4 \\ &= \pi \times 1.5 \times 1.6 \times (8.83^2 - 8.5^2)/4 \\ &\approx 11 \,(\text{m}^3/\text{环}) \end{aligned} \quad (5.4.2)$$

（注浆量取环形间隙理论体积的1.5倍）

根据上面理论公式计算，每环（1.6 m）注浆量约为 $Q=11\ \text{m}^3$。

5）注浆速度

注浆速度与掘进速度做到同步，即边掘进边注浆，按盾构完成一环掘进的时间内完成当环注浆量来确定其平均注浆速度。

6）同步注浆的施工工艺

同步注浆的施工工艺如图5.4.2。

注浆结束标准及注浆效果检查采用注浆压力和注浆量双指标控制标准，即当注浆压力达到设定值，注浆量达到设计值的85%时，即可认为达到了质量要求。注浆结束后应及时对注浆罐及注浆管道进行清洗，以防时间过长堵管。

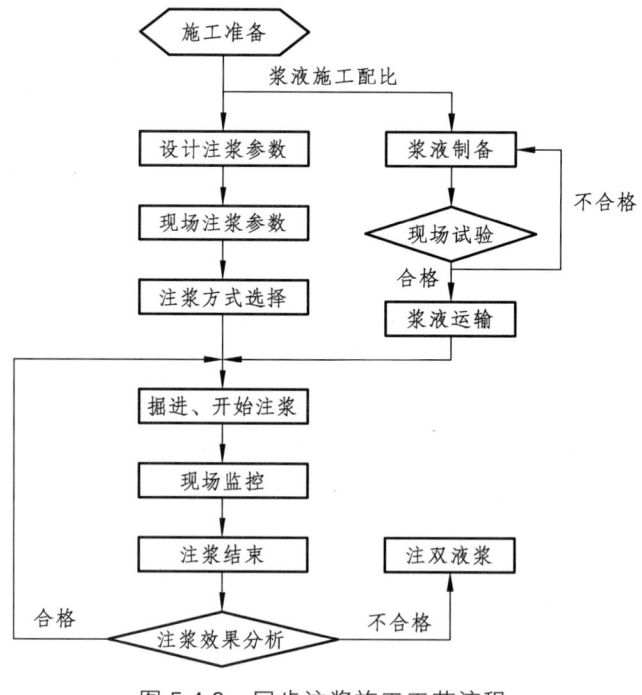

图 5.4.2　同步注浆施工工艺流程

7）注浆质量控制

（1）注浆前试验人员应进行浆液配比试验，选定合适的注浆材料及浆液配比，在保证不堵管的情况下调整浆液配比，缩短胶凝时间，强度、耐久性等物理力学指标须符合设计施工要求。

（2）制订详细的注浆施工设计和工艺流程及注浆质量控制程序，严格按要求实施注浆并进行检查、记录和分析，分析注浆效果，反馈指导下次注浆。

（3）加强监控量测工作，根据洞内管片衬砌变形和地面及周围建筑物变形监测结果，及时进行信息反馈，修正注浆参数及设计和施工方法，发现情况及时解决。

（4）在注浆过程中，控制好注浆量和注浆速度并观察盾尾是否漏浆。

（5）合理选择注浆压力。正常施工阶段，以注浆压力控制注浆量。沉降控制要求相当高的地段，采用注浆压力和注浆量双重控制标准。为防止盾尾被击穿，注浆压力不能大于盾尾密封所能承受的设计压力，一般不宜大于 0.4 MPa。

（6）做好注浆设备的维修保养及注浆材料供应工作，保证注浆作业顺利连续不间断地进行。

8）注浆施工中出现的主要问题分析

（1）造成地面沉降。

① 采用管片注浆孔同步注浆的施工过程，如果没有严格的过程控制，或者注浆液初凝时间设定不合理，往往做不到真正意义上的同步注浆。

② 掘进过程仅以注浆量为控制指标，限定每环的注浆量范围，导致注浆量偏少，不能有效地对盾尾间隙进行填充。这大多发生在以下情况下：

- 某些特殊地段或较小的转弯半径上，土层损失加大。
- 由于地质条件或其他特殊原因，掘进过程某环出土量剧增，而没有相应增大注浆量。
- 地层特性变化，却没有相应调整注浆量，如从黏土变为砂土、从黏土变为裂隙水丰富的风化岩层等情况。
- 盾构机在黏性较高的黏土层中掘进时，后壳外壁会附着一层较厚的固结土体，与盾构机同步前进，无形中增大了盾尾间隙。从已有盾构隧道的施工情况看，硬壳层厚度可达 10 cm。

③ 浆液强度过低或浆液和易性差，易离析而渗透到地层中，发生浆液损失。浆液拌和时的投料顺序也可能对浆液强度造成较大影响。

④ 某些浆液凝结后，自身收缩量较大；或者双液浆过早初凝，未能有效填充盾尾间隙。

⑤ 浆液流动性太好，隧道管片最重要的顶部出现无浆液填充；或者双液浆混合不充分，在土中逐渐流失。

⑥ 没有与监测紧密结合，并以监测成果指导施工。从盾构机掘进过程的地表沉降规律来看，一般盾构机前方地表沉降量在 5 mm 内时，盾尾穿越这个位置时沉降不会超出规范允许的 30 mm。因此，当监测结果显示前方沉降量超过 5 mm，又没有及时采取有效注浆措施时，沉降超出规范允许范围的可能性很大。

⑦ 在隧道岩层中，裂隙、节理较发育，裂隙面有夹泥和破碎体，这些形成了天然的地层汇水通道和渗流水通道，水一旦进入隧道内就会使同步注入的浆液难以填满管背顶部。

（2）造成地面隆起。

① 注浆压力过大，注浆量偏高，主要在土质软弱的地层出现。当盾构机经过建筑物时，增大了盾尾的注浆压力，而当盾尾脱出建筑物下方后，没有及时调整压力，地表出现隆起，甚至有少量浆液沿地层裂隙冒出，污染地表。或者当盾构机在流砂地层始发时，由于端头加固质量和洞门密封效果均较差，掘进过程前方有大量流砂涌入，为防止地表下沉，采用了二

次注浆进行补充注浆,但因为没有控制好注浆压力和注浆量,注浆结束后发现道路中间鼓起近1m高的小山包,造成交通堵塞,花费了大量财力和时间进行处理。

② 隧道顶部有连通至地表的渗水通道。如原地质勘探孔,如果没有封堵或封堵效果不佳,浆液会沿该孔喷出或渗出地表,这不仅严重污染地面环境,还可能造成地表隆起。

(3) 注浆管路堵塞。

管路堵塞是注浆过程最常见、最易发生的问题。注浆系统管路堵塞包括注浆管路堵塞、输浆管路堵塞等,主要是由浆液初凝时间偏短、强度高、工序衔接不合理等原因造成的。采用长距离管路输送的,尤其容易发生管路堵塞现象,浆液在管路中的损失量较大。盾构隧道掘进初期,拟采用通过盾尾注浆管进行注浆的同步注浆系统,计划下一环浆液的拌制在上一环管片拼装时即开始,但由于管片拼装花费时间过长,其间没有对浆液采取任何处理措施,加上掘进速度很慢,导致浆液堵塞了同步注浆管,因没有配备专用疏通工具,导致浆液在注浆管中凝固,最后只能变换注浆工艺,采用管片注浆孔进行注浆。

(4) 盾尾漏浆。

在掘进过程中,可能由于盾构姿态的原因,盾尾刷会有一定的磨损,导致同步注浆浆液从盾尾流出,影响注浆效果。注浆压力过小也会发生盾尾漏浆现象。

(5) 管片上浮。

管片脱出盾尾后上浮的原因主要有:

① 地质情况。在地层交错地段中的掘进,一般与地层承压水或地表潜水有水力联系。当盾构机穿越不同地段,有压水将不断冲破管片背面注入的惰性缓凝砂浆,并沿线路下坡跟随盾构机掘进而流入盾构机尾刷密封处和渣土舱中而流失,造成螺旋输送机排土口喷水涌砂和盾构尾刷密封处及中间铰接处漏水,严重时需长时间停止掘进,进行渣、水清除,同时还造成管片背面注浆不充实,引起隧道管片上浮。

② 浆液选型不当,导致浆液早期强度偏低,不能及时与围岩土体共同作用。

③ 浆液初凝时间控制不当,没有及时填充盾尾间隙或填充效果不佳。

④ 注浆位置选择不当。采用管片注浆孔注浆时,以中下部注浆孔为注浆孔位。

管片上浮,不仅仅与地层情况有关,浆液的种类、配比、注浆压力、注浆位置等也会对管片上浮产生一定影响。以上工程实例,所用盾构机是土压平衡盾构,盾尾间隙15 cm,在微风化砂岩中掘进,由于采用了惰性浆液作为注浆材料,浆液初凝时间长,强度与围岩强度相差太大,隧道成型后,在裂隙水作用下上浮,而浆液无法快速凝结以抵抗浮力的作用,造成管片上浮。然而浆液强度也不能过高,否则会造成浆液过早凝固而堵塞注浆管路。

(6) 喷涌与渗漏水。

由于盾构机开挖直径比管片的结构外径大约330 mm,因此在拱顶注浆不饱满的情况下,在长距离的硬岩掘进段,极易造成管片上浮,甚至顶到拱顶开挖岩面上,使得管片衬砌超限。同时也会形成强力的水流通道,盾构掘进时产生喷涌,管片内部产生大面积的渗漏水,对隧道危害较大。在地层不良地段掘进时,也会由于管片背含压浆液被水稀释,随渣土排出,从而造成螺旋输送机排土口难以控制的喷涌现象,致使管背空隙注浆量不足。

3. 同步注浆的工艺调整

现场均选用自动计量设备进行拌浆,同步注浆每项材料均按照配比进行设定,浆液材料自动进行计量，按照要求进行拌制。浆液在地面拌浆房拌制，拌制好的浆液由砂浆罐车运到洞内，再导入盾构机自备的储浆罐中待注。

每拌浆液拌制完成后，均现场对浆液坍落度、经时损失、泌水率进行检查，并按照要求进行试块的制作，养护后送至检测中心检测。

为保证注入管片壁后的浆液质量，有效控制地表沉降，对注浆参数采取以下措施进行控制：

（1）注浆压力。

注浆压力过大，易造成跑浆；而注浆压力过小，浆液填充速度过慢，填充不充足，会使管片背后聚集大量地下水从而导致管片上浮、错台。同步注浆时要求在地层中的浆液压力大于该点的静止水压及土压力之和，做到尽量填补同时又不产生劈裂。通常同步注浆压力为 0.3~0.5 MPa，因此在每日下达盾构推进指令中对每环的注浆压力进行设置，要求盾构司机严格按指令执行。

（2）注浆量。

同步注浆量理论上是充填切削岩体与管片壁之间的空隙，但同时要考虑盾构推进过程中的纠偏、跑浆和注浆材料收缩等因素。注浆量 Q 的计算公式如下：

$$Q=\lambda V \tag{5.4.3}$$

式中：λ——注浆率；

V——盾构施工引起的空隙（m^3）。

盾构切削岩体直径为 8.83 m，管片外径为 8.5 m，计算得出 V 为 7.9 m^3，因地质、盾尾间隙、线形等因素，注浆率有所不同。一般情况下，注浆率 λ 为 120%~150%，此外，还应根据每日地表沉降观测数据和隧道内管片沉降观测数据来调整每环的注浆量。

（3）注浆时间及速度。

同步注浆速度应与掘进速度相匹配，根据盾构机推进速度，要求每环达到的总注浆量匀速、均匀地注入。

（4）注浆孔位和注浆方式。

盾构机上设置 4 个注浆孔，孔位均匀分布，要求 4 点同时注浆，上部孔位注入 70%，下部注浆孔位注入 30%，且采用手动方式进行注浆。手动控制方式由人工根据掘进情况随时调整注浆流量，以防注浆速度过快，而影响注浆效果。注浆位置见图 5.4.3。

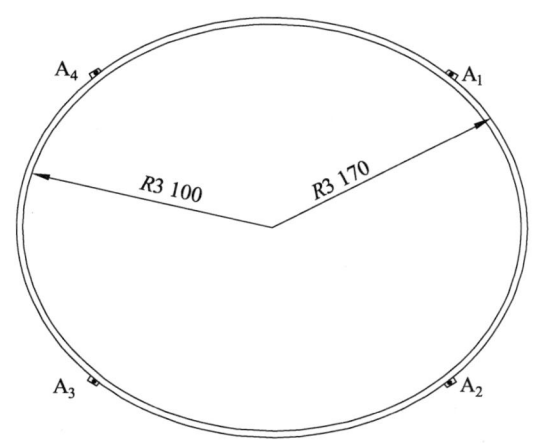

图 5.4.3　隧道内管片注浆位置

（5）浆液清洗。

同步注浆作业完毕后，搅拌机、转驳浆箱、泵、注浆管路必须及时清理干净。若连续作业，每一个工作班在交接班前清理一次；若掘进作业中止，必须马上清理干净。在需要长时间停机时，必须拆除注浆管路，将注浆管路清洗干净；砂浆注浆罐内若有余料，用龙门吊直接调出转驳浆车，在地面进行处理。

4. 同步注浆材料调整

对浆液配合比进行优化调整，使得浆液具有良好的长期稳定性、流动性及适当的初凝时间，以适应盾构施工和远距离输送的要求，同时在相应地层中具有合适的流动性和凝结时间。

通过确定浆液的性能指标，选择合适的材料和配比，如表 5.4.3 和表 5.4.4。

表 5.4.3　浆液主要技术指标

名称	性能指标
渗透性	$<5\times10^{-5}$ cm/s
比重	>1.80 g/cm³
坍落度	12~16 cm
坍落度经时变化	≥5 cm（20 h）
抗压强度	$R_{28}>0.3$ MPa

表 5.4.4　浆液组成原材料

材料名称	性能要求
粉煤灰	Ⅱ级，细度（0.045 mm 方孔筛）不大于 20%
中细砂	河砂，细度模数 1.8~2.2，含泥量 <3%
膨润土	95%通过 200 目筛，膨胀率 18~30 ml/g
水	自来水
添加剂	1.06±0.01（20 ℃），减水率 20%~30%

经调查，新型注浆浆液材料具备大比重、低稠度、高剪切性能的特点，提高了材料的保水性、抗稀释性能。这不仅保证了隧道长距离施工工况条件下浆液的质量以及和易性，有效提高了隧道整体质量，而且使得浆液在注入管片壁后的分散性大大降低，起到了有效控制地面沉降，保持隧道稳定的作用，具有较好的社会及经济效益。

5. 人员管理

加强员工操作技术培训，为了使员工掌握独立操作技术，采取在内部、外协队伍之间选拔各岗位优秀员工，组织专项培训，建立学习制度，利用工作闲暇时间进行学习，并邀请技术能手、注浆相关专家为技术人员进行讲解和传授经验。

加强对拌浆和注浆人员的技术交底，编制详尽的技术交底及操作规程，要求拌浆和注浆人员必须掌握和熟练应用。

5.4.3 二次注浆

同步注浆后使环形空隙得到填充，地层变形沉降得到控制，在浆液凝固后，其强度得到提高，但可能存在局部不够均匀现象，为提高背衬注浆层的防水性及密实度，必要时再补充以二次注浆，使注浆体充填均匀，形成稳定的防水层，达到加强隧道衬砌的目的。

1. 二次注浆材料

注浆材料宜具有料源广、可注性强、经久耐用、结实体强度高、对地下水和周围环境无毒性污染、价格低廉等特点。浆材需要有良好的流动性，便于盾构移动过程中持续不停地注浆，在一环注浆结束后，浆液凝固具有较好的强度，同时具有微膨胀性，避免后期收缩变形。二次注浆材料可注性强，能补充同步注浆的缺陷，对同步注浆起充填和补充作用。

根据不同的注浆方式和注浆特点，二次补强注浆材料及配比、性能指标如表5.4.5。

表5.4.5 二次补强注浆材料配比表

注浆方式	浆液名称	水/kg	水泥/kg	水灰比	水玻璃∶水泥浆
二次注浆	水泥水玻璃双液浆	750	750	1∶1	1∶10

注：水泥采用强度等级为42.5级的普通硅酸盐水泥，水玻璃掺量为1/10水泥净浆体积。

当地下水特别丰富时，需要对地下水进行封堵。同时为了及早达到浆液的高黏度，以便在浆液向空隙中充填的同时将地下水疏干（将地下水赶入地层深处），获得最佳充填效果，需要将注浆液的凝胶时间调至4~15 min，必要时采用水泥水玻璃双液浆。

浆体是根据地表变形及隧道沉降控制要求、地面荷载、地层状况选定的，在用于工程前，必须进行材料测试，其结果必须符合要求。

2. 二次注浆设备

盾构双液注浆常用的设备一般为液压双液注浆泵和风动双液注浆泵两种。

（1）液压双液注浆泵为一般工程中普遍使用的双液注浆设备，由一个压力泵站、两个浆液桶和一个注浆机组成。这种设备比较耐用、操作方便，但不足之处是体积大、组件多、盾构使用时需占用轨道，使注浆与盾构掘进施工不能有效同步进行，需停止掘进以等待注浆作业，也不能及时通过盾构掘进来检查注浆止水效果，往往需要掘进、注浆交替作业才能看出注浆效果，既费时又影响掘进进度。

（2）风动双液注浆泵由于使用气压为动力（盾构机有压供给），故机器体积小，质量轻（75 kg），注浆设备和浆液材料均可以安装在连接桥平台上，使注浆施工与盾构掘进可实现同步，并可随时检查到止水对改善掘进的效果。

本工程浆液在洞内拌制，采用砂浆搅拌机拌制。注浆采用液压双液注浆泵。补强注浆注浆管路及孔口管具有与管片吊装孔的配套能力，能够实现快速接卸以及密封不漏浆的功能，并配有泄浆阀。机械设备配备见表5.4.6。

表 5.4.6 机械设备配备表

设备名称	型号	数量
双液注浆机	FBY-50/70	2 台
灰浆搅拌机	JW180	1 台

二次补强注浆控制压力宜为 0.5~0.6 MPa。二次注浆量应根据地质情况及注浆记录情况，分析注浆效果，结合监测情况，由注浆压力控制二次注浆量。此外，补强注浆应先压注可能存在大的空隙一侧。

3. 二次注浆的位置

二次注浆一般每 5 环（脱出盾尾之后的管环数起）注一次。形成有一定范围的止水环，从而限制隧道的变形、渗水和沉降。注浆孔位为：拱顶，11 点、1 点、12 点；拱腰，3 点、9 点。

4. 二次注浆工艺流程

二次注浆一般在管片与岩壁间的空隙充填密实性差，致使地表沉降得不到有效控制的情况下才实施。施工时采用地表沉降监测信息反馈，结合洞内超声波探测背衬后有无空洞的方法，综合判断是否需要进行二次注浆。其工艺流程如图 5.4.4，施工如图 5.4.5。

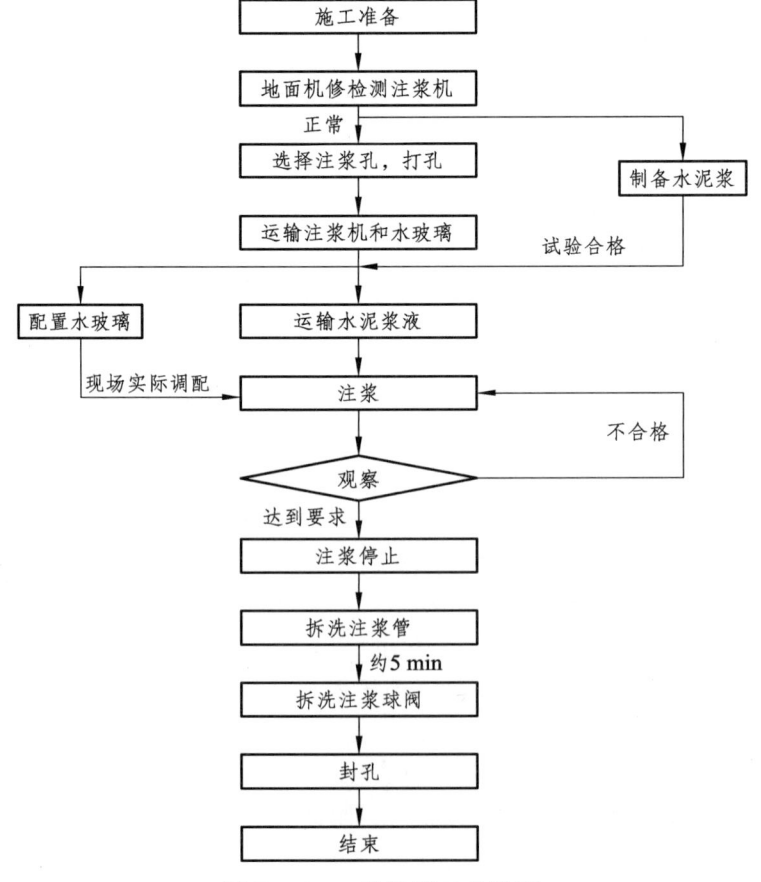

图 5.4.4 二次注浆工艺流程

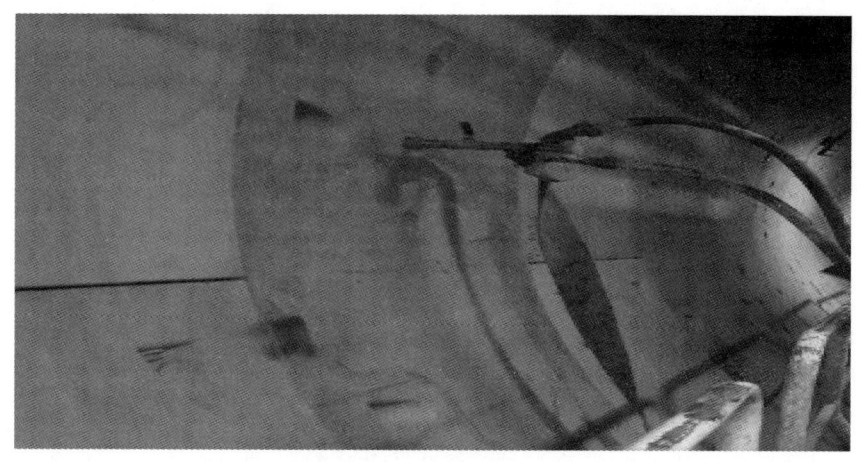

图 5.4.5 二次注浆施工

二次注浆的具体操作如下：

(1) 双液浆为水泥+水玻璃浆液。浆液的凝固时间大致调制在 20 s，以控制浆液的扩散范围。

(2) 双液注浆的三通接头为特制加工的，使得两种浆液在此充分混合后很快注入管背，又要使得接头和管片手孔结合牢固、严密。

(3) 注浆前首先检查注浆机正常与否，注清水润管约 10 s，逐根清洗，正常即可注浆。

(4) 注浆前应将至少一环的注浆材料备足待用，注浆管路连接好后应检查其牢固性。若管片背后水量大，可以在注浆环的后三环 7 点、5 点的位置开孔泄压放水。

(5) 一般至少需 3 人，1 人负责注浆，1 人负责放浆，1 人负责观察注浆情况。

(6) 每注完一个孔或在中途注浆停止的情况下，必须及时清理注浆管。注浆完成后，应对手孔进行认真封堵，确保注浆孔不渗水。

5. 二次注浆施工

(1) 注浆孔应尽量设在拱顶 11 点~1 点附近，以求较好地固定管环和阻断顶部水流通道。

(2) 注浆孔位置宜设在盾尾后 10 环管环处，每掘进 5 环注一次浆（线路为下坡，地下水丰富，盾尾刷破损严重）。

(3) 浆液的凝固时间应控制在 20 s 以内。

(4) 注浆时要控制好注浆压力和注浆量。

(5) 水泥浆与水玻璃的配比应合理化，在不堵管的情况下尽量缩短浆液初凝时间。

(6) 注浆过程中应连续作业，如果中途停止，必须及时清理注浆管路，防止堵管。

(7) 在注浆前应将同步注浆管路的所有球阀全部关闭。

(8) 注浆前应查看盾尾油脂腔的压力，如果压力偏低，应适当注入盾尾油脂，以保证在注浆过程中有足够的压力避免盾尾漏浆。

(9) 在注浆前应查看管片情况及土舱压力情况并在注浆过程中进行跟踪观察，如有异常情况应立即停止注浆，并上报。

(10) 基于泥浆易流入土舱的情况，在施工中，盾构司机必须隔约 15 min 转动刀盘一次，防止流入土舱中的双液浆卡死刀盘。

实践证明,在盾构法隧道施工中,尤其是在地下水丰富的地质环境中,二次注浆不仅可以有效地控制掘进喷涌,加快施工掘进,降低地面沉降量,同时,也明显地起到了止水效果,节省了后期管片堵漏的费用。

5.4.4 注浆效果

本标段工程实践表明,在右线掘进过程中,隧道地表控制在规范要求之内,地层损失率小于5‰,提高了隧道防水功能,隧道内渗水点较少,经统计共出现7处轻微渗水点,验收标准为任意100 m^2 隧道内表面的湿渍不超过4点,任一湿渍面积≤0.15 m^2,衬砌接头不允许漏泥砂和滴漏,满足验收要求。隧道验收时,经注浆及嵌缝处理,渗水点已不渗漏,效果显著,隧道各项质量控制指标均达到优良工程标准。

5.5 盾构隧道与邻近工程的近接施工技术

佛山至东莞城际铁路广州南至望洪段 FGZH-1 标里程范围:广州南站(不含)至长隆隧道出口端隧道与路基分界(DK0+000~DK11+030),正线长 11.03 km。以地下线路形式自广州南站向东引出后,下穿东新高速、秀铂化工厂,上跨地铁 7 号线后,线路折向东,下穿飘峰山脉、105 国道后,穿长隆野生动物园一角,之后线路继续东行,再次上跨地铁 7 号线后设长隆站,出站后沿新光快速南侧前行,在榄塘村附近下穿地铁 3 号线。

本标段盾构区间采用 4 台复合式土压平衡盾构机施工,两台铁建重工集团直径为 8.85 m 的土压平衡式盾构机从长隆站小里程端始发,向进口明挖段方向掘进长度 4 615 m。两台直径为 8.86 m 的土压平衡盾构机从长隆站大里程始发,向番禺大道站方向掘进,掘进长度为 3 970 m。并将小里程吊出的铁建重工的两台盾构机转场至番禺大道站大里程进行始发,掘进到出口明挖段盾构井吊出,掘进长度为 755 m。

5.5.1 盾构下穿广明高速路施工技术

1. 工程概况

佛莞城际铁路 FGZH-1 标长隆隧道——长隆站至番禺大道站区间隧道采用盾构法施工,设计里程 DK5+375~DK9+345(YDK5+375~YDK9+345),全长 3970 m。沿途在 DK6+780.5~DK6+929.3(YDK6+777.44~YDK6+927.05)段下穿广明高速,侧穿新光快速路跨广明高速桥梁桩群(其平面位置见图5.5.1、图5.5.2、表5.5.1)。隧道位于右偏曲线上,曲线半径 R=3000 m,盾构机以 4.4‰的坡度下坡,且隧道顶埋深 20~22 m。

盾构穿越过程中易对桥梁桩基造成扰动,影响桥梁的安全与稳定,盾构穿越该桥梁桩基时需要进行加固保护。保护措施为旋喷桩、ϕ108 隔离钢管桩、桩底跟踪注浆等加固措施。

图 5.5.1 隧道线路与高速路、桥梁位置关系平面图

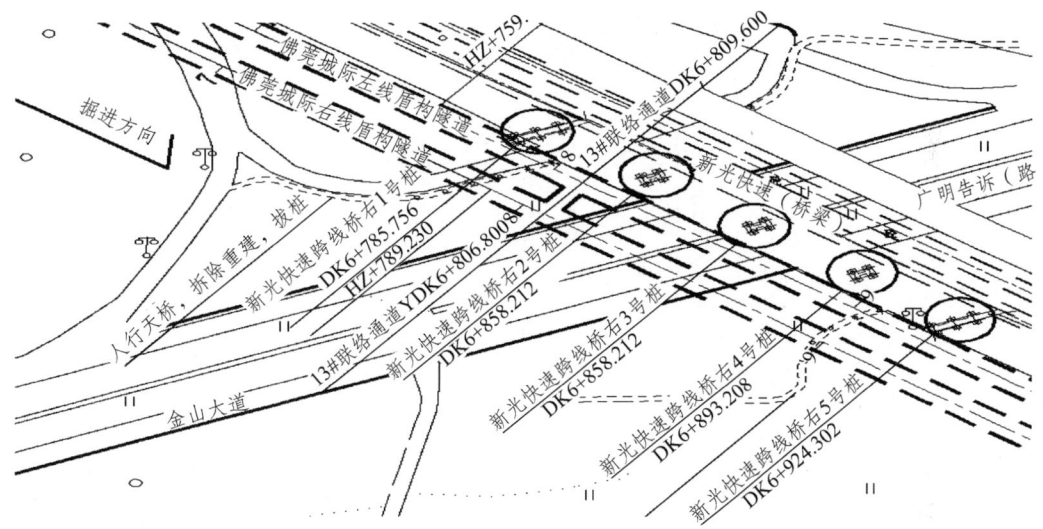

图 5.5.2 隧道线路与桥梁桩基位置关系平面图

表 5.5.1 桩基与隧道位置关系

编号	里程	距隧道中心线距离/m	隧道顶与桩基底距离/m	地面位置
1#	DK6+785.756	3.878	10.871	辅路
2#	DK6+823.215	10.066	4.866	金山大道
3#	DK6+858.212	10.247	5.017	广明高速
4#	DK6+893.254	10.525	5.201	金山大道
5#	DK6+924.302	5.184	9.374	辅路

2. 工程地质及水文地质

1）工程地质

盾构下穿广明高速公路时，主要地质自上而下依次为全风化砂岩、泥质砂岩（7）1-1、强

风化砂岩、泥质砂岩（7）1-2、中风化砂岩（泥质砂岩），盾构穿越地层主要为全风化砂岩、泥质砂岩（7）1-1、强风化砂岩、泥质砂岩（7）1-2、中风化砂岩（泥质砂岩）（7）1-3，地质纵断面见图5.5.3、图5.5.4。

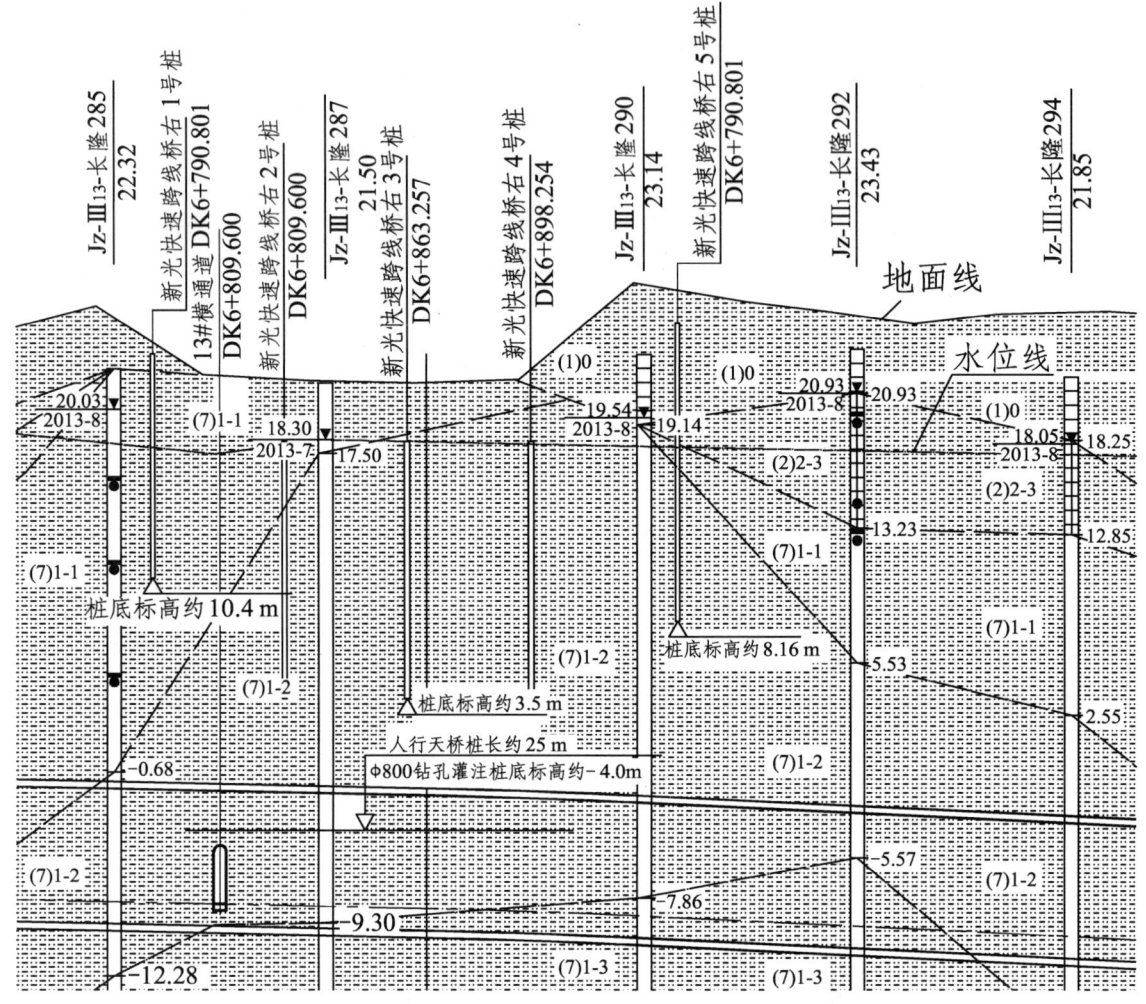

图 5.5.3　DK6+780.5～DK6+929.3段地质纵断面图

该地层按其风化程度划分：

（1）全风化砂岩、泥质砂岩[层号（7）1-1，W4]：棕红色、褐黄色，原岩结构完全被破坏，岩芯呈硬土状，局部夹强风化块状，浸水易软化，砂岩部分局部含少量炭质。岩土工程施工分级为Ⅲ级。

（2）强风化砂岩、泥质砂岩[层号（7）1-2，W3]：棕红色、黄褐色，原岩结构大部分被破坏，岩芯风化剧烈，不均匀，岩芯呈块状为主，局部为土状及中风化饼状。岩土工程施工分级为Ⅳ级。

（3）中风化砂岩、泥质砂岩[层号（7）1-3，W2]：DK6+430.00～DK6+830.00段主要以泥质砂岩为主，棕红色，泥质结构，层状构造，泥质胶结，岩质软，岩体较完整，岩芯主要以短柱状为主，少量饼状、块状。岩土工程施工分级为Ⅳ级。

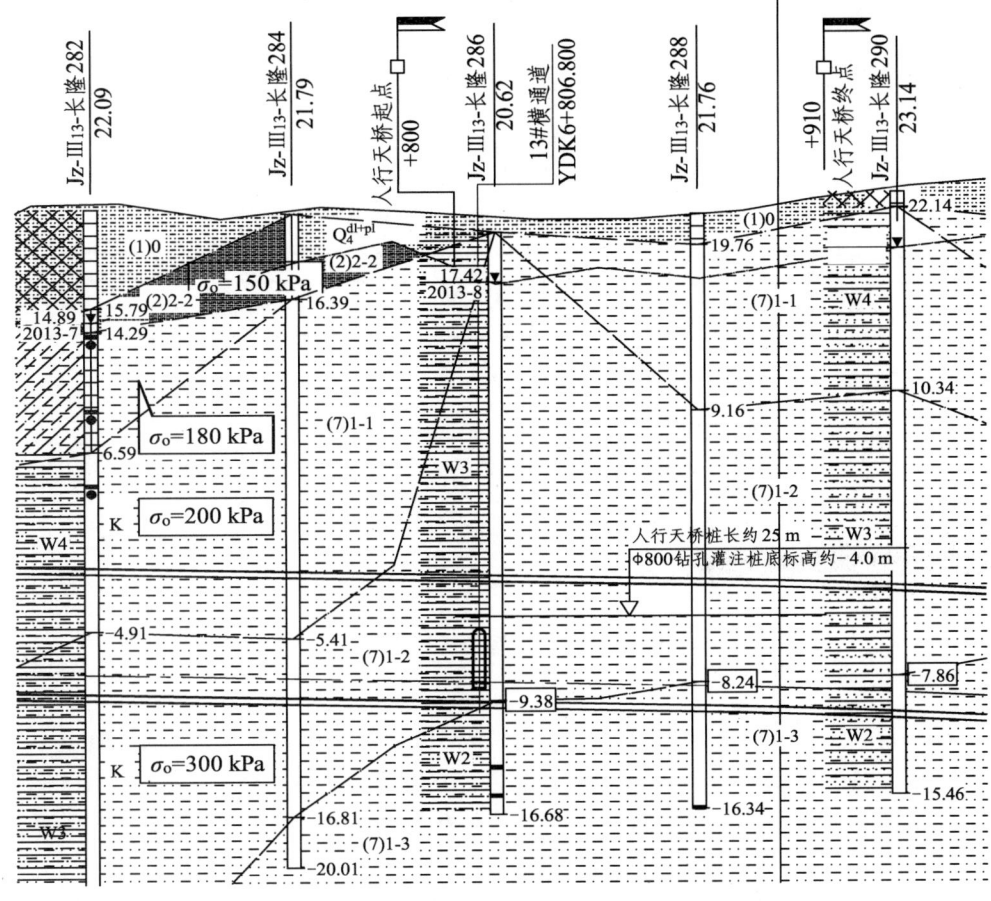

图 5.5.4　YDK6+777.44～YDK6+927.05 段地质纵断面图

2）水文条件

地表水主要来源为大气降水，地表水较为发育。

施工范围地下水可划分为两个基本类型，空隙潜水和基岩裂隙水。根据勘察报告，施工场地地下稳定水位为 4.8 m。

3. 盾构机概况

盾构机由北方重工生产并改造，主要用于长隆隧道大里程盾构区间的掘进。盾构机主要参数见 2.2.1 节第 5.盾构机主要尺寸和技术参数。

4. 施工前期准备

1）物资准备

盾构施工主要物资为管片、防水材料、浆液拌和原材料（包括水泥、砂子、粉煤灰、膨润土）。

2）人员准备

盾构机操作手选用操作技能优秀的、责任心强的操作人员。隧道内的机械维护人员选用技术精良的、经验丰富的维修人员，并从盾构机厂家派驻两名人员随时对出现的故障及时组织维修。

5. 穿越步骤

盾构穿越高速路分为三个阶段：穿越前、穿越中、穿越后（图 5.5.5）。

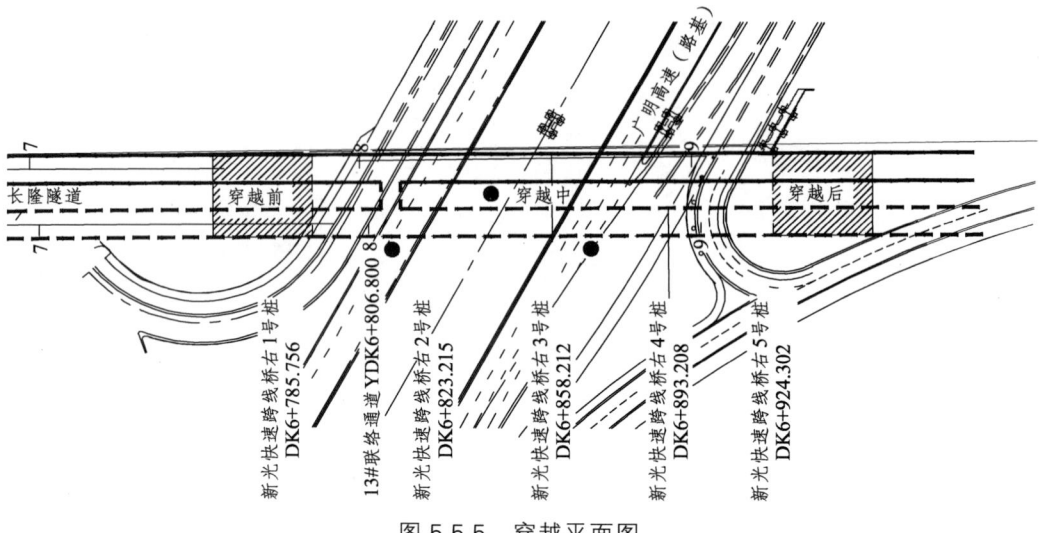

图 5.5.5 穿越平面图

1）穿越前

当盾构机掘进至 DK6+752（YDK6+719），盾构机刀盘距离新光快速桥墩 30 m 时，盾构机需停止掘进，对所有设备进行彻底检查和维修，特别是土压传感器、液压系统、刀具、注浆系统、测量自动导向系统等的检查，以确保盾构机以良好的状态顺利穿过广明高速。

（1）刀具的检查及更换。

穿越地质主要为强风化及中风化砂岩，盾构机刀盘距离新光快速桥墩 30 m 时需选择适当的开舱地点，开舱检查刀盘和更换刀具，以确保盾构机穿越时刀具具有良好的破岩（土）能力。可根据实际需要配置部分重型刀圈，更换标准如下：

① 非正常磨损情况。

刀口合金被过度磨损、掉齿，滚刀刀圈崩缺、偏磨以及刀具、刀座发生变形的必须更换，检测方法可通过外观观察判断。

② 正常磨损情况。

中心滚刀和正面滚刀刀圈磨损量达 25 mm 时即需换刀，特殊情况下（如无完好刀具备件更换时），可在磨损量为 30 mm 时更换。边缘滚刀刀圈磨损量为 10 mm 时需换刀，极限磨损量可达 15 mm。检测方法：采取刀具厂家提供的量刀卡尺测量。

（2）测量自动导向系统的检查。

盾构机距离广明高速 30 m 时，需对测量自动导向系统进行检查，采用人工复测的方式进行复核，若人工复测与导向系统数据不符时，需再次进行人工复测，并对导向系统进行校核，以确保测量导向系统能正确地指引盾构掘进。

（3）盾构机同步注浆系统、泡沫系统维修。

（4）土压平衡系统以及数据传输系统。

为了指导盾构掘进，对土压力的显示必须正确，掘进数据可以传输到地面监控室，以便地面值班经理指挥隧道内施工。因此掘进前做好如下工作：

① 清理土压力传感器，检查传感器的连线，确保土压力面板显示正确。

② 维修隧道与地面数据传输系统，检查线路并调试，保证可用。

（5）盾构油脂注入系统。

为了确保盾尾注浆时不漏浆或少漏浆，必须对盾构油脂注入系统进行检查维修，检查油脂泵、油脂管路，确保油脂管路畅通，调整油脂注入压力，确保油脂注入满足要求。

（6）盾尾刷的检查。

检查盾尾密封油脂注入系统工作是否正常，各管路是否完好，是否存在阻塞情况。

（7）隧道内排水排污系统。

为了防止由于隧道掘进时发生喷涌而影响掘进，或循环水管路意外漏水等导致盾尾积水过多等，需清理污水箱积泥和检查盾尾隔膜泵是否正常工作，并准备盾尾抽污水螺杆泵且提前接好管路，对隧道内污水抽排系统进行全面清理检查。

（8）后配套检查、维修。

为了确保盾构机能连续、顺利地通过广明高速，后配套的正常运转起到了重要的作用，所以必须对后配套进行检查、维修。检查、维修的项目包括：电机车车头、电机车电瓶、皮带运输机、龙门吊、砂浆拌和站、线路、接线端子、控制按钮、电缆卷盘、传感器、感应器。检查上述项目是否能正常运转、是否存在隐患，对存在隐患的及时排除，对需要更换的配件及时更换，以确保能正常使用。

（9）测量控制。

测量人员应按照监测方案，提前进行监测点布设，并及时读取初始值。在盾构机到达距广明高速30 m范围内时，每天与地面监测进行联系，根据监测数据及时调整盾构掘进参数，保证安全穿越广明高速。

2）穿越中

穿越阶段主要用土压平衡模式施工。该阶段的施工风险为：土压控制不到位将造成路基下沉或新光快速路桩基倾斜。在该阶段采取的措施主要包括：

（1）严格按照专项方案，对新光快速路桥梁桩基进行预加固保护施工，并确保施工质量满足要求。

（2）掘进时严格控制掘进参数。该阶段的掘进参数严格按照上一阶段的掘进参数进行控制，同时特别注意结合第三方监测的自动化监测数据进行调整，主要包括土舱压力、扭矩、刀盘转速、掘进速度。穿越阶段掘进参数见表5.5.2。

表5.5.2 掘进参数

项目	土舱压力/MPa	刀盘转速/(r/min)	掘进速度/(mm/min)	最大推力/kN	刀盘扭矩/(kN·m)	姿态纠偏	同步注浆压力/MPa	同步注浆量/m³	二次注浆频次
数值	0.16~0.18	1.0~1.5	30~35	18000	3000	不高于5 mm	0.2~0.3	12	3环/次

（3）严格控制出土量。掘进每环都必须严格按照设计行程进行掘进，且对出土量进行实时监测，并做好详细记录。

（4）严格控制注浆参数。对于控制浆液配合比，同步注浆时控制注入量，二次注浆控制注浆压力，并根据监测系统的沉降数据及时进行注浆调整。根据实际地质情况，每掘进 3~5 环采用台车上的二次注浆泵进行壁后注浆控制并及时施作止水环。

（5）穿越区域中，同步注浆启用"多次、低压"的方式对管片壁后进行注浆，并每 5 环进行二次注浆，确保壁后注浆饱满。

3）穿越后

盾尾脱离穿越区域 30 m 后，采用地质雷达对穿越洞身进行扫描，对壁后有空洞区域及时进行补充注浆，且注浆压力不大于 0.5 MPa，确保盾构机正常运行。

6. 穿越区域桩基加固施工

1）旋喷桩加固

新光快速跨广明高速桥梁 1#桥台采用 ϕ800 高压旋喷桩加固，加固体积 580 m³，旋喷桩共计 384 根。施工采用履带式锚杆钻机，高压注浆泵。盾构掘进时加强地面监控，并提前打入袖阀，根据桥梁沉降情况进行跟踪注浆。管桥梁桩基与隧道关系见图 5.5.6。

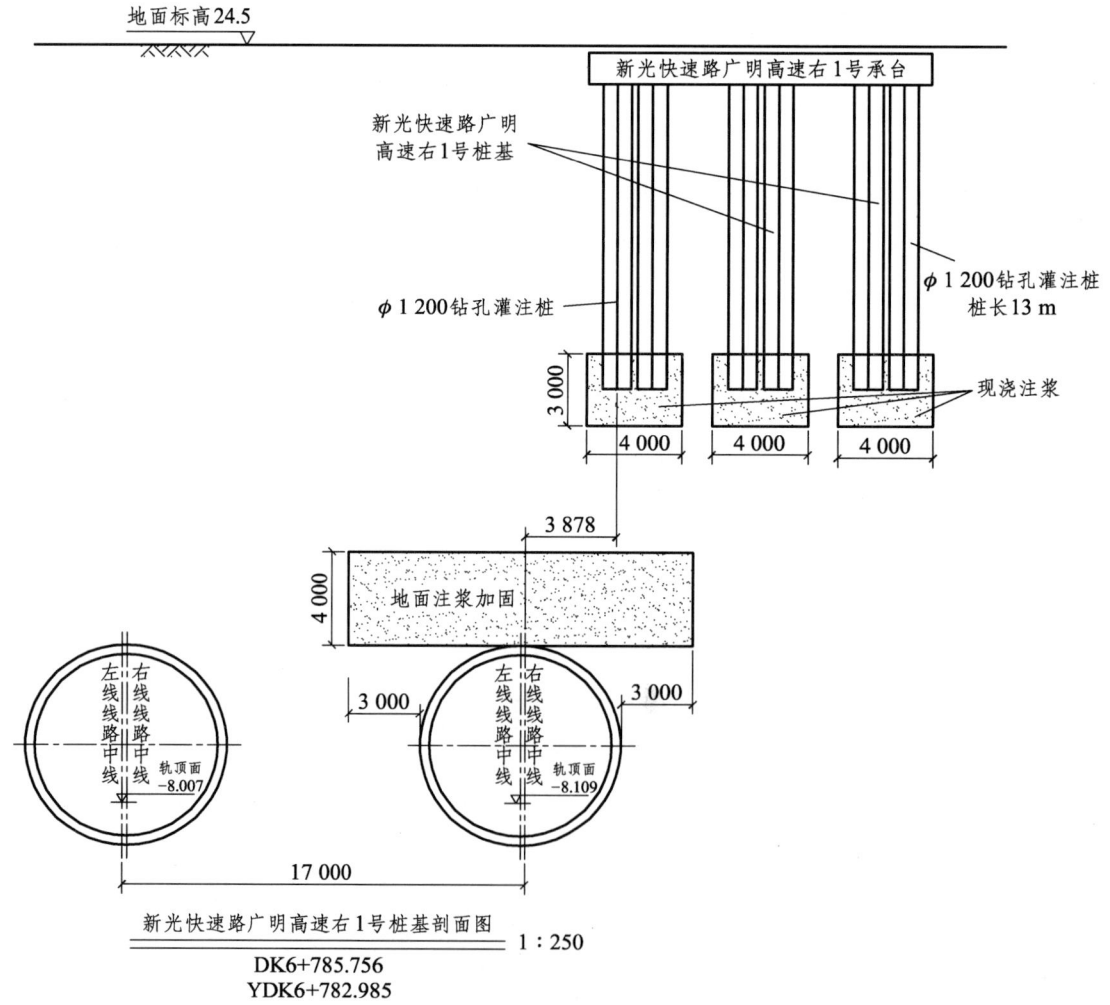

图 5.5.6　新光快速路 1#桥梁桩基与隧道关系

2）钢管桩加固

新光快速路跨线桥桩基 2#、3#、4#桥墩采用双排 ϕ108@300 钢管隔离桩隔离保护，隔离施工范围为佛莞城际长隆隧道的掌子面距离桩基中心 6 m 位置开始至开挖通过桩基中线 4 m 结束的纵向范围。2#桥墩钢管桩长 35.42 m，3#桥墩钢管桩长 36.58 m，4#桥墩钢管桩长 36.75 m，每个桥墩共 89 根。钢管桩采用直径 ϕ108 mm 管壁厚 3.5 mm 的无缝钢管，底部焊封，自顶部 2.0 m 以下按 200 mm 的间距开设 ϕ6 mm 的小孔。钻机成孔后垂直下放钻孔中心至孔底。钢管安装完毕后采用注浆机注浆，浆液水灰比为 1∶1，注浆压力控制在 1.0～2.0 MPa 内，当压力达到 1 MPa 闭浆 3～5 min 后停止上层注浆。钢管桩上部设置尺寸为 80 cm×80 cm 的 C40 钢筋混凝土结构冠梁，小型机械开挖，一次性浇筑成型。新光快速 2#、3#、4#桥梁桩基与隧道位置关系见图 5.5.7~图 5.5.9。

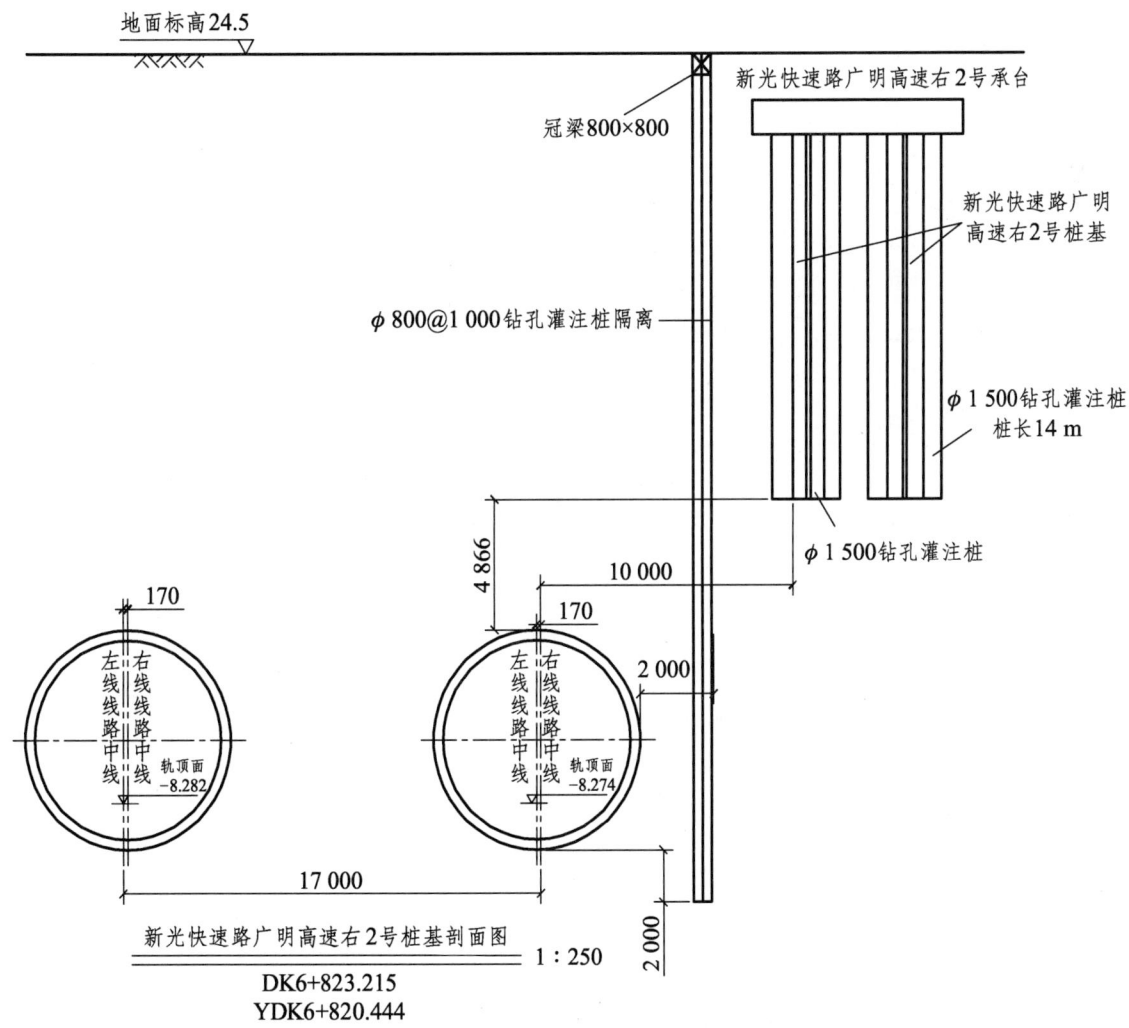

图 5.5.7　新光快速路 2#桥梁桩基保护措施

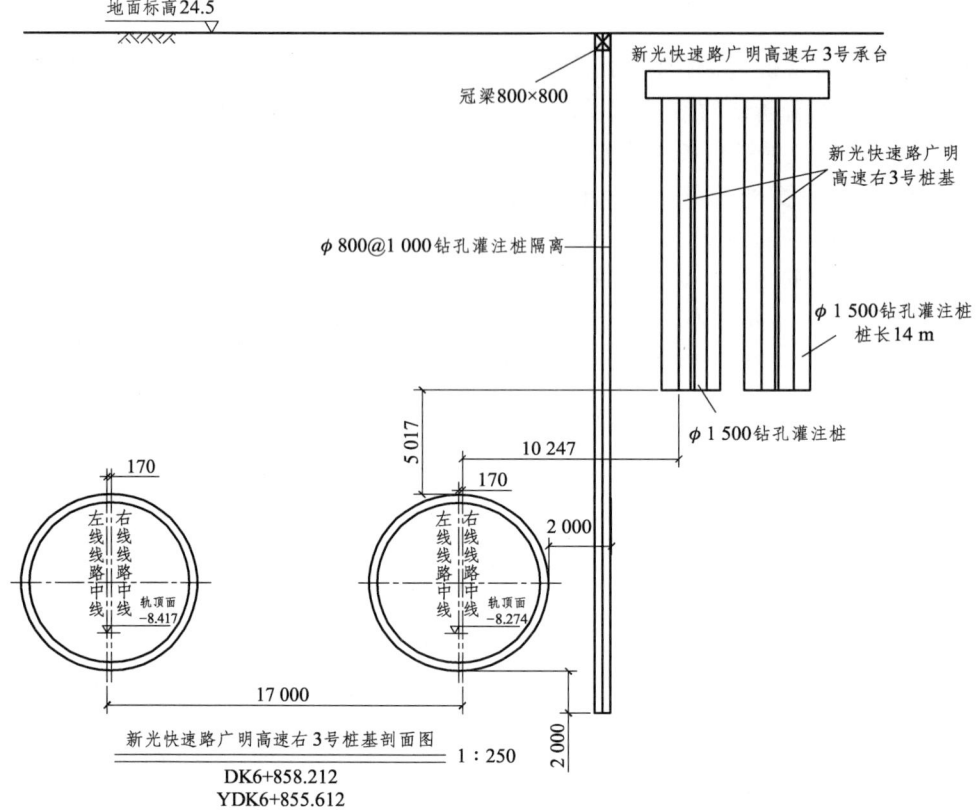

图 5.5.8 新光快速路 3# 桥梁桩基保护措施

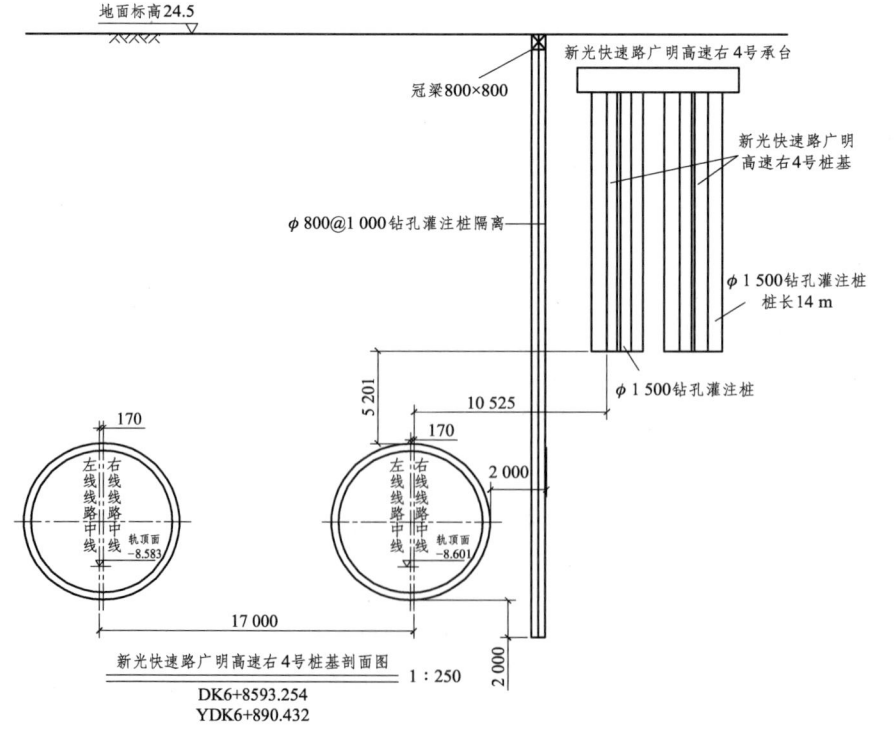

图 5.5.9 新光快速路 4# 桥梁桩基保护措施

3）地面注浆加固

新光快速跨广明高速桥梁 5#桥台采用地面注浆加固，加固体积 580 m³，注浆共计 43 根，注浆总量 10.4 m³。注浆浆液扩散半径为 1.5 m，水泥浆水灰比为 0.8∶1~1∶1，注浆压力为 1.0~2.0 MPa。实际施工中必须根据现场情况（如注浆压力变化、地面是否冒浆窜浆、地表有无隆起、桥梁桩基位移监测抬升值等）进行灵活、实时调整。新光快速 5#桥梁桩基与隧道位置关系见图 5.5.10。

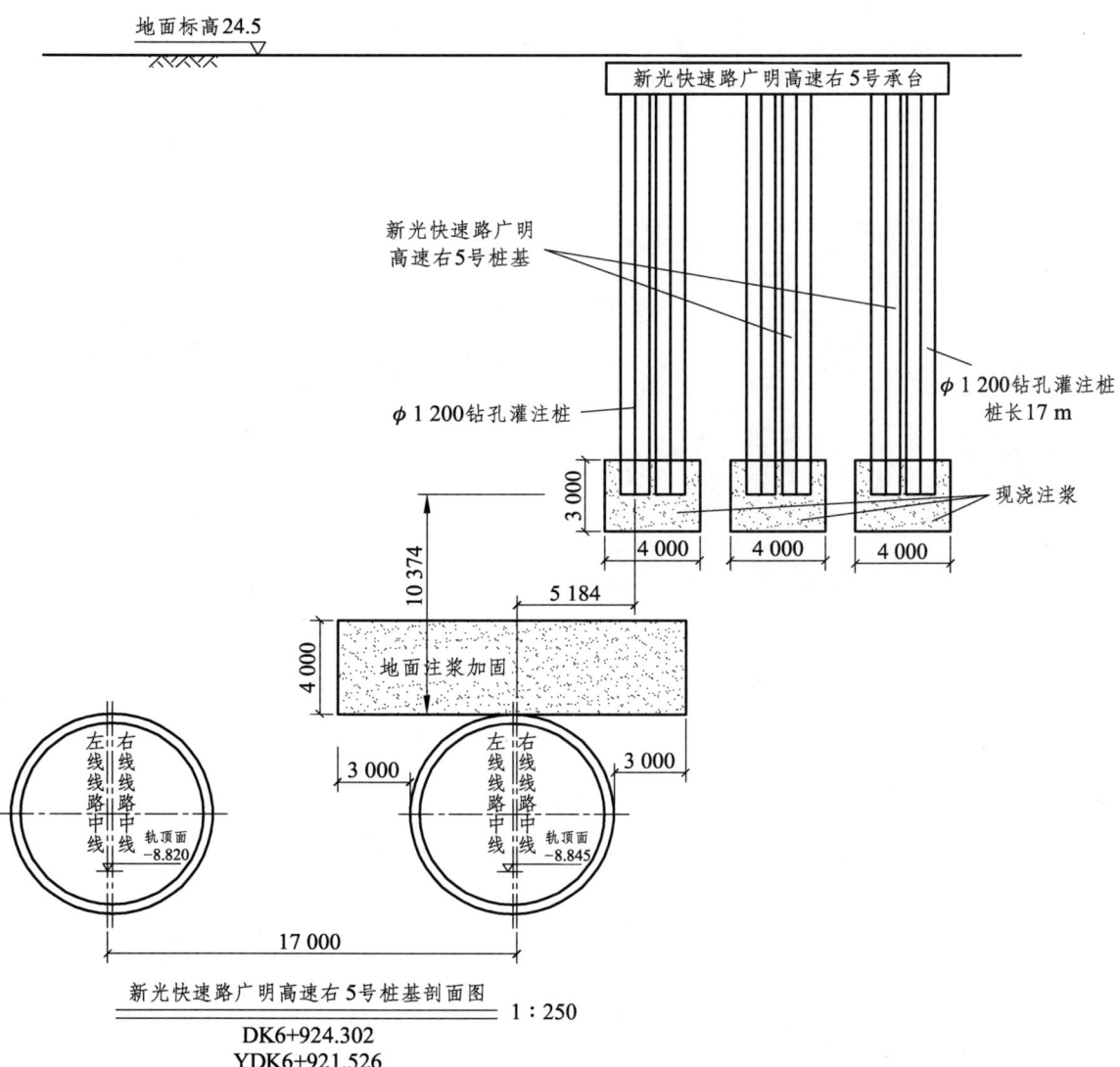

图 5.5.10　新光快速路 5#桥梁桩基保护措施

7. 穿越区域场地布置

1）现场施工区域示意图

新光快速 1#~5#桥墩现场现状照片见图 5.5.11。

（a）1#桥台照片　　　　　　　　　（b）2#桥墩照片

（c）3#桥墩照片　　　　　　　　　（d）4#桥墩照片

图 5.5.11　桥墩现场现状照片

2）围挡交通疏解方案

既有广明高速行车道为双向 6 车道，中央绿化带宽 1.8 m。有两个应急车道，道路断面宽 32 m，路面为沥青路面。道路上方是新光快速桥梁，光明高速路两侧为金山大道。该路段交通较繁忙，车流量大，车速快，在新光快速路跨线桥与广明高速前方 1 km 范围内有一处收费站。

新光快速路匝道处施工围挡面积共计 188 m²，共分二期施工：一期封闭围挡匝道，右侧临时改移道路 3.5 m 宽、35 m 长道路确保车辆通行，预计封闭时间 25 d；二期拆除施工围挡恢复既有道路，围挡改移至剩余未施工部分，预计施工时间 10 d，道路改移平面图见图 5.5.12。

金山大道共分一期施工，围挡时间预计 30 d。金山大道由东向西方向道路共计三车道，施工时临时封闭右侧两车道，留一车道通行，围挡面积 166 m²；金山大道由西向东方向道路共计三车道，施工时临时封闭右侧一车道，留两车道通行，旁边匝道全部封闭，并在旁边临时改移一条 36.9 m 长、3.5 m 宽道路供临时通行，施工围挡面积 160 m²，道路改移平面图见图 5.5.13。

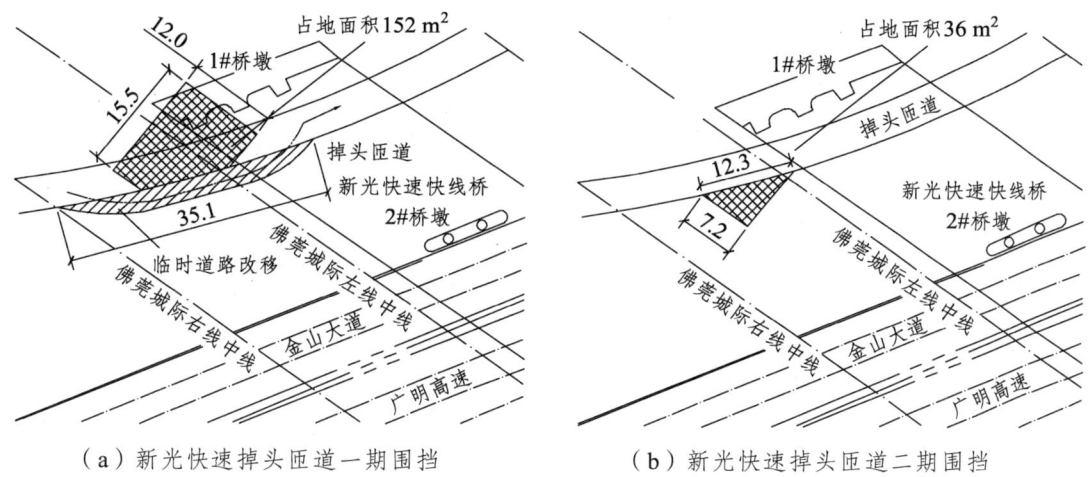

(a) 新光快速掉头匝道一期围挡　　　(b) 新光快速掉头匝道二期围挡

图 5.5.12　道路改移平面图

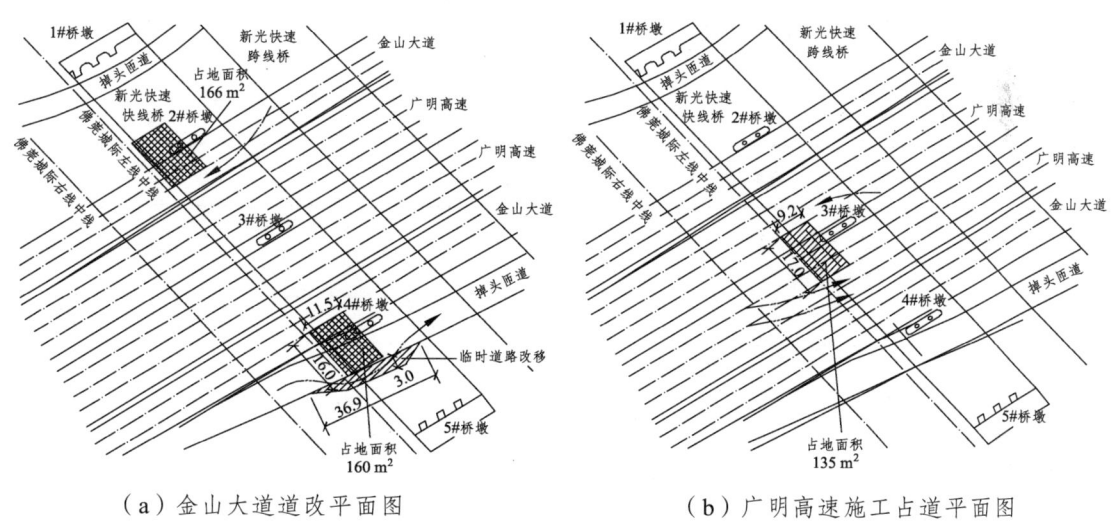

(a) 金山大道道改平面图　　　(b) 广明高速施工占道平面图

图 5.5.13　道改与施工占道平面图

新光快速路桥梁保护桩占用广明高速三车道和绿化带（自东向西两车道、自西向东一车道）。根据钢管隔离桩要求，围挡需占地面积约 135.8 m²。施工分两期进行：第一期占用广明高速自东向西两车道，二期施工占用自西向东一车道。两期围挡工期为 20 d，对道路两侧及中间绿化带的三电和雨污水管道和天然气管道等采取探明保护。

围挡施工完成后，能保证广明高速在该处的车辆安全通行要求，详见图 5.5.13。

3）围挡形式

围挡施工工期为 20 d，围挡采用蓝色钢化板，每隔 3 m 设一道钢筋立柱，墙高 2.0 m，在挡板处贴上黄黑斜纹反光膜，同时墙柱顶部设景观灯，围挡两端及迎车面设警示灯及导流警示标志，围挡立柱顶部设置警示灯。

4）警示围护

围挡端部设置施工铭牌、交通指示牌等提示机动车辆绕行通过。围挡周边用防撞水马、路锥进行警示围护,交通警示覆盖范围长 300 m。

8. 施工监测

盾构隧道从新光快速路跨线桥右侧穿过,隧道顶距桥墩桩基底的距离为 4.0~6.0 m,距离两个桥台的距离在 9.0 m 左右。隧道左线中心距桥墩距离均在 20 m 之内,处于主要影响范围。

1) 监测项目

此段主要监测地表沉降、桥墩沉降、桥墩隆起,见表 5.5.3、表 5.5.4。

表 5.5.3 盾构法隧道监测项目标准值

监测项目及岩土类型		工程监测等级	
		一级	
		累计值/mm	变化速率/(mm/d)
地表沉降	坚硬~中硬土	30	3
	中软~软弱土	35	3
地表隆起		10	3
桥梁沉降		20	3

表 5.5.4 盾构法隧道监测项目控制值

监测项目及岩土类型		工程监测等级	
		一级	
		累计值/mm	变化速率/(mm/d)
地表沉降	坚硬~中硬土	24	3
	中软~软弱土	28	3
地表隆起		8	3
桥梁沉降		16	3

2) 测点布置和埋设

新光快速桥 1#台、5#台处,佛莞城际隧道左线从台底穿过,设计采用咬合桩旋喷加固,桩径为 800 mm、间距为 600 mm,此两处的地表沉降测点在加固范围内无法埋设,只有在加固区域外侧 1 000 mm 处埋设地表沉降点。新光快速桥 2#墩、3#墩、4#墩处佛莞城际隧道左线侧穿此 3 个墩,此 3 处设计为桩径 800 mm、间距 1 000 mm 的隔离桩,地表沉降测点布置于平行于桥墩方向,由隧道左线中线向两侧布置,测点间距为 3 m、4 m、4 m、5 m、5 m、10 m,

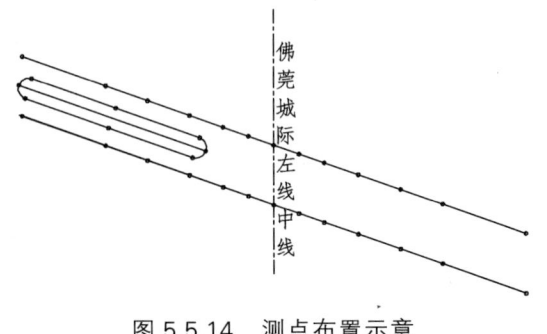

图 5.5.14 测点布置示意

共计 13 个点,断面分别位于桥墩系梁大小里程 2 m 处设置,具体见图 5.5.14。

桥墩 2#墩、3#墩、4#墩的沉降点均设置在桥墩的系梁上，高于系梁处地面 30～50 cm，测点处喷上点编号，在系梁两端端头圆弧段中各埋设一个点，系梁两侧直线段各埋设 3 个测点，平均布置。

桥台 1#台、5#台的沉降点埋设在承台上，每个承台上布置一个点，在该点相同位置的地表埋设一个地表点，便于观察下沉情况。地表沉降点埋设钢筋头，将钢筋顶部打磨成弧形，钢筋长度至少为 100 cm，用风钻将地表钻孔至原状土，地表用取芯机取 20 cm 深、直径 100 mm 的孔。钢筋头顶部外套 20 cm PVC 管，钢筋头外露 30 mm，孔内回填混凝土与 PVC 管口齐平，上加监测点保护盖，如图 5.5.15。

桥墩沉降点采用 L 形钢标如图 5.5.16。

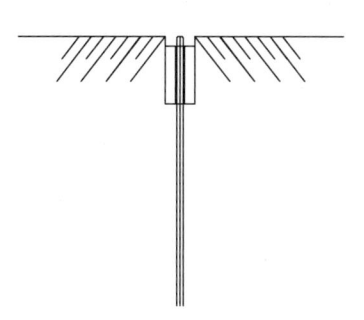
图 5.5.15　地表沉降点埋设示意

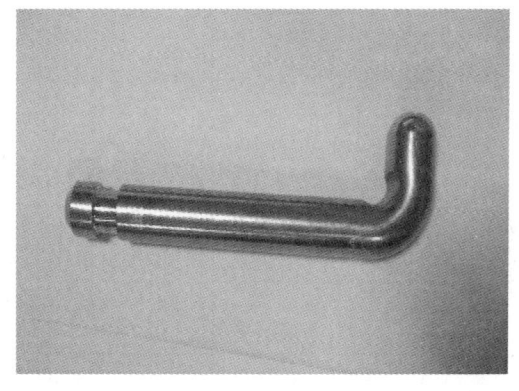
图 5.5.16　L 形钢标示意

3）监测方法

采用二等水准测量方法进行测量，测量标准采用二等水准标准，二等水准测量主要精度指标及技术标准按表 5.5.5~表 5.5.7 执行。

表 5.5.5　水准测量精度（mm）

等级	每千米高差偶然中误差 M_Δ	每千米高差全中误差 M_w	往返测高差不符值	附合路线或环线闭合差	检测已测段高差之差	左右路线高差不符值
二等	≤1.0	≤2.0	$\pm 4\sqrt{L}$	$\pm 4\sqrt{L}$	$\pm 6\sqrt{L}$	—

注：L 为往返测段、附合或环线的水准路线长度，单位为 km。

表 5.5.6　水准测量的主要技术标准

等级	每千米高差全中误差/mm	水准仪的型号	水准尺	观测次数		往返较差或闭合差	
				与已知点联测	附合或环线	平地/mm	山地/mm
二等	2	DS$_1$	因瓦	往返	往返	$4\sqrt{L}$	—

注：① 结点之间或结点与高级点之间，其路线的长度，不应大于表中规定的 0.7 倍；
② L 为往返测段、附合或环线的水准路线长度（km）。

表 5.5.7　水准测量视线长度和高度

等级	视线长度		前后视距差/m	前后视距累计差/m	视线高度/m
	仪器型号	视距/m			
二等	$DS_{0.5}$	≤60	≤1.5	≤6.0	≤2.8且≥0.55
	DS_1	≥3且≤50			

二等水准测量按测段进行往返观测。测站观测顺序为：
① 往测：奇数站"后–前–前–后"，偶数站"前–后–后–前"。
② 返测：奇数站"前–后–后–前"，偶数站"后–前–前–后"。
由往测转向返测时，两根标尺应互换位置。
水准测量所使用的仪器及水准尺，应符合下列规定：
① 水准仪视准轴与水准管轴的夹角，DS_1型不应超过15″。
② 水准尺上的米间隔平均长与名义长之差，因瓦水准尺不应超过0.15 mm，对于双面水准尺不应超过0.5 mm。

高程测量计算取位见表 5.5.8。

表 5.5.8　高程测量计算取位

等级	往（返）测距离总和/km	往（返）测距离中数/km	各测站高差/mm	往（返）测高差总和/mm	往（返）测高差中数/mm	高程/mm
二等	0.1	0.1	0.01	0.01	0.1	0.1

4）监测频率及周期

（1）在旋喷桩和隔离桩施工期间监测频率。

施工前对所有的点位进行初始值的采取，至少3次测量数据在互差不大于2 mm的情况下取3次平均值作为初始值。施工期间的监测频率如表 5.5.9：

表 5.5.9　加固施工期间的监测频率

监测项目	累计值预警	变化速率	监测频率
地表沉降	<24 mm	<3 mm	1 次/d
桥墩沉降	<16 mm	<3 mm	1 次/d
隆　起	<8 mm	<3 mm	1 次/d

在速率大于3 mm/d时，监测频率提高至3次/d。

（2）盾构施工期间监测频率见表 5.5.10。

表 5.5.10　盾构施工期间监测频率

序号	监测处所	监测步骤	备　注
1	盾构到达监测断面（点）前50 m		埋设好测点，读好初始读数
2	盾构到达监测断面（点）前50 m到30 m	1 次/d	
3	盾构到达监测断面（点）前30 m到1倍盾构直径	2 次/d	
4	盾构到达监测断面（点）前1倍盾构直径到盾尾通过后3 d	3 次/d	

续表

序号	监测处所	监测步骤	备注
5	盾构通过监测断面（点）后3 d到盾尾离断面（点）30 m内	2次/d	
6	盾构通过监测断面（点）后30 m到50 m	1次/d	
7	盾构通过监测断面（点）50 m后	1~2次/周	
8	盾构通过监测断面（点）30 d后	1次/月	长期监测

以上监测频率可根据现场监测的情况而调整，遇到报警或其他特殊情况时，应加密观测。

5）监测数据处理与信息反馈

当监测数据达到报警时，应及时发出报警报表，及时采取加密观测措施，并对前期观测数据进行汇总分析，形成有效的信息反馈系统，反馈框图如图5.5.17所示。

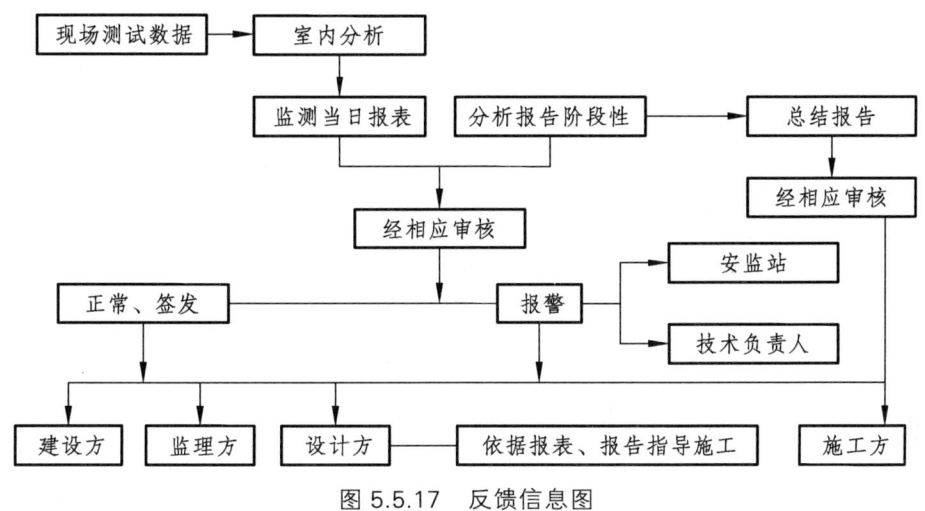

图 5.5.17 反馈信息图

监测工作提交的成果一般包括监测日报表、监测周报、监测月报。监测日报表对测试数据经计算机处理绘制图表后当日提交电子版给项目监测主管，如果发现异常数据，应及时校测，确定无误后和第三方监测联系，对比监测结果，同时出现相同的数据异常，则可以判定不是人为测量错误。若数据在预警范围内，则通知项目组织原因分析，制定措施处理，加密监测频率，观察处理效果。出现报警，就要逐级上报，由设计单位、监理单位、第三方监测单位、业主在现场制定措施处理。

9. 应急预案

1）桥梁倾斜、沉降应急预案

（1）当桥梁发生轻微倾斜或沉降时，应急救援领导小组现场人员应及时处理，中止施工，并制订相应的处理方案及采用注浆加固等有效措施，跟踪监测，控制事态的发展。

（2）当桥梁发生较为严重的倾斜或沉降时，项目部应及时组织人员进行抢险，同时采取注浆加固等有效措施控制事态的进一步发展，并按汇报程序向业主、监理工程师和相关地方政府和行业部门汇报。

（3）当桥梁发生严重倾斜或沉降时，要首先保护好现场，封锁道路，组织项目部人员进行抢救并立即向业主、产权单位上报事件的地点、初步原因、范围、估计后果。如有人在建筑物内时，则应立即疏散人员到安全场所，同时应急领导小组指挥抢救人员赶赴现场，按各自职能组织抢险。

2）地表塌陷应急措施

（1）立即停止盾构掘进，对塌陷路面区域用路栏将其封闭，同时另行开辟出半幅通道，并及时向交警部门报告请求疏解交通，设置好必要的交通警示标志，还要派专人协助交警维护交通，保持交通畅通。如果桥梁出现危机情况，车辆无法行驶，应立即封闭交通，并在道路两端设置告示牌和封路标志，并派人员指挥交通。

（2）立即组织向事故现场调配所备用的抢险机械设备、抢险物资及人员。

（3）当险情危及重大设备及人身安全时，人员、设备尽快撤离危险区。当灾情出现人员伤亡时应立即对伤员进行现场急救，同时送往就近医院抢救。

（4）当塌方段有渗水时，采用塑料管对渗水进行引流处理，防止渗水软化坍方土体，引起连续坍方事故。

（5）人工配合机械对塌陷路面进行开挖，探明地下管线情况，如果涉及管线、建筑物时，按照《管线应急处理方案》和《建筑物应急处理方案》中相关措施执行。

（6）根据塌陷区域实际情况，采用相应的回填材料进行回填。同时在塌陷周围进行钻孔注浆加固地层，防止塌陷进一步扩大。在回填和钻孔注浆过程中，要避开周边区域的地下管线，防止对地下管线造成损坏。

（7）对沉降区域周边道路铺设钢板，以保障道路行车安全。加强在此期间的路面监测频率，查看塌陷周边区域路面沉降趋势。

3）预防"喷涌"措施

盾构在掘进过程中可能会遇到"喷涌"问题，造成出土量无法控制、出土量超过理论计算量等情况，出土超量造成沉降量较大，所以需采取措施预防掘进过程中"喷涌"问题的发生。采取措施主要有：

（1）选择合适配合比的渣土改良添加剂，将传统的泡沫改良剂注入高分子材料进行改良，减少泡沫改良剂由气压引起的"假土压"效应。

（2）通过双液浆注浆方式填充密实管片与围岩之间的控制，堵住盾尾来水，预防"喷涌"。

（3）通过注入管路转换，在螺旋机前端增加一条注入管路，注入高分子材料，高分子材料大量吸收渣土中水分后由液状渣土转变为塑性渣土，形成"土塞效应"，预防"喷涌"问题的发生。

4）预防"泥饼"措施

在掘进过程中加入泡沫能预防产生泥饼，泡沫的功效主要在于分离或中和黏性土中的阴阳离子，降低其吸附性能，从而起到改善渣土的流动性、润滑刀具等作用。对于软岩和黏性土，合理的泡沫注入尤为重要。根据以往盾构工程施工的经验及前段同等地层掘进经验，泡沫的注入量为 60 mL/min，膨胀率控制值为 8~10，如遇到风化为完全的地质，膨胀率控制在

15~20。实际使用时其配比和注入量应根据地质条件及施工情况确定。

若土舱固结"泥饼",则采用以下措施:

(1)注入发泡剂,改变土舱内渣土流动性。

(2)注入分散剂,以达分散"泥饼"效果。

(3)适当调整螺旋机转速,以便排出泥饼。

(4)泥饼处理过程中加强洞内注浆,必要时进行地面补充压浆,防止地面沉降。

5)特殊原因使盾构机长时间停机的应对措施

(1)停机前,依据具体的停机时间制订详细的停机方案与计划,安排监测组及盾构队组织专人负责停机期间的工作。

(2)做好停机前的最后一环的掘进,调节停机时的土舱压力比设定压力略大 20~30 kPa。

(3)根据同步浆液的初凝时间,安排停机 5~7 h 后,再掘进 10~20 mm。掘进过程不进行注浆和出土,防止浆液凝固盾尾封刷。

(4)如果停机时间较长,通过中盾和前盾的膨润土注入系统,在盾体周围注满泥浆,保持地层稳定。

(5)加强对盾构机土舱压力的监视和调整,根据地层情况确定土舱压力警戒值。当土舱压力低于警戒值时,通过膨润土系统加入泥浆来保持土舱压力。

6)盾尾漏砂、漏泥

在推进过程中,若发现盾尾漏砂、漏泥,应立即停止盾构推进,由洞内应急小组进行堵漏工作,并马上上报至项目部应急小组。

当盾尾漏砂、漏泥时,应立即向盾尾漏砂、漏泥处塞海绵条并加注盾尾油脂,如果效果不明显,立即在海绵条后加塞锥丝,并辅以双快水泥进行堵漏;或向盾尾后一环管片漏浆处注浆并加注聚氨酯,之后在漏浆处盾尾间隙处加注环氧树脂或 WBS。

7)管片环缝渗水

当盾构推进时,由于操作不当可能引起管片环缝渗水,在盾构推进完成 20 环后,管片环缝仍旧在渗水则立即对渗水处加注环氧树脂等堵漏材料。

8)盾尾漏水的应急措施

(1)堵漏措施。

停机补充油脂,在漏浆部位进行人工打油脂,先打内孔,再打外孔,发现盾尾出现漏水情况时,配制初凝时间较短的双液浆(A、B 液)进行管片壁后注浆,施作止水环。若盾尾漏水比较严重,则在相邻盾尾最近的管片处开始注入聚氨酯,形成较好的堵水效果。若漏水情况不能控制,可使用 10 cm 厚的海绵条(海绵条均涂满油脂),沿着管片与盾构机壳之间,塞满整个盾尾间隙。

(2)抽(排)水措施。

为了防止在盾构机头内积水,除了原有正在使用的泵外,另外再在隧道内配备一台抽水泵以备用,同时做好隧道外抽排水准备工作。

10. 盾构侧穿新光快速路桥梁桩基群数值模拟

1）数值模拟计算情况

本次数值模拟计算采用 Midas GTS 通用有限元分析软件，盾构隧道侧穿新光快速路的模型建立如图 5.5.18 所示，模型尺寸为 80 m×58 m×200 m。桩基与隧道位置关系如图 5.5.19 所示。边界条件为前后约束纵向位移、底部约束竖向位移、左右两侧约束横向位移，地层表面为自由面。

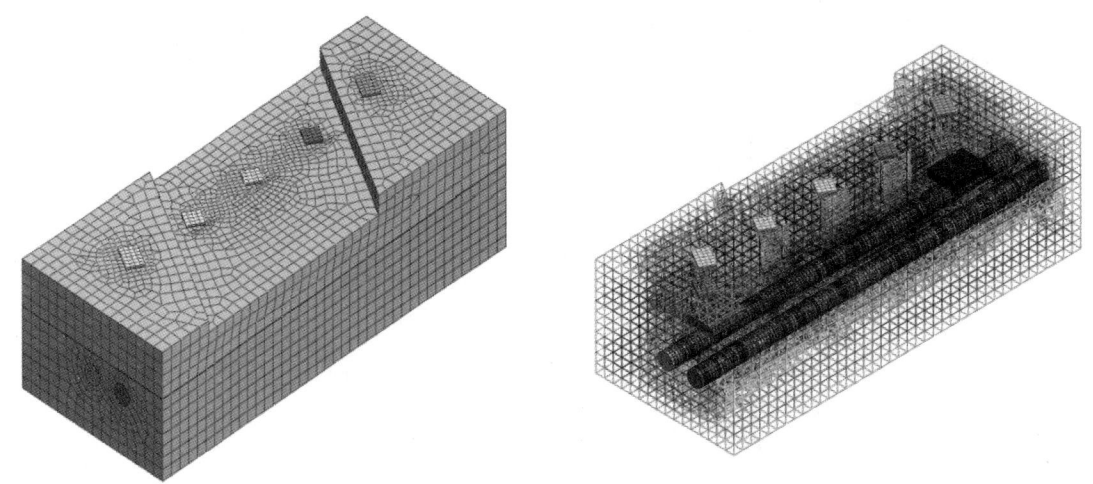

图 5.5.18　盾构隧道侧穿新光快速路三维计算模型

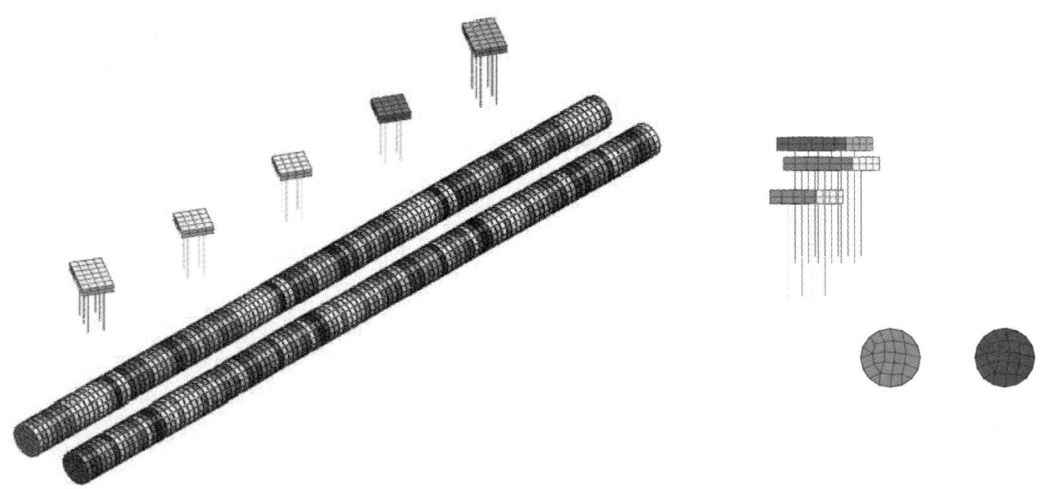

图 5.5.19　桩基与隧道位置关系示意

由于盾构隧道直径较大，且左线隧道距离新光快速路桥梁桩基较近，为减小盾构掘进时对桥梁的影响，对于距离左线隧道最近的 1#和 5#桩分别采用 ϕ800 高压旋喷桩加固及地面注浆加固措施，以加固盾构隧道上方至桩基底部范围内长 10 m、宽 14.5 m、高 4 m 的土体，对于 2#~4#桩选择双排 ϕ108@300 钢管桩隔离保护，每个桥墩共计使用 89 根。1#~5#桩基与隧道位置关系见图 5.5.20~图 5.5.24。

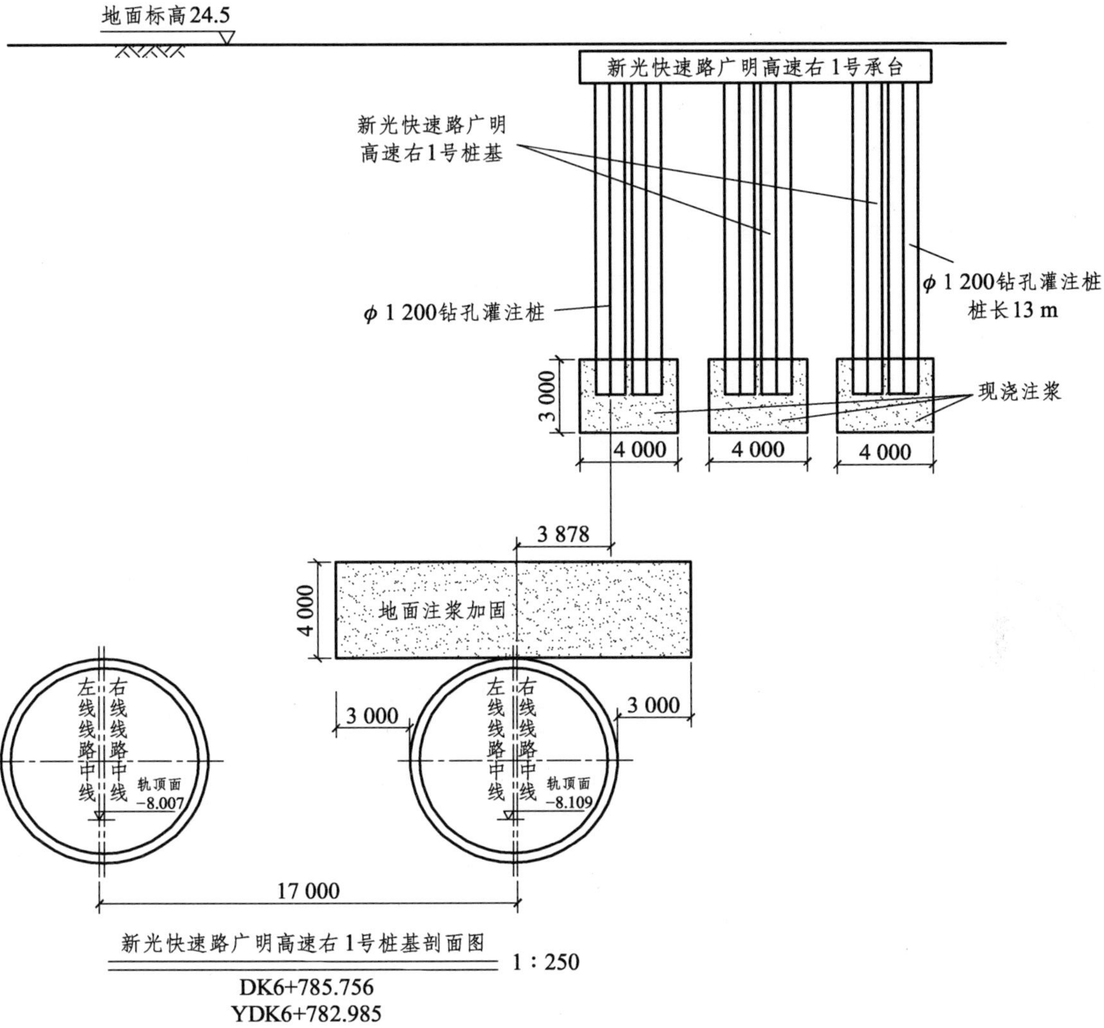

(a）工程设计图

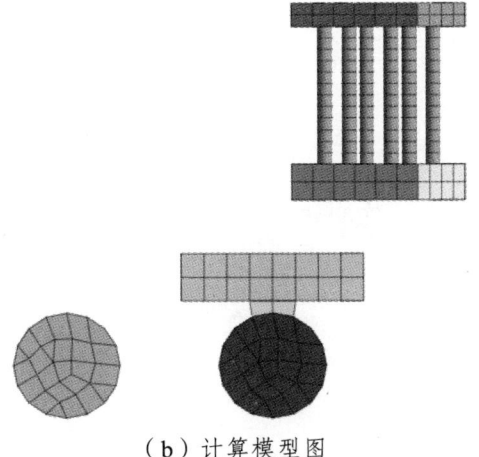

(b）计算模型图

图 5.5.20　1#桥梁桩基加固措施

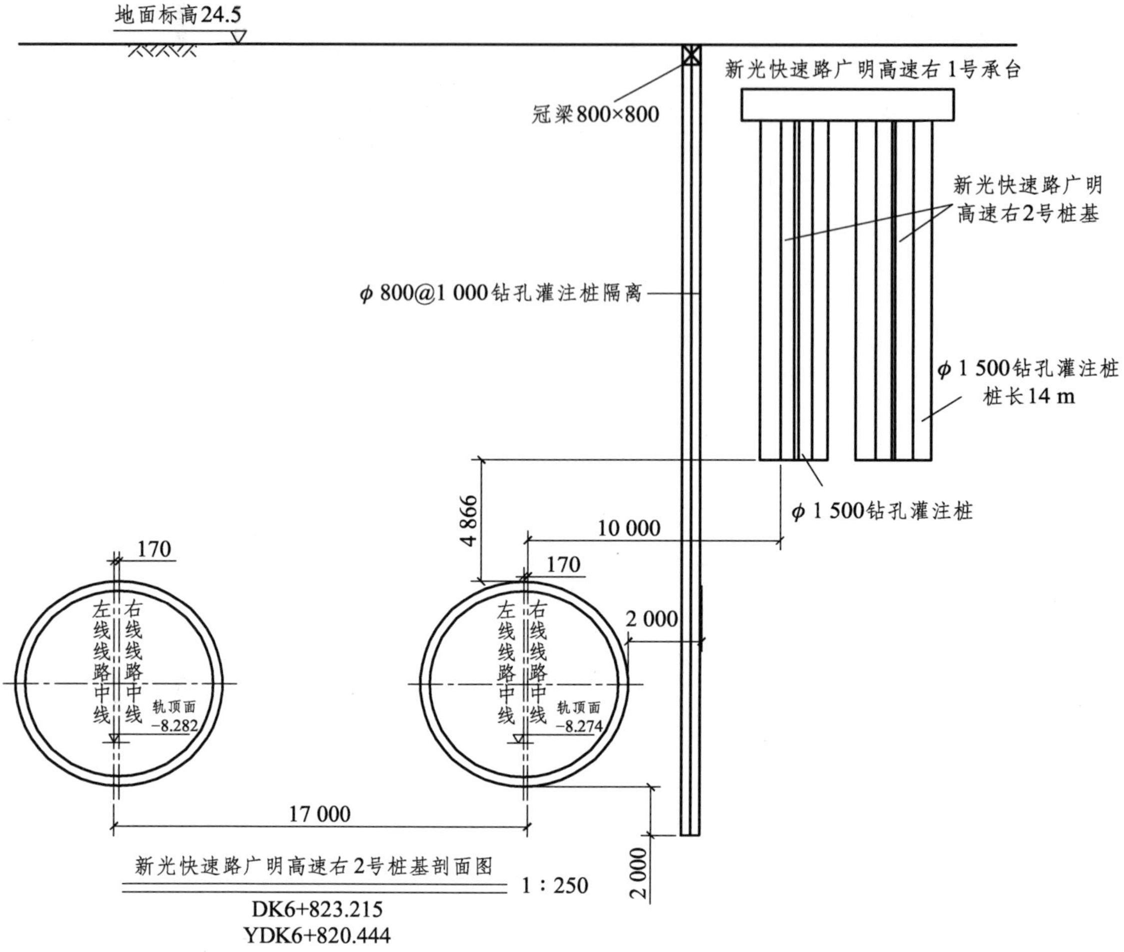

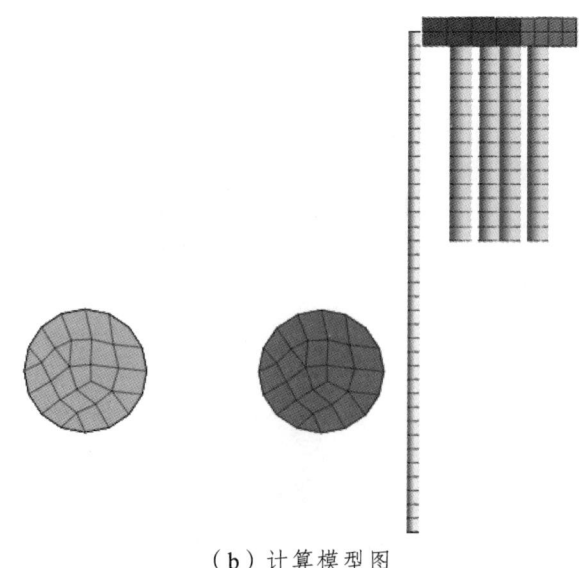

(a) 工程设计图

(b) 计算模型图

图 5.5.21　2#桥梁桩基加固措施

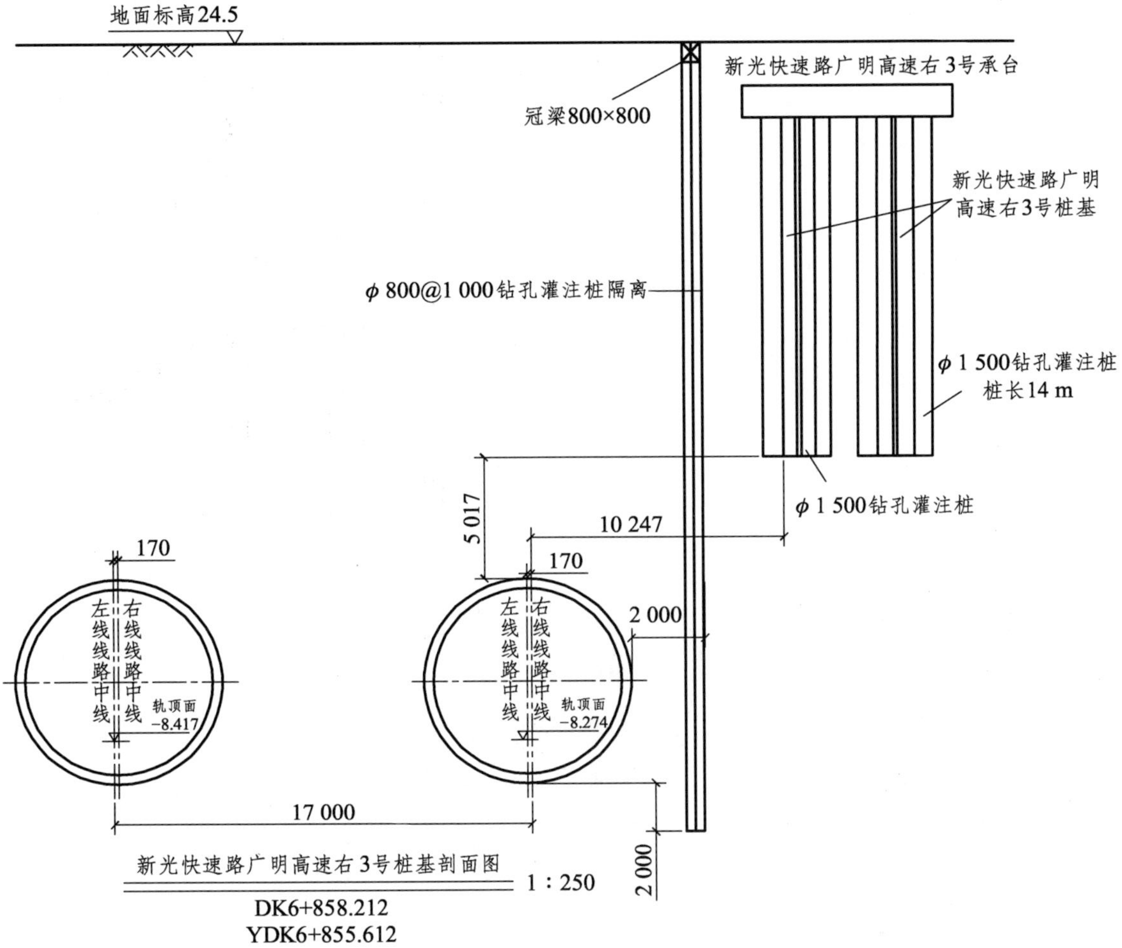

（a）工程设计图

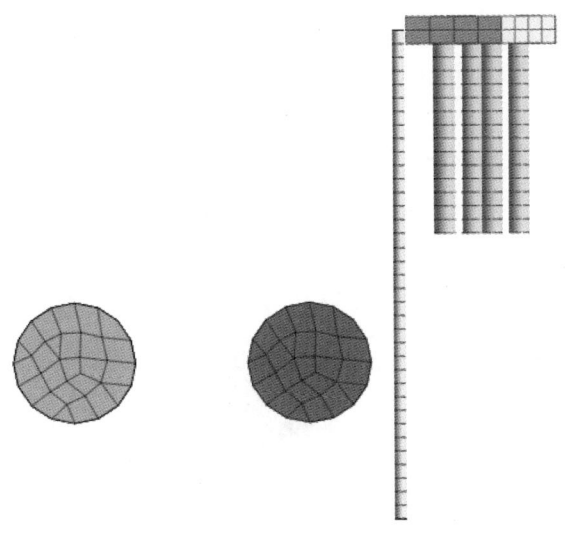

（b）计算模型图

图 5.5.22　3#桥梁桩基加固护措施

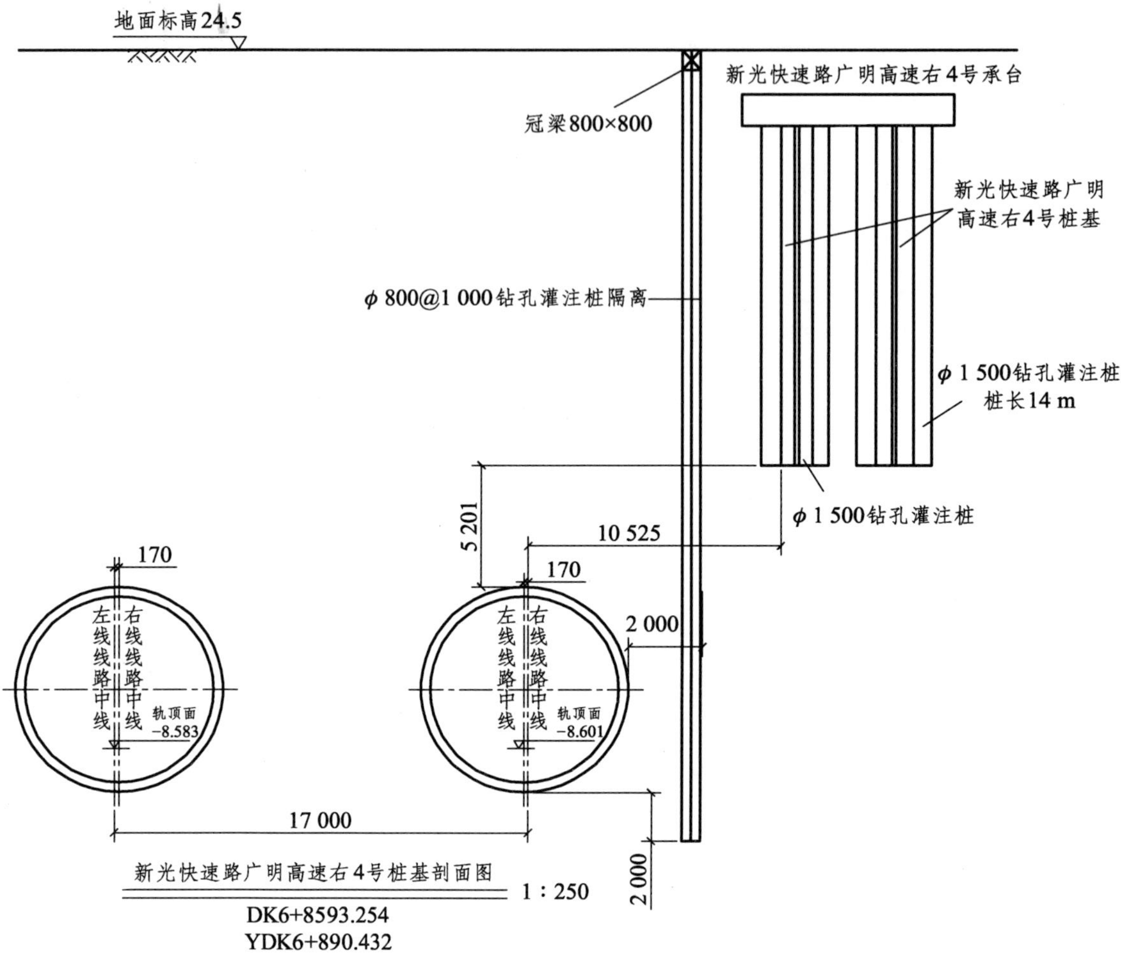

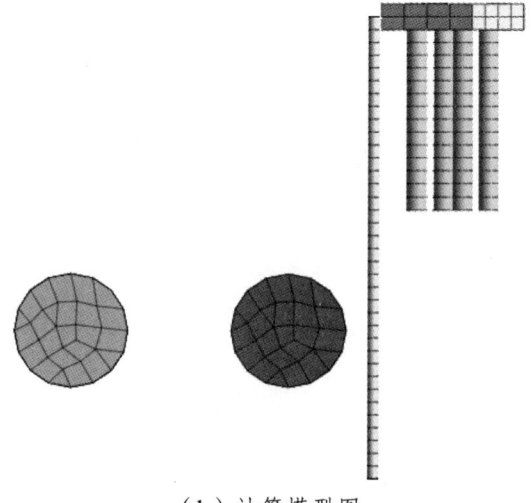

(a）工程设计图

(b）计算模型图

图 5.5.23 4#桥梁桩基加固措施

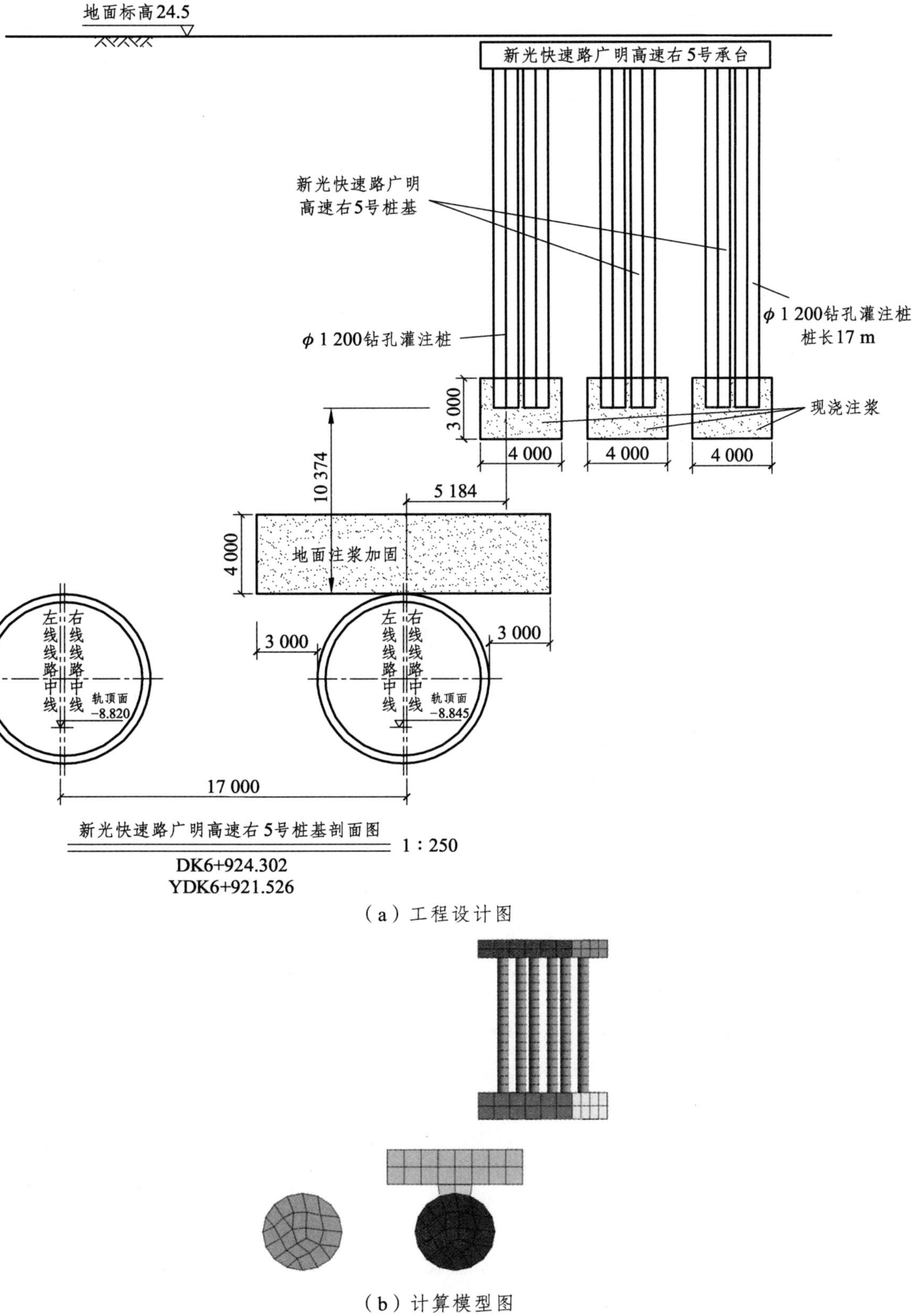

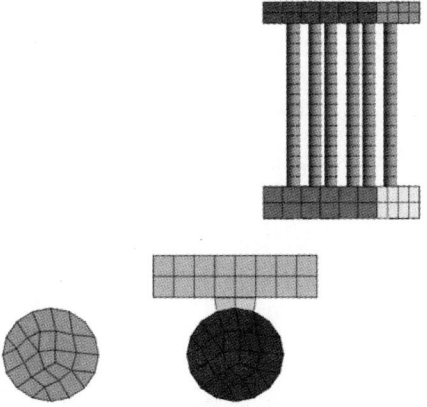

(a) 工程设计图

(b) 计算模型图

图 5.5.24　5#桥梁桩基加固措施

土体采用六面体实体单元模拟，本构模型采用修正摩尔库仑弹塑性模型。不同分层的土体重度、黏聚力、摩擦角等参数由相关报告提供，各材料参数如表 5.5.11 所示。由于计算模型复杂，土体的弹性模量取报告中提供的压缩模量 4 倍数值，卸载模量取为弹性模量的 3 倍。盾构隧道管片采用二维单元模拟，并赋予单元 0.4 m 的厚度，管片的材料参数按照混凝土强度等级选取。桩采用 1D 单元进行模拟，并赋予单元圆形剖面及 108 mm 的直径。加固土体采用三维单元模拟，在相应施工阶段通过软件命令设置替换为新的土体参数。

表 5.5.11　数值模拟计算材料参数

参数	$\gamma/(kN/m^3)$	c/kPa	$\varphi/(°)$	E/MPa	μ
W4 地层	1 900	28	16	20	0.3
W3 地层	1 950	32	23	36	0.3
管片	25	—	—	32 500	0.2
承台、桩	25	—	—	32 500	0.2
注浆区域	21	30	25	12 000	0.3

数值计算模型总单元数为 83 911 个，所有单元尺寸控制在 1~5 m，承台、桥桩、钢管桩单元尺寸设定为 1 m，隧道核心土部分单元尺寸设定为 1.6 m，土层单元尺寸设定为 5 m。

在 Midas 软件中模拟盾构隧道掘进对新光快速路桥梁桩基群的影响时，首先计算土体初始地应力场并清零位移，然后替换承台以及注浆加固部分的材料参数并进行计算和位移清零，以模拟承台及注浆加固的施作，之后再对盾构隧道开挖土体进行钝化处理和管片单元的激活处理模拟掘进，每次按盾构管片实际幅宽 1.6 m 进行开挖及支护，以此来模拟盾构掘进时对新光快速路桥梁桩基群的影响。

2）数值模拟计算研究的主要内容

（1）研究新光快速路桥梁桩基群未加固工况下盾构侧穿时地表沉降情况。

（2）研究桥梁桩基群未加固工况下盾构侧穿时桥梁桩基群位移变形情况。

（3）研究桥梁桩基群未加固工况下盾构侧穿时桥梁桩基承台倾斜情况。

（4）研究新光快速路桥梁桩基群加固工况下盾构侧穿时地表沉降、桥梁桩基群位移变形、桥梁桩基承台倾斜等情况。

（5）对比分析佛莞城际盾构隧道侧穿新光快速路桥梁桩基群加固和不加固两种工况下掘进时的数值计算结果，验证新光快速路桥梁桩基群加固措施的有效性。

3）数值模拟计算结果分析

本次数值模拟分为两种工况，第一种是桥梁桩基群未加固工况，第二种是桥梁桩基群加固工况，下面分别予以说明。

（1）工况一地表沉降（图 5.5.25）分析。

通过对图 5.5.25 进行分析，可以得出：从整体上来看，地表沉降量前后两端比中间段要大，这是因为 1#、5# 桩基承台处距佛莞城际铁路左线盾构隧道中心线很近，其中 1# 桥梁最边缘桩基中线距离左线隧道中心线仅为 3.878 m，故地表最大沉降值发生在 1# 桩承台附近，其沉降可达到 10.35 mm。5#桩承台附近沉降量与 1#桩承台附近的沉降量相差不大，其最大沉降近 9 mm。中间段盾构隧道对应的地表位置处的沉降量在 4~6 mm。总体上来看，地表的沉降规律是以盾构隧道竖直向上对应的地表位置处沉降量最大，而向隧道两侧逐渐减小直至稳定值。

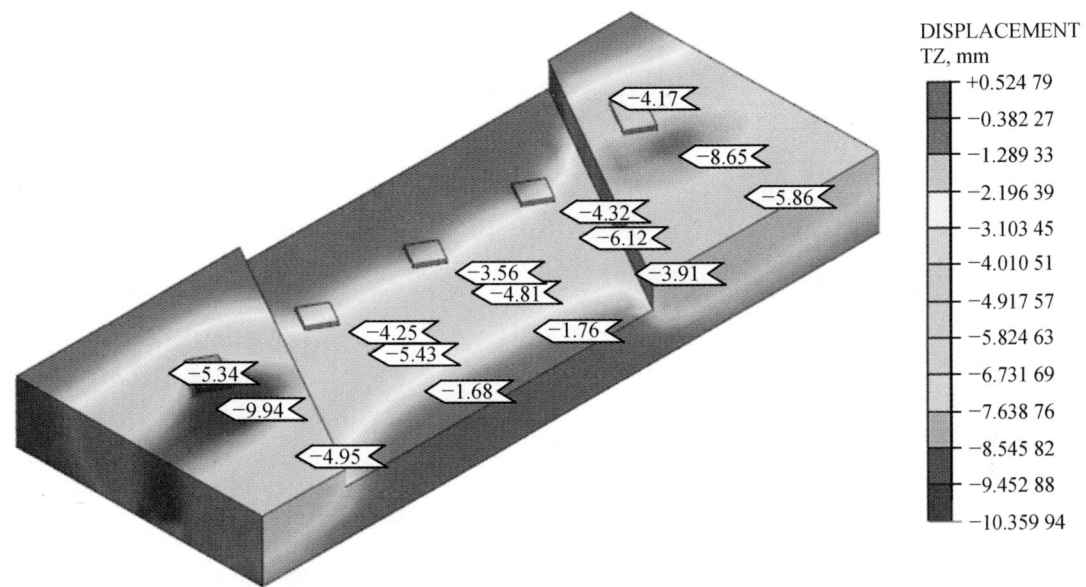

图 5.5.25　盾构掘进引起的地表沉降（单位：mm）

（2）工况一桥梁桩基群位移变形（图 5.5.26、图 5.5.27）。

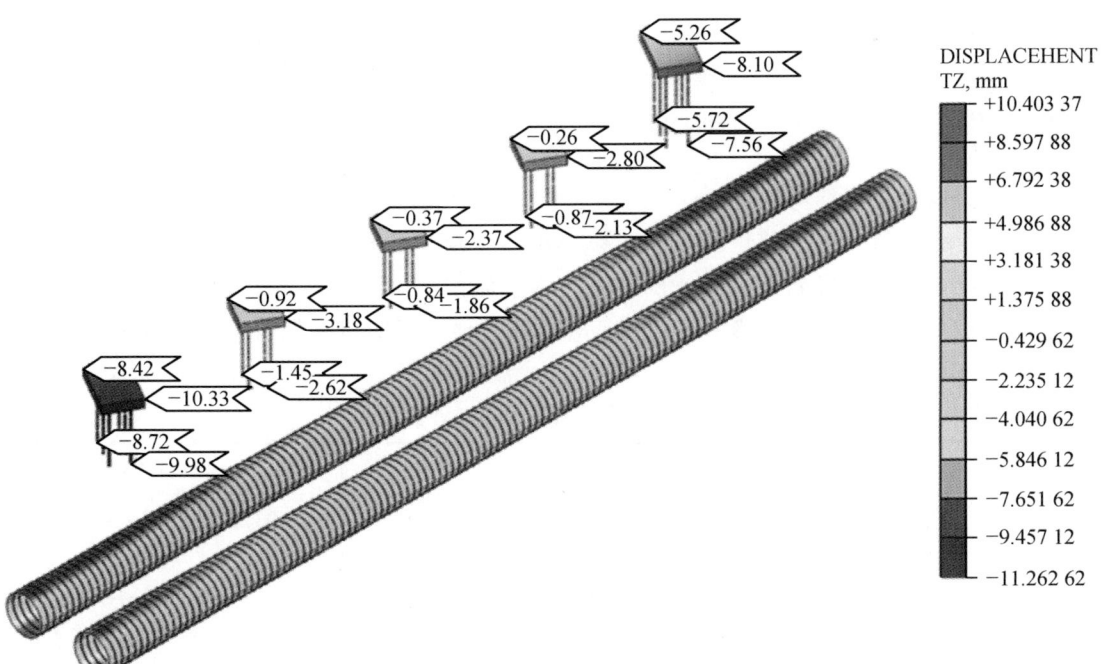

图 5.5.26　桥梁承台及桩基竖向位移（单位：mm）

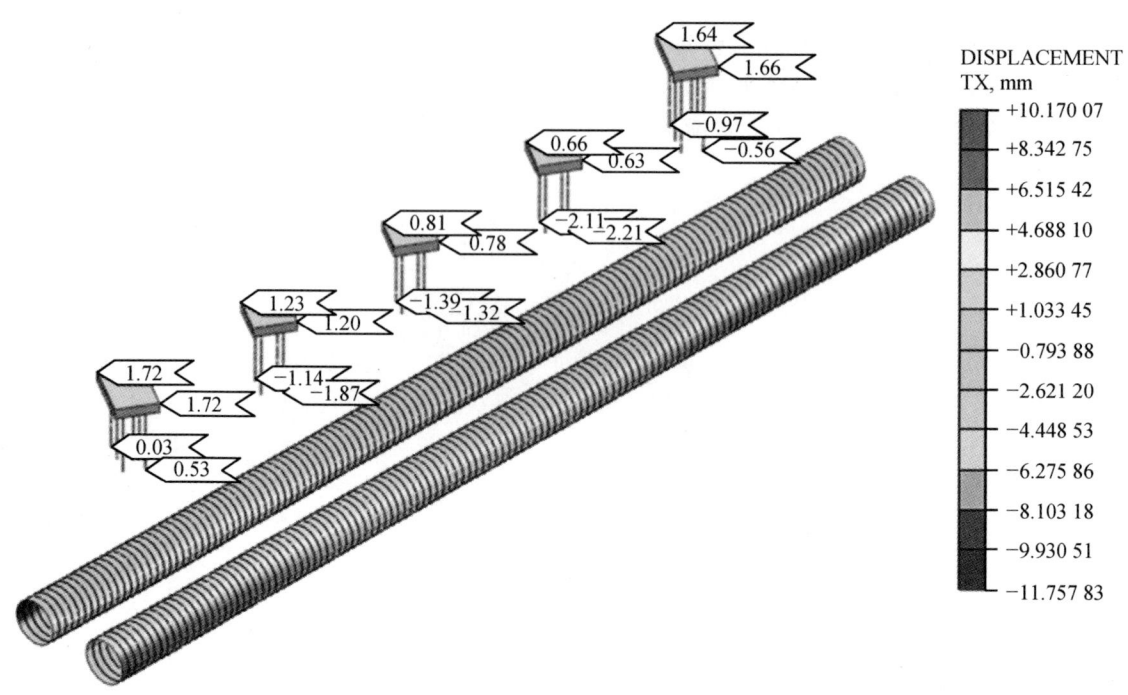

图 5.5.27 桥梁承台及桩基水平位移（单位：mm）

通过对图 5.5.26、图 5.5.27 进行分析，可以得出：1#桩承台处沉降最大，可达到 10.33 mm，其次是 5#桩承台处沉降可达到 8.1 mm，中间 3 处承台沉降较小，最大值在 2~4 mm，造成这种情况的原因是 1#、5#桩基群距离盾构隧道的中心线很近，而 2#~4#桩基群距离盾构隧道中心线有一定距离。水平位移方面同样是 1#桩承台处位移最大，其次是 5#桩承台处，中间 3 处承台的水平位移值较 1#、5#桩承台处小，可能是因为距离隧道中心线更远，盾构隧道掘进对这 3 处的扰动更小。但是在 2#~4#桩基群的桩底，尤其是 4#桩基群桩底的水平位移较大，可以看出隧道掘进对桩底处有着明显的扰动效应。

（3）桥梁承台及桩基群倾斜。

通过对承台及桩基的位移情况分析可以得出承台及桩在盾构隧道掘进的影响下发生的倾斜情况，包括承台面的倾斜和桩的倾斜，承台面的倾斜是由于承台各处的沉降不一致，桩身倾斜是由于桩顶与桩底水平位移不一致。汇总计算结果（不均匀沉降引起附加折角的正切值）可得表 5.5.12。

表 5.5.12 承台及桩的倾斜计算结果

桩号		1 号	2 号	3 号	4 号	5 号
构件	承台	0.0135%	0.0283%	0.025%	0.0318%	0.024%
	桩基	0.0092%	0.0162%	0.015%	0.02%	0.013%

（4）工况二地表沉降（图 5.5.28）分析。

通过对图 5.5.28 进行分析，可以得出：总体上来看，地表的沉降规律与未使用加固措施工况下的规律基本一致，都是在隧道开挖中心线附近沉降最大，而后往两边逐渐减小。另外，对比未使用加固措施工况的地表沉降情况可以看出，在使用加固措施之后地表沉降量有一定的减小，加固措施能够对阻止地表发生沉降起到一定的作用。

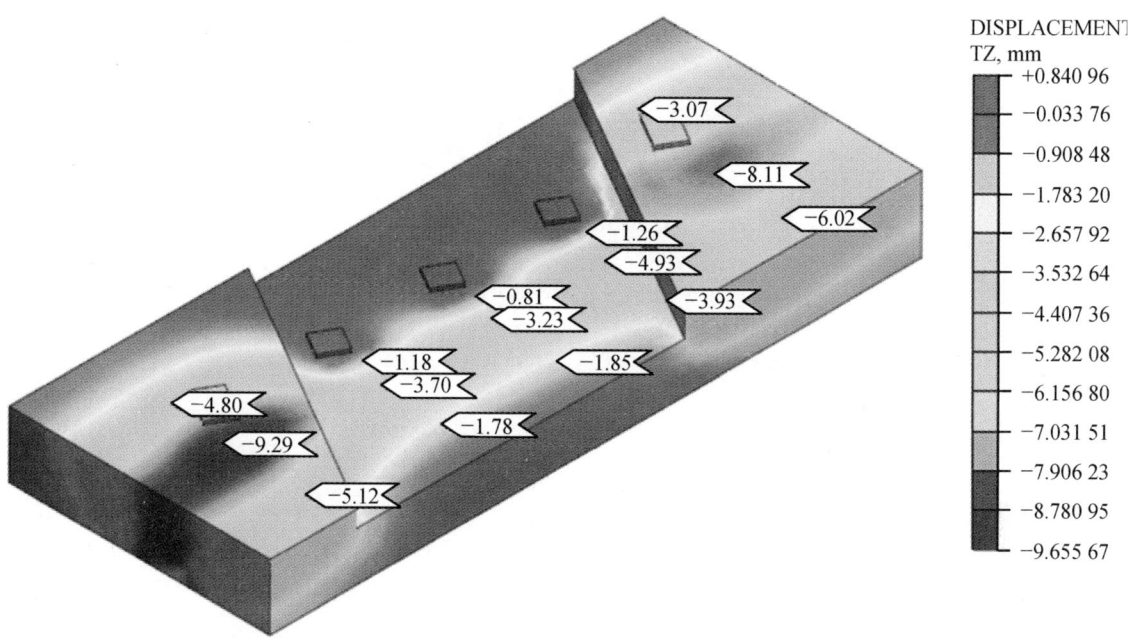

图 5.5.28　使用加固措施后盾构掘进引起的地表沉降（单位：mm）

（5）工况二桥梁桩基群位移变形（图 5.5.29、图 5.5.30）。

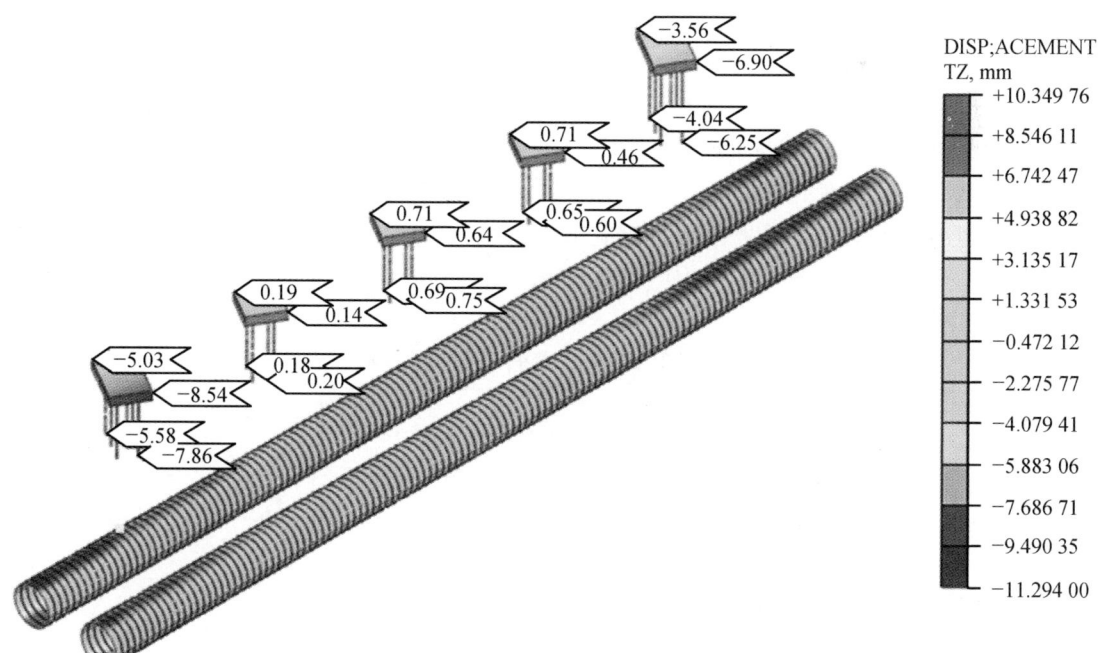

图 5.5.29　桥梁承台及桩基竖向位移（单位：mm）

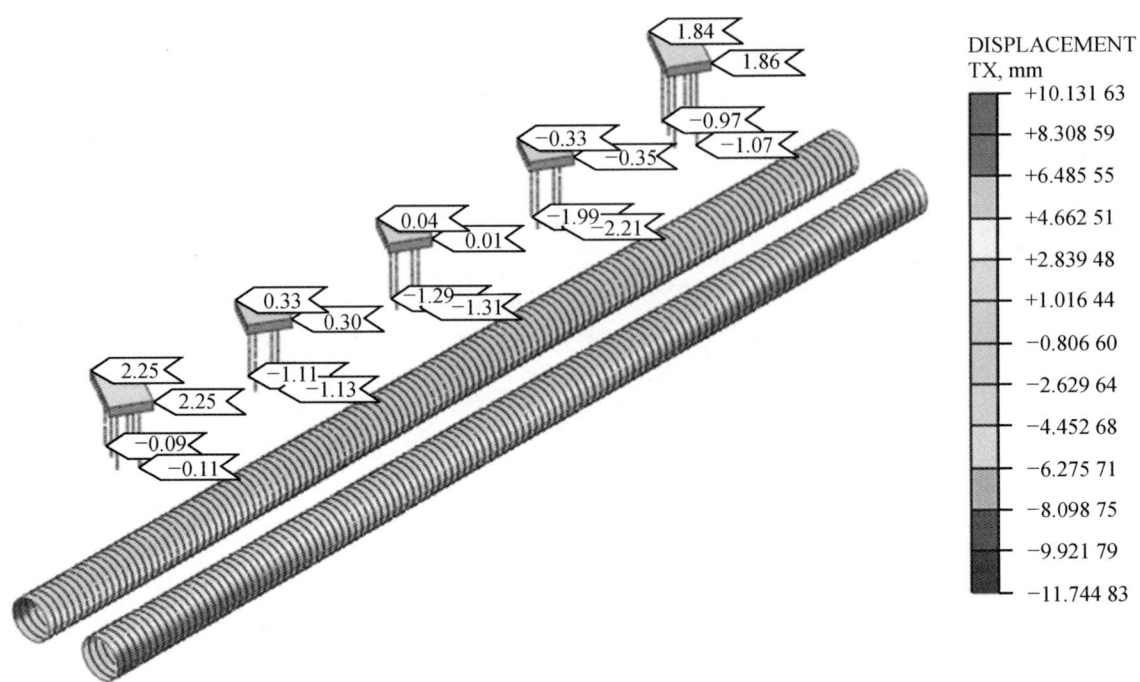

图 5.5.30 桥梁承台及桩基水平位移（单位：mm）

通过对图 5.5.29、图 5.5.30 进行分析，可以得出：基本位移变形规律与未使用加固措施工况基本一致。对比两工况下的位移变形量的大小可以看出，在沉降方面，在使用加固措施之后，所有桩基承台的沉降量都减小了，变形没有未使用加固措施工况时大；在水平位移方面，1#、5#桩基承台的水平位移略有小幅增大，根据 2#~4#桩基承台的水平位移可以看出桩底水平位移与未使用加固措施时基本一致，说明加固措施对承台桩底部几乎没有影响，但是对于顶部承台部位可以很明显地看出水平位移大幅降低，说明在承台处加固措施起到了较大的作用，有效地减小了盾构掘进时土体的变形。

（6）桥梁承台及桩基群倾斜。

通过对使用加固措施工况的承台及桩基的位移情况分析，可以得出采取有加固措施后承台及桩在盾构隧道掘进的影响下发生的倾斜情况。汇总计算结果（不均匀沉降引起附加折角的正切值）可得表 5.5.13。

表 5.5.13 承台及桩的倾斜计算结果

桩 号		1号	2号	3号	4号	5号
构件	承台	0.0293%	0.00063%	0.00088%	0.003%	0.028%
	桩基	0.0182%	0.01%	0.009%	0.013%	0.017%

4）新光快速路桥梁桩基群加固措施的有效性分析

旋喷桩、$\phi 108$ 隔离钢管桩、桩底跟踪注浆等加固措施的作用效果主要体现在：减小盾构侧穿时对桥梁桩基造成的扰动，减小桥梁桩基的竖向位移及不均匀沉降，保证桥梁的安全与稳定。为更明显地掌握新光快速路桥梁桩基群加固措施的作用效果，我们采用数值模拟计算方法分别研究了有、无加固措施条件下，盾构隧道侧穿桥梁时，地表沉降、桥梁桩基位移变形以及桥梁承台桩基倾斜情况。有无加固措施的桥梁桩基及地表沉降位移如表 5.5.14 所示。

表 5.5.14 有无加固措施的桥梁桩基及地表沉降位移对比

工 况	桥梁桩基群最大位移差值/mm				承台及桩基群最大附加折角正切值			地表最大沉降/mm	
	竖向位移	位置	水平位移	位置	承台	桩基	位置		
加 固	8.54	1#桩	0.33	2#桩	0.003%	0.013%	4#桩	9.66	1#承台附近
未加固	10.33	1#桩	1.23	2#桩	0.0318%	0.02%	4#桩	10.35	1#承台附近
差 值	1.79	1#桩	0.9	2#桩	0.0288%	0.007%	4#桩	0.69	1#承台附近

通过对地表沉降、桥梁桩基位移变形、桥梁承台桩基倾斜情况分析后，我们认为：

（1）地表沉降：盾构隧道侧穿新光快速桥桩时，无论有无加固措施，最大地表沉降均发生在 1#桥梁桩基附近，这是因为 1#桩基距离左线隧道最近。且引起的最大地表沉降量可达 10.35 mm，位于左线隧道中心线对应地表位置处，而后随着距离隧道中心处越远沉降越小。

（2）桥梁桩基位移变形：对比两种工况计算结果，桥梁桩基承台的竖向位移差值最大处发生在 1#桩基处，最大竖向位移可减小 17.3%，水平位移差值最大处发生在 4#桩基处，最大水平位移可减小 73.2%，加固效果明显。且桥梁桩基承台在竖直方向的位移显著大于水平方向位移，其中 1、5#桩基承台处由于距离隧道中心线很近，其沉降量要大于 2~4#桩基承台处。

（3）桥梁承台桩基倾斜：承台桩基在隧道掘进影响下都会产生一定的倾斜，未使用加固措施时承台面的倾斜情况要比桩基的倾斜更大一些。对比未使用加固措施工况下桥梁桩基承台倾斜情况，桥梁承台及桩基群最大附加折角正切值可分别减小 90.6% 及 35%，最大附加折角正切值位于 4#桩基处，说明加固措施大幅改善了承台面不均匀沉降造成的倾斜情况，并且桩基的竖向倾斜情况也有着明显的改善。但是 1#、5#桩基处因采用注浆加固措施而非双排钢管桩的隔离保护所以倾斜略有增大，2#~4#桩基承台在双排钢管桩隔离的作用下，承台面的倾斜情况得到显著改善，桩基倾斜情况也有较大的改善，说明双排钢管桩隔离保护的效果显著。

5.5.2 长隆隧道并行及下穿既有广州地铁 3 号线施工技术

1. 工程概况

佛莞城际轨道交通广州南—望洪段设计时速 200 km，含两座隧道（长隆隧道和狮子洋隧道），下穿和侧穿广州地铁 3 号线的部分为长隆隧道，长隆隧道全长 11.03 km，设置了两座地下车站。根据地质条件的不同以及工筹的需要，长隆隧道分别采用盾构法及明挖法施工。

长隆隧道在 YDK5+375 附近出长隆站后，自里程 YDK6+497.320 至 YDK7+397.361 范围内，线路走向与地铁 3 号线地铁盾构隧道几近平行，最小净距约 14 m；在里程 YDK8+100 榄塘村附近时，以 600 m 的半径向东转弯接入番禺大道站，在里程 YDK8+350 ~ +410 处下穿正在运营的广州地铁 3 号线明挖隧道。采用盾构法下穿地铁 3 号线段的长隆隧道采用双洞单线布置，线路间距约 19.19 m，隧道拱顶埋深为 20~22 m。长隆隧道盾构段管片外径为 8.5 m，内径为 7.7 m，管片环宽 1.6 m，轨面距结构顶部外边缘距离为 6.85 m。隧道的详细位置关系见图 5.5.31~图 5.5.34。

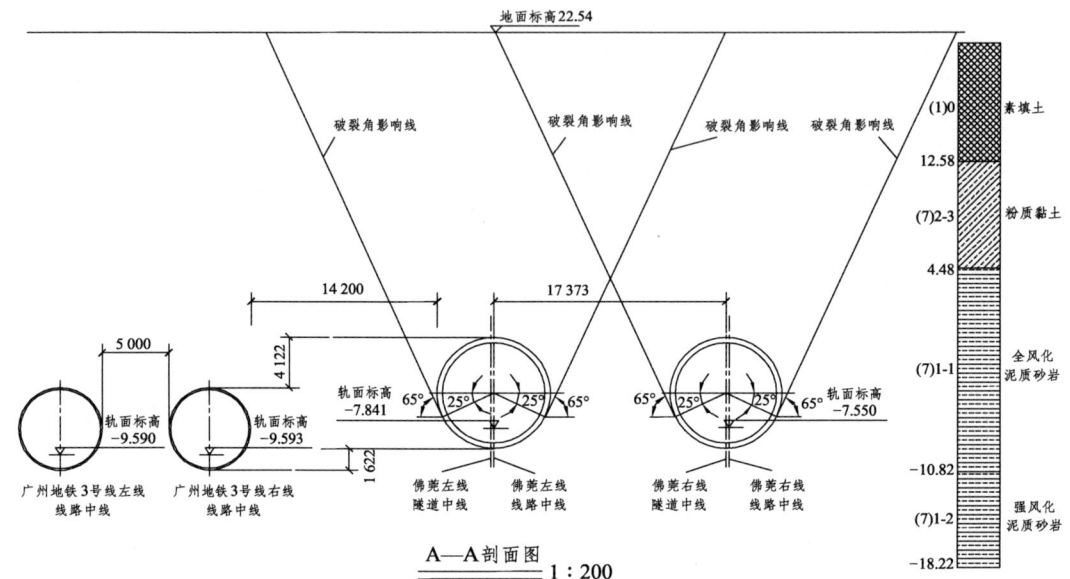

图 5.5.31 长隆隧道并行广州地铁 3 号线盾构横剖面图

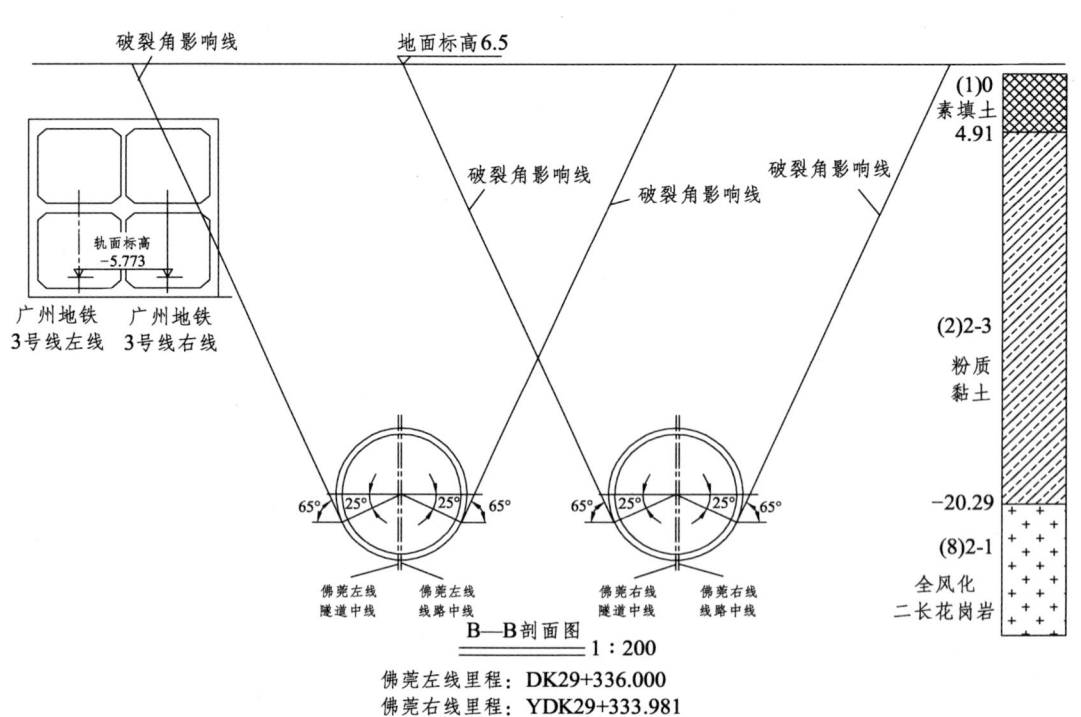

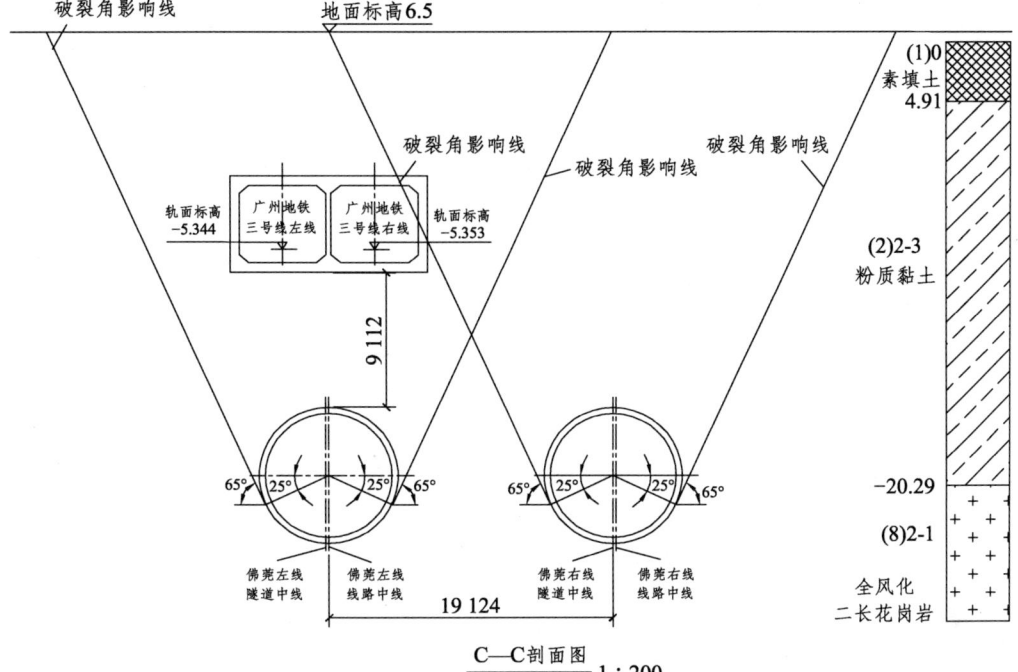

C—C 剖面图
1:200
佛莞左线里程：DK29+379.000
佛莞右线里程：YDK29+378.237
地铁右线里程：YDK21+856.413
地铁左线里程：ZDK21+856.546

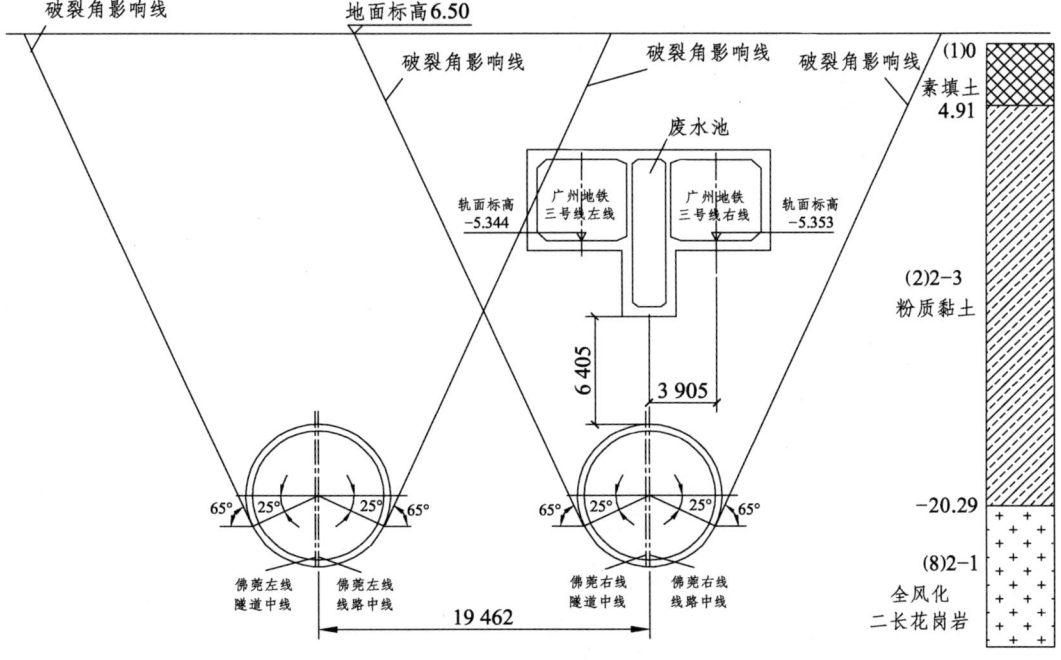

D—D 剖面图
1:200
佛莞左线里程：DK28+414.733
佛莞右线里程：YDK28+415.311
地铁右线里程：YDK21+897.978
地铁左线里程：ZDK21+894.496

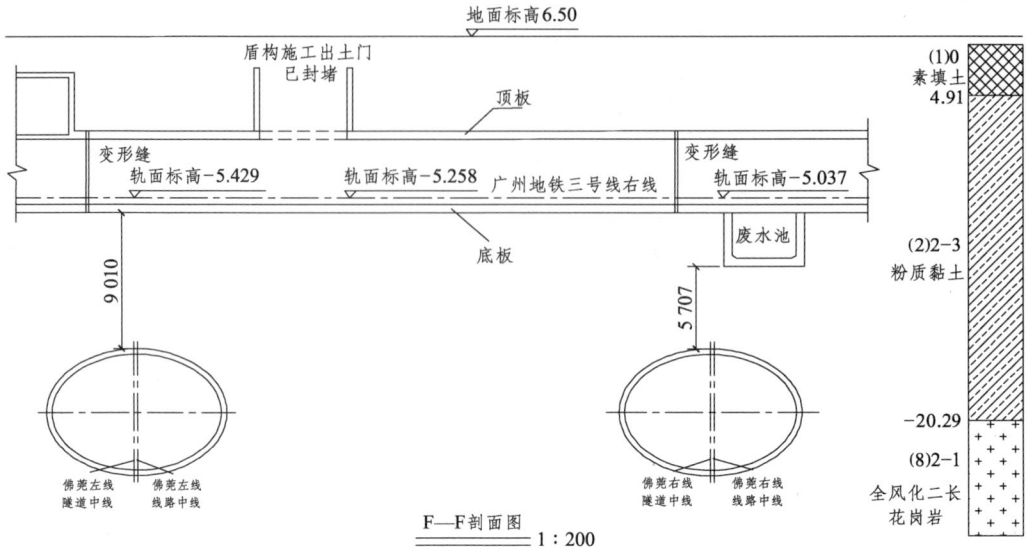

图 5.5.32 长隆隧道下穿广州地铁 3 号线盾构横剖面图

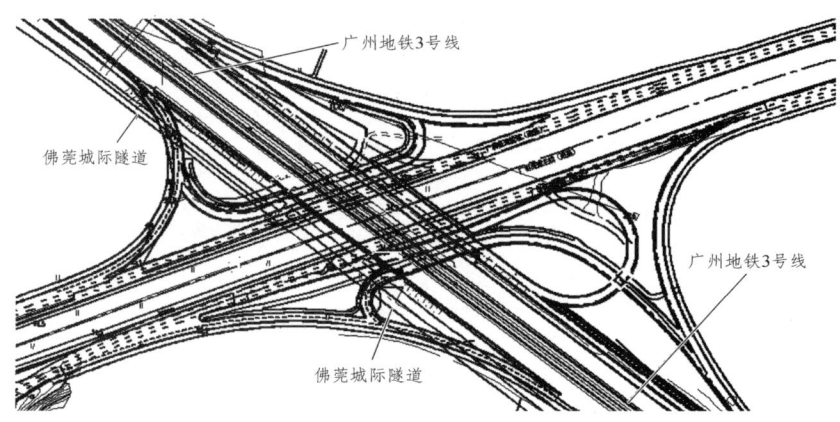

图 5.5.33 长隆隧道并行广州地铁 3 号线盾构平面图

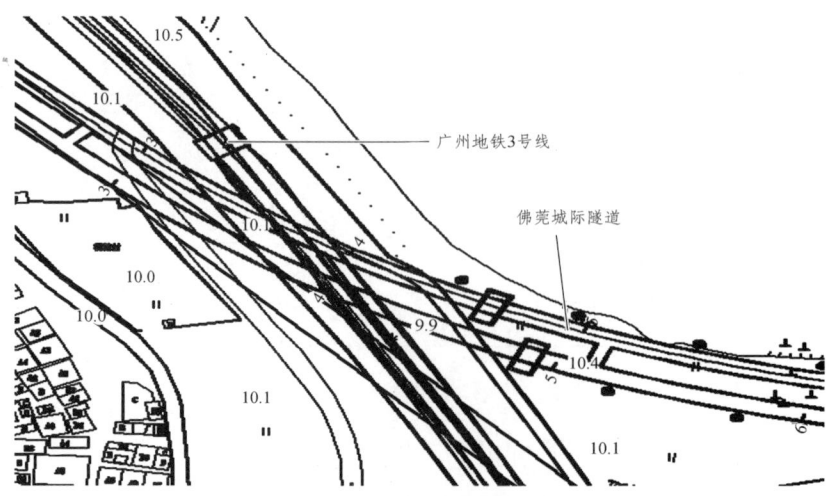

图 5.5.34 长隆隧道下穿广州地铁 3 号线盾构平面图

2. 工程地质

在并行及下穿地铁 3 号线汉溪站—市桥站区间隧道范围内的地层主要为素填土、粉质黏土、全风化二长花岗岩、全风化泥质砂岩、强风化泥质砂岩、中风化泥质砂岩，局部含有砂层。城际铁路隧道主要在全风化泥质砂岩、强风化泥质砂岩、中风化泥质砂岩、全风化二长花岗岩内穿行，地铁 3 号线隧道洞身主要处于全风化二长花岗岩之中。地质断面见图 5.5.35、图 5.5.36。

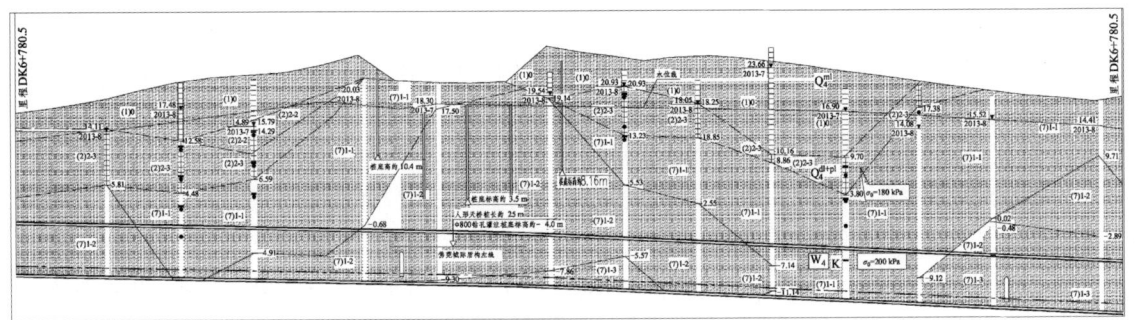

图 5.5.35　并行地铁 3 号线隧道地质断面图

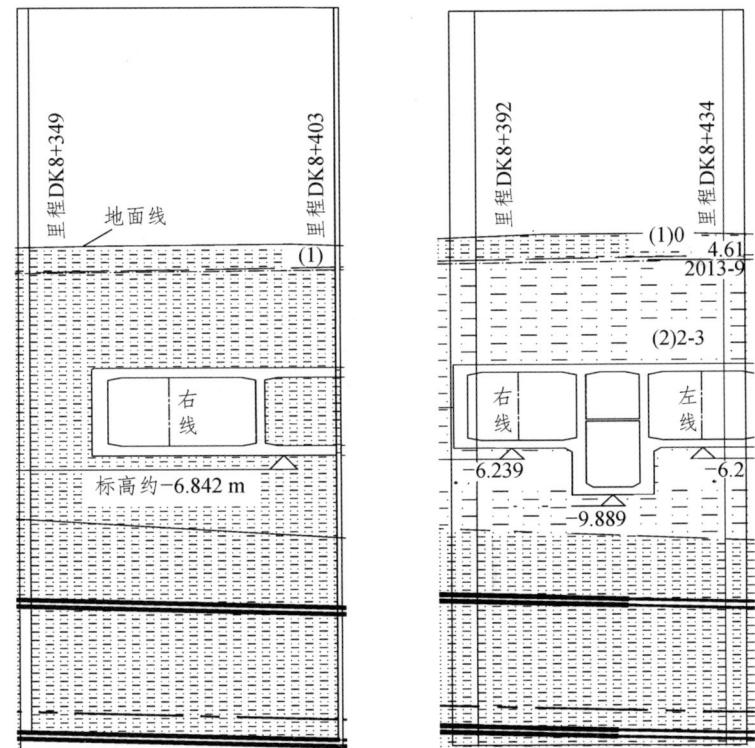

图 5.5.36　下穿地铁 3 号线隧道地质断面图

根据区域地质资料及勘察成果资料，长隆隧道所处的岩土层可划分如下：

1）第四系人工堆积层

人工填土（素填土）：呈褐黄、灰褐等色，湿度为稍湿~很湿，密实度为松散~压实，主要成分为粉质黏土等,夹含不均的砂、砾或碎、块石,局部层顶为混凝土。

2)第四系坡洪积层

(1)粉质黏土:呈褐黄、灰黄、褐红等色,具有可塑性,成分主要以黏粒为主,黏性较好,局部有砂感及少量有机质。岩土工程施工分级为Ⅱ级。

(2)粉质黏土:呈褐黄、灰褐、褐红等色,表现为硬塑状态,成分主要以黏粒为主,局部含石英砂粒,土质黏性一般,分布较为广泛。岩土工程施工分级为Ⅲ级。

(3)白垩系砂岩、泥质砂岩层

白垩系砂岩、泥质砂岩层呈泥质结构、粉粒结构,层状构造,按其风化程度划分为:

(1)全风化砂岩、泥质砂岩:呈棕红色、褐黄色,原岩结构完全被破坏,岩芯呈硬土状,局部夹强风化块状,浸水易软化,砂岩部分局部含少量炭质。岩土工程施工分级为Ⅲ级。

(2)强风化砂岩、泥质砂岩:呈棕红色、黄褐色,原岩结构大部分被破坏,岩芯风化剧烈,不均匀,岩芯以块状为主,局部为土状及中风化饼状。岩土工程施工分级为Ⅳ级。

(3)中风化砂岩、泥质砂岩:主要以泥质砂岩为主,呈棕红色;泥质结构,层状构造,泥质胶结,岩质较软;岩体较完整,岩芯主要以短柱状为主,少量为饼状、块状。部分位置为砂岩,粉粒结构,层状构造,裂隙较发育,岩芯主要以短柱状、块状为主。岩土工程施工分级为Ⅳ级。

4)震旦系二长花岗岩

中细粒花岗结构,块状构造,主要矿物成分为长石、石英等,按其风化程度划分为全风化二长花岗岩:呈褐红色、褐黄色,原岩结构大部分被破坏,岩芯呈坚硬土状或半岩半土状。岩土工程施工分级为Ⅲ级。

3. 水文情况

地表水较为发育。地表水系主要发育于宽缓谷地的低洼地段形成的沼泽与人工开挖的水库及鱼塘,分布较为零星,沿线可见少量河流,河流径流量相对较小,主要来源为大气降水。

根据测区地下水的形成、赋存条件、水力特征及水理性质,地下水可划分为两大基本类型:孔隙潜水和基岩裂隙水。

4. 盾构并行3号线安全保护措施

盾构并行3号线时,应该做好3号线的保护措施,确保3号线的安全。

1)掘进姿态控制

(1)在切换刀盘转动方向时,保留适当的时间间隔,切换速度不宜过快,切换速度过快可能造成管片受力状态突变,从而使管片损坏。

(2)根据掌子面地层情况及时调整掘进参数,调整掘进方向时设置警戒值与限制值,达到警戒值就实行纠偏程序。

(3)修正及纠偏要缓慢进行,避免纠偏过度。根据盾尾间隙情况,通过推进油缸油压纠偏,纠偏量控制在3~5 mm/环。

（4）在直线推进的情况下，选取盾构当前所在位置点与设计线上远方的一点作一直线，然后再以这条线为新的基准进行线形管理。在曲线推进的情况下，使盾构当前所在位置点与远方点的连线同设计曲线相切。

（5）推进油缸油压的调整不宜过快、过大，否则可能造成管片局部破损甚至开裂。

（6）正确进行管片选型，确保拼装质量与精度，以使管片端面尽可能与计划的掘进方向垂直，特别是急弯段，应提前做好管片排板设计，掘进时逐环严格控制。

（7）测量班换站后，若盾构机水平或竖直偏差较大，必须进行复测。

（8）水平偏差控制在±10 mm之内，垂直偏差控制在+10～-30 mm之内。

2）掘进参数控制

盾构机掘进采用土压平衡模式，土舱顶压应比隧道顶部埋深压力小10~30 kPa。地面值班人员、井下掘进机长以及盾构机司机必须提高掘进参数敏感性，确保盾构机顺利、快速通过，具体参数上限见表5.5.15：

表5.5.15 穿越阶段掘进参数上限

顶 压	推 力	刀盘转速	贯入度	掘进速度	刀盘扭矩
根据埋深及地层确定	<35000 kN	<1.6 r/min	<30 mm/rev	<50 mm/min	<5 000 kN·m

3）出土量控制

盾构机刀盘直径为ϕ8.85 m，管片长度为1.6 m，理论出渣量为98.4 m³，渣土松散系数取1.3~1.4，实际出渣量为128~138 m³；考虑土舱加水、土斗残余渣量，正常情况下出土8~8.5斗（斗容为18 m³/斗），每斗应掘进18~20 cm。

掘进出渣须注意以下事项：

（1）看土人员必须清楚土斗残渣剩余量，并汇报给盾构司机，严格控制出渣量。

（2）盾构司机必须保证每斗掘进长度，如果连续两斗掘进长度低于18 cm，必须及时汇报给值班领导。

（3）当一环掘进完成后，盾构司机必须估算出总出土量，如有异常应及时汇报给值班领导。

（4）单环超挖量小于3 m³时，须加密地表房屋监测次数，通过尾盾同步注浆和二次注浆填充；超挖量超过3 m³时，即刻启动地表注浆等应急机制。

4）同步注浆及二次注浆控制

同步注浆：注浆方量一般控制在10~12 m³，注浆压力小于0.5 MPa，浆液初凝时间控制在6 h左右，根据岩面分布情况、地表建筑情况、地表沉降情况、掘进超挖情况等适当调整补浆。

二次注浆：采用双液浆，注浆位置为拱顶上方11~1点位，注浆环数控制在脱出盾尾的5~8环，注浆量控制在8~10包水泥，注浆压力应小于0.5 MPa，浆液胶凝时间控制在15~20 s。根据地层含水量或喷涌情况，采用环环或隔环注浆形式，必要时可在底部放水。

5）地面沉降控制

（1）地表监测。

在隧道施工影响范围内的地表上布设沉降监测点，每个监测断面监测点的布设位置如图5.5.37所示。整个监测路线中，按设计要求，每30 m布设一个监测断面，过既有建筑物时应该加密布置，按每10 m布设一个监测断面。

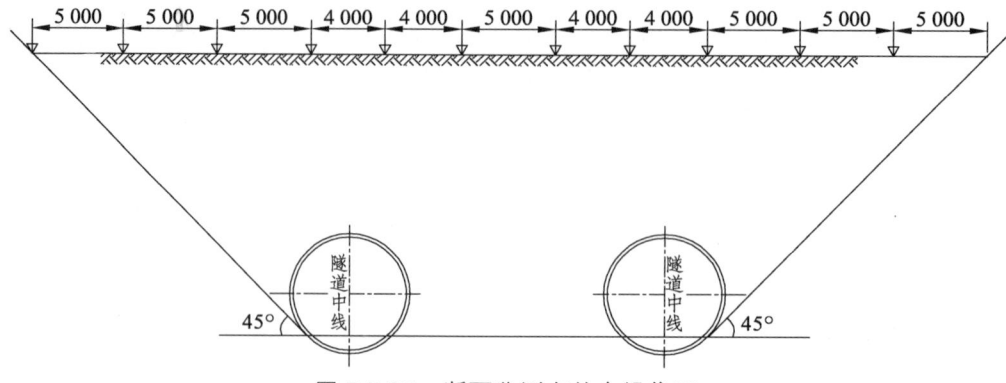

图 5.5.37 断面监测点的布设位置

监测频率：掘进面前后小于 20 m 时，监测频率为 1~2 次/d；掘进面前后小于 50 m 时，监测频率为 1 次/2d；掘进面前后大于 50 m 时，监测频率为 1 次/周；地表沉降警戒值为+8 ~ −24 mm。

（2）地表注浆。

在盾构机到达停机换刀位置前对土层或上软下硬地层进行土体加固，以确保在开舱换刀时的土体稳定性，并降低地下水的渗漏。

加固范围：沿隧道走向范围，采用水泥-水玻璃浆液，三排梅花形布置，孔间距为 1.5 m。

加固深度：由下而上进行注浆作业，每注浆 2.5 m³（8 包/m³），水泥浆钻杆提升 1 m，每个孔水泥浆液控制在 10 m³ 左右（80~100 包）。结束后拔出钻头，清洗注浆泵及输送管道，然后将钻机移位。

5. 盾构下穿 3 号线施工控制措施

盾构下穿 3 号线施工过程分成三个阶段。盾构穿越前阶段：隧道左线 DK8+319 ~ +349（1 840~1 859 环）、隧道右线 YDK8+362 ~ +392（1 866~1 886 环）。盾构穿越阶段：隧道左线 DK8+349 ~ +403（1 860~1 893 环）、隧道右线 YDK8+392 ~ +434（1 887~1 912 环）。盾构穿越后阶段：隧道左线 DK8+403 ~ +433（1 894~1 911 环）、隧道右线 YDK8+434 ~ +464（1 913~1 931 环）。具体参见图 5.5.38。

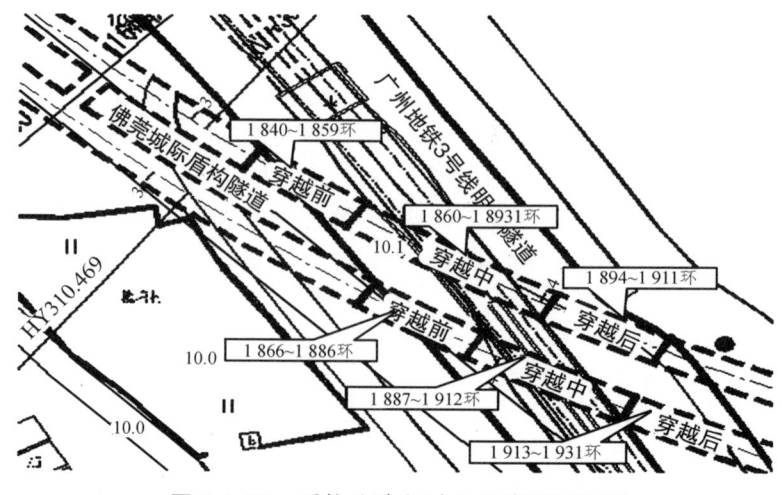

图 5.5.38 盾构分阶段过 3 号线平面示意

每个阶段应该采取不同的施工控制措施。盾构穿越前阶段主要采取的措施为盾构机的检查和注浆设备及应急材料的配备。穿越阶段主要控制掘进参数、出土量、注浆参数、盾构姿态及管片姿态，防止 3 号线隧道变形、管片上浮等情况的出现。穿越阶段的掘进参数见表 5.5.16。盾构穿越后阶段主要控制注浆压力，防止 3 号线隧道变形过大。

表 5.5.16　穿越阶段掘进参数

项目	土舱压力/MPa	刀盘转速/(r/min)	掘进速度/(mm/min)	最大推力/kN	刀盘扭矩/(kN·m)	姿态纠偏	同步注浆量/m³	二次注浆频次
数值	0.2~0.21	1.3~1.5	30~35	3 000	4 000~5 000	不高于 5 mm	10~12	2 环/次

1）掘进前盾构机的检查

盾构机下穿地铁 3 号线前 30 m 时停止掘进，并对所有设备进行彻底的检查和维修，特别是土压传感器、液压系统、刀具、注浆系统、测量自动导向系统、盾尾油脂、HBW 和 EP2 注入系统、隧道内排水排污系统及后配套等的检查，以确保盾构机以良好的状态顺利穿过地铁 3 号线。

2）测量控制

（1）盾构穿越前。在盾构机到达保护范围时，通知第三方对地铁 3 号线进行洞内自动化监测，并确保在开始监测后，开始隧道掘进。在掘进过程中随时与监测单位保持联系，根据监测数据及时调整盾构掘进参数，保证安全穿越 3 号线。

（2）盾构穿越时。由于盾构下穿 3 号线为 24 h 连续掘进施工，在盾构穿越阶段，必须每天对盾构机姿态、管片姿态进行人工复核，并将人工复测的盾构机姿态与自动导向系统的盾构机姿态进行对比，发现问题及时解决。

3）掘进模式

隧道下穿地铁 3 号线下穿段主要以全风化二长花岗岩为主，自稳较好，但是距离地铁 3 号线只有 7~9 m。掘进时应尽量不要扰动洞底底部地层。为了保证能够快速、平稳地穿过 3 号线，在下穿地铁 3 号线范围内采用顶区欠压、微扰动掘进模式（顶区压力为 0.20~0.21 MPa），当一环掘进完成之后，立即启动保压平衡模式，以免引起地面下沉。

根据实际监测情况与出土量的有机结合，在下穿 3 号线时保证土舱压力维持在特定的压力值，确保隧道在下穿期间能安全地穿过 3 号线。

4）姿态控制

严格控制盾构的纠偏量。在掘进中严格控制盾构机的姿态，最大限度减少每环纠偏的幅度，使其不超过 5 mm。然后记录每环的测量结果和管片四周间隙情况，为盾构机下一环的推进提供精确依据，及时调整各区千斤顶的伸长量。

盾构机操作人员严格执行指令，谨慎操作，对初始出现的小偏差及时纠正，尽量避免盾构机走"蛇"形，并将每次的纠偏量控制在 2 mm 以内，以减少对地层的扰动，并为管片拼装创造良好的条件。

5）严格控制出土量

隧道下穿地铁 3 号线对于出土量的控制比较严格，每环出渣量控制在 8~9 斗（18 m³/斗）。

6）注浆控制

（1）同步注浆。

下穿地铁 3 号线时，同步注浆工序衔接要及时，计算空隙量为 7.6 m³/环，考虑地层中渗透较快，取较高渗透系数，实际注浆量取值为理论方量的 1.6 倍，即 11.4 m³/环。根据盾构施工经验，同步注浆拟采用表 5.5.17 所示的配合比。在施工中，配合比根据地层条件、地下水情况及周边条件等，通过现场试验优化确定。

表 5.5.17 同步注浆材料配合比

水泥/kg	粉煤灰/kg	膨润土/kg	砂/kg	水/kg	外加剂
100	300	100	860	300	按需要根据试验加入

同步注浆浆液的主要物理力学性能应满足下列指标：

① 胶凝时间：一般为 3 h 15 min，根据地层条件和掘进速度，通过现场试验加入促凝剂及变更配比来调整胶凝时间。对于需要注浆来提供较高的早期强度的地段，可通过现场试验进一步调整配比和加入早强剂，进一步缩短胶凝时间。

② 固结体强度：1 d 的强度不小于 0.2 MPa，28 d 的强度不小于 2.5 MPa。

③ 浆液结实率：大于 95%，即固结收缩率小于 5%。

同步注浆采用"多次、低压"的方式对管片壁后进行注浆。同步注浆时必须要做到"掘进、注浆同步，不注浆、不掘进"，在同步注浆压力和注浆量方面进行双控，做到适时、足量。具体注浆参数还需通过地面与地层的沉降信息反馈来确定。

（2）二次注浆。

一般情况下，在盾构机通过后，地面还会有后续沉降。在隧道下方通过后，为了防止后续沉降的发生，必须进行二次补充注浆，采用流量和压力双控的方式补充未填充部分和体积减少部分。必要时可以采用双液浆进行注浆，尽量恢复围岩松动圈内的地层应力损失，从而减少盾构机通过后土体的后期沉降，同时减轻隧道的防水压力，提高止水效果。

在盾构穿越铁路段过程中，二次注浆在管片出盾尾 5 环后进行，每两环进行一次。二次注浆采用水泥浆液及水玻璃，注浆压力一般为 0.2 MPa。

6. 施工监测

为了解在隧道盾构掘进施工过程中对毗邻地铁隧道结构的影响情况，指导信息化施工，确保区间地铁隧道结构安全，需对毗邻的地铁隧道区间段进行变形监测。

隧道监测的目的首先是监测可动态收集地铁结构变形信息，掌握结构变形情况，保障运营安全，确保工程的可靠性。其次是由于设计和开挖方式的不同引起的地铁变形也不尽相同，通过监测可验证设计的正确性和可靠性。最后，通过实施监测能更好地随时掌握结构变形全貌，及时发现变形现状及发展趋势，当变形达到报警值以上时，便于决策采取应急预案。

1）并行段监测措施

佛莞城际轨道左线 DK6+497.32～DK7+397.361（701 环～1264 环）与相应的地铁 3 号线段并行 900 m，佛莞城际隧道左线结构外边沿和地铁 3 号线右线结构外边沿间距为 12.4～16.5 m，最小间距位于 DK6+600～DK6+700。地铁 3 号线右线轨面高程低于佛莞城际线路左线轨面高程 2.03 m，地铁 3 号线隧道洞径为 6 m，佛莞城际隧道洞径为 7.7 m。地铁 3 号线隧道位于佛莞隧道的左下方,选取监测土体的测斜和地下水位作为间接反映地铁 3 号线变化的依据。隧道位置关系如图 5.5.39 所示。

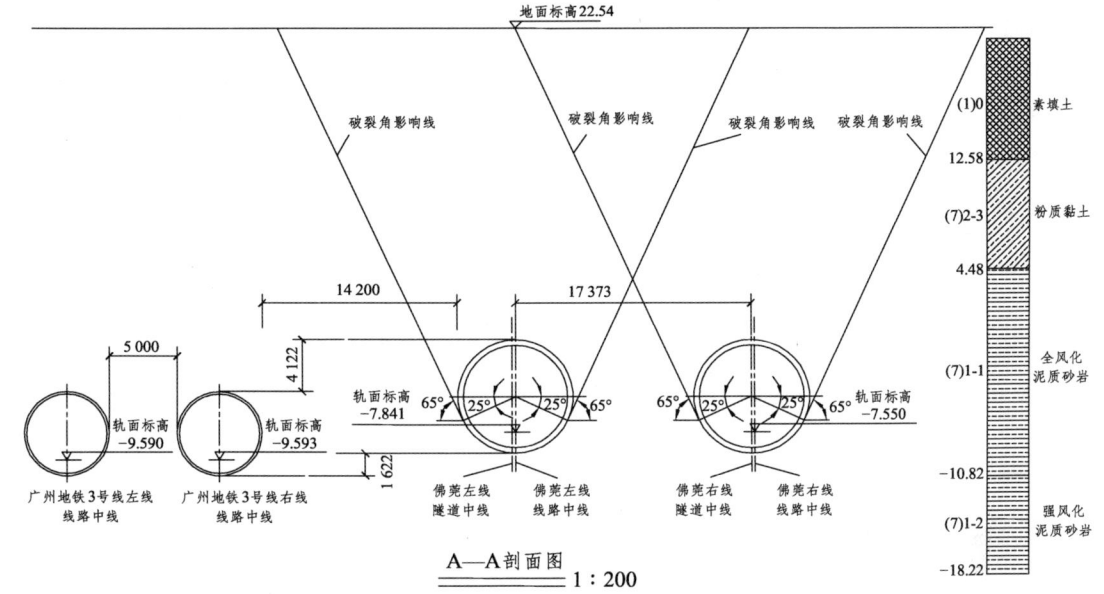

图 5.5.39　隧道位置关系

(1)监测项目控制值和预警值。

根据《广州市城市轨道交通结构安全保护技术标准及规定》(Q/GZMTR-ZH-AQ-001—2013),地铁结构设施绝对沉降量及水平位移量应满足地铁结构安全的要求(包括各种加载和卸载的最终位移量),确定隧道水平位移应小于 15 mm,隧道竖向位移应小于 15 mm。下穿地铁 3 号线时,在地下水位下降 6 m 的情况下,将平行段地下水位控制值定为 6 m,达到控制值的 80%时预警,可以满足地铁结构安全和行车安全。具体监测控制值如表 5.5.18:

表 5.5.18　监测控制值

监测项目	控制值			备注
	预警值/mm	报警值/mm	变化速率(mm/d)	
土体测斜	12	15	3	
地下水位	4 800	6 000	1 000	

(2)监测点的埋设。

土体测斜监测点位于距离地铁 3 号线隧道外侧 3 m 的位置,用地质钻机打孔,孔径 100 mm,孔深度达到地铁 3 号线隧道底部以下 2 m,将测斜管放入孔内,将管内注满清水,封堵好上口。测斜管的一条十字轨道需要和地铁 3 号线隧道结构垂直,另一条和隧道平行,将测斜管周围用素水泥浆从孔底向上注密实,保证测斜管和土体之间没有间隙,管口下 30 cm 范围内用混凝土固定,确保监测管不会发生移动。由于地铁 3 号线在此段均沿着新光快速路走向,测斜点均在快速路主道上,测斜管口位置只能做到距离路面 15 cm 处,用 30 cm×30 cm×

20 cm 的混凝土方框槽保护，上用 10 cm 混凝土盖板覆盖。

在距离测斜孔沿线路方向 5 m 处钻地下水位观测孔，孔径为 110 mm，孔深度达到地铁 3 号线隧道底部以下 2 m，放入管径 100 mm 的 PVC 管，管壁打 5 mm 的小孔，梅花形布置于孔内。管外用纱布缠裹，防止泥砂流入，管周空隙用碎石回填。水位观测孔用混凝土固定，用 30 cm×30 cm×20 cm 的混凝土方框槽保护，上用 10 cm 混凝土盖板覆盖。

测斜孔和水位观测孔保护盖均和附近的路面齐平，保护示意图如图 5.5.40。

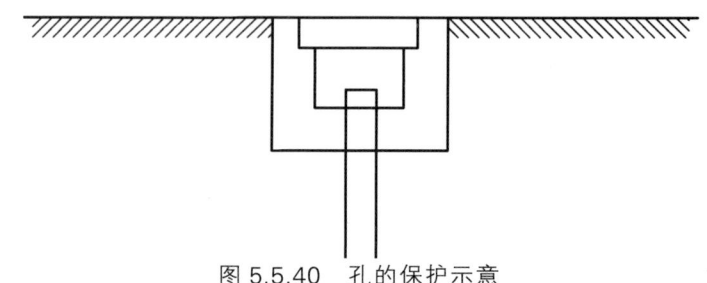

图 5.5.40　孔的保护示意

（3）监测方法及技术要求。

用测斜仪测量土体测斜数据，测斜仪的精度不宜低于 0.25 mm/m，分辨率不宜低于 0.02 mm/500 mm，电缆长度应大于测孔深度。测量时应将测斜仪探头放入测斜管底，恒温一段时间后自下而上以 1 m 的间隔逐段测量，每测点均应进行正反两次测量，并取平均值作为最终值。深层水平位移计算时，应确定固定起算点，固定起算点可设在测斜管底部或顶部；一般选测斜管顶部作为起算点，当测斜管底部未进入稳定岩体或发生位移时，应以管顶为起算点，并测量管顶的平面坐标，进行水平位移的修正。

地下水位监测用水位计观测，水位管埋设稳定后测量管口高程，从而计算水位高程。人工观测地下水位的测量精度不宜低于 20 mm，仪器观测精度不宜低于 0.5%F.S.（F.S.为 full span，满量程）。观测孔底宜设置沉淀管，观测孔完成后应进行清洗，观测孔内水位应与地层水位一致且连通良好。

（4）监测的频率和周期。

每个监测项目在受隧道施工影响之前，必须测得各项目的初始值。水准测量的初始值测量应该在开挖断面之前，至少测量 3 次，3 次测量值相差应小于 0.5 mm，最后取平均值作为初始值。地下水位监测应该在开挖断面前 100 m 时测量初始值，土体测斜监测在隧道开挖断面前 100 m 时取初始值，监测期限为隧道开挖至隧道工程完成。监测频率如表 5.5.19。

表 5.5.19　监测频率

序号	监测处所	监测频率	备注
1	盾构到达监测断面（点）前 50 m		埋设好测点，读好初始读数
2	盾构到达监测断面（点）前 50 m 到 30 m	1 次/d	
3	盾构到达监测断面（点）前 30 m 到 1 倍盾构直径	2 次/d	
4	盾构到达监测断面（点）前 1 倍盾构直径到盾尾通过后 3 d	3 次/d	
5	盾构通过监测断面（点）后 3 d 到盾尾离断面（点）30 m 内	2 次/d	
6	盾构通过监测断面（点）后 30 m 到 50 m	1 次/d	
7	盾构通过监测断面（点）50 m 后	1~2 次/周	
8	盾构通过监测断面（点）30 d 后	1 次/月	长期监测

以上监测频率可根据现场监测的情况而调整，遇到报警或其他特殊情况时，应加密观测。

（5）结构安全及作业安全管理。

结构安全管理：根据监测数据将隧道结构安全划分 3 个管理等级，安全性判定标准如表 5.5.20（0.8×[容许值]为临界值）：

表 5.5.20　安全性判定标准

判定标准	等级
实测值＜0.8×[容许值]	安全
实测值=0.8～1.0×[容许值]	注意
实测值＞1.0×[容许值]	危险

当安全性处于安全阶段时，监测数据累计值小于 0.8 倍的[容许值]，正常施工，按正常监测频率监测。

当安全性处于注意阶段时，监测数据累计值大于 0.8 倍的[容许值]，小于 1.0 倍的[容许值]，变化速率大于 3 mm/d，监测频率调整到 2 次/d，同时上报监测预警，组织预警分析会议，制定施工措施，逐步完善施工。

当安全性处于危险阶段时，监测数据累计值大于 1.0 倍的[容许值]，变化速率大于 3 mm/d，监测频率调整到 4 h/次，上报监测报警，组织报警分析会议，制定措施，启动应急抢险机制，应对突发事件。

2）下穿段监测措施

隧道下穿广州地铁 3 号线，左线隧道与广州地铁 3 号线右线相交里程为 YDK21+830.356，与左线相交里程为 ZDK21+827.518；右线隧道与广州地铁 3 号线右线相交里程为 YDK21+914.738，与左线相交里程为 ZDK21+917.961。佛莞城际隧道左线 DK8+379 处正上方的地铁 3 号线的相应里程为 YDK21+856.413，两结构土体之间高差为 9.112 m；佛莞城际右线 YDK8+415.311 处正上方的地铁 3 号线的相应里程为 YDK21+897.978，两结构本体之间高差为 6.406 m。

在隧道盾构施工过程中，地铁上部土体在一定程度上会产生相应应力的改变，从而导致广州地铁 3 号线隧道结构的水平位移和沉降，产生相应的变形。如果地铁结构水平变形和沉降超过允许值，将会导致隧道开裂漏水，严重时会对地铁运营安全造成影响。

盾构掘进影响广州地铁 3 号线区间长度约为 90 m，地铁 3 号线和佛莞城际线路夹角为 23°，地铁 3 号线右线隧道汉溪方向上监测起点为 YDK21+732.518，左线隧道监测起点为 ZDK21+780.356；地铁 3 号线右线市桥方向上监测终点里程为 YDK21+969.738，左线隧道监测终点里程为 ZDK21+972.961。因此，地铁 3 号线隧道需要进行自动化监测的右线长度为 237.22 m，左线长度为 192.6 m，均超过佛莞城际隧道开挖影响范围。

（1）监测方法及监测对象。

监测区间为已在运营的地铁 3 号线，因此监测方法采用自动化监测，监测对象为地铁隧道结构，监测内容为隧道结构在 X、Y、Z 三维方向的变形变位值及相对收敛情况。

① 位移监测。对竖向位移、水平位移采用自动监测的方式。以地铁隧道结构安全监测为主，选取能反映地铁隧道结构局部、整体变形和处于重要结构部位的位置设置监测点，用瑞士徕卡 TCA1201+型自动测量仪器和徕卡监测系统软件建立监测系统。从盾构施工期间至施工

完成后隧道结构变形稳定为止,采用极坐标法测量地铁隧道结构在三维方向(其中:X、Y为水平方向,Z为垂直方向)的变形变位值,以及变形的准确位置、最大最小值、变形方向和变形速率等,同时设置相对收敛监测断面,监测隧道结构收敛情况。为确保监测系统正常施测,监测系统同时配备系统维护、监测工程技术人员,以保证系统正常运作,及时提供测量数据。

② 裂缝监测。裂缝监测的结果通常作为施工影响程度的重要依据之一。若地铁隧道结构既有或以后出现裂缝,则必须对裂缝进行监测。地铁隧道内裂缝通常采用布设固定式测缝计或裂缝传感器来监测裂缝宽度的变化值。首先对裂缝进行编号,定时观测裂缝宽度的发展变化情况,必要时采用线式裂缝自动观测系统长期定点监测并记录裂缝变化情况,监测点数量和位置根据现场裂缝分布情况确定。

(2)监测项目及测点布置。

从盾构施工开始直至盾构完成、土体变形稳定为止,对受施工影响区域的地铁隧道结构进行变形监测,并对目前存在或以后可能出现的裂缝进行监测。洞内监测点布置如图5.5.41。

图 5.5.41　洞内监测点布置

① 监测项目。由于监测区间的地铁3号线隧道结构施工方法为盾构法,外部作业的结构外边线距离其结构外边线最小距离约为 6.4 m,根据《广州市城市轨道交通结构安全保护技术标准及规定》(Q/GZ MTR-ZH-AQ-001—2013),接近程度为较为接近,影响等级为一级,需要进行水平位移和垂直位移监测、裂缝监测、相对收敛监测。通过对广州地铁3号线的隧道结构实施监测,准确测量出地铁隧道结构在三维方向的局部变形和隧道整体的变形值、变形的准确位置、最大最小值、变形方向及变形速率等,其中主要包括:垂直于隧道方向的水平位移(X)、平行于隧道方向的水平位移(Y)、隧道垂直位移(Z)、相对收敛;裂缝监测。

② 测点布置。对邻近施工范围的广州地铁3号线隧道结构实施自动化变形监测,监测项目有如下内容:

右线:邻近基坑的地铁右线隧道,拟监测段隧道长度为 238 m(两端各超出影响范围约 50 m),按照 10 m 的间距布设监测断面;两端超出部分按照 15 m 间距布设监测断面。右线隧道共布设 22 个监测断面,监测断面编号为 $R_1 \sim R_{22}$。每个监测断面上布置 6 个监测点,监测点分别编号为 $R_{1-1} \sim R_{1-6}$,…,$R_{22-1} \sim R_{22-6}$,共布设监测点 132 个。

左线:邻近基坑的地铁左线隧道,拟监测段隧道长度为 192 m(两端各超出基坑范围约 50 m),按照 10 m 的间距布设监测断面;两端超出部分按照 15 m 间距布设监测断面。左线隧道共布设 14 个监测断面,监测断面编号为 $L_1 \sim L_{14}$。每个监测断面上布置 6 个监测点,监测点分别编号为 $L_{1-1} \sim L_{1-6}$,…,$L_{14-1} \sim L_{14-6}$,共布设监测点 96 个。

监测统计表 5.5.21 如下:

表 5.5.21 监测范围及工作量统计

监测项目	监测长度	监测里程	监测断面	断面间距	监测点数量	监测点编号	备注
右线隧道	238 m	YDK21+732～YDK21+970	22 条	10 m	22×6=132 点	R_{1-1}～R_{1-6},…,R_{22-1}～R_{22-6}	左右线总计38 个监测断面、228 个监测点
左线隧道	192 m	ZDK21+780～ZDK21+972	16 条	10 m	16×6=96 点	L_{1-1}～L_{1-6},…,L_{16-1}～L_{16-6}	

在每条隧道南、北两端不受建设项目施工影响的区域（离开待测区域的距离大于 50 m）各设置 2 个基准点，同时在每条隧道的车站等远离待测区域的稳固处各设置 2 个检核控制点，共计 12 个基准点及检核控制点。由此，12 个基准点的冗余观测和测量图形强度控制完全能保证监测的精度高于 1 mm。

上述 38 个监测断面、228 个监测点和 12 个基准点构成了一个完整的、能较全面反映基坑施工期间所引起的邻近广州地铁 3 号线隧道结构局部和整体变形特征的位移监测系统。

③ 裂缝监测的布置。通过隧道监测区间现状的工前普查，根据现场实际情况确定裂缝的数量、位置等。若发现裂缝，则需要进行裂缝监测。根据裂缝的走向和长度，分别在裂缝的最宽处和裂缝的末端布设固定式测缝计或裂缝传感器，定期监测裂缝宽度的变化情况。

④ 隧道径向收敛监测。在左、右线隧道内部，在盾构对广州地铁 3 号线构成的影响区域内分别设置 4 个径向收敛监测断面，编号为 S_1～S_4。如果收敛监测断面与隧道结构自动变形监测断面重合，则选取监测断面中的监测点作为收敛监测点。

3）安全控制指标

本工程监测项目地铁隧道结构安全控制指标见表 5.5.22。监测预警等级划分及应对管理措施见表 5.5.23。

表 5.5.22 城市轨道交通结构安全控制指标值

安全控制指标	预警值	控制值	安全控制指标	预警值	控制值
隧道水平位移	<10 mm	<15 mm	结构裂缝宽度	迎水面＜0.1 mm，背水面＜0.15 mm	迎水面＜0.2 mm，背水面＜0.3 mm
隧道竖向位移	<10 mm	<15 mm	盾构管片接缝张开量	<1 mm	<2 mm

表 5.5.23 监测预警等级划分及应对管理措施

监测预警等级	监测比值 G	应对管理措施
A	$G<0.6$	可正常进行外部作业
B	$0.6\leqslant G<0.8$	监测报警，并采取加密监测点或者提高监测频率等措施加强对城市轨道交通结构的监测
C	$0.8\leqslant G<1.0$	应暂停外部作业，进行过程安全评估工作，各方共同制定相应安全保护措施，并经组织审查后，开展后续工作
D	$1.0\leqslant G$	启动安全应急预案

表 5.5.23 中，监测比值 G=监测项目实测值/结构安全控制指标值；监测预警等级的划分，尚应充分考虑城市轨道交通结构监测数据的变化速率值；同一点连续两天同向变形达到 2 mm 时，监测预警应视作 B 级。

4）隧道现状工前普查及工后复查

（1）隧道现状工前普查。

在隧道变形监测工作开始前，进入隧道现场进行隧道工前普查工作，详细了解隧道运行状况、隧道结构的完好程度、各种地铁设施的分布情况等，对隧道内有无裂缝、漏水、管片错台等相关情况采用数码相机拍照并做好详细的记录和标记，采用小钢尺、游标卡尺、裂缝观测仪器等工具对隧道结构内的裂纹、错台进行量测，量测精确至 0.01 mm，同时做好记录，并提交书面报告，以备后期参考对照。具体普查内容如下：

① 伸缩缝：若有伸缩缝，则详细观察伸缩缝是否有损坏、脱落、填料凹凸、漏水等现象。
② 排水情况：观察隧道内有无积水，隧道结构有无局部渗水、漏水等情况。
③ 隧道结构：有无开裂现象，最大裂缝值宽度值、长度值；有无必要进行裂缝监测，墙体表面有无空洞、蜂窝、麻面、剥落、露筋、裂纹等；有无局部渗水、漏水，是否有变形、倾斜等。
④ 若隧道结构为盾构管片，则详细观察有无管片错台、裂缝、渗水、漏水等。

（2）隧道现状工后复查。

隧道变形监测工作结束后，再进入隧道现场进行隧道工后复查工作，详细了解在本项目基坑施工结束后，毗邻隧道的运行状况、隧道结构的完好程度、各种地铁设施的分布情况等，对隧道内有无裂缝、漏水等相关情况采用数码相机拍照并做好详细的记录和标记，并与隧道工前普查进行对比分析，并提交书面对比报告。

工后复查内容与工前普查相同，目的是与工前普查作对比分析，作为地铁隧道监测区间在佛莞城际盾构施工期间是否存在变形的依据之一。

5）安全保证措施

（1）盾构掘进施工全过程严格受控，工程技术人员根据地质变化、隧道埋深、地表沉降、盾构机姿态、刀盘扭矩、千斤顶推力等各种勘探、测量数据信息，正确下达每班掘进指令，并及时跟踪调整。此外，应加强对盾构机的检查、保养，发现问题及时整改。

（2）在推进过程中，优化施工参数，严格控制隧道轴线，加强监控量测的密度和强度，以减少地表隆沉和先行隧道的变形，确保盾构施工安全。

（3）尽量避免在隧道内进行焊、割作业。

（4）对垂直运输起重设备的索具、钢丝绳、土箱、管片吊钩等做到定期检查，安全使用各种安全装置，及时维修。

（5）电瓶车司机严格执行安全行车规程，加强对车连接部位的检查。电瓶车增设电动制动刹车装置，配置行车闪光警示灯，运行过程中严禁搭乘车，严格控制行车速度、工作面钢轨末端设置电瓶车行驶止动装置。电瓶车内设行车监控系统。

（6）管片工作面和拼装位置做好警示标志，管片举重臂旋转范围内严禁站人。

（7）加强与运营方协调，根据掘进情况，进入地铁 3 号线的隧道进行人工实地查勘。

7. 长隆隧道下穿地铁 3 号线数值模拟

1）地理位置

佛莞城际铁路长隆隧道在 YDK5+375 附近出长隆站后，自里程 YDK6+497.320 至里程 YDK7+397.361 范围内线路走向与广州地铁 3 号线盾构隧道几近平行，在 YDK8+100 里程椭塘村附近以 600 m 的半径向东转弯接入番禺大道站，在 YDK8+350～+410 处下穿运营的广州地铁 3 号线明挖隧道。下穿 3 号线段的长隆隧道采用盾构法施工，双洞单线布置，线间距约 19.19 m。长隆隧道左线穿越里程为 DK8+319~DK8+433，右线穿越里程为 YDK8+362~YDK8+464。本书中的计算区间里程为 DK8+305~DK8+485。

2) 地质概况

佛莞城际铁路长隆隧道下穿广州地铁 3 号线隧道区域内的地层主要为素填土、粉质黏土、全风化二长花岗岩。地层情况如见图 5.5.42。长隆隧道洞身主要处于全风化二长花岗岩之中，地铁 3 号线隧道主要处于粉质黏土层之中。

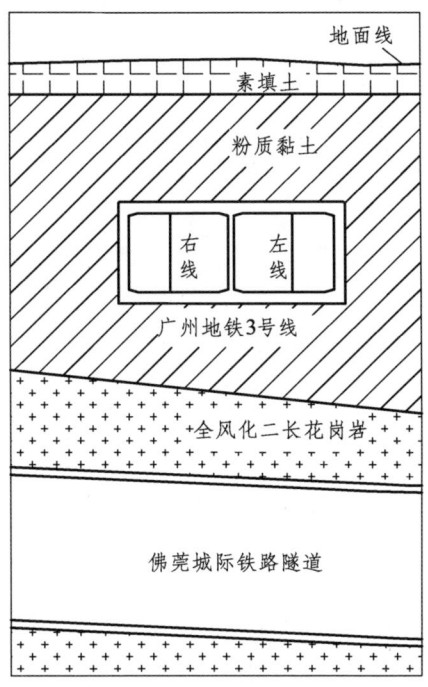

图 5.5.42 长隆隧道与广州地铁 3 号线位置关系及地质图

3) 计算情况

(1) 围岩物理力学指标。

根据佛莞城际铁路工程勘测情况，将计算区域内的岩土体自上而下归为 3 种性质的材料进行研究。佛莞城际盾构管片采用 C55 钢筋混凝土，弹性模量取 35.5 GPa，泊松比取 0.2。广州地铁 3 号线衬砌采用 C30 钢筋混凝土，弹性模量取 30 GPa，泊松比取 0.2。本次计算的土体重度、黏聚力、摩擦角等物理力学参数具体见表 5.5.24。

表 5.5.24 土体物理力学指标

地层和材料名称	材料参数					
	$\gamma/(kN/m^3)$	c/kPa	$\varphi/(°)$	E/MPa	μ	厚度/m
人工填土层	19.6	12	10	8	0.3	1.6
粉质黏土层	22	10	22	28	0.3	16.2
全风化二长花岗岩层	27	37	18	34	0.25	41.2

（2）计算模型。

利用 ABAQUS 进行建模分析，模型尺寸为 85.7 m×59 m×180 m。计算模型的范围为：上部取至地表，下部取至长隆隧道仰拱以下 40 m，左右各取 29 m。模型的左右边界和前后边界有水平约束，下部边界有水平和垂直约束，地表为自由边界。广州地铁 3 号线的埋深为 7.6 m，佛莞城际铁路隧道埋深为 22.2 m，左右线间距为 19.2 m。长隆隧道与 3 号线隧道的最小接近距离为 9.2 m，交角约 30°。长隆隧道盾构段管片外径 8.5 m，内径 7.7 m。为方便划分网格，将长隆隧道管片厚度设为 1.2 m，并将其弹性模量减小为原来的三分之一（$E=1/3×30 \text{ GPa}=10 \text{ GPa}$）。广州地铁 3 号线隧道采用矩形断面的衬砌，尺寸为宽 12 m、高 5.4 m、厚 0.6 m。计算中，本构模型采用修正摩尔库仑弹塑性模型，用四面体单元模拟地层和管片。计算模型总单元数为 93 028 个，总结点数为 131 763 个，具体如图 5.5.43 所示。长隆隧道与地铁 3 号线位置关系如图 5.5.44。

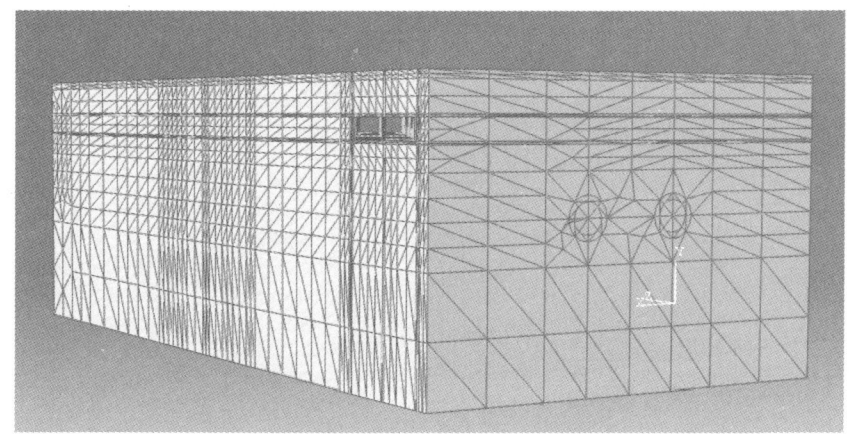

图 5.5.43 有限元网格划分

（a）

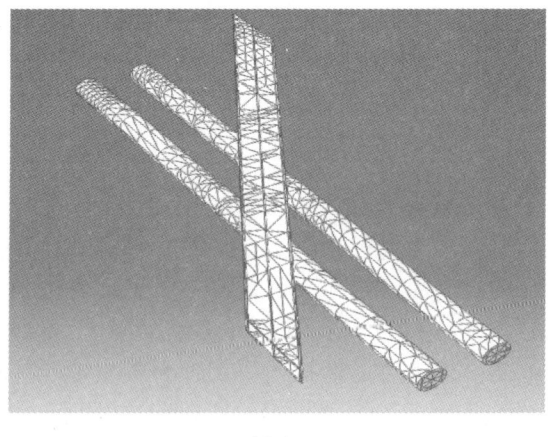

（b）

图 5.5.44 长隆隧道与地铁 3 号线位置关系

4）研究的主要内容

（1）研究广州地铁 3 号线底板在盾构隧道开挖过程中的位移情况。

（2）研究广州地铁 3 号线底板在盾构隧道开挖过程中的应力情况。

5）计算结果

（1）3号线位移分析。

根据模型计算结果，分析广州地铁3号线受长隆隧道开挖影响的位移情况。图5.5.45是地铁3号线衬砌的竖向位移云图。由图5.5.46可知，广州地铁3号线在长隆隧道开挖的影响下，其竖向位移向下。3号线的中间段沉降量大，两边沉降量小，最大沉降量可达6.308 mm。

为分析3号线底板的竖向位移规律，分别在3号线的左右线底板上选择两条观测路径，以模型的3号线进口处为路径起点，出口处为路径终点，得到的3号线左右线底板竖向位移曲线见图5.5.47和图5.5.48。以左线底板为例，路径上各点到路径起点的距离以及其竖向位移值见表5.5.25。由图5.5.47、图5.5.48和表5.5.25可知，3号线底板的沉降规律同样是中间段沉降量大，两边沉降量小，左线底板的观测路径上最大沉降量为6.256 mm，右线底板的观测路径上最大沉降量为6.2 mm，与3号线最大沉降量极为接近。主要原因是3号线的两边段距离长隆隧道较远，且受单线影响较大，3号线下部土体受扰动较小；而中间段距离较近，近接程度高，并且受长隆隧道左右线的影响都较大，3号线下部土体受扰动较大。

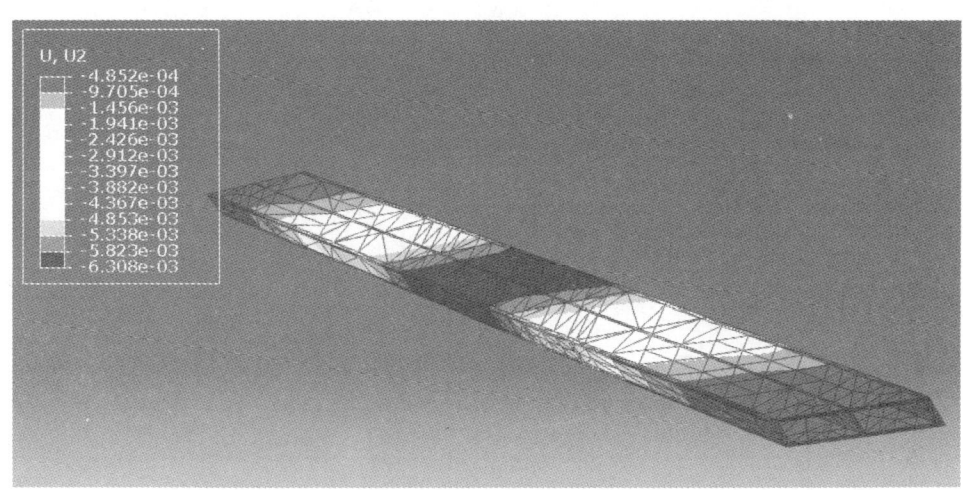

图5.5.45　3号线衬砌的竖向位移云图（单位：m）

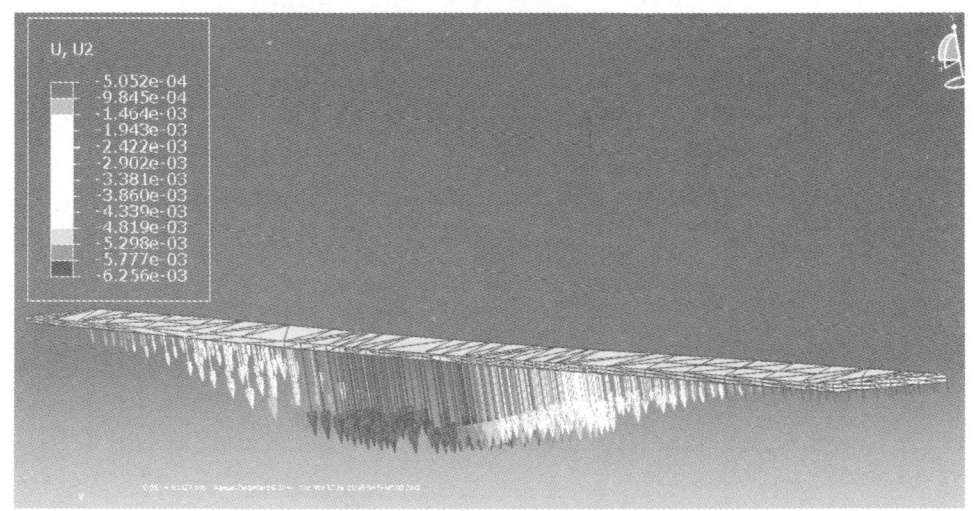

(a)

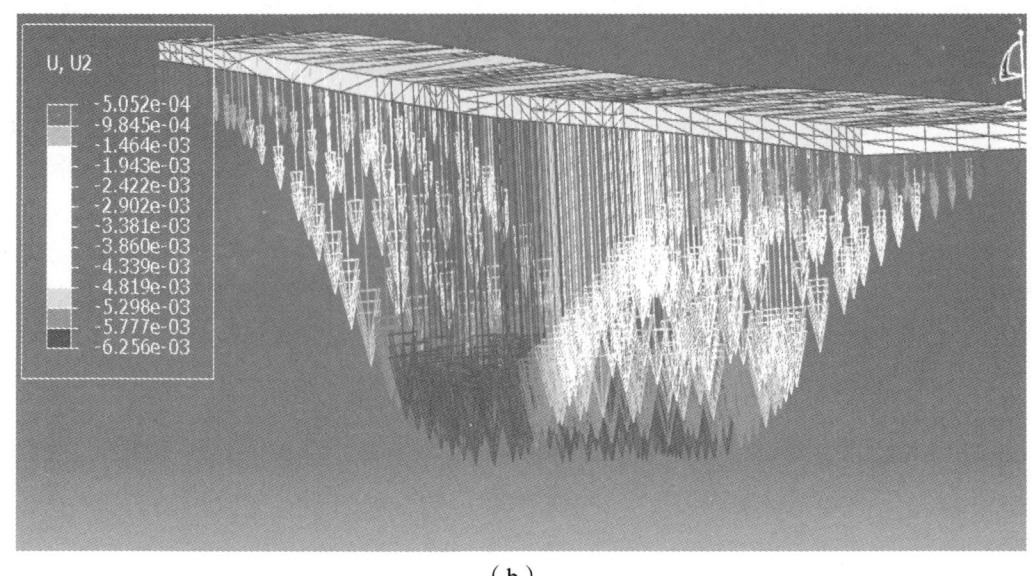

（b）

图 5.5.46　3 号线左线底板竖向位移矢量图（单位：m）

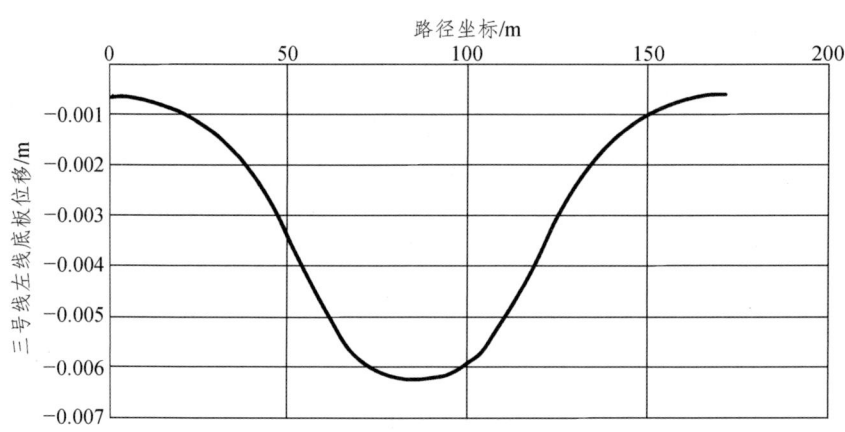

图 5.5.47　3 号线左线底板的竖向位移曲线

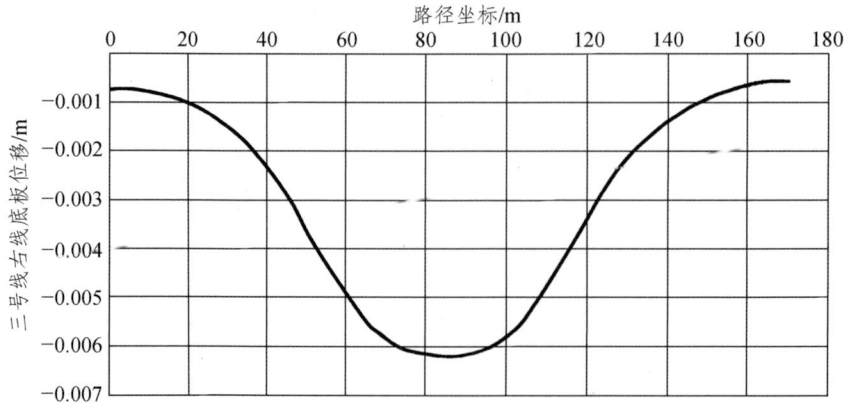

图 5.5.48　3 号线右线底板的竖向位移曲线

表 5.5.25　3 号线左线底板观测路径上的竖向位移值

距离/m	位移/m	距离/m	位移/m	距离/m	位移/m	距离/m	位移/m	距离/m	位移/m
0	-0.00067	31.47729	-0.00148	66.52128	-0.00557	94.12196	-0.00616	135.271	-0.00191
2.216803	-0.00065	36.41018	-0.00183	67.03035	-0.00561	96.14942	-0.00609	138.5984	-0.00164
2.824357	-0.00065	37.4667	-0.00191	69.2755	-0.00579	98.06116	-0.00602	142.972	-0.00136
3.17522	-0.00064	40.29796	-0.00218	70.23288	-0.00585	100.0353	-0.00592	144.5824	-0.00127
4.022928	-0.00064	41.53393	-0.0023	72.31171	-0.00595	103.3834	-0.00575	147.7923	-0.0011
8.795302	-0.00069	45.40736	-0.00274	73.5264	-0.00601	105.5984	-0.00554	149.9912	-0.00101
9.673396	-0.00071	48.01578	-0.00309	75.04768	-0.00607	106.1297	-0.00549	152.3128	-0.00092
13.51574	-0.00079	50.70924	-0.00351	77.88739	-0.00615	108.4922	-0.00522	155.3573	-0.00083
17.02336	-0.00087	52.39812	-0.00375	79.74855	-0.00619	110.7736	-0.00497	158.0857	-0.00076
18.33656	-0.0009	53.22213	-0.00387	80.76054	-0.0062	114.1062	-0.00458	161.1683	-0.00069
19.52817	-0.00094	56.48219	-0.00431	82.98543	-0.00623	118.5219	-0.004	163.5253	-0.00065
22.99932	-0.00106	59.33371	-0.00469	83.99439	-0.00623	122.8515	-0.00335	166.1995	-0.00064
23.24936	-0.00107	60.48979	-0.00484	85.01173	-0.006256	127.5025	-0.00272	168.7449	-0.00062
28.84287	-0.00133	62.18826	-0.00505	88.34901	-0.00622	130.0148	-0.00243	169.0209	-0.00061
30.57147	-0.00143	64.62197	-0.00535	91.51602	-0.00619	131.6249	-0.00226	171.4548	-0.0006

(2) 3 号线应力分析。

广州地铁 3 号线衬砌的应力计算结果如下：图 5.5.49 为 3 号线衬砌的最大主应力云图，图 5.5.50 为 3 号线右线底板的最大主应力云图，图 5.5.51 为左线底板最大主应力云图。由计算结果可知，3 号线衬砌大部分区域由长隆隧道开挖引起的最大主应力为压应力，最大值为 -1.351 MPa（负号代表受压），在墙与板交接的地方出现较大的拉应力，最大值为 +0.8972 MPa（正号代表受拉）。由图 5.5.50 和图 5.5.51 可知，3 号线底板由长隆隧道开挖引起的最大主应力同样大部分为压应力，右线最大压应力为 -0.1264 MPa，左线最大压应力为 -0.1365 MPa。在底板两边缘，与墙交接的地方拉应力同样最大，左右线分别为 +0.6676 MPa 和 +0.7712 MPa。在靠近 3 号线模型进出口段，底板中部还出现了部分拉应力，最大达 +0.3952 MPa，其是不均匀沉降造成的，底板中间段沉降量较两端区域更大，使两端区域出现部分拉应力。

图 5.5.49　3 号线最大主应力云图

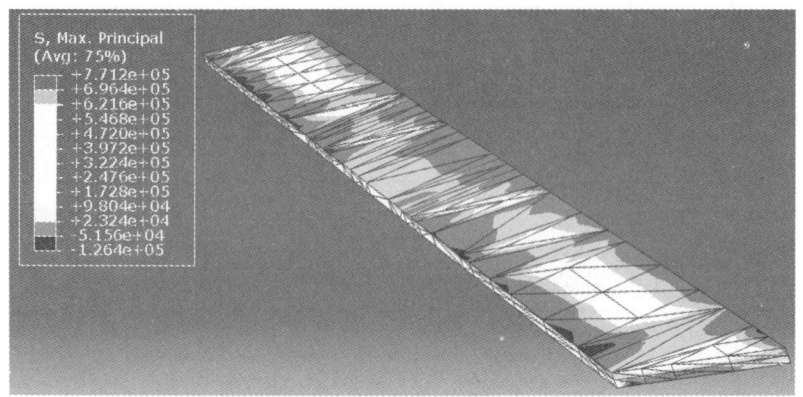

图 5.5.50　右线底板最大主应力云图（单位：Pa）

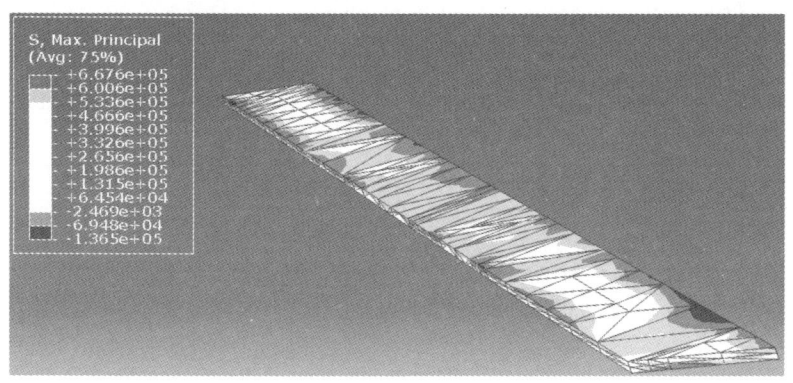

图 5.5.51　左线底板最大主应力云图（单位：Pa）

图 5.5.52、图 5.5.53 和图 5.5.54 分别是 3 号线衬砌及其底板的最小主应力云图，其分布规律与最大主应力类似，3 号线衬砌大部分最小主应力为压应力，最大值为-3.648 MPa，最大的拉应力为+0.2504 MPa。右线底板最大拉应力+0.009243 MPa，最大压应力为-0.406 MPa。左线底板最大拉应力+0.01311 MPa，最大压应力为-0.4092 MPa。

分析可知，长隆隧道开挖对广州地铁 3 号线产生的应力影响大部分是压应力，而对于 3 号线底板，产生的压力是有利的。

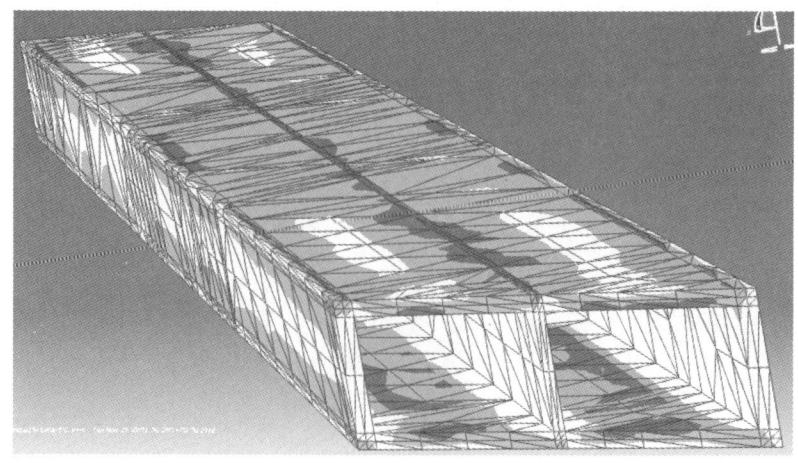

图 5.5.52　3 号线最小主应力云图

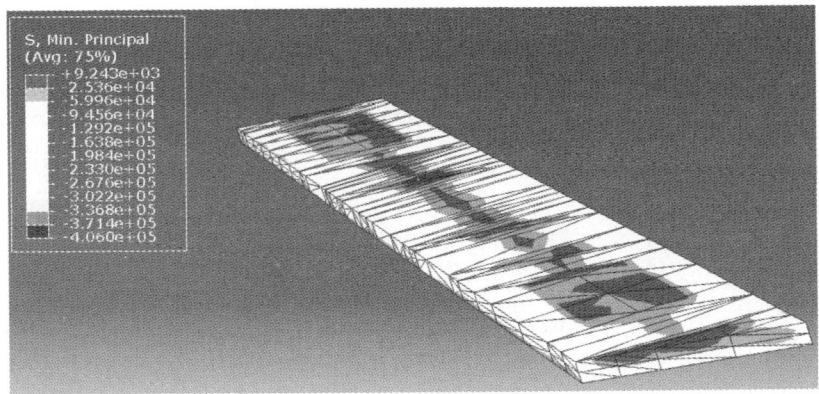

图 5.5.53 右线底板最小主应力云图（单位：Pa）

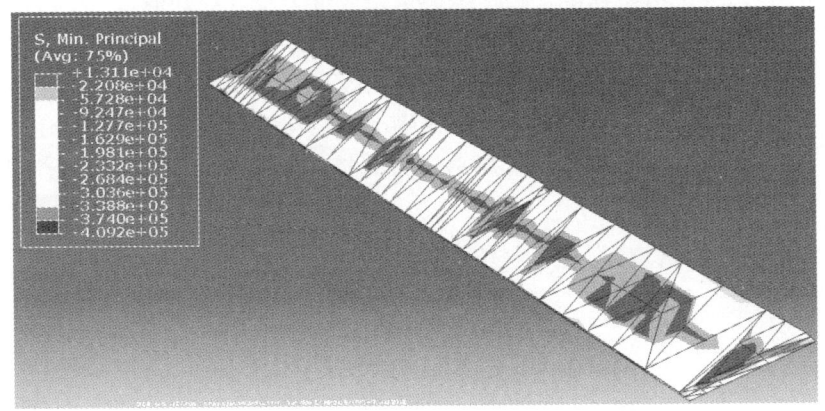

图 5.5.54 左线底板最小主应力云图（单位：Pa）

6）总结

（1）主要计算结果。

本次主要计算结果见表 5.5.26。

表 5.5.26 主要计算结果

计算项目	研究对象	
	3号线整体衬砌	3号线底板
最大沉降量/mm	6.308	6.256
最大主拉应力/MPa	+0.8972	+0.7712
最大主压应力/MPa	-3.648	-0.4092

（2）控制基准。

根据《混凝土结构设计规范》（GB 50010—2010），C30 的混凝土抗压强度为 14.3 MPa，抗拉强度为 1.43 MPa。沉降量参见《城市轨道交通结构安全保护技术规范》（CJJ/T 202—2013）中的城市轨道交通结构安全控制指标值，见表 5.5.27。

表 5.5.27 城市轨道交通结构安全控制指标值

安全控制指标	预警值/mm	控制值/mm
隧道竖向位移	10	20

（3）结论。

① 广州地铁 3 号线衬砌中间段沉降量大，最大沉降出现在近接 3 号线的正下方，其值为 6.308 mm，两边段沉降量较小。3 号线底板的沉降规律与整体衬砌的沉降规律一致，左线底板最大沉降量为 6.256 mm，右线底板最大沉降量为 6.2 mm。其主要原因是 3 号线的两边段距离长隆隧道较远，且受单线影响较大，3 号线下部土体受扰动较小；而中间段处于 3 号线的正下方，距离较近，近接程度高，并且受长隆隧道左右线的影响都较大，3 号线下部土体受扰动较大。

② 3 号线的沉降量均小于隧道竖向位移的预警值（10 mm），因此在佛莞城际铁路长隆隧道近接开挖的情况下，地铁 3 号线的沉降量满足基准要求，能够保证既有线的运营安全。

③ 3 号线衬砌大部分区域的由长隆隧道开挖引起的应力为压应力，最大值为 -3.648 MPa，在墙与板交接的地方出现较大的拉应力，最大值为 +0.8972 MPa。3 号线底板也是大部分区域受压，最大压应力可达 -0.4092 MPa，在与墙交接处拉应力最大，其值为 +0.7712 MPa。在靠近 3 号线模型进出口段，底板中部出现部分拉应力，最大值达 0.3952 MPa，其原因是底板中间段沉降量大于两边段。

④ 3 号线衬砌的应力均小于 C30 混凝土衬砌的强度（抗压强度为 14.3 MPa，抗拉强度为 1.43 MPa）。因此，在佛莞城际铁路长隆隧道近接开挖的情况下，地铁 3 号线衬砌安全可靠。

5.5.3　秀铂化工厂桩基拔除施工技术

1. 工程概况

长隆站至进口明挖段盾构区间在 DK0+500~+650 段穿越秀铂化工厂（详见图 5.5.55），该段隧道埋深为 12~14 m，与秀铂化工建筑物桩基冲突，需拆除其厂区建筑物，并对建筑基础桩基进行拔除。

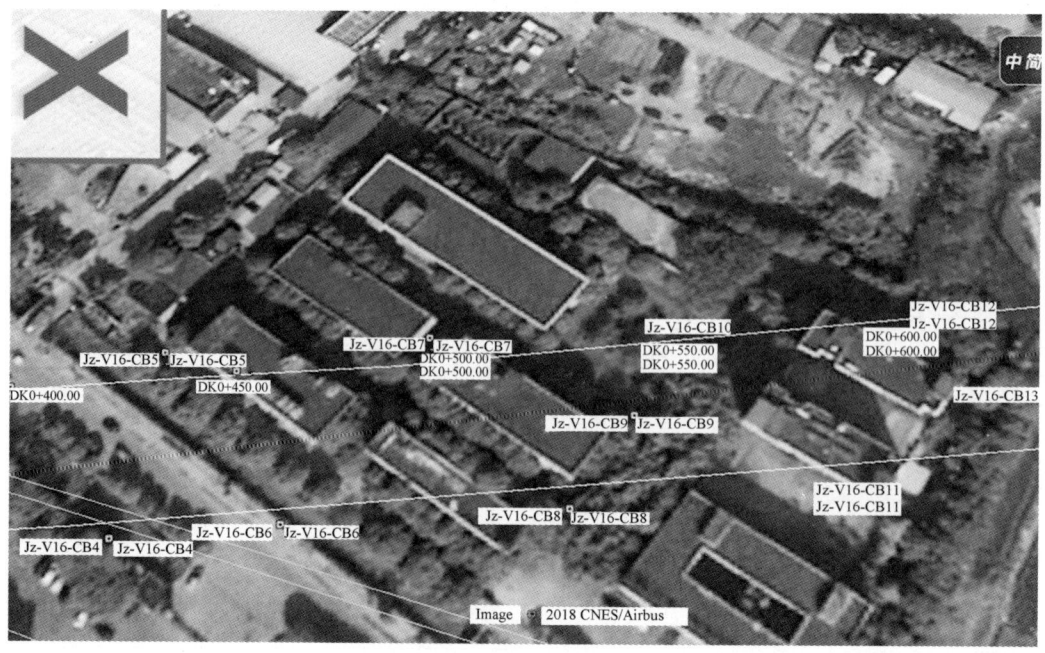

图 5.5.55　长隆隧道与秀铂化工厂建筑物平面位置关系

基础桩基为 ϕ300、ϕ400 预制钢筋混凝土管桩，桩身混凝土 C80，平均桩长约 22 m，桩端深入粉质黏土层。其中侵入隧道内桩基 ϕ300 共计 36 根、ϕ400 共计 118 根，合计 154 根。施工桩基采用 63 型号柴油锤打桩机，锤重 4.5 t，落锤高度 2 m，最后 30 锤平均每 10 锤贯入度 ϕ300 为 20 mm、ϕ400 为 15 mm，实际桩长为现场试验确定。

2. 桩基拔除施工方案

秀铂化工桩基拔除工程拟采用以钻进成孔套取为主和冲击成孔套取辅助的两种措施方案实施，其施工现场如图 5.5.56，施工方法如下：

1）钻进成孔套取

利用 ϕ650×8 mm 钢套管套在管桩周边进行跟管回转钻进，钢套管总长为 25 m（可根据桩长调整），采用分节法兰驳接，每节长度为 2.5 m，每回次钻进深度 2.5 m 后加套管一节，把管桩周边的土体钻除后，再利用 120 t 履带吊把管桩吊出并分段拆除。

2）冲击成孔套取

利用特制的笼式冲击钻头套在原锤击管桩周边进行冲击钻进，把管桩周边的土体钻除后，再利用 120 t 履带吊把管桩吊出并分段拆除。

两种施工方法相比，回转钻进具有较高的施工效率，而冲击成孔能克服回转钻进方法不能克服的基础桩垂直度偏差过大、摩擦力较大的困难。因此，施工过程以回转钻进套取方法为主要措施，冲击成孔套取方法作为后备措施，当回转钻进不能实施时辅以冲击成孔套取方法。即一根桩上段可采取跟管套钻工艺，下半段可采取冲击成孔套钻工艺。

图 5.5.56　现场施工图

3. 施工流程

施工前期各投入一台钻孔桩机和一台冲孔桩机进行施工,在第一条桩排除处理完成后,根据实际施工效果相应调整施工机械的配置,增加桩机数量。总体施工流程如下:

1) 场地平整

施工机械进场前做好三通一平。

2) 埋设钢护筒

在钢护筒的埋设前,应会同有关人员进行复核桩位,经复核确认无误后方可进行埋设。护筒采用 6 mm 厚的钢板加工制作,其内径比钻头直径大 250 mm。护筒顶部高出地面 0.15~0.3 m。在埋护筒时,护筒与坑壁之间用黏土填实,护筒中心与桩位中心应重合,偏差不得大于 50 mm。护筒埋设深度为 3 m,并应保持孔内泥浆面高于地面水位 1.0 m 以上。

3) 泥浆制备及性能

(1) 开孔时加重晶石粉、黏土制作泥浆,泥浆比重的控制在 $d>1.2$,在群桩拔桩时加 CMC 絮凝剂,以加强泥皮质量,防止塌孔。

(2) 泥浆的控制指标:黏度 18~22 s;含砂率不大于 8%;胶体率不小于 90%。

(3) 施工中应经常测定泥浆的比重、黏度、含砂率和胶体率。为了使泥浆有较好的技术性能,必要时可在泥浆中投入适量的添加剂。

(4) 在钻孔施工过程中,每天有大量的泥浆需进行处理,如处理不当,势必影响进度及现场文明施工,为此在施工时设置 3 个泥浆处理点。每个泥浆处理点设有泥浆沉淀池及净浆池,并配备 1 台 SNZ-3 型泥浆处理设备。钻孔时泥浆循环净化处理过程为:桩孔泥浆流入沉淀池后用泵送到泥浆处理设备进行净化,净化后的浆液流入净浆池作循环使用,渣土装车运走。该设备净化泥浆的最大能力为 180 m^3/h,泥浆通过旋流和振动筛二级净化处理,固液分离效果相当好,分离出来的固体含水量较低,净化效果较理想。

4) 泥浆循环

泥浆循环为正循环,其循环路线是:净浆池的泥浆(通过泥浆泵的动力)→桩孔底→护筒出浆口→泥浆沟(管)输送泥浆→泥浆沉淀池→泥浆净化系统→净浆池→桩孔底……

泥浆正循环如图 5.5.57 所示:

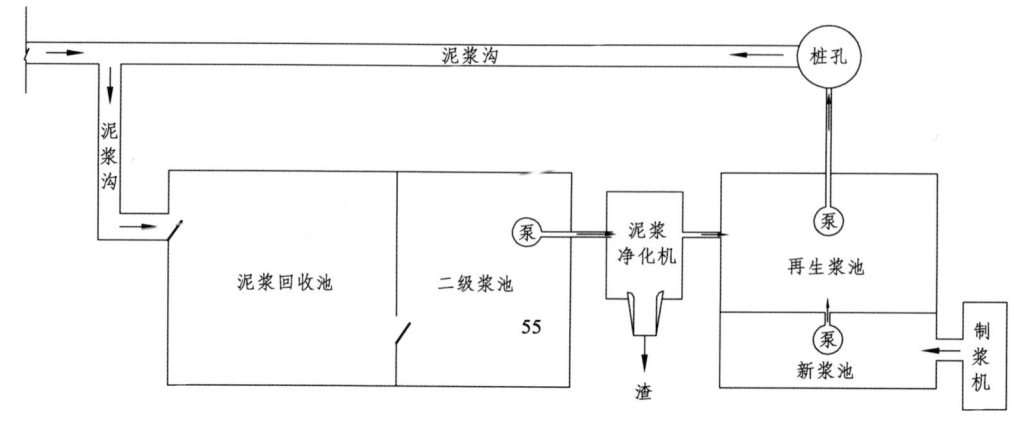

图 5.5.57 泥浆正循环示意

5)钻机就位

钻机准确就位后,调整垂直度。

6)安装钻杆

用法兰盘连接钻杆,并在每对法兰上用两条销、3个M16高强度螺栓固定,防止钻杆"脱扣",造成施工事故。

7)钻进成孔

采用正循环泥浆护壁钻进,钻孔过程中要做好详细的施工记录,施工超过原有基础深度0.5 m时,停止钻进。

8)终孔

终孔后量测孔深。

9)桩机转移

量测孔深后,桩机准备下一处施工。

10)吊车就位拔桩

把钢丝绳缠绕在原有钢筋混凝土管桩上部,用履带吊拔出至管桩接桩部位,后用夹具夹稳,再用切割机切断吊出堆放。如此往返,直到完成全部拔桩工程。

11)回填

为保护原有地层性质和周边环境,必须对原有桩孔进行回填,回填到原有地面标高。

4. 钻进成孔和冲击成孔主要技术措施

(1)埋设孔口护筒,孔口护筒直径1.2 m,孔口护筒中心与桩中心对中,偏差不大于2 cm,埋设深度为3 m,穿过表面松散杂填土层使护筒坐落在较密实的黏性土层中,并使原桩头揭露一定长度,以利于吊桩作业的实施。孔口护筒顶部应高出地面20 cm。

(2)钻(冲)机就位安装应平稳牢固,机座下垫20 cm×30 cm枕木。开钻前检查桩位对中和主轴铅直度,要求桩位对中偏差小于3 cm,主轴铅直度偏差小于1%。

(3)钻孔上段0~16 m为填土、淤泥、中细砂和黏性土等较软弱地层,可采用尖嘴大合金筒式钻头钻进,钻孔下段残积土部分钻进时应注意使用调整泥浆浓度,防止泥包钻头。

(4)采用回转钻进成孔作业时,使用$\phi 650$ mm×8 mm套管套在原有锤击桩周边进行跟管钻进,钢套管采用分节丝扣驳接,每节长度为2.5 m,每回次钻进深度2.5 m后加套管一节,把管桩周边的土体钻除并利用循环泥浆使钻渣返出。

(5)在钻进过程中应随时检查钻头、钻具的磨损、变形和开裂等情况,当钻头、钻具出现上述情况时应及时更换或作保径维修后才能继续使用。防止掉钻事故发生。

(6)因大直径跟管回转钻进时钻具所产生的扭矩较大,因此钻进参数应采用轻压力慢转速为主,采用的钻进参数应考虑到钻机、钻具的承受能力,防止机械损坏或钻具折断事故发生。

(7)在淤泥、中细砂层中钻进时须控制进尺速度,保持孔壁完整,防止因钻液环流速度太大冲坍孔壁。

(8)桩孔采用优质泥浆护壁,以平衡孔壁压力。同时泥浆作为孔内循环液携带出钻渣,钻孔过程中应及时清除循环槽内沉渣，净化泥浆，并及时补充膨润土粉调节泥浆浓度，保持泥浆的良好性能。

（9）冲孔作业成孔时利用特制的笼式冲击钻头套在原锤击管桩周边进行冲击钻进，把管桩周边的土体钻除并利用循环泥浆使钻渣返出。

（10）冲孔作业成孔时采用低提缓冲参数为主，冲击高度为 0.5~0.8 m，防止在原桩基驳口处发生卡钻损坏钻头。

（11）冲击钻进时采用正循环泥浆护壁和返渣，并注意根据返渣情况及时调整泥浆浓度，防止埋钻事故发生。

（12）钢丝绳与原管桩的摩擦较多，易使钢丝绳磨断。为防止钢丝绳断裂造成埋钻，应经常检查钢丝绳的摩擦情况，并及时更换钢丝绳，同时应在冲击钻头设副钢丝绳。

（13）在冲击钻头上设通浆管装置，使渣土由泥浆返出地表，必要时采用空压机清孔。

（14）终孔后调节优质泥浆转换出孔内浓泥浆，并把孔内岩屑清除干净，完成第一次清孔后起出钻具。

5. 吊桩作业

（1）吊桩之前做好以下三项准备工作：清除孔口护筒段泥浆，用 20 mm 钢丝绳把原桩拴紧在起吊环上准备起吊；在原管桩内孔下入 ϕ127 钢管作为后备处理措施；移开成孔桩机，让出空间给吊车进行吊桩作业。

（2）利用 120 t 履带吊车把管桩吊出并分段拆除。每次吊起长度为 4~8 m，把原桩从下部拴紧后再进行割断，割断位置选择在原桩驳接口进行，采用氧割方法割断。

（3）为防止原管桩驳口不能承受吊出时的拉力造成中途断桩，吊桩之前在管桩内孔下入 ϕ127 mm×4 mm 钢管，管长同锤击桩长，在起吊时如发生断桩，可灌入水泥砂浆使钢管与原管桩固结后再行吊出。

（4）在吊桩过程中钻孔内回灌泥浆平衡孔内压力。

6. 水下灌注水泥砂浆回填钻孔

（1）原有管桩吊出后，采用水下混凝土灌注工艺用低强度等级（M10）水泥砂浆灌注回填钻孔。

（2）水泥黏土砂浆可用钻冲孔泥渣与水泥搅拌配制，水泥浆为土砂含量的 12%~15%。

（3）采用直径 250 mm 的水下混凝土导管，安装深度至孔底，开始灌混凝土之前导管底出口端提离孔底 30 cm。

（4）灌注之前采用优质泥浆通过混凝土导管对桩孔进行二次清孔，并检查孔底沉渣厚度、泥浆比重和含砂率。

（5）开灌时止水栓作前导排出导管内泥浆，首次灌注后桩内混凝土面能达至埋管 0.5 m。

（6）水下灌注连续进行，灌注过程中保持混凝土面埋管在 1.5~4.0 m，拆管之前应先测量水下混凝土面深度，计算拆管长度。

7. 工程施工质量保证

1）防坍孔

成孔过程中或成孔后，孔壁坍落，造成孔底积泥，增大预制钢筋混凝土管桩的摩擦力，造成拔桩困难。

原因分析有：

（1）挖埋式护筒的底部和四周未用黏土填实，振动埋入护筒的深度不足或护筒底部埋设在砂类等透水层中。

（2）孔内水位高度不够，不足以平衡水头压力。

（3）当钻孔至砂砾等强透水层时，水源补给不足引起孔内水位急剧下降。

（4）出现较强承压水时，易导致孔底翻砂和孔壁坍塌。

（5）钻孔附近的振动影响。

（6）泥浆比重偏小。

（7）成孔速度过快，在孔壁上来不及形成泥膜。

防治措施：

（1）埋设护筒时，宜在护筒底部夯填 50 cm 厚黏土，必须夯打密实。放置护筒后，在护筒四周对称均衡地夯填黏土至密实不渗水，防止护筒变形或位移。

（2）振动沉入护筒时，应根据地质资料，将护筒沉穿过淤泥和透水层，使护筒不会因水流影响而晃动。

（3）孔内水位必须稳定地高出孔外水位 1 m 以上。

（4）施工通道的布置应离孔位一定距离，尤其在地表下有淤泥质黏土之类的软弱土层时更应注意。

（5）添加重晶石粉以加大泥浆比重。

（6）应根据不同土层采用不同的转速，如在砂性土或含少量卵石中钻进时，可用一或二挡转速，并控制进尺。在地下水位高的粉砂中钻进时，宜用低挡慢速钻进，同时应加大泥浆比重和提高孔内水位。

2）防钻孔漏浆

在成孔过程中或成孔后，孔内不能稳定维持一定水位，泥浆向孔外渗漏。

原因分析：

（1）护筒埋设深度不够，泥浆从护筒底部向外流失。

（2）护筒制作粗糙，接头和纵向拼缝处不严密，使泥浆产生渗漏。

（3）护筒内静水压力过大，亦会发生护筒刃脚处泥浆渗漏。

防治措施：

（1）成孔过程中护筒内保持适当的静水压力（80~120 cm）。

（2）在安置护筒前严格验收制作质量，并在纵、横接缝处设置止水垫片。

（3）添加膨润土加稠泥浆，放慢钻进速度，钻至护筒刃脚处回填黏土，反复冲击，增强护壁效果。

（4）护筒一般应埋置在黏土层内不少于 1 m。

3）防成孔偏斜

成孔后不垂直，导致钻头与原有钢筋混凝土管桩相接触，造成进尺慢或损坏钻头。一般认为，原因有以下几种：

（1）施工场地不平整、不坚实，支架发生不均匀沉降导致钻杆不垂直。

（2）钻机部件磨损，接头松动，钻杆弯曲。

（3）钻头晃动偏离轴线，扩孔较大。

（4）遇有地下障碍物，把钻头挤向一侧。

防治措施：

（1）钻机就位时，应使转盘、底座水平，使天轮的轮缘、钻杆的卡盘和护筒的中心在同一垂直线上，并在钻进过程中防止位移。

（2）场地平整坚实，支架的承载力应满足要求，在发生不均匀沉降时，必须随时调整。

（3）偏孔过大时，应回填黏土，待沉积密实后再钻。

4）防缩孔

由于软土层受地下水位影响和周边车辆振动以及塑性土膨胀成孔后局部孔径小于 500 mm，造成拔桩困难，采用钻头上下反复扫孔，将孔径扩大。

5）防孔深不足

在拔桩前复量孔深发现不足，一般是由于孔壁坍塌，土方淤积于孔底，可以采用下钻回扫来防治。

5.5.4 盾构上跨广州地铁 7 号线施工技术

1．工程概况

佛莞城际铁路的盾构施工自长隆站始发，掘进 60 m 后完成第一次上跨广州地铁 7 号线（钟村至汉溪长隆站区间隧道），掘进 3 396 m 后第二次上跨地铁 7 号线（石壁站至谢村站区间隧道）。上跨地铁 7 号线石壁站至谢村站区间隧道的范围为左线 DK0+386.427 至 DK0+411.429，右线 YDK0+419.667 至 YDK0+444.912，与地铁隧道净距分别为 3.7 m 和 3.3 m，隧道覆土厚度 12~13 m，其平面关系见图 5.5.58，纵断面关系详见图 5.5.59。

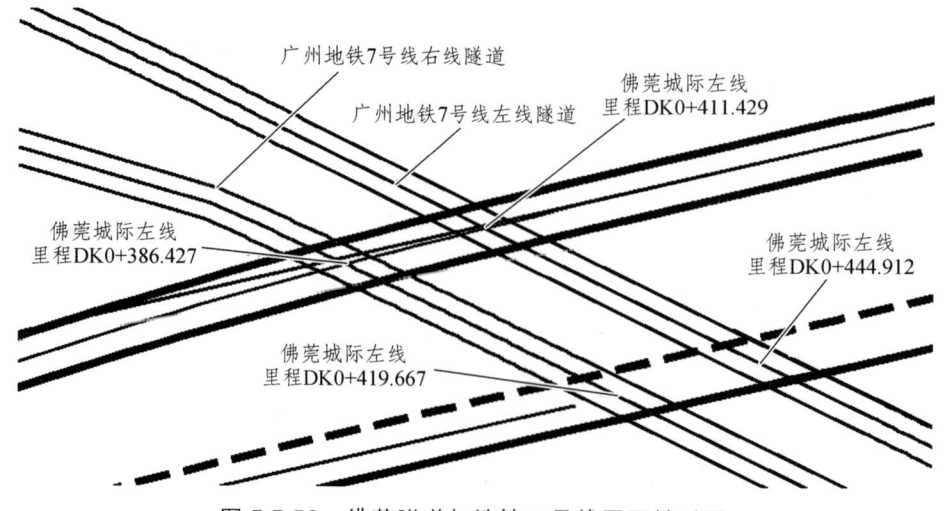

图 5.5.58 佛莞隧道与地铁 7 号线平面关系图

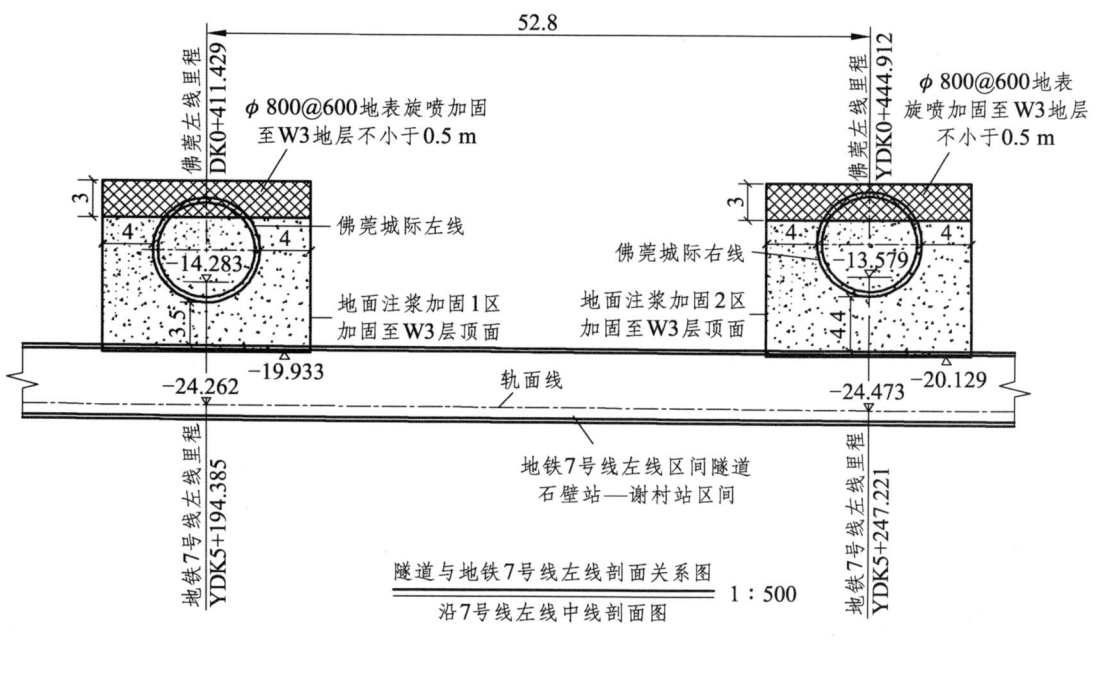

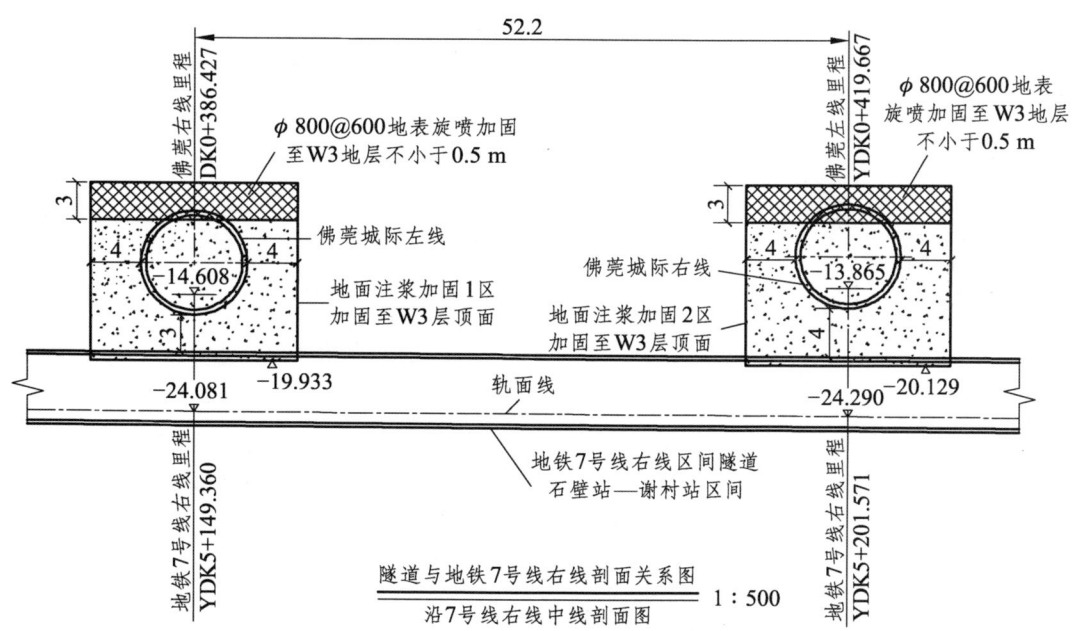

图 5.5.59　隧道与地铁 7 号线纵断面关系图（石壁站—谢村站区间）

既有地铁 7 号线为已在运营中的地铁线路，列车运行频率高、人流量大，营运时间为每天 6:00—23:00，佛莞城际铁路区间隧道使用铁建重工生产的盾构机掘进，区间开挖直径为 8.85 m，隧道外径为 8.5 m，内径为 7.7 m，衬砌厚度为 400 mm，管片拼装采用错缝拼装方式，共 6+1 块管片（管片拼装示意图见图 5.5.60）。本工程采用两台铁建重工生产的土压平衡盾构机。

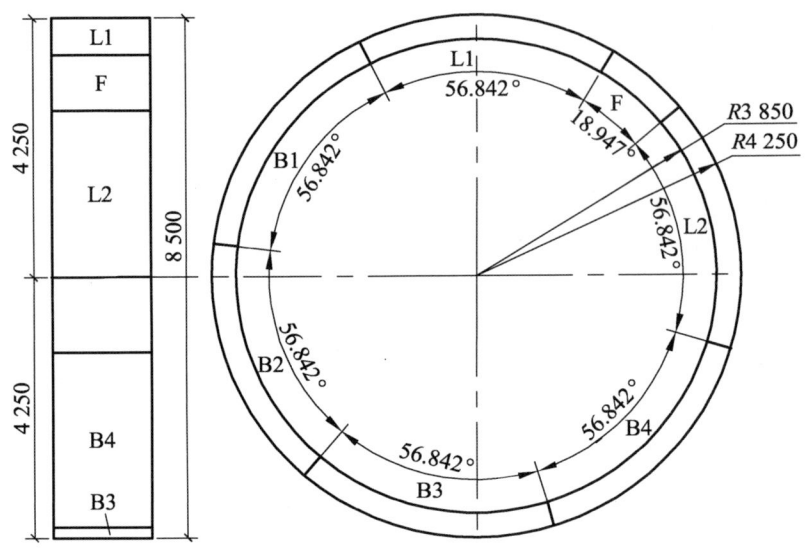

图 5.5.60　管片拼装示意

本工程采用两台铁建重工生产的土压平衡盾构机。

2. 工程地质

根据区域地质资料及勘察成果资料，新建城轨盾构隧道上跨地铁 7 号线石壁站—谢村站区间岩土层可划分如表 5.5.28：

表 5.5.28　穿越地层分布

序号	岩土名称	厚度/m	地基承载力/kPa	岩土工程施工级别	备注
1	人工填土	3.5		Ⅰ级	
2	可塑状粉质黏土	3.5	150	Ⅱ级	
3	粉质黏土	1.1	180	Ⅲ级	
4	粉砂	1.1-5.1	80	Ⅰ级	
5	全风化泥质砂岩	5.8	200	Ⅲ级	
6	强风化泥质砂岩	3.3	300	Ⅳ级	
7	中风化泥质砂岩		400	Ⅳ级	

上跨地铁 7 号线石壁站—谢村站区间隧道的施工区域地形起伏较小，地面高程约 1.26 m，交汇区地处谢石公路，车流较大，来往人员较多。

隧道左线在上跨地铁 7 号线隧道范围内的地层依次为素填土、粉砂、强风化泥质砂岩、中风化泥质砂岩，城际铁路隧道主要在强风化泥质砂岩内穿行，地铁 7 号线隧道主要处于中风化泥质砂岩之中。

隧道右线在上跨地铁 7 号线隧道范围内的地层依次为素填土、粉质黏土、全风化泥质砂岩、强风化泥质砂岩、中风化泥质砂岩。城际铁路隧道主要在全风化泥质砂岩和强风化泥质砂岩复合地层内穿行，地铁 7 号线隧道主要处于中风化泥质砂岩之中。

3. 盾构上跨地铁 7 号线的阶段划分

为避免盾构掘进对地铁 7 号线运营的影响，右线先上跨地铁 7 号线石壁站—谢村站区间隧道，左线后进行上跨施工。

根据新建的佛莞城际与既有地铁 7 号线隧道的平面位置关系，盾构机过地铁 7 号线的施工过程分为三个阶段，即盾构上跨前阶段（右线 2711~2730 环，左线 2748~2767 环）、盾构上跨阶段（右线 2730~2746 环，左线 2767~2783 环）、盾构上跨后阶段（右线 2746~2766 环，左线 2767~2787 环），具体参见表 5.5.29、图 5.5.61，针对不同阶段的施工特点，应该采取相应的施工控制措施。

表 5.5.29　盾构上跨地铁 7 号线阶段划分范围

左/右线	上跨前阶段	上跨阶段	上跨后阶段
右线环数	20	16	20
左线环数	20	19	20

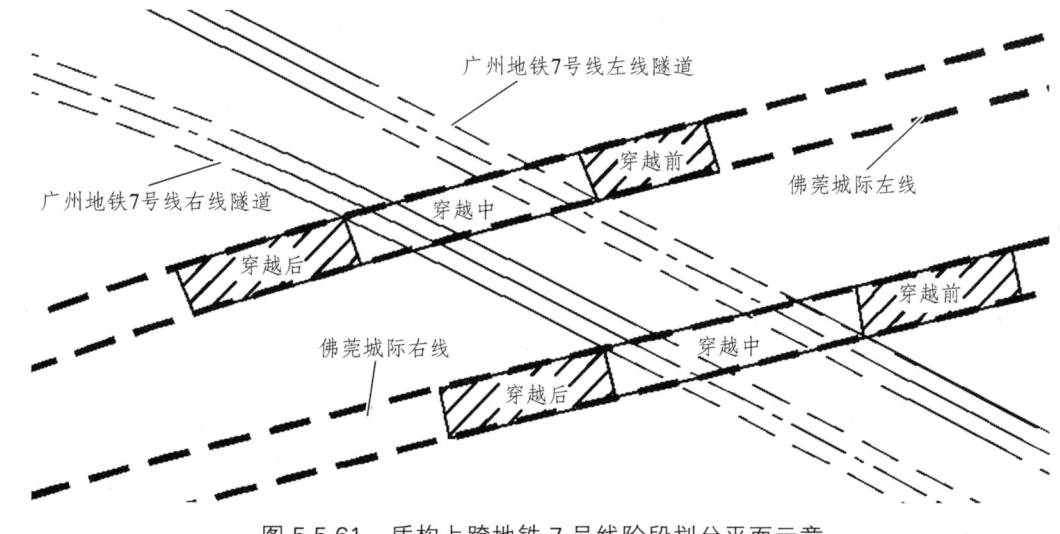

图 5.5.61　盾构上跨地铁 7 号线阶段划分平面示意

4. 盾构上跨地铁 7 号线具体施工措施

盾构机上跨长隆隧道进口明挖段至长隆站盾构区间地层时，计划进度指标为 9.6 m/d，以穿越前的盾构机掘进参数、地面沉降、管片成型质量等作为控制要点，作为上跨地铁 7 号线掘进的技术参考。

1）穿越前

（1）上跨区域加固。

上跨施工前，对佛莞城际洞身范围与广州地铁 7 号线洞身范围之间所夹的强风化、中风化泥质砂岩地层采取地面注浆加固的保护措施，对佛莞城际洞身及周边范围的全风化泥质砂岩地层进行地面旋喷加固。加固的具体范围是地铁 7 号线隧顶上方 1.0 m 之上的 3 m 以内进行注浆加固，其上至地面范围进行旋喷桩加固。加固区平面布置图如图 5.5.62。

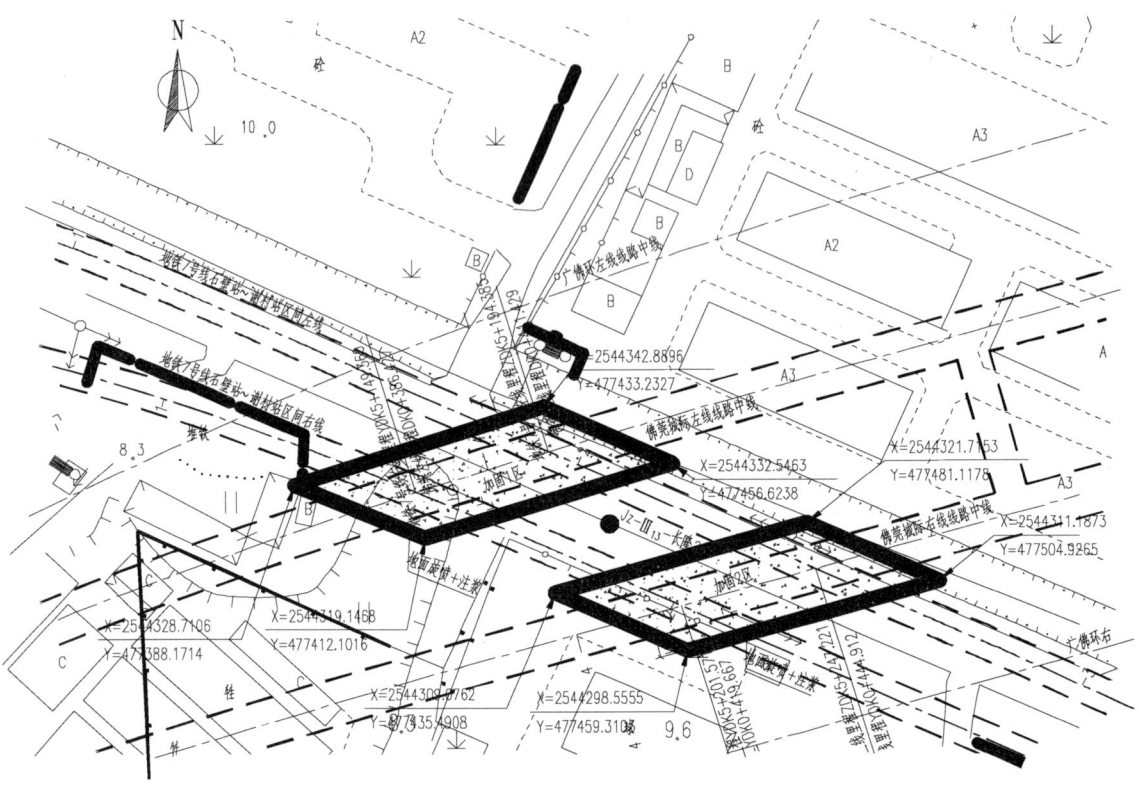

图 5.5.62 加固区平面布置

注浆采用 $\phi 110$ 钻孔，孔口采用长度为 3 m 的 $\phi 108$ 无缝钢管作为孔口管，孔底采用 $\phi 91$ 钻孔。注浆浆液采用水泥浆，浆液扩散半径 1 m。水泥选用 42.5 级以上的普通硅酸盐水泥，水灰比为 1∶1，注浆压力在 $0.5 \sim 1.0$ MPa，旋喷桩加固大样和注浆孔布置详见图 5.5.63 和图 5.5.64。

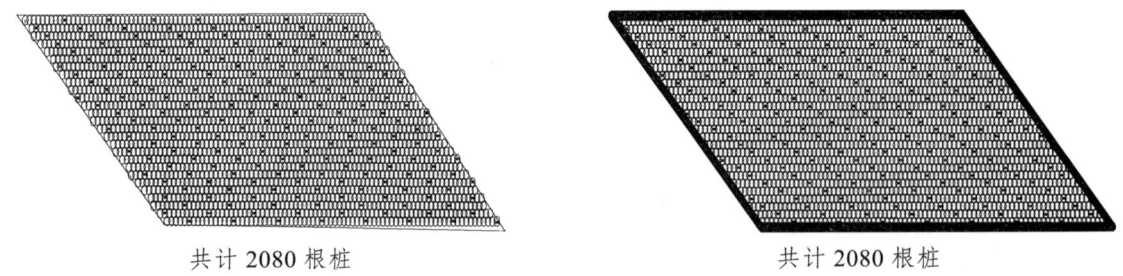

共计 2080 根桩　　　　　　　　　　　共计 2080 根桩

图 5.5.63　旋喷桩加固大样图

在大范围注浆开始前应进行试验，可挑选 3 个典型地质条件的区域进行试验性注浆，每个区域先注相邻的 10 个孔，然后在每个注浆加固区域内各抽取一个芯进行检测，要求注浆加固后土体 28 d 无侧限抗压强度大于 1 MPa，若达到该效果则可进行大范围注浆，否则需调整注浆参数。当注浆压力达到设计终压并稳定 10 min，且进浆速度为开始速度的 1/4 或注浆量达到设计注浆量的 80% 时，注浆达到其终止条件。

旋喷采用 42.5 级以上普通硅酸盐水泥，可根据需要加适量的外加剂掺合料，用量应通过试验确定，但每立方米加固体水泥用量不得少于 600 kg，水泥浆液的水灰比为 1∶1～1∶1.5。旋喷注浆加固后，土体 28 d 无侧限抗压强度不小于 1.0 MPa。

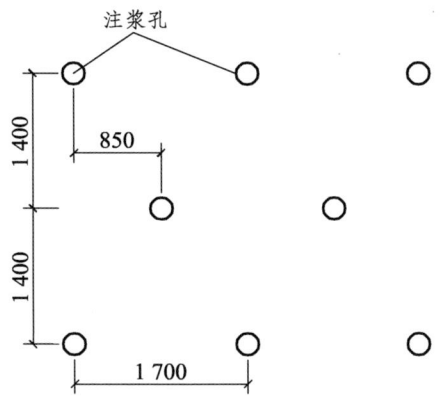

图 5.5.64 注浆孔平面布置图大样图（1∶100）

（2）盾构穿越前的准备。

盾构机在距离地铁 7 号线 30 m 左右时停止掘进，并对所有设备进行彻底检查和维修，特别是土压传感器、液压系统、刀具、注浆系统、测量自动导向系统、盾尾油脂、HBW 和 EP2 注入系统、隧道内排水排污系统及后配套等的检查，以确保盾构机以良好的状态顺利穿过地铁 7 号线。

2）穿越中

（1）均匀连续作业。

在掘进过程中，各关键岗位（盾构司机、管片拼装工、电瓶车司机、龙门吊司机、维保工）选用有丰富施工经验的人员，确保盾构机匀速、连续、均衡地通过交汇区。在施工过程中加强对机械设备的维修保养，尽量保证不因机械故障而停机，保证盾构机连续掘进。掘进速度应严格按照技术交底进行，严禁擅自改变，确保盾构机匀速向前掘进，减少对土体的扰动。另外，应做好掘进、拼装等各工序的衔接以及盾构队作业班的交接工作，尽量减少非工作时间。

（2）掘进参数控制。

根据第一次上跨数据，按控制既有地铁 7 号线隧道沉降标准的 50% 对地面沉降进行控制，以确定合理的盾构掘进参数。施工过程中，根据在地表布设的监测点和在既有地铁 7 号线隧道内布设的自动监测系统反馈的监测数据，结合地质情况，及时调整土舱压力、盾构机姿态等施工参数，做到信息化施工，确保盾构机安全上跨地铁 7 号线。初步拟定的掘进参数选定如表 5.5.30。

表 5.5.30 掘进参数选定表

项目	土舱压力 /MPa	刀盘转速 /(r/min)	掘进速度 /(mm/min)	最大推力 /kN	最大刀盘扭矩 /(kN·m)	姿态纠偏 /(mm/环)	同步注浆压力/MPa	同步注浆量/m³
数值	≤0.12	1.2~1.6	20~45	26 000	5 000	不高于±5	0.2~0.4	10~12

（3）出土量与土舱压力控制。

掘进过程中始终保证土舱压力与作业面水土压力的动态平衡，同时利用螺旋输送机进行与推进量相应的出土作业，掘进过程中始终维持开挖土量与出土量的平衡，以保持正面土体稳定。对于渣土的控制可通过盾构机自带的出渣称重控制器来调节。

(4) 注浆控制。

① 同步注浆。

同步注浆采用盾尾壁后注浆方式，通过控制同步注浆压力和注浆量双重标准来确定注浆质量，具体注浆参数可通过试验段地面沉降情况进行调节。

a. 同步注浆材料及砂浆配比。

同步注浆材料有：水泥、粉煤灰、膨润土、砂、水。同步注浆砂浆生产配合比见表5.5.31。

表5.5.31　同步注浆砂浆生产配合比

水泥/kg	粉煤灰/kg	砂/kg	膨润土/kg	水/L	初凝时间
100	300	860	100	300	3 h 45 min
注：每立方米砂浆材料中同步注浆材料的使用量。					

b. 注浆压力。

同步注浆要求压入口的压力大于该点的静止水土压力 0.1~0.2 MPa，做到尽量填补而不是劈裂。过大的注浆压力将会对管片外的土层造成较大的扰动，因此，在后期易造成较大的地层沉降以及隧道本身的沉降，此外，还易造成既有地铁 7 号线隧道变形和盾尾刷的击穿。注浆压力过小，砂浆填充速度过慢，填充不充足，也会使地表变形增大，易造成既有地铁 7 号线管片上浮。

因此，注浆压力取 1.1~1.2 倍的静止水土压力，盾尾下部注浆压力需大于上部注浆压力，注浆压力控制在 0.2~0.4 MPa。

c. 注浆量。

选择和易性好、泌水率小，且具有一定早期强度的砂浆进行及时、均匀、足量注浆，确保其建筑空隙得到及时和足量的充填。根据施工经验参数和试验段测试参数，上跨区域地层选用的土质松散系数为 1.6。

注浆量计算公式为：

$$\begin{aligned} Q &= VK \\ &= \pi[(D_1/2)^2 - (D_2/2)^2]LK \\ &= 3.14 \times [(8.85/2)^2 - (8.5/2)^2] \times 1.6 \times 1.6 \\ &= 12.2 \ (\mathrm{m}^3) \end{aligned} \tag{5.5.1}$$

式中：V——每环管片壁后与天然土体间的建筑空隙；

D_1——开挖直径 8.85 m；

D_2——管片外径 8.5 m；

L——管片环宽度 1.6 m；

K——地层岩土质松散系数，取 1.6；

Q——每环理论注浆量。

② 二次注浆。

为了有效防止既有地铁 7 号线产生后期上浮，在交汇区及交汇区前后 10 m 范围进行洞内二次注浆，充填管片背后的空腔。从脱出盾尾的第 3~5 环管片开始，通过每环管片顶部的浆孔注入双液浆，直到管片超出二次注浆加固范围为止。

a. 双液浆浆液（水泥浆 + 水玻璃）的配比为：

水泥浆配合比：水：水泥=1∶1

双液浆配合比：水泥浆：水玻璃=1∶1

双液浆的凝结时间控制在 60 s 的范围内，有利于浆液扩散和施工操作，以减少堵管情况的发生。

b. 注浆压力。

水玻璃双液浆注浆压力为 0.2 MPa~0.6 MPa，注浆压力过大易引起管片错台和既有地铁 7 号线盾构隧道变形。

c. 注浆量。

注浆量通过施工经验和现场监测结果来确定，注浆过程中要根据既有地铁线内的自动测量系统的数据反馈，实时调整注浆参数。

5. 测量监测

盾构机上跨地铁 7 号线施工过程中，为了及时获取施工有关信息，调整盾构掘进参数和采取相应的工程措施，根据设计图纸和《盾构法隧道施工及验收规范》（GB 50446—2017）的要求，对正在试运营的地铁 7 号线谢村站—石壁站区间隧道的变形实行自动化监测。

监测方法采用自动化监测，监测对象为既有地铁 7 号线的隧道结构，监测内容为隧道结构在 X、Y、Z 三维方向的变形变位值及相对收敛情况。监测过程中若出现较为明显的裂缝，则需对其进行重点监测。

盾构穿越前，在盾构机到达保护范围内，每天与 7 号线洞内自动化监测进行联系，根据监测数据及时调整盾构掘进参数，保证安全穿越 7 号线。

由于盾构机上跨 7 号线为 24 h 连续掘进施工，在盾构穿越阶段，必须每天对盾构机姿态、管片姿态进行人工复核，并将人工复测的盾构机姿态与自动导向系统测的盾构机姿态进行对比，若发现问题，应该及时解决。洞内监测点布置如图 5.5.65，具体控制标准如表 5.5.32：

表 5.5.32　监测控制标准

序号	监测处所	监测频率	备注
1	盾首到达 YDK4+812.5、DK4+820.77 之前		埋设好测点，读好初始读数
2	盾首到达 YDK4+792.5、DK4+800.77 之前	1 次/d	
3	盾首到达 YDK4+782.5、DK4+790.77 之前	2 次/d、盾构机正对方向 7 号线洞内断面 30 min 测量一次	
4	盾首到达 YDK4+760.75、DK4+772.3 之前	3 次/d、盾构机正下方 7 号线内断面 30 min 测量一次	
5	盾首到达 YDK4+740.75、DK4+752.3 之前	2 次/d、盾构机正对方向 7 号线洞内断面 30 min 测量一次	
6	盾首到达 YDK4+690.75、DK4+702.3 之前	2 次/d	
7	盾首到达 YDK4+640.75、DK4+652.3 之前	1~2 次/d	
8	盾首通过监测断面 120 m	1 次/周	
9	盾首通过监测断面 30 d	1 次/月	长期监测

图 5.5.65　洞内监测点布置

6. 安全和质量保证措施

1）质量保证措施

（1）盾构掘进质量保证措施。

① 掘进前明确设计线路的各项参数。通过测量判断出盾构机的当前位置。根据掘进前的各项监测成果，确定下次掘进的各项参数。

② 每环推进过程中，严格控制平衡土压力，使切口正面土体保持稳定状态，减少对土体的扰动。采取信息反馈的施工方法对盾构施工的推进进行质量控制，在盾构推进工程中通过自动化监测系统进行沉降观测，并及时反馈沉降数据，为调整下阶段的施工参数提供依据。通过对实测数据与施工参数的收集和整理，形成一套较为完善的盾构施工智能数据库来指导施工。

③ 及时地掌握盾构机的方向和位置，严格控制盾构机的姿态，确保隧道施工实际偏差控制在 50 mm 以内。推进测量管理应在每推进一环后进行，通过对测量数值的分析计算，及时发布操作指令。根据不同的情况，通过优化盾构掘进参数、注浆量的控制、二次注浆等施工手段，保证地铁 7 号线的运营安全。

④ 注浆前检查盾尾的密封性，保证浆液不泄漏和注浆管路的畅通。做好注浆设备的维修保养、注浆材料的供应工作，保证注浆作业顺利连续进行。注浆跟推进同步进行，且注浆速度应与推进速度相适应，注浆饱满程度由注浆压力和注浆量双重控制。

⑤ 根据推进油缸行程和盾尾间隙，及时调整管片拼装的姿态，并严格控制管片成型后环、纵向间隙。安装管片时要缓慢、均匀，对好位置后才能上螺栓，如果插入螺栓困难，要分析原因，仔细调整位置，切忌大幅度移动，强行插入；此外，应避免损坏止水条，避免管片间有较大错台，对管片螺栓采取一次紧固、三次复紧的工艺。

（2）二次注浆质量保证措施。

① 管片注浆孔埋设位置必须符合要求，注浆孔均匀布置，间距适中，保证孔间注浆宽度能相搭接。

② 按设计配合比配置浆液原材料，控制好浆液的凝结时间，水泥不能受潮结块，各项指标符合国家规定。

③ 浆液要充分搅拌并连续进行，使浆液均匀、供料不断，浆液搅拌时间一般不得少于 3 min，不大于 2 h，均匀搅拌；浆液储存时间不能过长，从制备到用完不宜超过 4 h。

④ 严格控制好注浆压力和注浆量，保证注浆达到预定位置。

⑤ 注浆时要保证均匀、连续不间断地进行。

⑥ 注浆时做好原始记录，并派专人进行质量跟踪检查。

2）安全保证措施

（1）盾构掘进施工全过程严格受控，工程技术人员根据地质变化、隧道埋深、地表沉降、盾构机姿态、刀盘扭矩、千斤顶推力等各种勘察、测量数据信息，正确下达每班掘进指令，并即时跟踪调整。加强对盾构机的检查、保养，上跨地铁 7 号线前由项目部组织人员进行安全检查。如果发现问题，应该及时整改。

（2）在推进过程中，优化施工参数，严格控制隧道轴线，加强监控量测的密度和强度，以减少地表隆沉和先行隧道的变形，确保盾构施工安全。

（3）尽量避免在隧道内进行焊、割作业。

（4）对垂直运输起重设备的索具、钢丝绳、管片吊带等做到定期检查，安全使用各种安全装置，及时维修。

（5）电瓶车司机严格执行安全行车规程，加强对车连接部位的检查。电瓶车增设电动制动刹车装置，配置行车闪光警示灯，运行过程中严禁搭乘车，严格控制行车速度，工作面钢轨末端设置电瓶车行驶止动装置。

（6）加强与地铁运营方协调，根据掘进情况，以适当频率进入地铁 7 号线的隧道进行人工实地查勘。

7. 上跨地铁 7 号线的应急措施

1）地面沉降应急措施

为确保地铁 7 号线绝对安全，除洞内掘进沉降有效控制措施外，地面措施也是必不可少的，在发生较大沉降时，采取应急措施进行处理。在施工监测的过程中，地铁 7 号线及周边地表沉降一旦接近预警值，立即根据监测情况制定有效措施，保证地铁 7 号线的运营安全。主要采取以下应急措施：

（1）地面应急措施。

施工过程中一旦发现沉降超控制值，及时查看施工现场并研究对策，采取有效的加固措施防止沉降继续扩大。同时，密切监测地铁 7 号线隧道沉降情况，如有继续扩大的趋势应立即采取相应措施。

（2）洞内应急措施。

立即停止盾构隧道掘进，并保持土舱压力，有效控制地铁 7 号线隧道继续沉降，在沉降还没控制、沉降原因没分析清楚、沉降控制措施没到位的条件下，严禁继续掘进。

2）掘进参数异常应急措施

（1）土舱压力异常。

为确保土压参数的适用性，试掘进段掘进过程中根据土舱压力及地表沉降关系确定，且掘进过程中以实土压为主，气压为铺，避免掘进过程中土体漏气导致土舱压力波动过大。如果土舱压力与设置压力相比过小，应减少出土，确保土压平衡。如土舱压力过大，则需暂停掘进，并判断土舱内土、气体、水的含量以采取适当的措施进行排土、排气或者排水以使土舱压力可控。

（2）出土量异常。

土舱满舱情况下舱内土、水混合物约 74 m³，正常掘进出土量（松散状态）为 150 m³，为确保准确判断出土情况，掘进过程中通过土舱压力及掘进速度对称重系统进行校核，如果有超挖现象立即停止出土，采取相应的措施确保土舱压力，待盾尾脱出后及时通过二次注浆来控制沉降。

（3）注浆控制。

准确记录每环掘进参数、出土量并进行掘进同步注浆，同步注浆流量根据掘进速度快慢调整注浆流量大小，计划过地铁 7 号线段同步注浆量控制在 10～12 m³，注浆压力控制在 0.2～0.4 MPa。为确保盾构上跨 7 号线施工过程中注浆泵能正常使用，需准备一套注浆设备备用。注浆过程中，根据注浆量和注浆压力双重参数控制，避免注浆压力过大或注浆量过量影响管片质量，甚至导致地面隆起，实际注浆量与注浆压力可根据掘进情况、地面和地铁 7 号线监测情况进行微调优化。

3）周边土体沉降超标应急措施

（1）盾构上跨之前，在 7 号线沿线两侧施作预埋袖阀管，并做好预埋袖阀管的保护工作，防止被破坏。若地铁 7 号线或地面发生异常，可即刻进行注浆。

（2）立刻停止盾构掘进，在脱出盾构后的衬砌背面环形建筑空隙中充填足量的浆液材料，待加固处理完成后，根据实际情况对盾构掘进姿态重新进行调整，之后继续掘进。

（3）预备好钻机、压水泵和双液注浆泵，一旦出现因地层失水引起地表沉降较大时，立即采取相应措施从地表向地层补充注水，以保证正常的地下水位，从而减少地表沉降，必要时可从地表进行注浆止水和加固来控制地层沉降。

5.5.5　盾构下穿谢石公路监测

1. 现场概况

盾构先后穿过秀铂化工厂和地铁 7 号线后开始下穿谢石公路，具体位置情况如图 5.5.66 所示。该段范围地层多为 W3、W4 泥质砂岩上软下硬土层，且埋深浅，岩面高低起伏波动大，部分地段为回填土，自稳定性差。

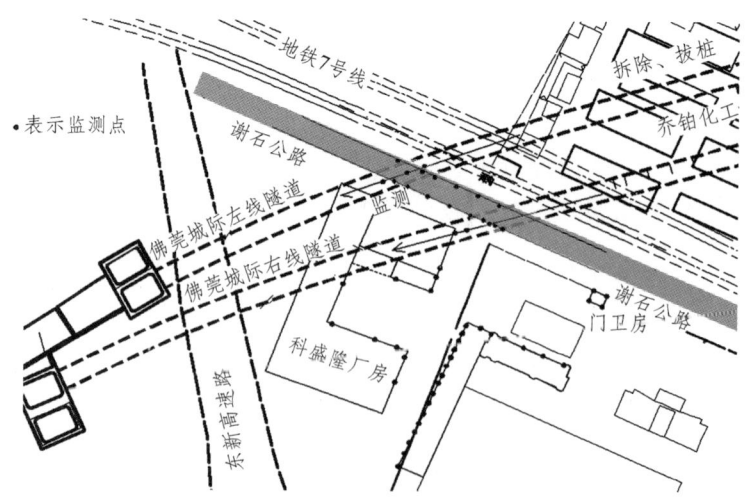

图 5.5.66　谢石公路与相邻构筑物位置关系

盾构所穿越的地层情况复杂、地理条件差，因此对掘进参数、出土量的控制参数要求较高。施工前已做好充分准备，盾构下穿谢石公路时仍然出现沉降坍塌险情，但及时采取补救措施后,地表沉降得到较好的控制,见图 5.5.67、图 5.5.68。

图 5.5.67 地表沉降过大致路面坍塌

图 5.5.68 采取补救措施后的路面

2. 监测目的

由于两台盾构机相向掘进,地层反复扰动,沉降不可控,施工风险较大,需要对谢石公路进行预加固并积极做好监测工作。其监测目的如下:

(1) 监测地面沉降状况,保证掘进施工的安全,为隧道结构的安全性,提供可靠的科学数据,并验证和指导工程设计及施工,以确保施工质量和运营安全。

(2) 通过沉降监测,可采取对应措施,控制沉降的发展,保证结构工程质量。

(3) 根据实测的沉降监测数据,利用数学方法对后期沉降速率、总沉降量以及工后沉降值进行计算分析,确保地面沉降得到有效的控制。

(4) 通过实测沉降量,预测沉降量并验证设计合理性,进行设计的再优化,控制和保证工程的建设量。

(5) 完善设计施工技术,提供可靠的资料和相应的沉降参数。

(6) 指导合理的施工工序,预防在施工过程中出现不均匀沉降,及时反馈信息为勘察设计施工部分提供一手资料。避免因沉降原因造成结构物的破坏而带来巨大的经济损失。

3. 监测标准

本工程对谢石公路区间的燃气管线、污水管线、右线中线以及部分民房和公寓进行了地面沉降量的监测。与之相关的具体监测控制值如表 5.5.33~表 5.5.35。

1) 盾构法地表沉降控制值(表 5.5.33)

表 5.5.33 盾构法隧道地表沉降监测项目控制值

监测项目		工程监测等级			
		一级			
		累计值/mm	变化速率/(mm/d)	预警值/mm	报警值/mm
地表沉降	坚硬~中硬土	40	3	20	32
	中软~软弱土	40	3	20	32
地表隆起		10	3	5	7.5

2）管线沉降控制值（表 5.5.34）

表 5.5.34 地下管线沉降和差异沉降控制值

管线类型	沉降		差异沉降/mm	预警值/mm	报警值/mm
	累计值/mm	变化速率/(mm/d)			
燃气管道	20	2	$0.3\%L_g$	10	15
雨污水管	20	2	$0.25\%L_g$	10	15
供水管	20	2	$0.25\%L_g$	10	15

注：L_g 为管节长度。

3）城市道路沉降控制值（表 5.5.35）

表 5.5.35 路基沉降控制值

监测项目		累计值/mm	变化速率/(mm/d)	预警值/mm	报警值/mm
路基沉降	高城市主干道	30	3	15	22.5
	一般城市道路	30	3	15	22.5

4. 监测结果分析

地表沉降与土体变形观测采用 DINI03 精密水准仪，按国家二级水准测量以上精度要求、几何水准法进行观测，每次采取往返闭合测量。监测点每 3 m 一个断面布设，过重要构建筑物时按 2 m 一个断面布设，每天监测 2 次，对沉降速率较大区域进行注浆加固。

为了提高测量精度，在开始沉降观测前，采用全站仪测量出各段的距离，在置镜点和立尺点设立标志，使每次观测能在同一路线上进行，同时减少仪器的 i 角误差。其沉降观测降差要求见表 5.5.36。

表 5.5.36 沉降观测限差要求表

等级	视线长度	前后视距差	前后视距累积差	基辅分划读数差	返往较差
二等	< 40 m	≤ 0.3 m	≤ 1.0 m	0.25 mm	$\leq 0.3\sqrt{n}$ mm

注：n 为测站数。

根据盾构下穿谢石公路施工进展，从 2018 年 9 月 23 日到 2018 年 10 月 13 日对谢石公路周边污水管线以及隧道中线的竖向沉降、周边民房、公寓等进行沉降观测，选取能全面反映该下穿段周边构筑物、管线以及隧道中线沉降的测点，沉降观测点布置如图 5.5.66。根据规定，监测时间选在上午 8—11 点，下午选在 15—19 点，尽量避开中午高温时段。以下具体分析监测数据中具有代表性测点的沉降。

从 2018 年 9 月 23 日到 2018 年 10 月 13 日监测污水管线各测点的沉降量，监测点布置如图 5.5.69（WS 代表污水管线）。

根据污水管线监测点中靠近右线的 WS01、WS02、WS03、WS09、WS10、WS11 监测点 9 月 23 日至 10 月 13 日的监测数据，绘制出累计沉降曲线和单次沉降曲线如图 5.5.70、图 5.5.71 所示。

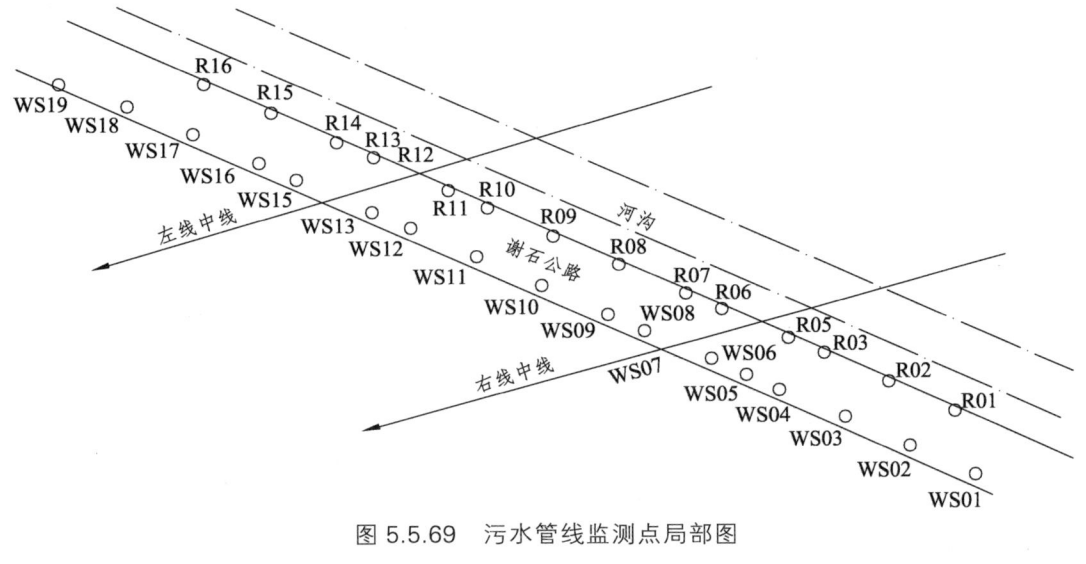

图 5.5.69　污水管线监测点局部图

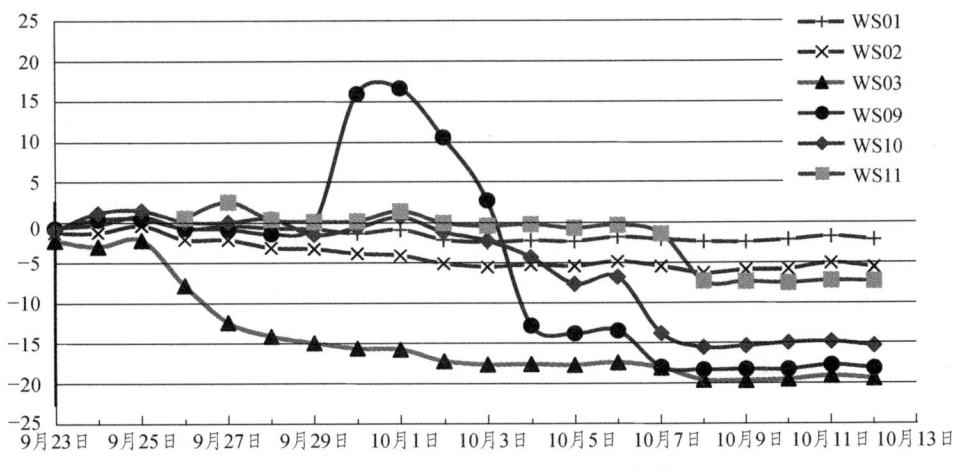

图 5.5.70　不同测点累计沉降曲线

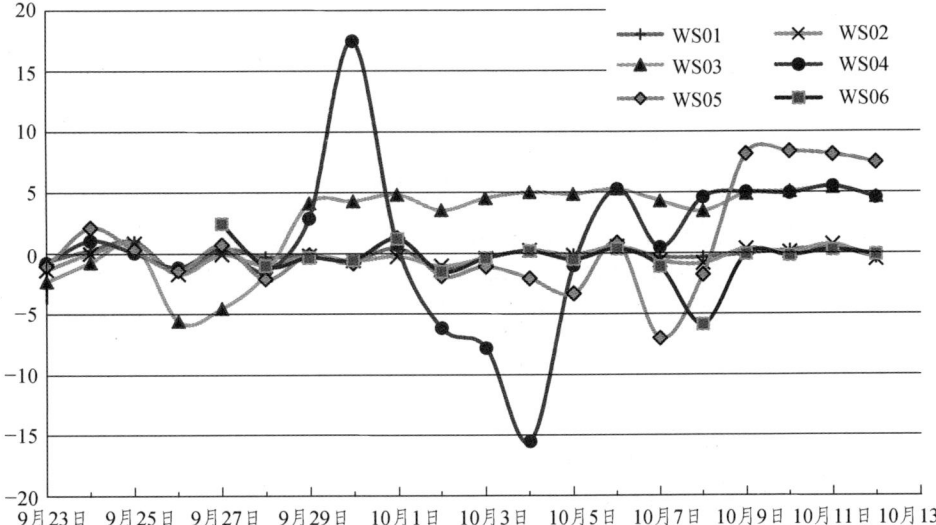

图 5.5.71　不同测点单次沉降曲线

根据 WS01、WS02、WS03、WS09、WS10、WS11 在不同时间里的沉降量，可得知污水管道沿线这 6 个测点在盾构开挖前后沉降量的变化，绘制出沉降曲线图如图 5.5.72 所示：

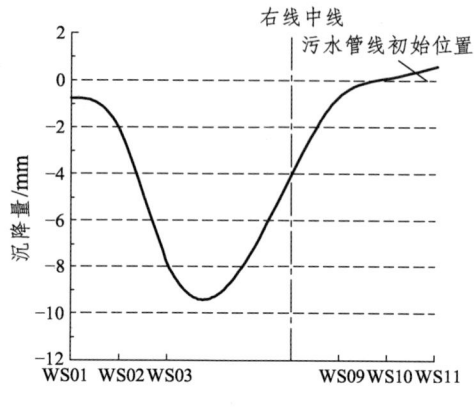

（a）污水管线各测点沉降图（9月26日）

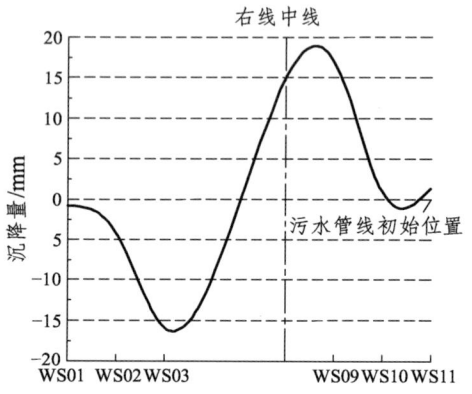

（b）污水管线各测点沉降图（10月1日）

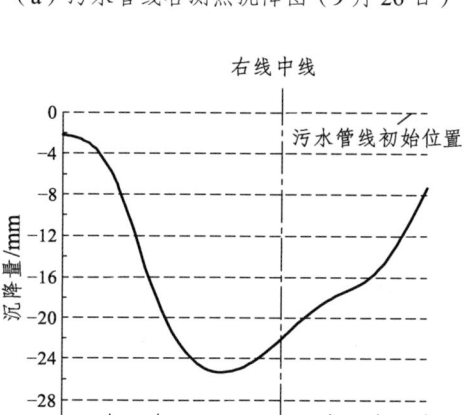

（c）污水管线各测点沉降图（10月13日）

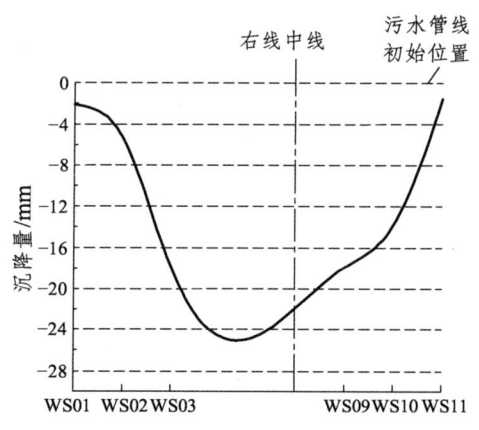

（d）污水管线各测点沉降图（10月13日）

图 5.5.72　污水管线不同日期各测点沉降曲线

根据污水管线累计沉降量曲线图可得知，沿盾构掘进方向左侧测点逐渐下沉，右侧测点逐渐隆起上抬，部分测点在盾构开挖过程中由于发生较大沉降，掘进过程不断修正掘进参数，以致部分测点单次沉降变化较大，但累计沉降量始终在管道沉降控制值±20 mm 以内，管线的竖向位移在盾构掘进完成后最终达到稳定。掘进方向与管线走向非正交，因此在掘进过程中会先开挖左侧测点下方的土体，导致左侧测点发生沉降，右侧未开挖到的土体在受到土舱压力后发生隆起，如图 5.5.72 中（a）图 WS01、WS02、WS03 位移为负，而 WS09、WS10、WS11 位移值为正。随着掌子面不断向前推进，开挖到右侧测点附近下方土体时，测点附近下方土体由于开挖开始发生沉降，如图 5.5.72（a）所示。掌子面向前推进，越过污水管道后，测点沉降逐渐达到稳定，且均在沉降控制范围内。分析可知，测点离隧道中线水平距离越近，其竖向位移量最大，说明距离隧道中线越近，受盾构掘进影响越大。

从 2018 年 9 月 23 日到 2018 年 10 月 13 日监测右线路中线各测点的沉降量，监测点布置如图 5.5.73 所示。

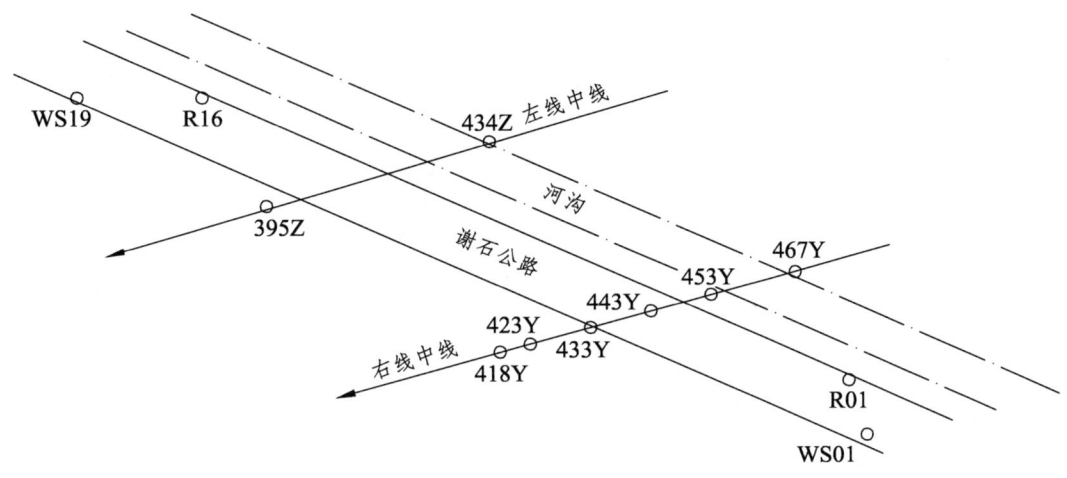

图 5.5.73　右路中线监测点局部图

选取具有代表性的测点绘制沉降量曲线图如图 5.5.74、图 5.5.75 所示：

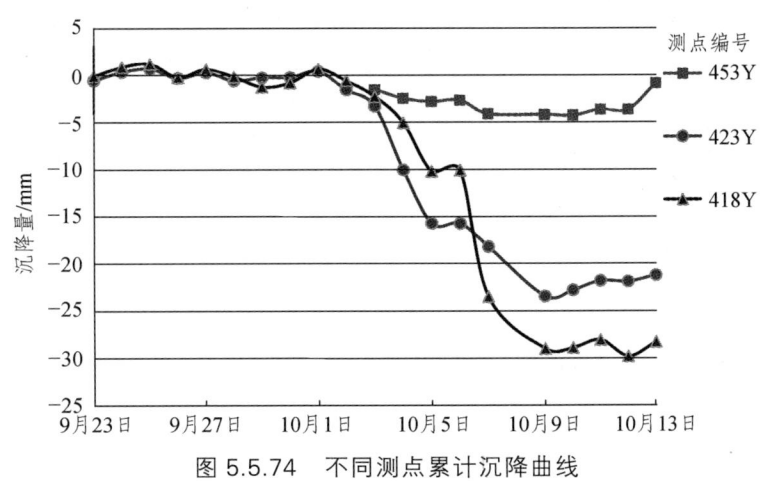

图 5.5.74　不同测点累计沉降曲线

沿掘进方向的测点依次为 467Y、453Y、443Y、433Y、423Y、418Y，可以发现在 9 月 23 日到 10 月 4 日盾构掌子面未掘到测点 453Y、423Y、418Y 下方土体，盾构掌子面处受土舱压力的影响，两测点竖向位移出现较小的正常波动。10 月 4 日后，掌子面到达测点 453Y 附近，测点 453Y 附近地表开始出现沉降，但最终达到稳定，并且沉降值在控制值范围以内。随着掌子面继续向前推进，掘进到 423Y、418Y 下方土体，两测点受盾构掘进扰动影响，测点附近地表发生较大位移，但累计位移量始终控制在规定值内。

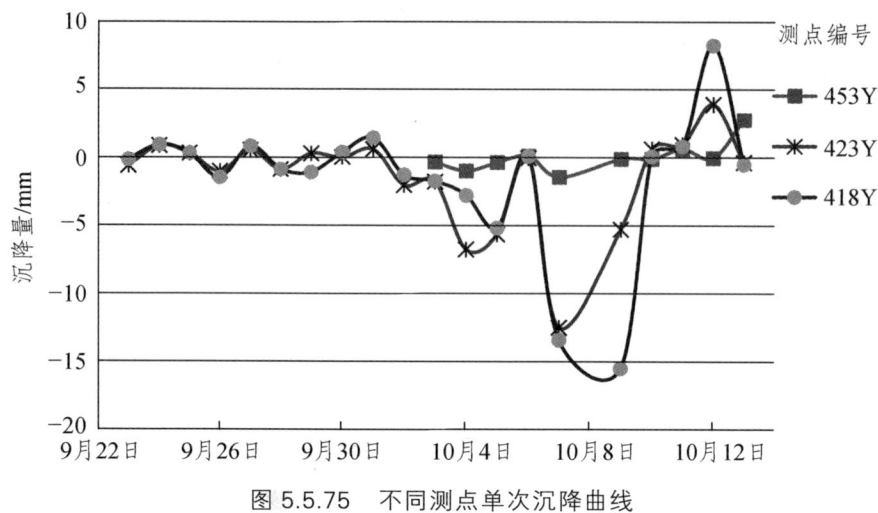

图 5.5.75　不同测点单次沉降曲线

从 2018 年 10 月 6 日开始监测民房各点沉降，取测点中位移变化较大数据进行分析。

根据图 5.5.76 和图 5.5.77 所示的沉降曲线，盾构在泥质砂岩地层掘进过程中产生的扰动及附加应力会导致掘进面小范围内地表沉降，盾构掘进最先影响到的民房中监测点 MF03、MF04 位于门卫室一侧，两点距离很近，且均在右线开挖方向左侧，其单次沉降量和累计沉降量值及变化规律十分相近。观察两者的沉降量，可以发现在一周的监测期内，两个监测点均表现为下沉，且随着盾构掘进面的推进，沉降量由 -1 mm 逐渐变化到 -6 mm 并保持稳定不再下降。由于 MF03 较之于 MF04 更靠近右线隧道轴线，在数据的绝对值上稍大，但二者沉降量均在监测控制值 20 mm 以内，符合控制要求。对于监测点 MF15、MF16，在 10 月 6 日掘进面与二者还有些距离，所造成的地面扰动很小，因此沉降量也很小，随着掘进面的推进，两个监测点的沉降量增加，并在 0~-5 mm 内波动，处于监测控制值范围内，对于盾构区间安全施工具有数据上的保障作用。

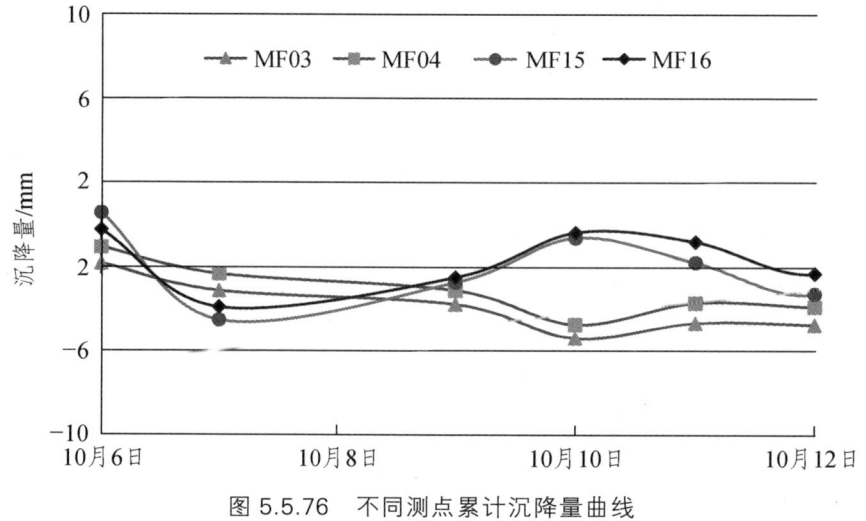

图 5.5.76　不同测点累计沉降量曲线

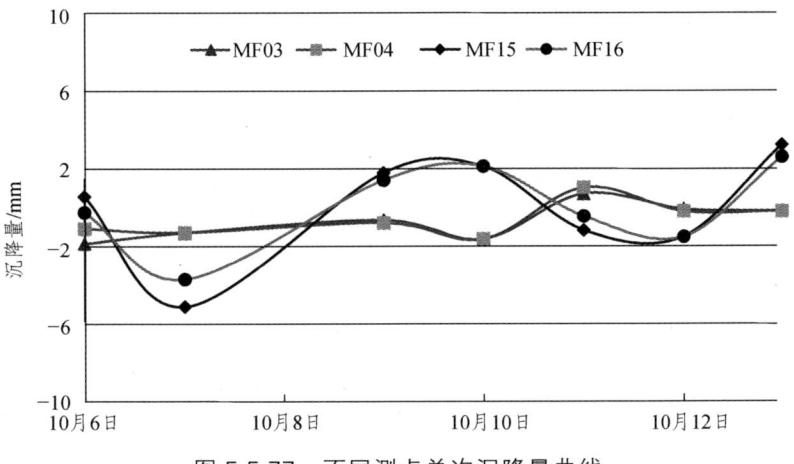

图 5.5.77　不同测点单次沉降量曲线

5. 小结

盾构下穿谢石公路时，各测点的沉降量始终在控制值以内，使施工能够正常进行，监控测量起着重要作用。综合分析盾构下穿期间监测工作，可作如下总结：监测实施中应先制订详细的监测方案，监测数据必须真实可靠，保证原始数据的完整性且不得更改或删除，及时处理监测数据，计算有问题必须及时复测，并应根据盾构施工各个阶段的特点，密切配合施工进度；在施工前采集相关数据，做到能准确反映其盾构掘进过程中周围环境所发生的变化，根据周边的已有资料，在工地周边布设相应的监测项目，并及时采取初始值；在施工期间，根据施工进度，配合施工方积极做好各项监测工作，如现场发生突发性事件，及时做好增设监测项目，主动加密监测频率，必要时做到 24 h 不间断观测，直至变形趋势稳定。根据对盾构下穿谢石公路的工程监测数据，并对具有代表性测点的沉降变形规律进行研究，主要得出以下结论：

（1）上软下硬地层在盾构掘进过程中，受盾构掘进荷载影响，盾构掌子面未到达测点时发生向上隆起位移，在盾构越过测点后出现下沉位移。

（2）沿隧道轴线方向，盾构掘进时前方隆起范围为 10~15 m，掘进面后方 30 m 以外地表的沉降趋于稳定。垂直隧道轴线方向，沉降影响范围为 30~40 m。

（3）在盾构隧道掘进过程中，距离隧道中线越远的点，其受掘进影响越小，相反，距离越近，影响越大，尤其在隧道中线地表沉降达到最大。

5.5.6　盾构下穿东新高速路施工技术

1. 工程概况

佛莞城际 FGZH-1 标长隆车站至广州南站区间隧道采用盾构法施工，隧道开挖直径为 8.85 m，管片外径 8.5 m、内径 7.7 m，环宽 1.6 m、厚 0.4 m。自长隆站始发掘进（右线始发里程为 YDK4+840，左线始发里程为 DK4+840），至进口明挖段（右线接收里程为 YDK0+165，左线吊出里程为 DK0+225）后吊出，全长 4647.9 m（左线为 4615 m）。在掘进至 YDK0+262（DK0+270）时开始下穿东新高速桩基群，隧道埋深为 11~12 m。隧道与东新高速关系如图 5.5.78。

隧道与桩基关系见图 5.5.79~图 5.5.82 及表 5.5.37、表 5.5.38。

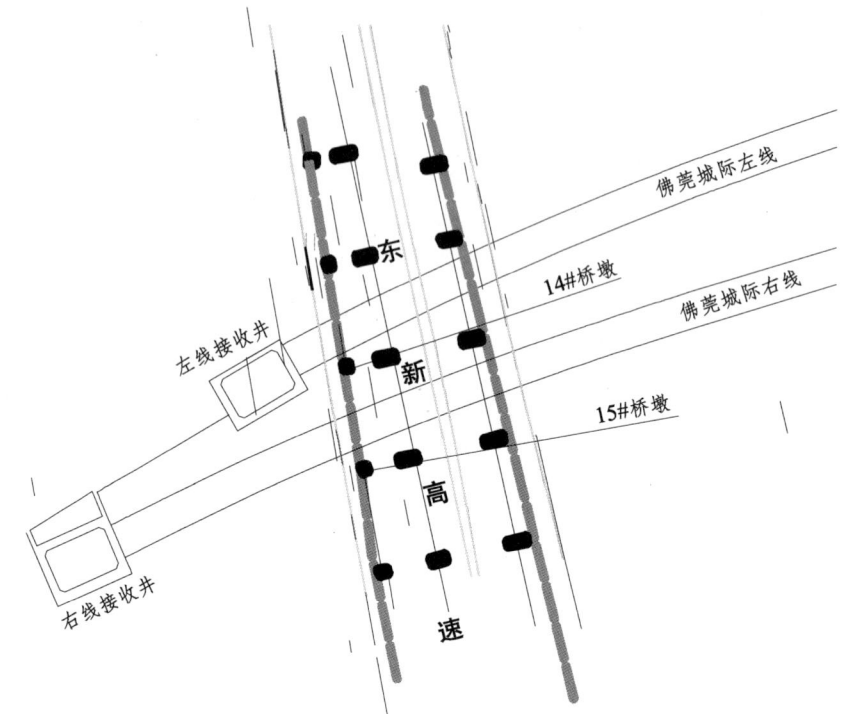

图 5.5.78 隧道与东新高速桩基关系

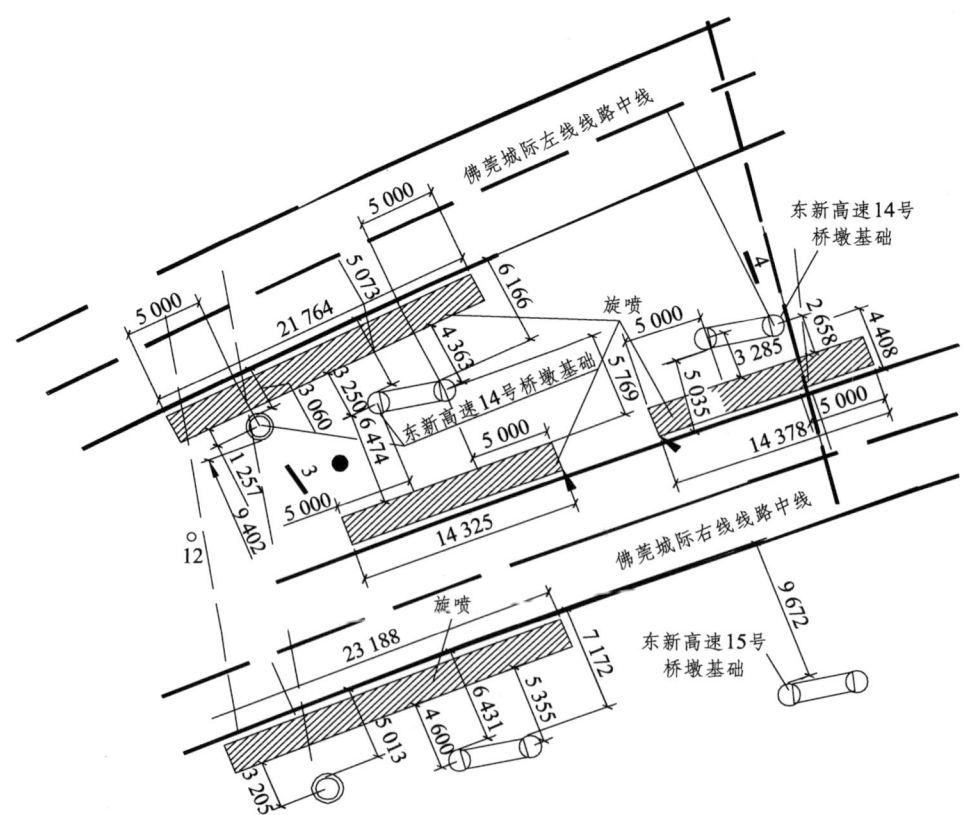

图 5.5.79 桩基与隧道关系

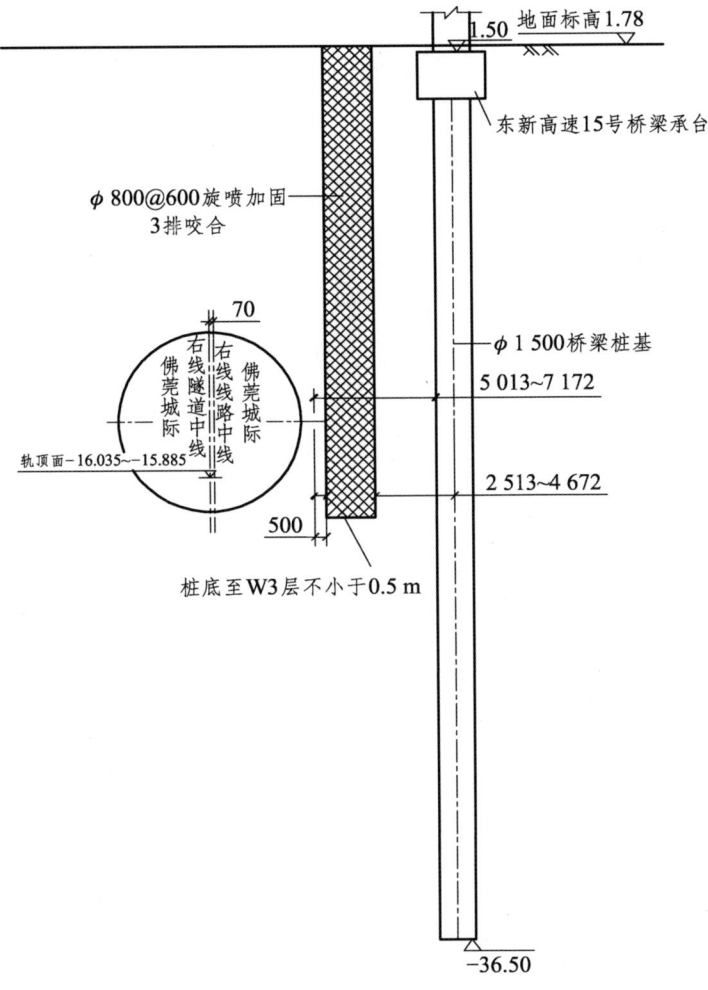

图 5.5.80　隧道与 15# 桩基剖面

表 5.5.37　隧道与 15# 桩基位置表

里程	隧道与桩基距离/mm	备注
YDK0+258	9 672	距隧道外侧
YDK0+241	7 172	距隧道外侧
YDK0+237	6 431	距隧道外侧
YDK0+228	5 013	距隧道外侧

表 5.5.38　隧道与 14# 桩基位置关系

里程	隧道与桩基底距离/mm
YDK0+265	4 408
DK0+248	6 166
DK0+244	5 073
DK0+236	3 060

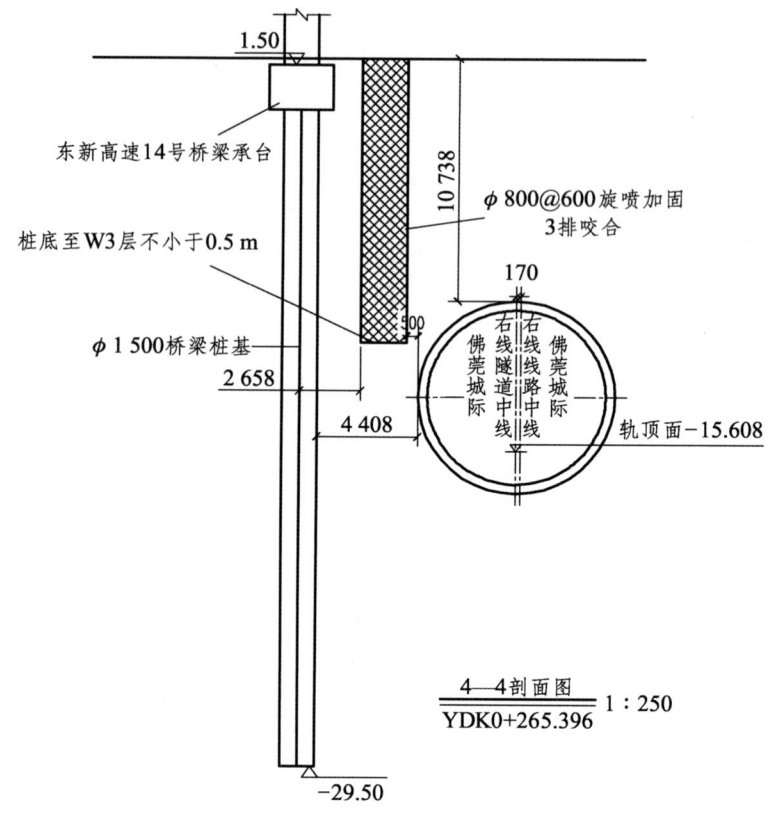

图 5.5.81 右线与 14#桩基剖面图

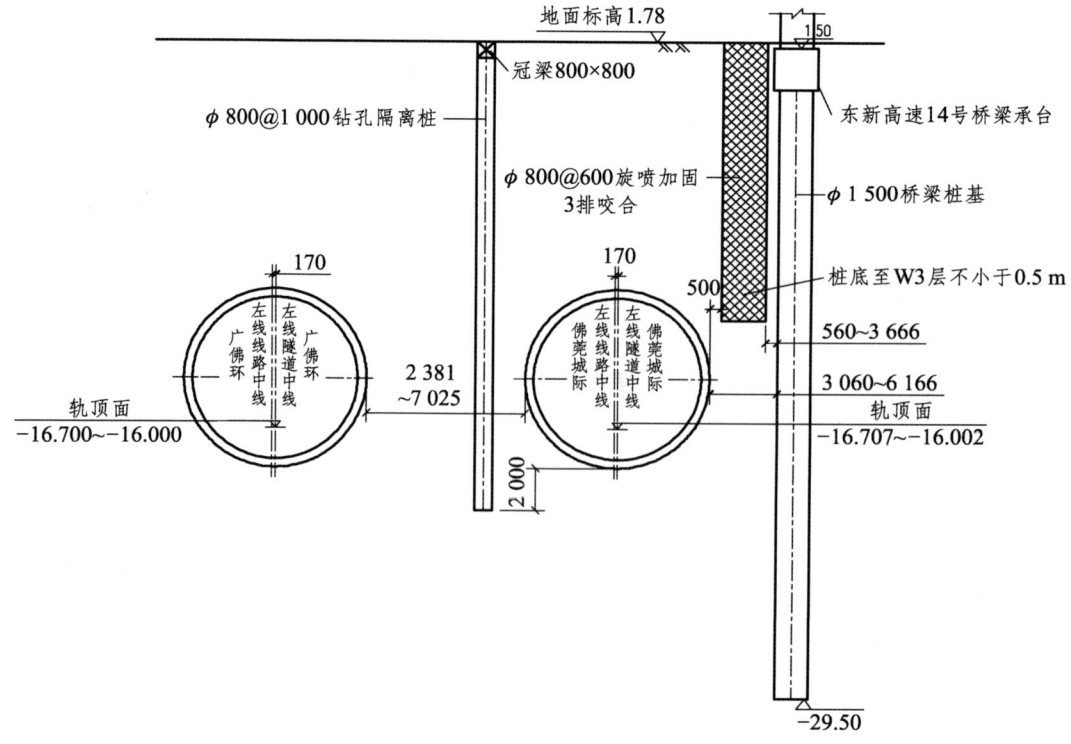

图 5.5.82 左线与 14#桩基剖面图

2. 工程地质及水文地质条件

1）工程地质

盾构下穿东新高速时，主要地质自上而下依次为素填土、粉质黏土、全风化泥质砂岩、强风化泥质砂岩。其中洞身主要穿越地层为全风化泥质砂岩、强风化泥质砂岩。地层分布见表5.5.39。

表5.5.39 穿越地层分布

岩土性状	层底标高/m	层厚/m
素填土	0.91	2.2
粉质黏土2-2	-3.39	4.3
粉质黏土2-3	-5.39	2
全风化泥质砂岩	-10.29	4.9
强风化泥质砂岩	-17.89	7.6
中风化泥质砂岩	-21.89	4

地层按其风化程度划分为：

（1）全风化砂岩、泥质砂岩[层号（7）1-1，W4]：棕红色、褐黄色，原岩结构完全被破坏，岩芯呈硬土状，局部夹强风化块状，浸水易软化，砂岩部分局部含少量炭质。岩土工程施工分级为Ⅲ级。

（2）强风化砂岩、泥质砂岩[层号（7）1-2，W3]：棕红色、黄褐色，原岩结构大部分被破坏，岩芯风化剧烈，不均匀，岩芯呈块状为主，局部为土状及中风化饼状。岩土工程施工分级为Ⅳ级。

2）水文条件

地表水：主要来源为大气降水，地表水较为发育。

地下水：施工范围地下水可划分为两个基本类型，空隙潜水和基岩裂隙水。

3. 盾构穿越步骤

盾构穿越东新高速路分为三个阶段：穿越前、穿越中、穿越后，见图5.5.83。

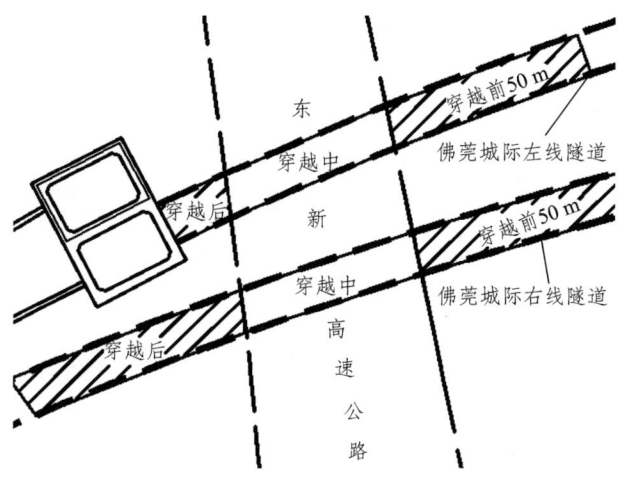

图5.5.83 穿越阶段分布图

1）穿越前

当盾构机掘进至 YDK0+312(DK0+320)，盾构机刀盘距离东新高速桥墩 50 m 时，盾构机将停止掘进，对所有设备进行彻底检查和维修，特别是土压传感器、液压系统、刀具、注浆系统、测量自动导向系统等的检查，以确保盾构机以良好的状态顺利穿过东新高速。

2）穿越中

穿越阶段主要用土压平衡模式施工。该阶段的施工风险为：土压控制不到位造成路基下沉或东新高速路桩基倾斜，在该阶段掘进时严格控制掘进参数，见表 5.5.30。

表 5.5.30 掘进参数

项目	土舱压力/MPa	刀盘转速/(r/min)	掘进速度/(mm/min)	最大推力/kN	刀盘扭矩/(kN·m)	姿态纠偏/mm	同步注浆压力/MPa	同步注浆量/m³	二次注浆频次/(环/次)
数值	0.11~0.12	1.0~1.5	30~35	18 000	3 000	不高于 5	0.2~0.3	12	3

3）穿越后

盾尾脱离穿越区域 50 m 后，采用地质雷达对穿越洞身进行扫描，对壁后有空洞区域及时进行补充注浆，且注浆压力不大于 0.5 MPa，确保盾构机正常运行。

5.6 盾构机卡壳爆破施工处理方案

盾构机在地下掘进过程中，由于地质条件的复杂性以及盾构机自身的故障等因素，往往会导致盾构机无法向前掘进而受困于地下，如北京地铁 9 号线、重庆地铁 6 号线及广州地铁 4 号线等在盾构施工过程中均出现此类现象。地质条件是影响施工安全最主要的因素。在全断面硬岩地层中，盾构机边缘刀具磨损后未能及时更换，开挖直径变小，或者岩层收敛、塌方、地层破碎、局部不稳定，使围岩与盾壳的外径接近或一样，导致盾体被围岩卡困后难以继续掘进，严重地影响了施工进度、质量、安全和设备的使用寿命等。

5.6.1 工程概况

莞惠城际轨道 GZH-6 标盾构一号机在隧道埋深为 41 m 的左线掘进过程中，至 659 环时推力增大，速度下降，刀盘扭矩变小，盾构机推力加大至 50 000 kN 盾构机仍无法向前推进。

盾构隧道上方有一栋 2 层的厂房，覆土地质自上而下依次为：6.5 m 粉质黏土、15 m 全风化混合片麻岩、16.5 m 强风化混合片麻岩、3.5 m 弱风化混合片麻岩。该段区间隧道围岩等级为Ⅴ级，洞身范围为全断面弱风化混合片麻岩。弱风化混合片麻岩呈灰褐色，变晶结构，片麻状构造；岩芯呈柱状，柱径为 10~40 cm，局部较为破碎，呈短柱状和块状；节理裂隙较为发育；岩石坚硬，锤击声脆，单轴饱和抗压强度≥60 MPa，最大单轴极限抗压强度达 110 MPa。爆破位置地面环境状况与区间平面如图 5.6.1 和图 5.6.2。

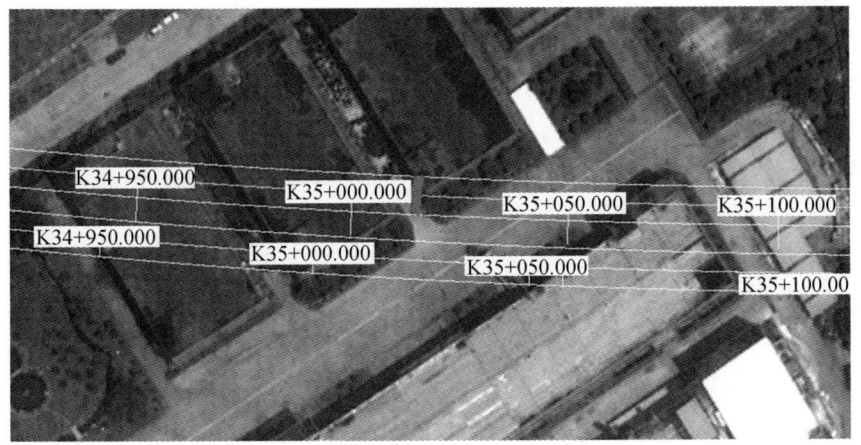

图 5.6.1　爆破位置地面环境状况

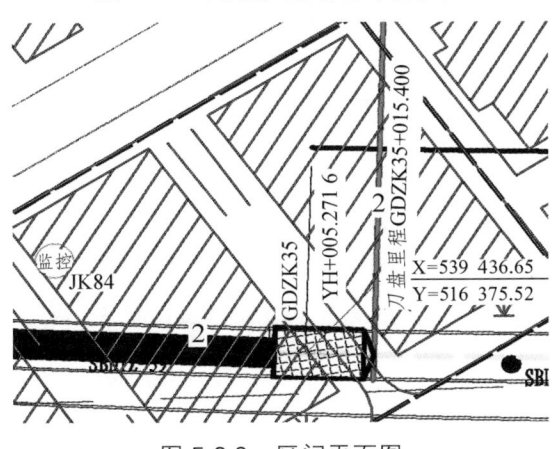

图 5.6.2　区间平面图

5.6.2　脱困方案的比选

在掘进过程中盾构机卡壳的主要原因有二：一是围岩局部较为破碎、不稳定（比如弱风化混合片麻岩）导致盾构机调向困难，姿态变化过大；二是边缘刀具磨损后未能及时更换，开挖直径变小。在全断面硬岩地层中，解决盾构机卡壳的常用方法有高温爆裂岩石脱困、增加外部千斤顶脱困、人工打凿围岩脱困以及爆破脱困等四种。

一般首先采用增加外部千斤顶脱困法，增加外力油缸，加大推力，若仍无法使盾构机正常掘进，可采用高温爆裂岩石脱困法，但需要利用高温割枪对切口环岩面进行烘烤爆裂，并在刀盘上焊接合金钢板，其操作难度较大。传统的人工打凿围岩脱困法，施工操作简单，安全可靠，掘进班组即可组织施工，但是如果岩石强度高，则施工效率低下，作业空间小，施工作业环境差。爆破脱困法的人员配置数量少，粉碎岩体能力强，施工效率高，但是前期技术准备工作较为烦琐，需组织专业队伍施工，对盾构机设备的防护存在安全风险，对地面及建筑物的沉降与倾斜需要进行严格的监控量测。

结合工程地质、工期压力和项目实际情况，最终确定选用爆破脱困方案。

5.6.3 爆破施工技术方案

施工作业空间位于盾构机土舱内,作业空间狭小,爆破不能一次实施,只能分步进行。盾构机上部岩石的清除施工分两个阶段进行:第一阶段在刀盘前方爆破开挖一个工作洞,第二阶段清除盾构机前体上方岩体,见图5.6.3。

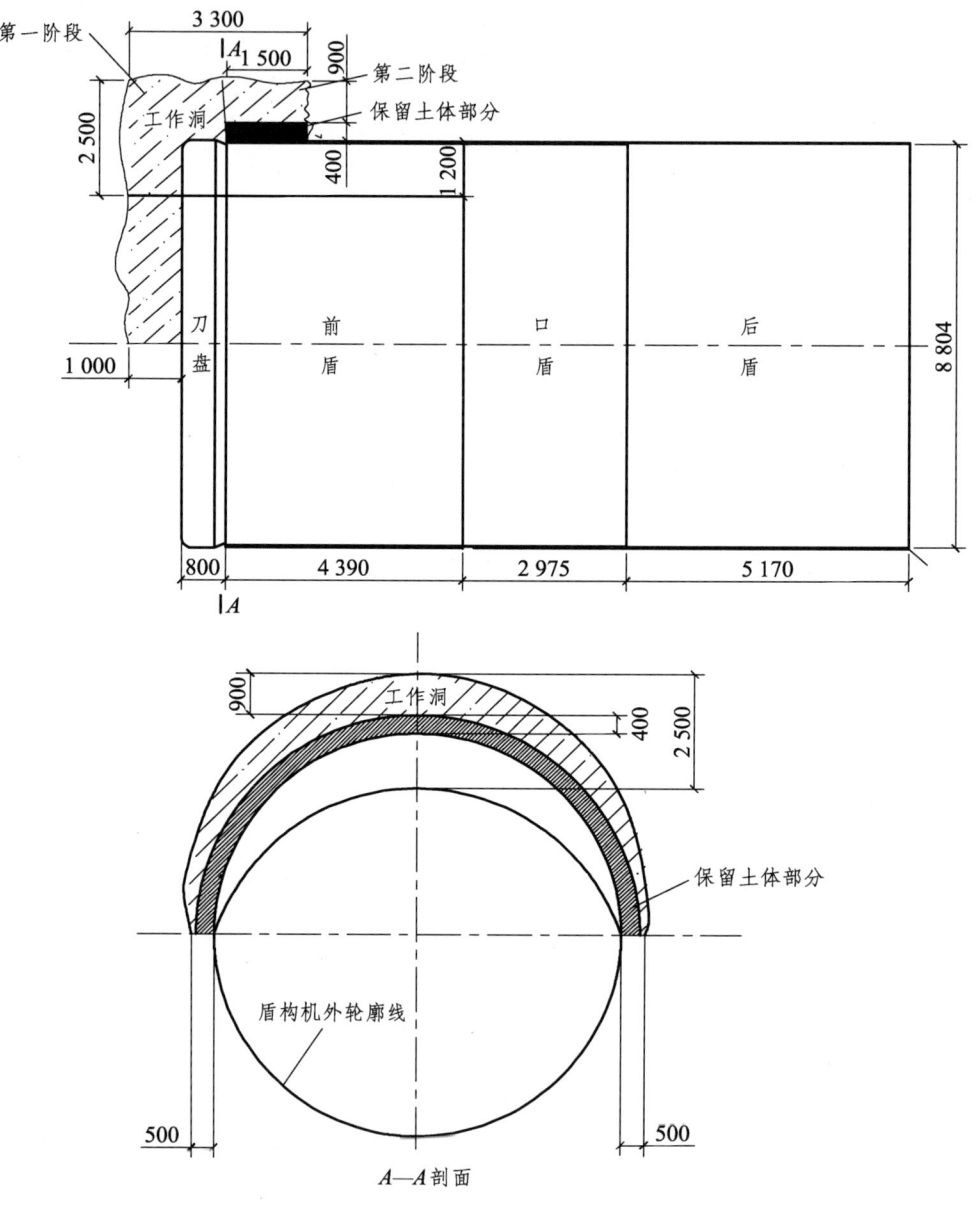

图5.6.3 盾构机上部围岩爆破清除示意

1. 爆破设计基本原则

(1)严格遵循"浅孔、密眼、小药量、间隔装药"原则,有效控制爆破震动效应,避免和减少爆破震动对地面建筑及临近隧道造成的不利影响。

（2）严格控制爆破后石渣块大小，直径要控制在 30 cm 以内，保证能够使用盾构机螺旋机直接进行出渣，缩短清渣时间。

（3）严格控制单段的最大装药量，优化炮孔布置，尽可能减少炸药爆炸产生的爆轰波及高温、高压的爆轰产物对盾构机刀盘及机械设备造成损伤。

2. 爆破器材选择

根据隧道水文地质情况及作业环境的特殊性，选用防水效果好和起爆安全的爆破器材。本次爆破选用 2#岩石乳化炸药，标准药卷直径为 32 mm，爆速 3 600 mm/s，雷管用毫秒延期导爆管雷管。

3. 最小抵抗线 W 及炮孔布置

根据地质条件，最小抵抗线 W 按爆破深度 1.0 m、0.8 m 分别选用 0.5 m、0.4 m。

炮孔的间距：$a = (0.8\sim2.0)W$

炮孔的排距：$b = (0.8\sim1.2)W$

式中：W——最小抵抗线（m）。

为确保盾构机安全，采取"浅孔、密眼"布孔，不同的孔深采用不同的孔距和排距，如表 5.6.1。

表 5.6.1 炮孔布置

孔深/m	孔距/m	排距/m
1.0	0.4	0.4
0.8	0.3	0.3

为保证爆破后，爆破孔之间不留残埂，减少炸药使用量，一般平面上双排的，要呈等边三角形布孔，多排的，要呈梅花形布孔，以提高爆破效果。

4. 单孔最大装药量

单孔装药量 q 为：

$$q=Kabh \qquad (5.6.1)$$

式中：K——单位用药量，取 4.0 kg/m³；

a——孔距（m）；

b——排距（m）；

h——孔深（m）。

不同孔深的单孔最大装药量 q 如表 5.6.2。

表 5.6.2 单孔最大装药量

孔深/m	孔距/m	排距/m	单孔最大装药量/kg
1.0	0.4	0.4	0.6
0.8	0.3	0.3	0.3

5. 装药结构

炮眼直径为 $\phi 40$ mm，炮孔深度 h 控制在 1.2 m 以内，采用不耦合及间隔装药，装药长度一般为孔深的 1/3~1/2，雷管置于自上部算起装药全长的 1/3~1/2 处，炮孔堵塞长度不小于 200 mm，用炮泥封堵。

由于采用小药卷，根据计算的药量和实际的地质情况，采用连续装药或间隔装药，一般采取间隔装药，以实现纵向不耦合装药。若采用连续装药方式，具体爆孔装药结构如图 5.6.4。

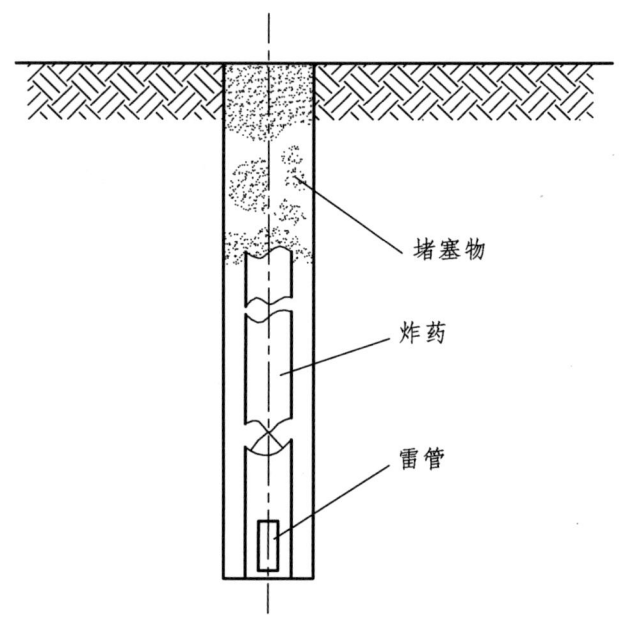

图 5.6.4 爆孔装药结构示意

6. 爆破网路

爆破网路采用非电与电爆网路相结合方式时，炮孔内用非电塑料导爆管毫秒雷管引爆炸药，孔外用电雷管传爆非电雷管。将 20 个左右的非电毫秒雷管合为一束，采用大串联网路连接，用一发电雷管起爆。起爆器选用普通电容式起爆器。

7. 起爆方式及顺序

为了增加爆破效果，起爆方式采用多排孔微差爆破，每一排孔装同一段雷管同时起爆，但每一排孔的两个边眼由于夹制作用较大，必须延时起爆，与下一排孔同时起爆，具体见图 5.6.5。

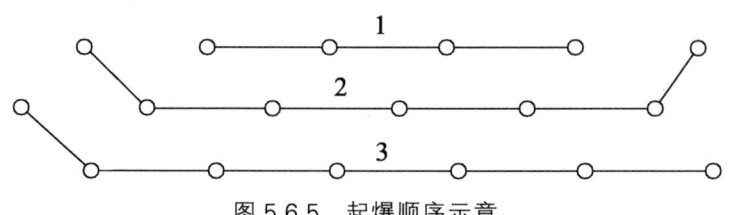

图 5.6.5 起爆顺序示意

8. 工作洞开挖

由于土舱内作业空间狭小，爆破不能一次实施，只能分步进行，故工作洞的开挖按试爆—掏槽—断面扩大的顺序进行。

1）试爆

为优化爆破参数，确保盾构机及上方建筑的安全，在正式爆破前首先要进行试爆。试爆区共布设5个孔，炮眼布置如图5.6.6所示的1#~5#，孔间距为200 mm，孔深为800 mm，装药量为400g/孔。

2）掏槽

利用盾构机刀盘开口位置进行掏槽眼的布置，为减小爆炸产生的碎石对刀盘造成损伤，掏槽采用直眼掏槽，炮眼布置如图5.6.6所示，小药量多批爆破：

第一批为1#~5#：炮眼深800 mm，装药量400 g/孔；

第二批为6#：炮眼深1000 mm，装药量400 g/孔。

第一次掏槽完成后，转动刀盘，利用第一次掏槽临空面，同样在盾构机刀盘开口位置进行扩大掏槽，方法与第一次相同。

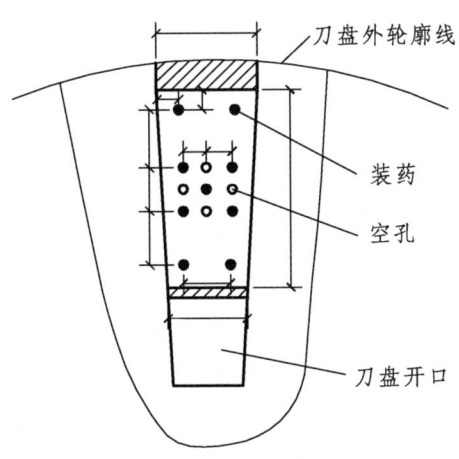

图5.6.6 掏槽炮眼布置方式

3）断面扩大

掏槽成功后，利用掏槽形成的临空面，由中间向两侧进行工作洞的扩挖。扩挖期间炮眼间距为250~350 mm，孔深为1000~1100 mm，装药量为300~400 g/孔。

9. 盾构机前体上方岩体爆破清除

利用第一阶段提供的作业空间破除盾体上方岩体，为减小爆破对盾体造成损伤，距离盾构机外轮廓线上部预留400 mm的保护层，并且保护层位置周边孔采用弱松动爆破处理方法。盾体上方围岩的清除按掏槽—扩大断面的顺序进行。

1）掏槽

掏槽采用多次楔形掏槽法，炮眼布置见图5.6.7。掏槽眼深度为600 mm，装药量为300g/孔。

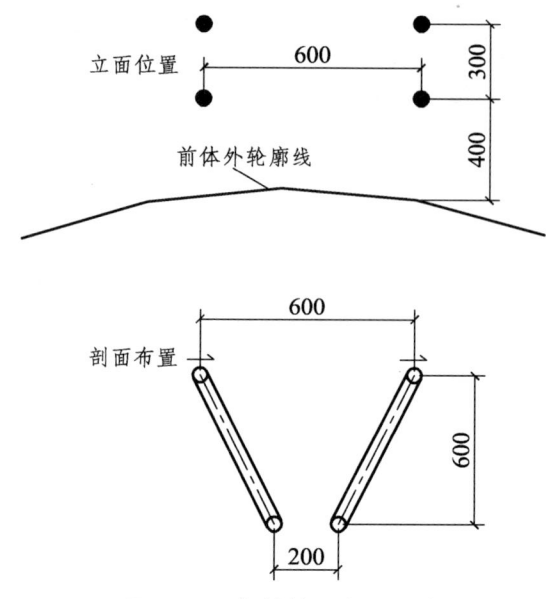

图 5.6.7 掏槽炮眼布置方式

2）断面扩大

利用掏槽形成的临空面，由中间向两侧逐步清除盾体上部围岩，盾体上方共布置 3 排孔，排间距为 300 mm 且第一排孔距离盾构机外轮廓线 400 mm，列间距为 300 mm，炮眼深 1000～1100 mm，装药量为 300 g/孔。

10. 爆破施工技术要求

爆破前，根据开挖断面中心线和断面轮廓线测量放线，布设炮孔位置，并用红油漆明确标注各个炮孔的位置，经检查确认后，作为钻孔的依据。

选用 7655 型风动凿岩机进行钻孔作业。炮孔辅助眼的眼孔间距、行距误差不得大于 50 mm；周边眼岩爆破设计轮廓线上的间距误差不得大于 30 mm；周边眼外斜率不得大于 30 mm/m；眼底不超出开挖断面轮廓线 50 mm；内圈眼至周边眼的排距误差不得大于 30 mm。

钻孔完毕后，检查炮孔质量，按照炮眼布置图进行检查并做好记录，不符合要求的炮孔必须重钻。

起爆后应当及时通风排烟，通风 30 min 后，由专职安全员和爆破作业人员检查爆破现场，对舱内气体进行检测，发现安全隐患立即处理。待安全员检查确认无安全隐患后，施工人员方可进行下道工序施工。

5.6.4 爆破设计优化

根据试爆结果和实际岩层条件，每次爆破后，对爆破效果进行分析，及时调整或修正爆破参数，以提高爆破效率。

（1）根据节理裂隙发育、岩性软硬情况，修正眼距、装药量，特别是周边眼的有关参数。

（2）根据爆破后石渣的块度大小调整相关参数。石渣块度小说明炮眼布置偏密，块度大说明炮眼偏稀，用药量过大。

（3）根据爆破震速监测，调整同段起爆最大药量和雷管段数。
（4）依据开挖面凹凸情况修正钻眼深度，使炮眼底基本处于同一断面上。

5.6.5 爆破施工监测

在爆破施工期间需要进行监测的项目有：地面及建筑物的沉降及倾斜、左线相应位置的管片姿态、收敛变形及外观、左线盾构机的位移。

地面及建筑物的沉降及倾斜监测：

（1）爆破施工前，测量室对爆破位置上方地面及建筑物监测点进行仔细检查并测初值。

（2）建筑物裂隙观测：对建筑物已有的裂纹在其两侧设置观测标志，对较大的裂隙，至少在最宽处及裂隙末端各布设一对观测标志。裂纹可直接量取或间接测定，分别测定其位置、走向、长度和宽度的变化。

（3）监测频率：沉降及裂纹的监测，每次爆破作业前及爆破后各一次；建筑物倾斜监测每天1次。

左线相应位置管片姿态及外观监测：

（1）每次爆破前及爆破后测量室要对左线隧道 SHZ480-490（11 环）管片姿态及收敛情况进行测量，并对管片外观（裂纹、错台等）变化情况做观测记录。

（2）爆破时，安排专人感受震动情况及观察管片变化情况，并及时反馈，确保左线隧道的安全。

参考文献

[1] 高波，王英学，周佳媚. 地下铁道[M]. 成都：西南交通大学出版社，2011.

[2] 张凤祥，朱合华，傅得明. 盾构隧道[M]. 北京：人民交通出版社，2004.

[3] 北京市规划委员会. 地铁设计规范：GB 50157—2013[S]. 北京：中国建筑工业出版社，2013.

[4] 中交公路规划设计院有限公司. 公路桥涵地基与基础设计规范：JTG D63—2007[S]. 北京：人民交通出版社股份有限公司，2007.

[5] 住房和城乡建设部. 城市轨道交通结构安全保护技术规范：CJJ/T 202—2013[S]. 北京：中国建筑工业出版社，2013.

[6] 中交公路规划设计院有限公司. 公路桥涵设计通用规范：JTG D60—2015[S]. 北京：人民交通出版社股份有限公司，2015.

[7] 住房和城乡建设部. 盾构法隧道施工及验收规范：GB 50446—2017[S]. 北京：中国建筑工业出版社，2017.

[8] 中铁一局集团有限公司. 高速铁路隧道工程施工质量验收标准：TB 10753—2010[S]. 北京：中国铁道出版社，2011.

[9] 住房和城乡建设部. 建筑抗震设计规范：GB 50011—2010[S]. 北京：中国建筑工业出版社，2010.

[10] 中国工程建设标准化协会化工分会. 工业循环冷却水处理设计规范：GB/T 50050—2017[S]. 北京：中国计划出版社，2017.

[11] 赵博剑，周建军，谭忠盛，等. 复合地层盾构掘进参数及其与地层相关性分析[J]. 土木工程学报，2017（S1）：140~144.

[12] 何祥凡. 盾构隧道穿越上软下硬地层扰动机理及应对措施研究[D]. 成都：西南交通大学，2017.

[13] 汪辉武. 全风化花岗岩土压平衡盾构泡沫渣土改良技术试验研究[D]. 成都：西南交通大学，2018.

[14] 邓如勇. 盾构刀盘结泥饼的机理及处置措施研究[D]. 成都：西南交通大学，2018.

[15] 谢国兵. 盾构空推过曲线暗挖隧道的管片质量控制[J]. 铁道建筑技术，2014（9）.

[16] 李锦富. 浅议盾构过矿山法隧道空推段施工质量控制[J]. 现代隧道技术，2012，49（2）:65-70.

[17] 李锦富，罗忠. 盾构空推拼管片过矿山法隧道渗漏水控制[J]. 现代隧道技术，2012，49（2）:71-75.

[18] 陈方铭. 矿山法与盾构组合施工地铁隧道管片的受力及变形研究[D]. 武汉：武汉工程大

学，2015.
- [19] 严长征，张庆贺，王慎堂. 盾构隧道通、错缝拼装管片受力及变形比较[J]. 地下空间与工程学报，2007（4）.
- [20] 张君，赵林，周佳媚，等. 盾构隧道管片上浮的机制研究[J]. 铁道标准设计，2016，60（10）：88-93.
- [21] 张雨帆. 盾构隧道施工期同步注浆引起隧道上浮及管片错台研究[D]. 成都：西南交通大学，2018.
- [22] 梁禹，阳军生，林辉. 大直径盾构隧道施工阶段管片上浮与受力研究[J]. 现代隧道技术，2016，53（3）：91-97.
- [23] 董赛帅，杨平，姜春阳，等. 盾构隧道管片上浮机理与控制分析[J]. 地下空间与工程学报，2016，12（1）.
- [24] 李雪，周顺华，王培鑫，等. 隔离桩及盾构近接施工对高铁桩基的影响分析[J]. 岩土力学，2015（S1）：235-240.
- [25] 杨兆辉. 盾构近接交叉隧道施工影响研究[D]. 北京：北京交通大学，2009.
- [26] 殷红伟. 爆破在盾构机卡壳处理中的应用[J]. 隧道建设，2006，26（S2）：39-40.